Familien am Rande der Erwerbsgesellschaft

D1719146

Forschung aus der Hans-Böckler-Stiftung **177**

Herausgegeben von der Hans-Böckler-Stiftung, Düsseldorf

Thomas Bahle
Bernhard Ebbinghaus
Claudia Göbel

Familien am Rande
der Erwerbsgesellschaft

Erwerbsrisiken und soziale Sicherung
familiärer Risikogruppen
im europäischen Vergleich

Die Deutsche Nationalbibliothek verzeichnet diese
Publikation in der Deutschen Nationalbibliografie;
detaillierte bibliografische Daten sind im Internet
über http://dnb.d-nb.de abrufbar.

ISBN 978-3-8487-2615-8 (Print)
ISBN 978-3-8452-6735-7 (ePDF)

edition sigma in der Nomos Verlagsgesellschaft

1. Auflage 2015
© Nomos Verlagsgesellschaft, Baden-Baden 2015. Printed in Germany. Alle Rechte,
auch die des Nachdrucks von Auszügen, der fotomechanischen Wiedergabe und der
Übersetzung, vorbehalten. Gedruckt auf alterungsbeständigem Papier.

Umschlaggestaltung: Gaby Sylvester, Düsseldorf – www.sylvester-design.de
Umschlagfoto: © Werner Bachmeier, Ebersberg – www.wernerbachmeier.de

Druck: Rosch-Buch, Scheßlitz

Inhaltsübersicht

Inhaltsverzeichnis

Vorwort

Die vorliegende Studie entstand aus einem Forschungsprojekt am Mannheimer Zentrum für Europäische Sozialforschung (MZES) mit dem Titel „Sozialer Schutz und Arbeitsmarktintegration familiärer Risikogruppen. Politiken und Lebenslagen im europäischen Vergleich". Das Projekt wurde von der Hans-Böckler-Stiftung im Rahmen des Förderschwerpunkts „Zukunft des Wohlfahrtsstaats" gefördert. Wir danken der Stiftung und insbesondere der zuständigen Referatsleiterin *Dr. Dorothea Voss* für die kontinuierliche Unterstützung des Projekts. Den Mitgliedern des von der Hans-Böckler-Stiftung für das Projekt berufenen wissenschaftlichen Beirats danken wir für eine stets konstruktiv-kritische Begleitung unserer Arbeit und für viele wertvolle Hinweise, die wir für die Studie berücksichtigen konnten.

Wir danken allen Mitarbeiterinnen und Mitarbeitern, die am Projekt mitgewirkt haben. Die Studie hätte in dieser Form nicht ohne die Mitwirkung unserer ehemaligen MZES-Kolleginnen verwirklicht werden können. Dipl. Sowi. *Vanessa Hubl*, nun an der Universität Luxemburg, hat bei der Konzeption der EU-SILC-Analysen mitgeholfen und Dipl. Sowi. *Lena Dunio* hat uns vor allem bei der Erstellung der detaillierten Länderberichte unterstützt. *Daniel Eckert, Aitana Gräbs, Julia Ingenfeld, Sascha Hähnel* und *Kathrin Lämmermann* haben uns während ihrer Tätigkeit als studentische Hilfskräfte im Projekt bzw. am Lehrstuhl für Makrosoziologie vor allem bei der Datenanalyse, Recherche und Manuskriptformatierung unterstützt. Wir danken allen Genannten für ihre engagierte Tätigkeit und ihre Beiträge zu dieser Studie, für deren Inhalt jedoch allein die Autoren verantwortlich sind. Unser besonderer Dank gilt Dipl.-Soz. *Claudia Göbel*, die nicht nur im Projekt mitgearbeitet, sondern wesentlich zum Buchmanuskript beigetragen hat, und zwar auch lange über ihre Zeit der Beschäftigung als Projektmitarbeiterin hinaus.

Erste Ergebnisse dieses Projektes wurden der Öffentlichkeit auf einer Tagung der Hans-Böckler-Stiftung in Berlin im Juni 2014 vorgestellt. Dabei zeigte sich ein großes gesellschaftspolitisches Interesse an der Frage von Erwerbs- und Einkommensrisiken von Familien. Wir hoffen, dass auch die nun vorliegende Studie eine breite gesellschaftliche Diskussion über sozial- und tarifpolitische Implikationen anregt.

Mannheim, im Mai 2015   *Thomas Bahle, Bernhard Ebbinghaus*
                                  Projektleiter, MZES, Universität Mannheim

1 *Einleitung:* Erwerbsrisiken im Spannungsfeld von Familie, Arbeitsmarkt und Sozialstaat

1.1 Problemkontext

Familie, Arbeitsmarkt und Sozialstaat sind die drei zentralen institutionellen Bereiche moderner Gesellschaften, in denen soziale Wohlfahrt produziert und individuelle Lebenschancen verteilt werden (vgl. Zapf 1981). In den letzten Jahrzehnten haben sich in vielen europäischen Ländern die Arbeitsmärkte und die sozialen Sicherungssysteme tiefgreifend verändert. Auch im Bereich der Familie und der Familienpolitik lässt sich ein grundlegender Wandel beobachten. Aus der Kombination dieser Veränderungen ergibt sich eine neue, komplexe Risikostruktur moderner Gesellschaften (vgl. Crouch 2015) und es entstehen neue soziale Risikogruppen (vgl. Ranci 2010).

Deregulierung und Flexibilisierung waren bisher die Leitmotive für die Umgestaltung der Arbeitsmärkte, mit dem Ziel einer Erhöhung des Beschäftigungsniveaus. Privatisierung und Individualisierung waren die Schlagworte für den Umbau und teilweisen Abbau der sozialen Sicherungssysteme. Durch diese Veränderungen hat sich die Gefahr der sozialen Exklusion und Armut für benachteiligte soziale Gruppen erhöht (vgl. Armingeon/Bonoli 2006; Taylor-Gooby 2004; Cantillon/Vandenbroucke 2014). Familien sind dabei in spezifischer Weise betroffen, denn es stellt sich für sie zusätzlich das Problem einer Kumulation von Risiken im Haushaltskontext und im Lebensverlauf (Nolan/Whelan 1999). Zwar können individuelle Erwerbs- und Einkommensrisiken in Paarhaushalten tendenziell durch den oder die Partner/in kompensiert werden, sie können sich aber auch wechselseitig verstärken. Soziale Risiken verschärfen sich besonders für Menschen, deren Lebenschancen aufgrund persönlicher *und* familiärer Umstände eingeschränkt sind.

Aufgrund des Übergangs zur Dienstleistungsgesellschaft und des Niedergangs der „fordistischen" industriellen Massenproduktion haben sich die Erwerbschancen für Geringqualifizierte verringert; zugleich sind die Hürden für einen beruflichen Wiedereinstieg Langzeitarbeitsloser höher geworden (Schmid 2002). An der Schnittstelle zwischen Familie und Arbeitsmarkt nehmen die Probleme der Vereinbarkeit von Beruf und Familie zu. Besonders hoch sind die Hürden für eine Erwerbsbeteiligung bei Alleinerziehenden. Entsprechend hoch ist das Armutsrisiko dieser Gruppe in den meisten Ländern (Chzhen/Bradshaw 2012; Gornick/Jäntti 2011). Aber auch für Familien mit zwei potentiell erwerbstätigen Eltern stellt sich die Frage, ob beide einer Beschäftigung nachgehen können oder das Fehlen einer externen Betreuung ihrer Kinder dies behindert.

Flexiblere Arbeitsmärkte mit befristeten Arbeitsverträgen, vermehrter Teilzeitbeschäftigung und Niedriglöhnen sind zudem häufig mit niedrigeren Erwerbseinkommen verbunden, die gerade für Familien nicht armutsvermeidend sind (vgl. Gautié/Schmitt 2010). Die flächendeckende Tarifpolitik war seit jeher ein wichtiges Element des europäischen Sozialmodells (Visser 2006), dessen Bindekraft jedoch in vielen Ländern schwindet. Gerade im Bereich der Tarif- und Lohnpolitik lassen sich wachsende Lücken und Probleme feststellen, die mit einer Zunahme von Geringverdiensten und Niedrigeinkommen einhergehen (Lohmann 2010). Auf der anderen Seite nimmt jedoch in vielen Ländern als Kompensation für die schwindende Absicherung durch Kollektivverträge die staatliche Regulierung zu, vor allem im untersten Lohnbereich durch die Einführung gesetzlicher Mindestlöhne (vgl. Vaughan-Whitehead 2010). Diese orientieren sich jedoch ausschließlich am individuellen Einkommen und am Bedarf einer einzelnen Person und können zusätzliche familiäre Bedürfnisse nicht adäquat berücksichtigen.

In einigen Bereichen der sozialen Sicherung, wie in der Altersvorsorge, wurden die Leistungen stärker an den individuellen Beschäftigungsverlauf und Einkommensstatus geknüpft. Zudem wird vermehrte private Vorsorge erwartet, was soziale Ungleichheiten im Alter verstärken kann (Ebbinghaus/Neugschwender 2011). In anderen Bereichen werden staatliche Leistungen in Richtung einer allgemeinen, bedarfsgeprüften Grundsicherung für die breite Bevölkerung weiter entwickelt (Bahle et al. 2011). Insofern lässt sich durchaus von einer tendenziellen Dualisierung der sozialen Sicherung sprechen (vgl. Emmenegger et al. 2012). Hinzu kommt eine zunehmende Aktivierung von Transferempfängern in der Arbeitslosen- und Mindestsicherung. Dieser europaweite Paradigmenwechsel zu einer aktivierenden Sozialpolitik strebt eine Erwerbsintegration von Transferempfängern mithilfe verschiedener arbeitsmarktpolitischer Instrumente an (van Oorschot/Clasen 2002; Barbier/Mayerhofer 2004; Barbier 2005; Dingeldey 2011; Weishaupt 2013). Aktivierung bedeutet, dass Transferzahlungen stärker an individuelle Anstrengungen zur (Wieder-)Aufnahme einer Beschäftigung seitens der Leistungsempfänger geknüpft werden (Weishaupt 2011; Heidenreich/Aurich-Beerheide 2014). Familien benötigen in dieser Hinsicht unterstützende soziale Dienstleistungen, damit Aktivierung erfolgreich sein kann.

Im Bereich der Familie wandeln sich die Strukturen ebenfalls nachhaltig. Partnerschaften werden instabiler und die Zahl von Einelternfamilien nimmt zu, was zu einer wachsenden Individualisierung von Lebensrisiken beiträgt. Angesichts dieser Veränderungen stellt sich die Frage nach einer Neujustierung der Familienpolitik (vgl. Bahle 1995). Eine zentrale Dimension dieser Frage ist, ob die Familienpolitik stärker auf alle Familien gerichtet sein sollte, im Sinne einer Solidarität zwischen Haushalten mit und ohne Kindern (horizontale Familienförderung), oder ob sie sich stärker auf ärmere Familien konzentrieren müsste (vertikale Förderung), d.h. sozial umverteilend wirken sollte (Van Lancker/Ghysels 2014). Einige neuere Instrumente der Familienpolitik sind zum Teil sogar stärker auf besser verdienende Familien gerichtet, wie etwa das 2007 in Deutschland eingeführte Elterngeld. Eine solche Neuausrichtung der Familienpolitik birgt jedoch Risiken für benachteiligte Gruppen, die nach wie vor in höherem Maße auf staatliche Unterstützung angewiesen sind (vgl. Whiteford/Adema 2007). Auch wenn die Sozialpolitik heute in vielen Ländern ihr Augenmerk stärker auf eine die Erwerbsbeteiligung fördernde, „aktivierende" Politik legt, sind gerade familiäre Risikogruppen weiterhin auf zusätzliche soziale Unterstützung unabhängig vom Erwerbsstatus angewiesen. Zu solchen Maßnahmen gehören vor allem die allgemeine Familienförderung in Form von steuerlichen Maßnahmen oder Kindergeld, aber auch die soziale Sicherung von Familien zum Beispiel im Fall der Arbeitslosigkeit sowie die Gewährleistung eines sozialen Minimums für Familien im Rahmen der allgemeinen Grundsicherung.

Gerade die finanzielle Unterstützung von Familien sowie die Vereinbarkeit von Familie und Beruf stehen ganz oben auf der gesellschaftspolitischen Agenda einer zukunftsorientierten Politik. Familien, ob Alleinerziehende oder Paare mit Kindern, erfüllen die wichtige gesellschaftliche Aufgabe, die Betreuung und Versorgung von Kindern und anderen Familienangehörigen zu gewährleisten. Diese Aufgabe gewinnt im Kontext des demografischen Wandels an Bedeutung. Die Frage der Vereinbarkeit von Familie und Beruf wird heute als gesamtgesellschaftliche Aufgabe gewertet, die Integration von Frauen in den Arbeitsmarkt ist Ziel der Europäischen Union (EU) und nationaler Regierungen. Eine erhöhte Erwerbsbeteiligung soll nicht nur die Finanzierung der Sozialsysteme sichern, sondern auch die Nutzung des Humankapitals in alternden Gesellschaften verbessern. Eine hohe Arbeitsmarktintegration von Familien in Verbindung mit einem hohen sozialen Schutz zu gewährleisten ist daher ein zentrales gesellschaftspolitisches Ziel.

1.2 Ziel und Ansatz der Studie

Die Studie untersucht die Verbreitung, soziodemografische Struktur und Einkommenssituation von Familien mit Erwerbsproblemen in fünf europäischen Ländern mit unterschiedlichen Kombinationen von Familien-, Sozial- und Arbeitsmarktpolitiken: Deutschland, Dänemark, Frankreich, Niederlande und Vereinigtes Königreich. Ziel ist es herauszufinden, welche Kombinationen von Politiken geeignet sind, Risiken zu vermeiden oder zu kompensieren und dadurch Niedrigeinkommen und Armut in Familien zu verhindern. Inwiefern gelingt es diesen verschiedenen Ländern, die Ziele einer niedrigen Arbeitslosigkeit und Inaktivität mit den Zielen eines armutsvermeidenden Erwerbseinkommens und einer armutsfesten sozialen Sicherung insbesondere für Familien mit Kindern zu vereinbaren? Welche Kombinationen von Politiken erweisen sich hierfür als mehr oder weniger förderlich? Wodurch ist die Situation in Deutschland im Vergleich zu den anderen Ländern charakterisiert? Und welche Schlussfolgerungen lassen sich hieraus möglicherweise für einen sozialpolitischen Reformbedarf in Deutschland ableiten?

Unter Erwerbsrisiken fassen wir sowohl Mangel an Beschäftigung als auch niedrige Erwerbseinkommen. Somit stehen arbeitslose und inaktive Haushalte mit Kindern sowie Familien mit Geringverdiensten im Mittelpunkt der Untersuchung. Diese Familien bezeichnen wir als Risikogruppen, weil sie potentiell ein hohes Risiko für Armut haben. Familiäre Risikogruppen sind in allen Ländern eine sozialpolitisch relevante Gruppe, wenngleich ihr Anteil an allen Familien stark variiert. Für das Problem der Kinderarmut sind sie in allen Ländern von zentraler Bedeutung, da besonders Familien mit Erwerbsproblemen hiervon betroffen sind. Darüber hinaus sind familiäre Risikogruppen ein Schlüssel für die Analyse allgemeiner Risiken in modernen Gesellschaften, die sich aus dem Wandel von Arbeitsmärkten und sozialen Sicherungssystemen ergeben, denn in dieser Gruppe manifestieren sich in markanter Weise kumulative Problemlagen und Problemkonstellationen, die sich an den institutionellen Schnittstellen zwischen den Bereichen Arbeitsmarkt, Familie und Sozialstaat ergeben.

Im Forschungsdesign der Studie unterscheiden wir analytisch drei Stufen von erwerbsbezogenen Risiken. Die *erste Stufe* betrifft die Aufnahme einer Beschäftigung als solche. Hierbei geht es um die Erwerbsintegration bzw. den Ausschluss von Beschäftigung in Familien. Im Mittelpunkt der Analyse stehen Arbeitslosigkeit und Inaktivität sowie deren Kumulation im Haushaltskontext. Obwohl die Tatsache einer Beschäftigung per se Armut noch nicht verhindert, ist die Aufnahme einer Erwerbstätigkeit doch oft ein erster wichtiger Schritt zur Überwindung von Armut. Deshalb betrachten wir – in Anlehnung an die Europäische Union – den Ausschluss von Beschäftigung, d.h. die Nichtbeschäftigung, als einen wichtigen Indikator für soziale Exklusion (Clasen et al. 2006, Biegert 2011). Zu den wichtigsten Politikbereichen, die auf die Überwindung dieser Stufe gerichtet sind, gehören für Familien die Kinderbetreuung sowie Aktivierungs- und Qualifizierungsmaßnahmen.

Die *zweite Stufe* betrifft die Erzielung eines ausreichenden, zumindest Armut vermeidenden Erwerbseinkommens für beschäftigte Eltern oder Alleinerziehende. Auf dieser Ebene wird also die Problematik niedriger Erwerbseinkommen beleuchtet. In Zeiten verbreiteter prekärer Beschäftigung, einer hohen Teilzeitquote und eines wachsenden Niedriglohnsektors bietet Beschäftigung allein oft keinen ausreichenden Schutz vor niedrigen Einkommen und Armut. Obwohl niedrige Erwerbseinkommen nicht unbedingt Armut zur Folge haben, weil sie im Fall von Familien beispielsweise durch hohes Kindergeld ergänzt werden können, stellen sie doch ein grundlegendes Problem dar. Zum einen, weil dadurch trotz

Arbeit eine Abhängigkeit von staatlichen Transfers besteht, die oft mit restriktiven Auflagen verbunden sind und die Autonomie von Familien beeinträchtigen, z.B. im Fall der deutschen „Aufstocker" im SGB II. Zum anderen, weil darunter die Funktion der Erwerbstätigkeit als Mechanismus der sozialen Integration in die Gesellschaft leidet. Wenn Erwerbstätigkeit nicht zu einer deutlichen Verbesserung der Lebenslage von Familien führt, ist auch ein wichtiger sozialer Antriebsmechanismus der Gesellschaft infrage gestellt. Politiken, die auf höhere Einkommen für Beschäftigte zielen, können die Situation jedoch erheblich verbessern. Dazu gehören zunächst die Tarif- und Lohnpolitik durch die Sozialpartner, die durch solidarische Entgelte oder eine Besserstellung von Teilzeitbeschäftigung das Risiko niedriger Erwerbseinkommen maßgeblich reduzieren können. Doch auch der Staat kann durch gesetzliche Mindestlöhne oder durch die Allgemeinverbindlichkeit von Tarifverträgen wirksame Schutzmechanismen schaffen. Zudem kann der Staat niedrige Erwerbseinkommen durch zusätzliche erwerbsbezogene Transfers oder Steuergutschriften für erwerbstätige Eltern anheben.

Die *dritte Stufe* schließlich betrifft das verfügbare Haushaltseinkommen, zu dem weitere staatliche Transfers und steuerliche Vergünstigungen beitragen und somit Armut vermindern oder verhindern können. Dies ist die klassische, auf Einkommensressourcen zielende Betrachtung. Armut (beim verfügbaren Haushaltseinkommen) ist in dieser Hinsicht zwar ein wichtiger, aber nicht der einzige Indikator für die differenzierten Problemlagen von Risikogruppen und keinesfalls der einzige Zielpunkt für die Politik. Die verfügbaren Einkommen zeigen an, inwiefern die sozialstaatliche Umverteilung in den einzelnen Ländern Armut bei familiären Risikogruppen verhindert oder zumindest lindert. Diese Komponente der Politik zielt somit nicht auf eine Vermeidung, sondern auf eine Kompensation von Erwerbsrisiken. Denn auch im Falle einer erfolgreichen Integration in den Arbeitsmarkt liegt die Schwelle für ein adäquates Einkommen bei Familien deutlich höher als bei Alleinstehenden. Vor allem Alleinerziehende und ihre Kinder sind in vielen Ländern trotz sozialpolitischer Maßnahmen von Armut bedroht (Brady/Burroway 2012; Pedersen 2010). Auf dieser Stufe können allgemeine Familienleistungen wie das Kindergeld oder der Unterhaltsvorschuss für Alleinerziehende die verfügbaren Haushaltseinkommen über die Armutsschwelle heben. Nichtbeschäftigte Familien profitieren hingegen nicht immer von den allgemeinen Leistungen der Familienpolitik, weil z.B. bei Empfängern der Mindestsicherung das Kindergeld und andere familienpolitische Leistungen auf den Mindestsicherungsanspruch angerechnet werden. Für diese Gruppen greifen vor allem Sozialleistungen für nichtbeschäftigte Familien, z.B. Arbeitslosengeld oder Mindestsicherung, die bei entsprechender Ausgestaltung Armut in Familien ebenfalls vermeiden können.

Diese drei Stufen und die auf sie gerichteten Politiken müssen in ihrer Kombination betrachtet werden, um die tatsächlichen Auswirkungen auf Risikofamilien zu erfassen. Eine Politik, die nur auf Erwerbsintegration setzt, dabei aber das Problem niedriger Erwerbseinkommen vernachlässigt, erzielt vielleicht Erfolge auf der ersten Stufe, lindert aber die Probleme auf der zweiten und dritten Stufe nicht. Umgekehrt kann selbst eine sehr generöse Unterstützung von Familien mit Kindergeld und anderen familienpolitischen Transfers für die Risikofamilien ins Leere laufen, wenn die Integration in den Arbeitsmarkt nicht gelingt und eine hohe Abhängigkeit von staatlicher Mindestsicherung besteht. Der analytische Fokus muss also auf die Kombination von Politiken und auf mögliche Verstärkungs- oder Kompensationseffekte auf den drei verschiedenen Risikostufen gerichtet sein. Die grundlegende Hypothese dieser Studie ist, dass verschiedene Kombinationen von Politiken in den untersuchten Ländern unterschiedliche Risikostrukturen bewirken und jeweils spezifische Folgen für die materielle Situation von Risikogruppen haben.

1.3 Deutschland im europäischen Vergleich

Die deutsche Sozialpolitik hat in den letzten Jahren in einigen Bereichen einen starken Wandel vollzogen. Die soziale Sicherung bei Langzeitarbeitslosigkeit wurde mit den Hartz-Reformen auf das Niveau einer Mindestsicherung umgestellt (Becker/Hauser 2006). Zugleich sollten die Integrationschancen auf dem Arbeitsmarkt für (ehemalige) Sozialhilfeempfänger erhöht werden (Clasen/Clegg 2006; Bäcker/Neubauer 2008; Konle-Seidl 2008). In der Familienpolitik wurde ein massiver Ausbau der öffentlichen Kinderbetreuung eingeleitet und das Elterngeld stärker auf die Bedürfnisse erwerbstätiger Eltern mit mittlerem Einkommen ausgerichtet. Im internationalen Vergleich stellt sich deshalb die Frage, inwieweit es dadurch gelungen ist, soziale Risiken von Familien zu verringern, oder ob hier weiterhin Handlungsbedarf besteht. Das Forschungsdesign der Studie erfordert folglich eine detaillierte Analyse der länderspezifischen Situation und Regelungen, was neben Deutschland nur anhand weniger ausgewählter Länderfallstudien möglich war. Die Auswahl der Länder sollte bei solchen Vergleichen weniger Fälle („small-n comparisons") basierend auf fallorientierten Analysen („within-case analysis") sorgfältig überlegt und begründet werden (Ebbinghaus 2005).

Die vorliegende Studie untersucht Familien am Rande der Erwerbsgesellschaft in Deutschland, Dänemark, Frankreich, den Niederlanden und dem Vereinigten Königreich. Unter solchen Familien verstehen wir Haushalte mit Kindern, die von Arbeitslosigkeit, Inaktivität oder niedrigem Einkommen aus Erwerbstätigkeit betroffen sind. Diese Familien haben manifeste erwerbsbezogene Probleme, befinden sich zumeist in einer prekären Einkommenssituation und sind häufig auf sozialstaatliche Unterstützung angewiesen (Graaf-Zijl/Nolan 2011;

Marx/Nolan 2014). Wir bezeichnen diese Familienhaushalte als „familiäre Risikogruppen", weil sie aufgrund dieser Probleme ein hohes potentielles Armutsrisiko tragen. Unter Familien verstehen wir (verheiratete und unverheiratete) Paare mit Kindern und Alleinerziehende, die ausschließlich mit abhängigen Kindern im Haushalt leben. Eine genaue Definition und Operationalisierung familiärer Risikogruppen wird in Kapitel 2 gegeben.

Für den Vergleich mit Deutschland wurden vier Länder ausgewählt, die durch unterschiedliche Politikkombinationen und Wechselbeziehungen zwischen Familie, Arbeitsmarkt und Sozialstaat gekennzeichnet sind: Dänemark, Frankreich, die Niederlande und das Vereinigte Königreich. Diese Länder und Deutschland werden in der komparativen Wohlfahrtsstaatsforschung verschiedenen Regimetypen zugeordnet (Esping-Andersen 1990; Arts/Gelissen 2002).

Dänemark wird üblicherweise dem sozialdemokratischen Wohlfahrtsregimetyp zugeordnet, der durch eine umfassende soziale Sicherung auf hohem Niveau gekennzeichnet ist. Innerhalb der Gruppe der nordischen Länder, die diesen Regimetyp bilden, ist Dänemark jedoch durch eine relativ große Bedeutung von grundsichernden im Vergleich zu lohnbezogenen Leistungen gekennzeichnet, vor allem in der Alterssicherung. Deshalb spielen in Dänemark außerdem nichtstaatliche, ergänzende lohnbezogene Systeme eine relativ große Rolle. Bedürftigkeitsgeprüfte Leistungen sind von geringer Bedeutung. Im Bereich der Arbeitsmarktregulierung gilt Dänemark als liberaler Arbeitsmarkt mit geringem Kündigungsschutz. Dänemark vereint also ein hohes Maß an universalistischer sozialer Absicherung mit einem flexiblen Arbeitsmarkt (*flexicurity*). Hinzu kommen ein hoch entwickeltes Angebot an sozialen Dienstleistungen für Kinder, Familien und ältere Menschen und eine gut ausgebaute aktive Arbeitsmarktpolitik.

Das *Vereinigtes Königreich* gilt zumindest seit den Regierungsjahren Margaret Thatchers als liberales Wohlfahrtsregime mit wenig reguliertem Arbeitsmarkt und einem sozialen Sicherungssystem, das relativ niedrige Leistungen bietet und in hohem Maße auf Bedürftigkeitsprüfungen setzt. Soziale Dienstleistungen sind kaum ausgebaut, auch gibt es keine bedeutende aktive Arbeitsmarktpolitik. Allerdings weicht das Land in einigen Punkten auch vom liberalen Idealtypus ab. Zum einen gibt es – etwa im Unterschied zu den USA – umfassende grundsichernde Leistungen als Ergebnis der nach dem Zweiten Weltkrieg erfolgten Institutionalisierung sozialer Bürgerrechte. So hat das Vereinigte Königreich zum Beispiel ein flächendeckendes System der sozialen Mindestsicherung. Zum andern hat sich im Rahmen dieser allgemeinen Mindestsicherung ein breites System der Unterstützung von Geringverdienern entwickelt, das vor allem für familiäre Risikogruppen von Bedeutung ist.

Deutschland und *Frankreich* gelten gemeinhin als Vertreter des konservativen Wohlfahrtsregimetyps. In beiden Ländern bauen die sozialen Sicherungssysteme in hohem Maße auf der Erwerbsarbeit auf und bieten im Kern lohnbezogene Leistungen auf relativ hohem Niveau. Es gibt aber auch einige wichtige Unterschied zwischen beiden Ländern. Das französische System der sozialen Sicherung ist institutionell stärker fragmentiert und nach Berufsgruppen differenziert, hat aber im Gegensatz zu Deutschland auch größere Elemente einer Grundsicherung für alle Versicherten. Zugleich ist auch die soziale Mindestsicherung (das System bedürftigkeitsgeprüfter Leistungen) in Frankreich nicht einheitlich organisiert und bietet unterschiedliche Leistungen für verschiedene Bevölkerungsgruppen, wobei junge Erwachsene unter 25 keinen generellen Anspruch auf Leistungen haben. In Deutschland ist hingegen das Mindestsicherungssystem seit den Hartz-Reformen relativ umfassend und einheitlich organisiert, mit nur einer zentralen Differenzierungslinie zwischen erwerbsfähigen und nicht erwerbsfähigen Hilfeempfängern. Ein weiterer wichtiger Unterschied zwischen den Ländern betrifft die Familienpolitik, insbesondere den Ausbau der Kleinkindbetreuung. Hier bietet Frankreich seit Langem bessere Bedingungen für eine Vereinbarkeit von Familie und Beruf. Insgesamt ist zu erwarten, dass in Frankreich die Chancen für eine Erwerbsintegration familiärer Risikogruppen besser sind als in Deutschland, die soziale Absicherung dieser Gruppen hingegen prekär ist, weil das französische soziale Sicherungssystem stark zwischen Insidern und Outsidern differenziert und somit ein hohes Maß an sozialer Exklusion für Risikogruppen bewirkt. In Deutschland ist seit den Hartz-Reformen der Dualismus zwischen Insidern und Outsidern weniger ausgeprägt, allerdings ist das Niveau der sozialen Sicherung insgesamt niedriger.

Die *Niederlande* gelten in der Literatur zumeist als hybrides Wohlfahrtsregime, in dem liberale, sozialdemokratische und konservative Elemente miteinander verbunden sind. Das System hatte ursprünglich überwiegend konservative Züge, aber nach und nach wurde es zuerst durch eher sozialdemokratische, später dann liberale Elemente ergänzt und tendenziell umgeformt. Als liberal gelten vor allem die Arbeitsmarktregulierung und die Familienpolitik, die relativ wenig entwickelt sind und in hohem Maße auf private Akteure setzen. Sozialdemokratisch sind hingegen die bedeutenden grundsichernden Elemente vor allem in der Alterssicherung. Typisch konservativ sind die stark lohnbezogenen und nach Beschäftigungsdauer gestaffelten Leistungen in der Arbeitslosenversicherung. Ein Element lässt sich aber typologisch überhaupt nicht zuordnen: die große Förderung der Teilzeitarbeit. Zum einen drückt sich darin eine konservative Familienpolitik aus, die auf Teilzeitangebote bei der Kinderbetreuung und auf Betreuung innerhalb der Familie setzt. Zum andern zeigt sich darin auch ein typisch sozialdemokratisches Element: ein universalistische Ansatz der sozialen Sicherung, der unabhängig von der Form der Erwerbsbeteiligung greift.

Darüber hinaus unterscheiden sich die fünf Länder in der Struktur ihrer Familienpolitik (Abb. 1.1), was für die familiären Risikogruppen von besonderer Relevanz ist.

Abb. 1.1: Muster der Familienpolitik

		Monetäre Familienförderung	
		hoch	niedrig
Vereinbarkeit von Familie und Vollzeitberufstätigkeit	hoch	Frankreich	Dänemark
	niedrig	Deutschland	Niederlande[a], Vereinigtes Königreich

a – hohe Vereinbarkeit mit Teilzeitarbeit

Eigene Darstellung

In Frankreich und Deutschland werden Familien durch hohe, allgemeine fami-lienpolitische Transferleistungen unterstützt, während die monetäre Familienför-derung in den anderen drei Ländern des Vergleichs (Dänemark, die Niederlande und Vereinigtes Königreich) niedriger ist. Frankreich und Dänemark wiederum haben ein weit ausgebautes Netz an öffentlicher Kinderbetreuung und erleich-tern den Familien somit die Teilnahme am Erwerbsleben, während die Unterstüt-zung in dieser Hinsicht in den anderen drei Ländern geringer ist. Die Nieder-lande haben zwar ebenfalls einen hohen Anteil an betreuten Kindern im Vor-schulalter, die Angebote sind dort aber im Unterschied zu Frankreich und Däne-mark zumeist nur halbtags verfügbar und zudem überwiegend in privater Trä-gerschaft mit höheren Kosten für die Eltern. Aus diesem Grund sind die Nieder-lande auch ein sehr interessanter Vergleichsfall, der in dieser Hinsicht zwischen Dänemark und Frankreich auf der einen und Deutschland und dem Vereinigten Königreich auf der anderen Seite steht.

1.4 Forschungsleitende Hypothesen

Aufgrund dieser Unterschiede in den Wechselbeziehungen zwischen Familie, Arbeitsmarkt und Sozialstaat und den unterschiedlichen Mustern der Familien-politik in den fünf Ländern erwarten wir unterschiedliche Auswirkungen auf die familiären Risikogruppen.

In *Frankreich* und *Deutschland* sollten familiäre Risikogruppen im Vergleich zu nicht-familiären Risikogruppen aufgrund der großzügigen monetären Fami-lienförderung weniger von Armut bedroht sein. Im Vergleich zu Familien ohne Risiko sollten sie allerdings deutlich schlechter gestellt sein, weil die Familien-förderung auf horizontale statt vertikale Umverteilung zielt. In Deutschland sollte der Anteil der Risikogruppen an allen Familien höher sein als in Frankreich, weil die Erwerbsintegration von Eltern aufgrund der schwierigeren Vereinbar-keit von Familie und Beruf geringer sein müsste.

Im *Vereinigten Königreich* und den *Niederlanden* sollte der Anteil der Risikogruppen unter allen Familien sehr hoch sein, weil eine mangelnde Vereinbarkeit von Familie und Erwerbstätigkeit die Vollzeittätigkeit von Müttern deutlich erschwert. Hinzu kommt in beiden Ländern eine geringe monetäre Familienförderung, wodurch familiäre Risikogruppen im Vergleich zu nicht-familiären Risikogruppen benachteiligt sein sollten. In beiden Ländern sollte durch eine starke Aktivierungskomponente zwar ein höheres Maß an Erwerbstätigkeit erzielt werden, diese dürfte jedoch aufgrund der hohen Hürden für eine Vollzeittätigkeit bei Müttern oft in Geringverdienst münden. Es sind auch zwei wichtige Unterschiede zwischen beiden Ländern zu erwarten. In den Niederlanden sollte das Ausmaß der Erwerbsintegration durch Teilzeit höher sein, zugleich sollte aufgrund des umfassenden und höheren Niveaus des sozialen Schutzes die Einkommenssituation von Teilzeitbeschäftigten und Risikofamilien besser sein als im Vereinigten Königreich.

In *Dänemark* sollte aufgrund der guten Vereinbarkeit von Familie und Beruf sowie der ausgebauten Aktivierungspolitik der Anteil an nichtbeschäftigten und arbeitslosen Eltern sehr niedrig sein. Die dominierende Vollzeiterwerbstätigkeit sollte außerdem zu einem geringen Anteil an Geringverdienern führen. Im Vergleich zu nicht-familiären Risikogruppen sollten die (wenigen) Familien ohne Beschäftigung oder mit Geringverdienst jedoch stärker von Armut betroffen sein, weil die monetäre Familienförderung insgesamt sehr niedrig ist.

Insgesamt erwarten wir somit, dass es in Frankreich und Dänemark im Vergleich zu Deutschland weniger Familien mit Risiken gibt, im Vereinigten Königreich und den Niederlanden jedoch ebenso viele oder mehr. Dies betrifft die Erwerbsintegration und die Zahl der Geringverdiener unter den Familien. Hinsichtlich der Armut auf der Ebene der verfügbaren Haushaltseinkommen erwarten wir, dass die Armutsbetroffenheit der Risikofamilien in Deutschland aufgrund der besseren monetären Familienförderung niedriger ist als im Vereinigten Königreich und den Niederlanden. Im Vergleich zu Dänemark erwarten wir in Deutschland ebenfalls ein besseres Armutsergebnis für die familiären Risikogruppen (auch wenn deren Anteil in Dänemark deutlich niedriger sein sollte), nicht jedoch im Vergleich zu Frankreich, wo die monetäre Familienförderung ebenfalls hoch ist.

1.5 Aufbau des Buches

Die Studie ist wie folgt aufgebaut: In *Teil A* wird das Risikogruppenprofil im Ländervergleich untersucht. In *Teil B* werden anschließend die spezifischen Politikkombinationen in den einzelnen Ländern analysiert, welche diese Risikoprofile erklären können. In *Teil C* wird schließlich eine zusammenfassende, vergleichende Analyse von Risikogruppenprofilen und Politikkombinationen erstellt.

Die in *Teil A* dargestellten Ergebnisse beruhen größtenteils auf einer Mikrodatenanalyse auf Individual- und Haushaltsebene[1] für die fünf Vergleichsländer. In *Kapitel 2* werden zunächst die der Analyse zugrunde liegenden Definitionen und Operationalisierungen erläutert. Es wird erklärt, welche Haushalte und Haushaltstypen in die Analyse eingehen, wann wir diese zu den Risikogruppen zählen und wie Nichtbeschäftigung und Geringverdienste im Haushaltskontext bestimmt werden. Im Anschluss daran werden Ergebnisse hinsichtlich der Verbreitung und der soziodemografischen Merkmale der familiären Risikogruppen im Ländervergleich präsentiert. Daraus wird deutlich, wie groß der Anteil der Risikogruppen unter den Familien in den jeweiligen Ländern ist und welche Haushalte dabei überrepräsentiert sind. Außerdem wird die Struktur der Risiken anhand einer Analyse des unterschiedlichen Gewichts der beiden Faktoren Nichtbeschäftigung und Geringverdienst im Haushaltskontext verdeutlicht. In *Kapitel 3* wird die erste Stufe von erwerbsbezogenen Problemen, die Integration von Eltern in Beschäftigung unter die Lupe genommen. Das Ausmaß und die Struktur der Nichtbeschäftigung variieren im Ländervergleich erheblich und hängen stark mit dem in der Gesellschaft dominierenden Erwerbsmodell zusammen. Deshalb werden in diesem Kapitel die Erwerbsmuster von Familien im Vergleich zu anderen Haushalten eingehend analysiert, bevor die Situation der Risikogruppen genauer untersucht wird. In *Kapitel 4* werden dann die zweite und dritte Stufe erwerbsbezogener Probleme betrachtet. Zunächst werden die Erwerbseinkommen von Familien untersucht (Stufe 2), anschließend folgt eine Analyse von sozialen Transfers und der verfügbaren Einkommen der familiären Risikogruppen (Stufe 3). Die sich auf diese Weise für die drei Stufen ergebenden Befunde werden schließlich in *Kapitel 5* zusammenfassend im Hinblick auf einen Ländervergleich von Risikogruppenprofilen dargestellt.

In *Teil B* des Buches werden die Politikkombinationen in den einzelnen Ländern näher analysiert, welche die verschiedenen Risikoprofile erklären können (*Kapitel 6 bis 10*). Dabei stehen, analog zu den drei Stufen erwerbsbezogener Probleme, drei Bereiche im Vordergrund, auf welche diese Politiken primär gerichtet sind: erstens die Erleichterung und Unterstützung von Beschäftigung, zweitens die Unterstützung von Geringverdienern und drittens die steuerlichen Maßnahmen und Transfers zur Verbesserung der verfügbaren Haushaltseinkommen von Familien. Zu den wichtigsten Politiken auf der ersten Stufe gehören Kinderbetreuung und Aktivierung. Es werden jedoch auch andere Politiken betrachtet, die einen Einfluss auf dieser Stufe haben, z.B. die Besteuerung von Fa-

---

[1]   Zu den Datenquellen siehe Einleitung zu Teil A des Buches: Risikogruppenprofile im Vergleich.

milien. Für die zweite Stufe wird insbesondere die Unterstützung von Geringverdienern betrachtet, z.B. durch steuerliche Gutschriften oder eine Begünsti-
gung von Teilzeitarbeit. Auch die Tarifpolitik spielt hier eine wichtige Rolle.
Auf der dritten Stufe werden schließlich Sozialtransfers betrachtet, die entweder
allen Familien gewährt werden (z.B. Kindergeld) oder speziell für Risikogruppen gedacht sind (z.B. Förderung von Alleinerziehenden). Im Mittelpunkt stehen
außerdem zwei Sozialleistungssysteme, die im Falle einer Nichtbeschäftigung
wirksam werden: die Arbeitslosenversicherung und die soziale Mindestsicherung.

Der dritte und letzte *Teil C* des Buches interpretiert und analysiert schließlich die Zusammenhänge zwischen den Politikkombinationen (Teil B) und den
Risikogruppenprofilen (Teil A) im Ländervergleich. In *Kapitel 11* werden die
wichtigsten Befunde vergleichend präsentiert, bevor in *Kapitel 12* die sozialpolitischen Implikationen für den deutschen Fall diskutiert werden. Die Ergebnisse
für Deutschland sind relativ negativ, so dass sich die Frage nach möglichen Veränderungen der Politik stellt. Ob und inwieweit die anderen Länder hierfür bei-
spielhaft Wege aufzeigen können, ist Gegenstand dieses Kapitels.

Die Ergebnisse unserer Studie zeigen, dass es in den einzelnen Ländern in
sehr unterschiedlichem Ausmaß gelingt, die Ziele eines hohen Beschäftigungsniveaus, eines ausreichenden Erwerbseinkommens und eines hohen sozialen
Schutzes für Familien miteinander in Einklang zu bringen. Hinter diesen Länder-
unterschieden stehen verschiedene Kombinationen von Politiken, die in ihrem
Zusammenwirken zu einer mehr oder weniger erfolgreichen Vermeidung und/
oder Kompensation von Erwerbsrisiken beitragen.

TEIL A: RISIKOGRUPPENPROFILE IM LÄNDERVERGLEICH

In Teil A wird die zentrale Frage untersucht, wie viele und welche Familien in den verschiedenen Ländern erwerbsbezogene Probleme haben und somit zu den familiären Risikogruppen gehören. Schon hier zeigen sich enorme Länderunterschiede, die auf unterschiedliche Kombinationen von Politiken zurückgeführt werden können. In Kapitel 2 erklären wir zunächst, welche Familien bzw. Haushalte wir für unsere Analyse berücksichtigen und wann wir diese zu den Risikogruppen zählen. Daraufhin zeigen wir, wie verbreitet die Risikogruppen in den fünf Ländern sind und welche soziodemografischen Merkmale sie aufweisen. In den darauf folgenden Analysen wird die Struktur der erwerbsbezogenen Probleme im Ländervergleich näher untersucht, zunächst im Hinblick auf das Ausmaß und die Form der Erwerbsintegration (Stufe 1; Kapitel 3), anschließend im Hinblick auf das Erwerbseinkommen (Stufe 2; Kapitel 4) und das verfügbare Haushaltseinkommen nach Transfers (Stufe 3; Kapitel 4).

Datengrundlage

Die Beschäftigungs- und Einkommenssituation von Risikofamilien, welche die „zu erklärenden" Sachverhalte im Forschungsdesign bilden, werden empirisch anhand von Daten aus dem EU-SILC[1] analysiert. Die Analyse bezieht sich auf das Referenzjahr 2008 und vergleicht die Situation in den fünf Ländern nur für dieses Jahr. Dieses Querschnittsdesign wurde gewählt, weil wir an den Auswirkungen von unterschiedlichen Politikkombinationen interessiert sind. Diese können im Ländervergleich nur für ein bestimmtes Jahr empirisch adäquat erfasst werden. Politiken verändern sich über die Zeit, so dass wir für jedes Beobachtungsjahr von (zumindest leicht) veränderten Kombinationen ausgehen müssten. Eine Verbindung von Längsschnitt- und Querschnittsanalysen für mehrere Länder hätte den Untersuchungsrahmen bei Weitem gesprengt. Unsere Ergebnisse sind somit strenggenommen nur für das Jahr 2008 gültig. Jedoch zeigen sich sowohl bei den Politiken als auch bei den Risikolagen relativ stabile Muster, wie Ergebnisse anderer Studien und andere Daten belegen.

2008 war hinsichtlich der allgemeinen Problemkontexte ein besonderes Jahr. In diesem Jahr begann die jüngste Weltfinanz- und Wirtschaftskrise, die

---

1   EU-SILC (European Union Statistics on Income and Living Conditions) ist eine europaweit durchgeführte Haushaltsbefragung über Einkommen und Lebensbedingungen (https://www.destatis.de/DE/ZahlenFakten/GesellschaftStaat/EinkommenKonsumLebensbedingungen/Methoden/EU_Silc.html).

sich jedoch bis Ende 2008 noch kaum auf den Arbeitsmärkten niedergeschlagen hatte. Erst 2009 und später waren massive Auswirkungen zu spüren, vor allem ein starker Anstieg der Arbeitslosigkeit. Deshalb kann man das Jahr 2008 in seiner Gesamtheit noch als das letzte Jahr vor dem Ausbruch der Krise auf den Arbeitsmärkten betrachten. Für die Risikogruppen war es darüber hinaus im langjährigen Vergleich ein Jahr mit relativ guten allgemeinen Bedingungen auf dem Arbeitsmarkt. Wir analysieren somit für 2008 ein aus Sicht der Risikogruppen relativ positives Szenario. Dies sollte bei der Interpretation der Ergebnisse berücksichtigt werden. Aufgrund dieser insgesamt positiven Situation werden die Probleme der Risikogruppen in den fünf Ländern tendenziell unterschätzt. Umso deutlicher jedoch treten die *strukturellen Problemlagen* dieser Gruppen hervor, die das besondere Interesse unserer Analyse sind.

Die Operationalisierung unserer Konzepte erläutern wir in den jeweiligen Kapiteln und weisen darin auch auf vorhandene Beschränkungen (Variablen, Fallzahlen) durch das Umfrageinstrument des EU-SILC hin. Die zentralen Variablen für die Analyse sind der Anteil der nichtbeschäftigten Familien, der Anteil der Familien mit Geringverdienst sowie die verfügbaren Haushaltseinkommen und die Armutsquoten der Risikofamilien im Ländervergleich und im Vergleich zu ausgewählten Referenzgruppen (nicht-familiäre Risikogruppen einerseits und Familien ohne Risiko andererseits). Außerdem wird die soziodemografische Zusammensetzung der Risikofamilien im Ländervergleich analysiert. Zentrale Variablen hierbei sind Haushaltstyp (Paarfamilien versus Alleinerziehende), Alter des ältesten Erwachsenen im Haushalt, höchster Bildungsabschluss im Haushalt sowie Zahl und Alter der Kinder.

2 Individuelle Erwerbsrisiken und familiäre Risikogruppen

Individuelle Erwerbsrisiken sind in allen Ländern weit verbreitet, es gibt jedoch große Unterschiede zwischen den Ländern im Hinblick auf das Ausmaß und die Struktur dieser Risiken. Darüber hinaus unterscheidet sich die Haushalts- und Familiensituation der Personen mit Erwerbsrisiken stark von Land zu Land und von Problemlage zu Problemlage. In diesem Kapitel beleuchten wir zunächst die Verbreitung individueller Erwerbsrisiken in der Bevölkerung, anschließend richten wir den Fokus auf den für unsere Analyse maßgeblichen Familienkontext. Dabei definieren wir das Konzept der familiären Risikogruppen und liefern grundlegende Daten über deren Struktur und Verbreitung in den einzelnen Ländern. Bei den Erwerbsrisiken betrachten wir sowohl die Stufe 1 des Erwerbsprozesses, also die Beteiligung am Erwerbsleben als solche, als auch die Stufe 2, die sich am Erwerbseinkommen bemisst. Die hier analysierten individuellen Erwerbsrisiken und deren Kumulation im Haushaltskontext umfassen also sowohl Inaktivität und Arbeitslosigkeit (Stufe 1) als auch Geringverdienste (Stufe 2).

Nichterwerbstätige werden in Inaktive und Arbeitslose unterschieden, denn Erwerbslosigkeit kann verschiedene Gründe haben: Personen, die sich ausschließlich in Aus- oder Weiterbildung befinden, Rentner oder Personen, die krankheitsbedingt nicht arbeiten können oder weil sie Kinder oder andere Familienangehörige betreuen, werden in der Regel als Inaktive eingestuft. Darunter können auch Personen fallen, die für ihren Lebensunterhalt nicht auf Erwerbsarbeit oder staatliche Hilfen angewiesen sind, für die Nichterwerbstätigkeit also kein Risiko darstellt. Anders sieht die Situation bei Arbeitslosen aus, die arbeitsuchend sind. Aufgrund der möglicherweise unterschiedlichen Problemlagen von Inaktiven und Arbeitslosen, werden diese hier getrennt betrachtet.

2.1 Operationalisierung von Erwerbsrisiken

Die Arbeitsmarktintegration von erwachsenen Personen (Stufe 1) bemessen wir am *Beschäftigungsstatus*, den sie während des Referenzjahres überwiegend innehatten. Im EU-SILC 2009 geben die Befragten für elf verschiedene Status an, wie viele Monate im Jahr 2008 sie darin verbrachten.[1] Diese Angaben beruhen

---

1   Im EU-SILC werden nur Haushaltsmitglieder ab 16 Jahren befragt, d.h. dass der Beschäftigungsstatus von 15-jährigen „Erwachsenen" nicht ermittelt werden kann. Unserer Definition zufolge können 15-Jährige unter gewissen Umständen als Erwachsene gelten.

grundsätzlich auf der Selbsteinschätzung der Befragten. Treffen in einem Monat mehrere Status auf eine Person zu, wird in der Regel der Status eingetragen, der für die meiste Zeit im Monat galt. Wir ordnen Personen den Arbeitslosen zu, wenn sie 2008 nach eigenen Angaben sechs Monate und länger arbeitslos waren. Rentner sind Personen, die sich sechs Monate und länger „in Rente oder Frührente" befanden. Wer 2008 sechs Monate verrentet und sechs Monate arbeitslos war, wird zu den Arbeitslosen gezählt. Alle anderen, die weniger als sechs Monate arbeiteten, fassen wir unter die Inaktiven. Arbeitslose, Rentner und Inaktive sind Nichterwerbstätige. Personen, die sechs Monate und länger einer abhängigen oder selbstständigen Beschäftigung nachgingen und die nicht im oben definierten Sinne arbeitslos oder Rentner waren, gehören zu den Erwerbstätigen. Erwerbstätige, die weniger als sechs Monate Vollzeit arbeiteten, ordnen wir den Teilzeitbeschäftigten zu. Alle anderen Erwerbstätigen behandeln wir als Vollzeitbeschäftigte.

Wir betrachten den *überwiegenden Erwerbsstatus* im Referenzjahr, weil wir zum einen davon ausgehen, dass dieser die Beschäftigungssituation von Personen adäquater abbildet als die Momentaufnahme zum Zeitpunkt der Befragung. Zum andern nehmen wir an, dass dieser auch die Einkommenssituation von Haushalten stärker prägt. Da die Haushaltseinkommen im EU-SILC auf Jahresbasis erhoben werden, verwenden wir entsprechend die Informationen zur Beschäftigungssituation von erwachsenen Haushaltsmitgliedern im Referenzjahr. Darüber hinaus ist zu beachten, dass der Beschäftigungsstatus nicht auf den gängigen ILO-Definitionen von Arbeitslosigkeit und Erwerbstätigkeit basiert, unter anderem weil dieser von den Befragten selbst eingeschätzt wird. Den Erläuterungen zur EU-SILC-Erhebung ist außerdem zu entnehmen, dass Auszubildende, die eine Vergütung erhalten, sowie Frauen in Mutterschutz als erwerbstätig und Personen in Vollzeit-Elternzeit als nicht erwerbstätig bzw. inaktiv eingestuft werden. Befragte, die mehrere Teilzeitjobs äquivalent zu einer Vollzeitbeschäftigung ausüben, sollten sich als vollzeiterwerbstätig begreifen.

Geringverdienste (Stufe 2) operationalisieren wir in Anlehnung an die Niedriglohndefinition der OECD als monatliche Bruttoerwerbseinkommen, die unterhalb von zwei Dritteln des nationalen Medians der monatlichen Bruttoerwerbseinkommen von Vollzeitarbeitnehmern liegen, die das ganze Jahr 2008 über erwerbstätig waren (OECD 2013: 256). Die so anhand der EU-SILC-Daten ermittelte Geringverdienergrenze betrug im Jahr 2008 in Dänemark 2.480 € brutto im Monat, in den Niederlanden 2.374 €, in Deutschland 1.916 €, im Vereinigten Königreich 1.497 € und in Frankreich 1.426 €. Durch die Referenz an den Löh-

---

Da im Datensatz aber keine Person diesen Alters die Erwachsenen-Kriterien erfüllt, wirkt sich die fehlende Information zum Erwerbsstatus nicht auf unsere Ergebnisse zur Beschäftigungssituation von Haushalten aus.

nen von Vollzeitarbeitnehmern fallen viele Teilzeitbeschäftigte schon alleine wegen des geringeren Stundenumfangs ihrer Beschäftigung unter die Geringverdiener. Aus diesem Grund beruhen manch andere Niedriglohnstatistiken auf Stunden- und nicht auf Monatslöhnen. Wir haben uns gegen diese Berechnungsmethode entschieden, weil wir uns dafür interessieren, was die Mitglieder eines Haushalts monatlich verdienen und wie viel sie damit zum Haushaltseinkommen beitragen. Unsere Geringverdiener-Anteile weichen auch deswegen von anderen Niedriglohnquoten ab, weil wir Selbstständige mit berücksichtigen.

2.2 Individuelle Erwerbsrisiken im Ländervergleich

Individuelle Erwerbsrisiken sind weit verbreitet, aber häufig werden sie durch eine Partnerin oder einen Partner im Haushalt kompensiert. Doch die fünf Länder unterscheiden sich schon im Ausmaß der Verbreitung individueller Erwerbsrisiken auf Stufe 1 (Inaktivität oder Arbeitslosigkeit) und Stufe 2 (Geringverdienste) erheblich voneinander, was sich im weiteren Verlauf der Analyse auch auf die Verbreitung und Struktur familiärer Risikogruppen niederschlägt. Deshalb betrachten wir hier zunächst die individuellen Erwerbsrisiken, bevor wir den Haushaltskontext, insbesondere für Familien mit Kindern, in den Blick nehmen.

In Tabelle 2.1 sind die Anteile von Inaktiven sowie Arbeitslosen (Stufe 1) und von Geringverdienern (Stufe 2) an der Bevölkerung und deren soziodemografischen Merkmale in den einzelnen Ländern abgebildet. Es muss dabei beachtet werden, dass wir hier nur erwachsene Personen im Alter von 15 bis 64 Jahren betrachten, die sich noch nicht in Rente oder nicht mehr im Bildungssystem befinden. Kinder, Studenten sowie Rentner sind in den Zahlen nicht enthalten.

Deutschland weist im Ländervergleich im Jahr 2008 nicht nur die höchsten Anteile an Inaktiven und Arbeitslosen auf (Stufe 1), sondern hat auch den zweitgrößten Geringverdiener-Anteil (Stufe 2) nach den Niederlanden (siehe Tab. 2.1). Im Vereinigten Königreich sind ebenfalls ein Drittel aller Personen in unserem Sample Geringverdiener. Der Anteil Inaktiver ist dort nach Deutschland der zweithöchste, wohingegen die Arbeitslosigkeit nur auf einem mittleren Niveau liegt. In beiden Punkten schneiden die Niederlande etwas besser ab: Die Inaktivität ist dort mittelhoch (circa 14%) und die Arbeitslosigkeit sehr niedrig (unter 2%). Frankreich hat nach Deutschland den zweithöchsten Anteil Arbeitsloser, aber geringere Probleme mit Inaktivität und Geringverdiensten. In Dänemark sind alle drei Erwerbsrisiken am wenigsten verbreitet.

Betrachtet man die soziodemografischen Merkmale der Personen mit individuellem Erwerbsrisiko, erkennt man, dass sie sich in den verschiedenen Ländern ähneln. Inaktive, Arbeitslose und Geringverdiener sind in allen Ländern über-

Tab. 2.1: Sozio-demografische Merkmale von Personen mit Erwerbsrisiko (Prozentanteile)

	Inaktive					Arbeitslose					Geringverdiener					Bevölkerung				
	DE	DK	FR	NL	UK	DE	DK	FR	NL	UK	DE	DK	FR	NL	UK	DE	DK	FR	NL	UK
Anteil an Bevölkerung	15,7	10,6	12,4	13,7	14,9	7,3	1,6	6,8	1,9	3,2	35,7	14,2	22,4	36,4	32,3					
Frauen	77,1	66,9	81,1	76,0	67,2	53,9	58,1	55,2	61,4	38,2	73,9	68,1	69,6	79,8	70,8	52,9	51,6	52,0	51,6	52,3
Männer	22,9	33,1	18,9	24,0	32,8	46,1	41,9	44,8	38,6	61,8	26,1	31,9	30,4	20,2	29,2	47,1	48,4	48,0	48,4	47,7
15-30 Jahre	18,9	23,8	17,4	12,0	17,5	9,5	14,7	20,7	6,4	19,6	11,8	16,2	18,6	11,0	11,5	9,8	8,6	14,2	8,6	13,4
30-49 Jahre	40,7	33,1	38,5	30,6	47,2	41,0	52,7	45,1	43,0	46,9	54,5	50,4	51,8	58,4	48,6	52,3	52,3	52,1	53,2	50,8
50-64 Jahre	40,4	43,1	44,1	57,3	35,3	49,5	32,6	34,2	50,6	33,5	33,7	33,5	29,5	30,6	40,0	37,9	39,1	33,7	38,3	35,8
Geringqualifiziert	17,4	39,4	49,0	38,0	33,6	18,6	35,3	38,0	49,8	32,0	10,1	27,4	32,7	25,3	21,2	8,1	18,3	24,8	21,5	16,3
Mittelqualifiziert	61,8	32,1	36,7	41,8	50,6	59,7	37,8	45,8	37,7	50,6	66,9	49,8	50,3	52,4	59,5	55,7	44,9	45,6	43,5	51,6
Hochqualifiziert	20,8	28,5	14,3	20,2	15,9	21,7	26,9	16,2	12,6	17,4	23,1	22,9	17,0	22,4	19,3	36,1	36,8	29,6	35,0	32,1

Anmerkung: Bevölkerung = erwachsene Personen zwischen 15 und 64 Jahren, ohne Rentner und Studenten.

Quelle: EU-SILC (Referenzjahr 2008), eigene Berechnungen

proportional weiblich, jünger und/oder älter als der Durchschnitt der Erwerbsbevölkerung sowie geringqualifiziert. Nur im Vereinigten Königreich sind Männer
stärker von Arbeitslosigkeit betroffen als Frauen. Besonders groß sind die Abstände zwischen Frauen und Männern bei den Inaktiven und Geringverdienern.
Insgesamt am kleinsten fallen die Geschlechterunterschiede in Dänemark aus.

Hinsichtlich der *Bildungsstruktur* der Personen mit Risiko sieht man, dass sie
zumeist über einen mittleren Bildungsabschluss verfügen, aber Geringqualifizierte gemessen an ihrem Bevölkerungsanteil deutlich überproportional vertreten sind. Nur in Dänemark und Frankreich sind die Mehrzahl der Inaktiven und
in den Niederlanden die meisten Arbeitslosen geringqualifiziert. Beim Ausmaß
von Geringqualifikation zeigen sich sowohl Gruppen- als auch Länderunterschiede.
Geringverdiener sind überall seltener geringqualifiziert als Nichterwerbstätige.
In Deutschland und den Niederlanden haben Arbeitslose den höchsten Anteil
Geringqualifizierter, in den anderen Ländern die Inaktiven. Die Anteile der Geringqualifizierten fallen in Deutschland insgesamt kleiner aus, weil es generell
weniger Geringqualifizierte gibt als in den anderen Ländern.

2.3 Operationalisierung von Haushalts- und Familienstrukturen

Der Fokus unserer Analyse ist auf die Arbeitsmarktintegration und das Erwerbseinkommen gerichtet. Deshalb betrachten wir nur Haushalte mit mindestens
einer erwachsenen Person im erwerbsfähigen Alter zwischen 15 und 64 Jahren.
Haushalte, in denen ausschließlich Rentner und/oder Personen im Alter von 65
Jahren und älter oder nur Erwachsene leben, die 2008 jünger als 25 Jahre und
außerdem sechs Monate und länger in Bildung waren, werden in unseren Analysen nicht berücksichtigt. Im EU-SILC-Datensatz sind, die fünf Länder dieser
Studie betreffend, 33.174 Haushalte mit Personen im erwerbsfähigen Alter enthalten, davon 9.211 in Deutschland, 4.540 in Dänemark, 7.569 in Frankreich,
7.663 in den Niederlanden und 4.191 im Vereinigten Königreich.

Im Mittelpunkt unserer Studie stehen Familien, die Kinder versorgen und
betreuen, also Familien mit abhängigen Kindern. Unter „Familien" fassen wir
daher nur solche Haushalte, in denen mindestens ein abhängiges Kind lebt. Ein
„abhängiges Kind" ist definiert als eine Person, die jünger als 18 Jahre alt ist
und mit mindestens einem Elternteil im Haushalt wohnt oder zwischen 18 und
24 Jahre alt ist, mit mindestens einem Elternteil im Haushalt lebt und im Referenzjahr 2008 weniger als sechs Monate erwerbstätig war.[2] Als Eltern gelten
dabei auch Stief-, Adoptiv- und Pflegeeltern. Alle Personen, die keine abhängigen

---

2   Wenn im Folgenden von „Kindern" die Rede ist, dann sind damit stets abhängige Kinder
     entsprechend unserer Definition gemeint.

Kinder sind, behandeln wir als „Erwachsene", also z.B. auch unter 18-Jährige, die nicht bei ihren Eltern leben, oder über 24-Jährige, die noch bei ihren Eltern wohnen (in letzterem Fall wird der Haushalt unter „sonstige Haushalte" gezählt). Diese Definition wurde aus folgenden Gründen gewählt: Erstens können Personen im EU-SILC nur über die Angabe, dass sie mit ihren Eltern zusammenleben, eindeutig als Kinder identifiziert werden. Zweitens ist nicht nur bei minderjährigen, sondern auch bei volljährigen Kindern, die sich noch in Schul- oder Ausbildung befinden, davon auszugehen, dass sie nicht für ihren eigenen Lebensunterhalt sorgen können. Im EU-SILC werden daher auch 18- bis 24-Jährige Haushaltsmitglieder, die mit mindestens einem Elternteil zusammenleben und ökonomisch inaktiv sind, zu den abhängigen Kindern gezählt. Die ökonomische Aktivität von Personen bemessen wir am Beschäftigungsstatus, den sie im Referenzjahr aufwiesen (zur genaueren Erläuterung siehe Abschnitt „Operationalisierung von Erwerbsrisiken"; oben). Folglich sind 18- bis 24-jährige Kinder für uns dann ökonomisch unselbstständig, wenn sie noch bei ihren Eltern wohnen und 2008 weniger als sechs Monate erwerbstätig waren.

In Abbildung 2.1 werden die Haushaltstypen vorgestellt, die wir für unsere Analyse verwenden. Wir unterscheiden insbesondere zwischen zwei Typen von Familienhaushalten und zwei Typen von Nichtfamilienhaushalten, die wir im Folgenden immer wieder miteinander vergleichen. Bei den Familienhaushalten unterscheiden wir: (1) *Alleinerziehende*, die als einzige Erwachsene im Haushalt mit einem oder mehreren abhängigen Kindern leben[3], und (2) verheiratete oder unverheiratete und in einem Haushalt zusammen lebende *Paare mit* einem oder mehreren abhängigen *Kindern*. Alle anderen Haushalte mit abhängigen Kindern (z.B. Mehrgenerationenfamilien) ordnen wir den „sonstigen Haushalten mit Kindern" zu (siehe Abb. 2.1). Als Vergleichsgruppen zu den Alleinerziehenden und Paaren mit Kindern wählen wir die zwei nicht-familiären Haushaltsformen (3) *Alleinstehende* ohne abhängige Kinder und (4) *Paare* (unabhängig vom Eheschein) *ohne* abhängige *Kinder*. Die „sonstigen Haushalte ohne Kinder" umfassen alle Haushalte, in denen entweder zwei Erwachsene, die kein Paar sind, oder drei und mehr Erwachsene ohne abhängige Kinder zusammenleben.

---

3   Aufgrund unserer Familiendefinition fallen Alleinerziehende, bei denen es sich selbst noch um abhängige Kinder handelt und die bei ihren beiden Eltern wohnen, in die Kategorie „Paare mit Kindern". Alleinerziehende, die in einer Wohngemeinschaft leben, befinden sich unter den „sonstigen Haushalten". Dadurch unterschätzen wir zwar die Alleinerziehenden, es ist aber anzunehmen, dass die Situation von Alleinerziehenden, die mit ihren Eltern zusammenleben, anders ist als die von Alleinerziehenden, die mit ihren Kindern alleine wohnen. Bei ersteren kann vermutet werden, dass sie, sofern sie nicht erwerbstätig sind, durch das Einkommen der Eltern abgesichert oder zumindest davon abhängig sind. Daher behandeln wir diese Alleinerziehenden wie abhängige Kinder, obwohl sie bereits eigene Kinder haben.

Abb. 2.1: Untersuchte Haushaltsformen

	Haushalte mit Personen 15–64[a]	
	mit abhängigen Kindern[b] („Familien")	ohne abhängige Kinder („Nicht-Familien")
1 Erwachsene/r[c]	❶ Alleinerziehende	❸ Alleinstehende
2 Erwachsene (Paar)	❷ Paare mit Kindern	❹ Paare ohne Kinder
2+ Erwachsene[d]	Sonstige Haushalte mit Kindern	Sonstige Haushalte ohne Kinder

a – ohne Haushalte, in denen nur Personen, die im Jahr 2008 sechs Monate und länger in Rente waren, oder ausschließlich unter 25-Jährige, die sich 2008 überwiegend in Bildung befanden, leben; b – abhängiges Kind = Person, die jünger als 18 Jahre alt ist und mit mindestens einem Elternteil im Haushalt lebt oder zwischen 18 und 24 Jahre alt ist, mit mindestens einem Elternteil im Haushalt lebt und im Referenzjahr 2008 weniger als sechs Monate erwerbstätig war; c – Erwachsener = Person, die kein abhängiges Kind ist; d – zwei Erwachsene, die kein Paar sind, oder drei und mehr Erwachsene.
Eigene Darstellung

Aus Abbildung 2.2 geht die Verteilung der Haushaltstypen unseres Samples des EU-SILC 2009 (Referenzjahr 2008) in den fünf Ländern hervor. In Dänemark (50,6%), Frankreich (50,1%) und den Niederlanden (47,2%) ist in etwa jeder zweite Haushalt eine *Familie (Haushalt mit abhängigen Kindern)*. Niedriger ist der Familienanteil im Vereinigten Königreich (42,6%) und am niedrigsten in Deutschland (37,7%). Die häufigste Haushaltsform sind in allen Ländern *Paare mit Kindern*. Wenig verbreitet sind sonstige Haushalte mit Kindern. Dänemark hat den höchsten Anteil von Paarfamilien (43,4%), gefolgt von den Niederlanden (40,7%) und Frankreich (39,6%). Das Vereinigte Königreich (30,7%) und Deutschland (29,6%) haben die niedrigsten Anteile. Fast spiegelbildlich ist es bei *Alleinerziehenden*: Im Vereinigten Königreich sind 9,5% der Haushalte alleinerziehend, in Dänemark und den Niederlanden nur 5,6%. Frankreich (8,3%) und Deutschland (6,9%) liegen dazwischen.

Paare ohne Kinder sind nach den Paaren mit Kindern der zweithäufigste Haushaltstyp in den Ländern. In Dänemark gehören 30% der Haushalte diesem Typ an. In Deutschland und den Niederlanden liegt der Anteil der Paar-Haushalte ohne Kinder mit circa 28% knapp darunter. Noch etwas niedriger ist dieser im Vereinigten Königreich (24,9%) und Frankreich (23,1%). Jeder vierte Haushalt in Deutschland ist alleinstehend. Damit weist Deutschland den höchsten Anteil von *Alleinstehenden* auf, Dänemark mit 14% den geringsten. Sonstige Haushalte ohne Kinder sind im Vereinigten Königreich am stärksten verbreitet. Dort entsprechen 14,4% der Haushalte diesem Typ. In Frankreich und Deutschland macht dieser Haushaltstyp etwas mehr als 8%, in Dänemark und den Niederlanden circa 5% aus.

Abb. 2.2: Haushalte nach Haushaltstyp

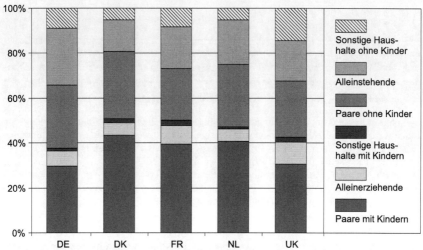

Quelle: EU-SILC (Referenzjahr 2008), eigene Auswertungen

Die sonstigen Haushalte mit und ohne Kinder werden in der folgenden Risiko-gruppen-Analyse nicht weiter betrachtet (sie gehen jedoch in die Gesamtanteile der Risikogruppen an allen Haushalten ein). Damit schließen wir zwar einen nicht unbeträchtlichen Teil der Haushalte aus der Analyse aus, der im Fall des Vereinigten Königreichs mit knapp 17% aller Haushalte besonders groß ist. Allerdings handelt es sich dabei um recht heterogene Haushalte, die untereinander kaum vergleichbar sind. Deren Mitglieder können in vielfältigen Beziehungen zueinander stehen, zahlreiche Erwerbskonstellationen sind möglich, und es ist schwerer einschätzbar, ob diese Haushalte wirtschaftliche Einheiten bilden. Außerdem überwiegen bei den sonstigen Haushalten die „Nicht-Familien", die nicht im Mittelpunkt der Untersuchung stehen.

2.4 Definition der Risikogruppen

Die Zuordnung eines Haushalts zu einer Risikogruppe (familiär oder nichtfami-liär) machen wir einerseits am Beschäftigungsstatus und andererseits an der Höhe des Erwerbseinkommens der darin lebenden erwachsenen Person/en fest.[4]

---

4   Es kann natürlich sein, dass auch Kinder erwerbstätig sind und damit einen Beitrag zum Haushaltseinkommen leisten. Da wir hier allerdings nur abhängige Kinder einbeziehen,

Single-Haushalte (Alleinerziehende bzw. Alleinstehende) gehören nach unserer Definition zu den Risikogruppen, wenn die darin lebende erwachsene Person Geringverdiener oder nicht erwerbstätig ist, wobei Rentner und unter 25-Jährige, die sich überwiegend in Bildung befinden, aus der Analyse ausgeschlossen sind. *Paare*, ob mit oder ohne Kinder, zählen bei drei Konstellationen zu einer Risikogruppe: (i) wenn beide Partner erwerbstätig sind, aber jeweils nur ein Erwerbseinkommen unterhalb der Geringverdienstgrenze erzielen; (ii) wenn bloß ein Partner arbeitet und Geringverdiener ist; oder (iii) wenn beide Partner keiner Beschäftigung nachgehen. Sonstige Haushalte werden lediglich in den Gesamtanteilen der Risikogruppen an allen Haushalten berücksichtigt. Sie zählen als Risikogruppe, wenn die Hälfte oder mehr der Erwachsenen im Haushalt Geringverdiener bzw. nicht erwerbstätig sind.

2.5 Individuelle Erwerbsrisiken im Haushalts- und Familienkontext

In den meisten Fällen werden individuelle Erwerbsrisiken tatsächlich durch die jeweilige Haushalts- und Familiensituation kompensiert. Dies gilt jedoch logischerweise nur für Haushalte mit mehr als einem Erwachsenen, also nicht für alleinstehende Personen und Alleinerziehende. Doch unterscheidet sich das Ausmaß dieser Kompensation von Gruppe zu Gruppe und von Land zu Land. Die Anteile der Personen mit individuellem Risiko, die auch tatsächlich gemäß der obigen Definition der Risikogruppen in Risiko-Paarhaushalten leben, sind in Abbildung 2.3 (auf S. 36) durch hell schraffierte Säulen dargestellt. Wird das individuelle Risiko durch einen gut verdienenden Partner kompensiert, werden Personen mit Risiko den Kategorien „Nicht-Risiko-Paarfamilie" bzw. „Nicht-Risiko-Paar" zugeordnet (dunkel schraffierte Säulen). Nichterwerbstätige und Geringverdiener können schließlich in „sonstigen Haushalten" wohnen. Da wir bei diesen Haushalten nicht beurteilen können, inwiefern die darin lebenden Erwachsenen im Risikofall eines Haushaltsmitglieds für dieses aufkommen, verzichten wir bei diesen Haushalten auf eine Zuordnung in Risiko- und Nicht-Risiko-Haushalte.

Geringverdiener leben zumeist in Nicht-Risiko-Paarfamilien, was bedeutet, dass ihr Geringverdienst durch ein höheres Erwerbseinkommen des Partners ausgeglichen wird. Das Vereinigte Königreich bildet hier eine Ausnahme, weil der größte Teil der Geringverdiener in sonstigen Haushalten und nur der zweitgrößte in Nicht-Risiko-Paarfamilien wohnt. In allen Ländern leben jedoch auch circa 10–20% der Geringverdiener alleine und etwa ein Fünftel bis ein Viertel in Paar-

---

ist ihr Beitrag zum Haushaltseinkommen, wenn überhaupt, eher gering und wird daher nicht weiter berücksichtigt.

Haushalten, in denen der niedrige Lohn nicht durch einen höheren des Partners kompensiert wird. Am häufigsten ist dies in Deutschland und im Vereinigten Königreich der Fall. Dort wohnen sogar mehr Geringverdiener in solchen Risiko-Haushalten (circa 44%) als in Nicht-Risiko-Haushalten (in Deutschland 42%, im Vereinigten Königreich 33%) und sonstigen Haushalten (in Deutschland 14%, im Vereinigten Königreich 23%). In den anderen drei Ländern ist es umgekehrt, wobei der Anteil der Geringverdiener, die in Risiko-Haushalten leben, in Dänemark am kleinsten ist (33%), gefolgt von den Niederlanden (36%) und Frankreich (40%).

Abb. 2.3: Haushaltssituation von Personen mit Erwerbsrisiko

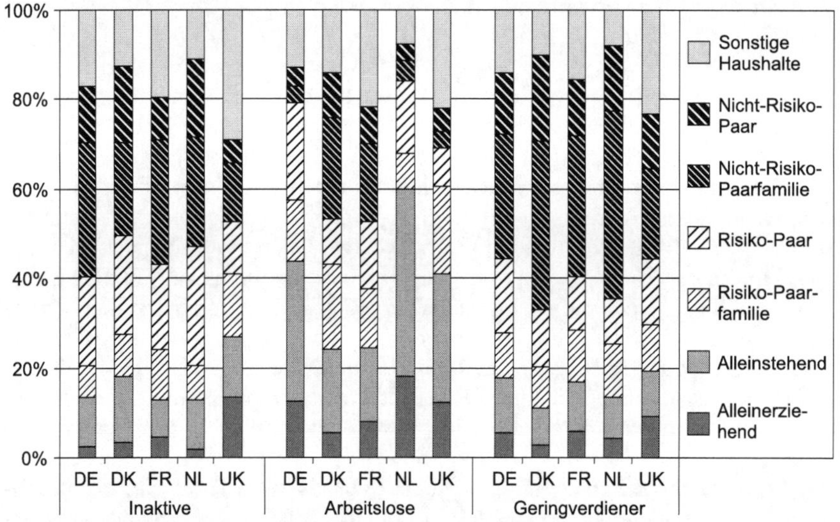

Quelle: EU-SILC (Referenzjahr 2008), eigene Auswertungen

Inaktive wohnen wie Geringverdiener eher in Paar-Haushalten, während Arbeitslose öfter alleine leben. Der größte Teil der Inaktiven in Dänemark und den Niederlanden wohnt in einem Risiko-Haushalt mit Partner und ohne Kinder, der zweitgrößte in einem Nicht-Risiko-Haushalt mit gut verdienendem Partner und Kindern. In Deutschland und Frankreich leben die meisten Inaktiven in solchen Nicht-Risiko-Paarfamilien, im Vereinigten Königreich in sonstigen Haushalten. Trennt man grob nach Risiko-, Nicht-Risiko- und sonstigen Haushalten, befindet sich die Mehrheit der Inaktiven in Risiko-Haushalten. Das gilt für alle Länder außer Deutschland, wo circa 40% der Inaktiven in Risiko-Haushalten und 42% in Nicht-Risiko-Haushalten leben. Hier stellt sich die Haushaltssituation von

Inaktiven auch etwas positiver dar als die von Geringverdienern. Im Ländervergleich erweist sich die Haushaltssituation von Inaktiven im Vereinigten Königreich am ungünstigsten.

Arbeitslose sind in den Niederlanden, Deutschland und im Vereinigten Königreich überwiegend alleinstehend. In Dänemark lebt der größte Teil der Arbeitslosen in Nicht-Risiko-Paarfamilien, in Frankreich in sonstigen Haushalten. Die letzten beiden Länder schneiden bezüglich der Haushaltssituation von Arbeitslosen noch am besten ab: In Dänemark befindet sich ein Drittel der Arbeitslosen in einem Nicht-Risiko-Haushalt, in Frankreich ein Viertel. 14 bzw. 22% fallen in die Kategorie „sonstige Haushalte", und gut die Hälfte der Arbeitslosen lebt in einem Risiko-Haushalt. In den anderen drei Ländern liegt der Prozentsatz der Arbeitslosen in Risiko-Haushalten, vor allem aufgrund des größeren Anteils Alleinlebender, deutlich höher: In den Niederlanden beträgt dieser 84%, in Deutschland 79% und im Vereinigten Königreich 69%. Nur weniger als 10% der Arbeitslosen wohnen dort in Nicht-Risiko-Haushalten, also mit gut verdienendem Partner.

2.6 Risikogruppen im Ländervergleich

Familiäre und nichtfamiliäre Risikogruppen gemäß unserer Definition sind in den einzelnen Ländern somit in sehr unterschiedlichem Ausmaß verbreitet. Dies zeigt, dass Erwerbsrisiken in den einzelnen Ländern in sehr unterschiedlicher Intensität und Weise vermieden oder kompensiert werden. Abbildung 2.4 (auf S. 38) zeigt zum einen, wie häufig die vier Haushaltstypen (Paare mit und ohne Kinder, Alleinerziehende und Alleinstehende) in den fünf Ländern unter die Risikogruppen fallen. Zum andern veranschaulicht sie, inwieweit die Risikobetroffenheit auf Nichterwerbstätigkeit, Geringverdiensten oder – bei Paaren – auf einer Kombination aus beidem beruht. Was den ersten Punkt betrifft, fällt auf, dass Alleinerziehende in allen Ländern (außer Dänemark) die mit Abstand höchsten Risikogruppen-Anteile aufweisen, wohingegen Paarfamilien am seltensten zu den Risikogruppen gehören. Single-Haushalte haben höhere Risikogruppen-Anteile als Paar-Haushalte. Ein Partner senkt also die Risikobetroffenheit. Trotz dieser allgemeinen Befunde sind die Länderunterschiede im Ausmaß der Risikobetroffenheit erheblich: Bei den Alleinerziehenden reichen sie von rund einem Viertel in Dänemark bis zu mehr als drei Viertel im Vereinigten Königreich. Bei den Paaren mit Kindern variieren die Anteile von 5% in Dänemark bis zu knapp 20% im Vereinigten Königreich. Deutschland schneidet bei allen Haushaltstypen am zweitschlechtesten ab, bei den Paaren ohne Kinder sogar am schlechtesten.

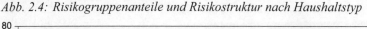

Abb. 2.4: Risikogruppenanteile und Risikostruktur nach Haushaltstyp

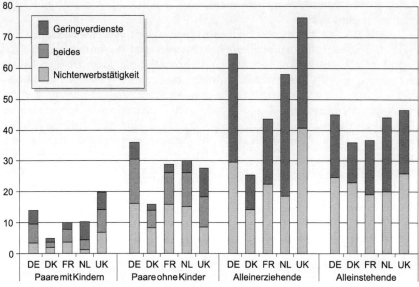

Quelle: EU-SILC (Referenzjahr 2008), eigene Auswertungen

Länderunterschiede bestehen auch im Hinblick auf die Häufigkeit der einzelnen Risiken. Betrachtet man das Ausmaß von Nichterwerbstätigkeit und Geringverdiensten über alle Haushaltstypen hinweg, so sieht man, dass in Deutschland und im Vereinigten Königreich beide Erwerbsrisiken generell relativ stark verbreitet sind. In den Niederlanden kommen Geringverdienste ebenfalls recht häufig vor, was auf die hohe Teilzeitbeschäftigung zurückzuführen ist. Dafür ist die Nichtbeschäftigung dort deutlich niedriger. Frankreich hat umgekehrt eher ein Problem mit Nichterwerbstätigkeit als mit Geringverdiensten. Das trifft auch auf Dänemark zu, wo beide Risiken allerdings vergleichsweise selten auftreten.

Bezüglich der Risikostruktur der Risikogruppen getrennt nach Haushaltstypen ist festzustellen, dass Alleinerziehende in Deutschland, Frankreich und im Vereinigten Königreich sowohl sehr oft von Nichtbeschäftigung als auch von Geringverdiensten betroffen sind und das auch öfter als Alleinstehende. Im Vereinigten Königreich haben circa 40% der Alleinerziehenden keine Beschäftigung. Fast genauso viele sind zwar beschäftigt, erzielen mit ihrer Arbeit aber nur geringe Verdienste. In Deutschland sind jeweils etwa ein Drittel der Alleinerziehenden nicht erwerbstätig, Geringverdiener oder beschäftigt mit höheren Verdiensten. In Frankreich sieht deren Arbeitsmarktlage schon besser aus. Doch immerhin gut jede/r fünfte Alleinerziehende ist arbeitslos oder inaktiv. Nochmal so viele gehören zu den Geringverdienern. In den Niederlanden liegt die Nichterwerbstätigkeit von Alleinerziehenden ebenfalls bei knapp 20%. Sie sind dort aber nicht weniger oft erwerbstätig als Alleinstehende, eher häufiger. Dafür arbeiten sie deutlich öfter zu geringen Löhnen. Hier stellen Geringverdienste also besonders für Alleinerziehende das größere Problem dar. Das Gegenteil ist in Dänemark der Fall, wo sie mehr von Nichtbeschäftigung als von Geringverdiensten betroffen sind. Anders als in den anderen Ländern sind Alleinerziehende dort verglichen mit Alleinstehenden nicht nur häufiger erwerbstätig, sondern zählen auch seltener zu den Geringverdienern. Unter den Alleinstehenden befinden sich in allen Ländern außer den Niederlanden mehr Nichterwerbstätige als Geringverdiener. Auch bei den Paaren ohne Kinder überwiegt fast überall das Problem der Nichtbeschäftigung. Nur im Vereinigten Königreich gibt es weniger nichterwerbstätige Paare als Paare, bei denen einer der Partner nicht beschäftigt und der andere Geringverdiener ist oder beide Partner Geringverdiener sind. Bei den Risikopaaren mit Kindern tritt hingegen die Kombination aus Nichterwerbstätigkeit und Geringverdienst am häufigsten auf, mit Ausnahme von den Niederlanden, wo die Doppel-Geringverdiener die Mehrheit unter den Risikopaarfamilien ausmachen. Insgesamt zeigt der Vergleich der Haushaltstypen, dass die Risikobetroffenheit bei Familien in der Regel weniger auf Nichterwerbstätigkeit beruht, als das bei Nicht-Familien der Fall ist.

2.7 Soziale Zusammensetzung der Haushalte mit Risikobetroffenheit

Es ist anzunehmen, dass die Risikobetroffenheit von Haushalten je nach Alter, Bildungsniveau und Geschlecht variiert. Jüngere Haushalte dürften häufiger von Nichterwerbstätigkeit und Geringverdiensten betroffen sein, weil sich junge Erwachsene noch in der Phase des Berufseinstiegs befinden. Auch gegen Ende des Erwerbslebens könnten diese Risiken wieder vermehrt auftreten. Darüber hinaus dürften Haushalte mit geringem Bildungsniveau einen höheren Anteil an Risikogruppen aufweisen als besser qualifizierte. Es ist zudem davon auszugehen, dass Frauen öfter nicht erwerbstätig oder Geringverdiener sind als Männer. Folglich könnte ein Grund für die Unterschiede in der Risikobetroffenheit der Haushaltstypen sowie der allgemeinen Verbreitung der Risikogruppen in den Ländern in der sozialen Zusammensetzung der Haushalte liegen.

Bei der Betrachtung der soziodemografischen Merkmale von Haushalten besteht grundsätzlich das Problem, dass Partner in Paar-Haushalten unterschiedlichen Alters, Bildungsniveaus und Geschlechts sein können. Das Alter und Bildungsniveau dieser Haushalte lässt sich somit nur grob bestimmen. Als Gradmesser für das Alter und Bildungsniveau der Haushalte verwenden wir das Alter des ältesten Erwachsenen und den höchsten erreichten Bildungsabschluss der Erwachsenen im Haushalt. Das hat den Grund, dass in Paar-Haushalten, bei denen ein Partner ein Risiko hat und der andere nicht, der Partner ohne Risiko, der dafür verantwortlich ist, dass der Haushalt nicht zu den Risikogruppen gehört, häufiger der ältere ist bzw. den höheren Bildungsabschluss hat. In unserem Haushaltssample leben in Paar-Haushalten stets eine erwachsene Frau und ein erwachsener Mann zusammen. Gleichgeschlechtliche Paare sind darin nicht enthalten. Da sich Paar-Haushalte diesbezüglich also nicht voneinander unterscheiden, erübrigt sich bei diesen Haushaltstypen eine Analyse der sozialen Zusammensetzung nach Geschlecht.

In Tabelle 2.2 ist das Alter der vier Haushaltstypen gemessen am *Alter des ältesten Erwachsenen im Haushalt* dargestellt. In Klammern befinden sich die Risikogruppen-Anteile an den jeweiligen Altersgruppen. Wir unterscheiden drei Altersklassen: die jüngeren Haushalte, bei denen die älteste Person unter 30 Jahre alt ist, die Haushalte mittleren Alters zwischen 30 und 49 Jahren und die älteren Haushalte im Alter von 50 bis 64 Jahren.

Betrachtet man die Altersstruktur der Paare mit Kindern und Alleinerziehenden, zeigt sich, dass nur wenige Familien unter 30 Jahre alt sind. Bei Alleinerziehenden ist der Anteil der Jüngeren etwas höher als bei Paaren mit Kindern, im Vereinigten Königreich deutlich. Hier sind immerhin 15,2% der Alleinerziehenden zwischen 15 und 29 Jahre alt. Mehrheitlich befinden sich Familien in der mittleren Altersgruppe. Paare ohne Kinder sind dagegen überwiegend älter. Alleinstehende sind ebenfalls mehrheitlich mittleren und höheren Alters (jeweils um die 40%). Von allen Haushaltstypen haben sie jedoch den höchsten Anteil jüngerer Haushalte. Nur im Vereinigten Königreich ist dieser bei den Alleinerziehenden noch größer.

Jüngere und ältere Haushalte sind tendenziell stärker von Erwerbsrisiken betroffen als mittlere Altersgruppen. Eine Ausnahme bilden die Alleinerziehenden. Bei diesen sinkt der Risikogruppen-Anteil mit dem Alter deutlich. Weitere Ausnahmen bestehen bei den Paaren ohne Kinder in Frankreich, den Niederlanden und im Vereinigten Königreich sowie den Alleinstehenden in Frankreich und im Vereinigten Königreich: Hier haben die älteren Haushalte den höchsten Risikogruppen-Anteil.

Paare mit Kindern sind mehrheitlich mittleren Alters, befinden sich also in der Haupterwerbsphase. Nur wenige sind unter 30 Jahre alt. Das ist ein Grund dafür, warum Paarfamilien in allen Ländern einen relativ geringen Risikogruppen-Anteil haben und auch einen geringeren als Paare ohne Kinder. Der größte Teil der Paare ohne Kinder ist in unserem Sample 50 Jahre und älter. Viele von ihnen, nämlich rund 30%, fallen in die Risikogruppen (in Dänemark sind es weniger). Dabei handelt es sich meist um nichterwerbstätige Paare unter 65 Jahre, bei denen ein Partner in Rente und der andere inaktiv ist. Reine Rentner-Haushalte sind dagegen aus unserer Analyse ausgeschlossen. Würden auch solche Haushalte ausgeklammert, in denen nur ein Partner Rentner ist, würden der Anteil der nichterwerbstätigen Paare und damit der Risikogruppen-Anteil besonders bei Paaren ohne Kinder geringer ausfallen. Der Abstand zwischen Paaren ohne Kindern und Paaren mit Kindern würde sich folglich verringern, wäre allerdings immer noch vorhanden.

Tab. 2.2: Alter des ältesten Erwachsenen im Haushalt nach Haushaltstyp (Anteile in %; in Klammern Risikogruppenanteile)

	15–29		30–49		50–64	
			Paare mit Kindern			
DE	2,7	(51,3)	73,8	(11,3)	23,5	(12,9)
DK	2,9	(19,4)	68,9	(4,8)	28,2	(5,4)
FR	5,8	(13,2)	70,3	(7,6)	23,9	(14,6)
NL	2,3	(29,7)	72,6	(9,9)	25,1	(10,1)
UK	5,9	(54,8)	76,5	(18,9)	17,7	(19,6)
			Paare ohne Kinder			
DE	8,0	(46,4)	29,7	(13,5)	62,3	(33,0)
DK	9,6	(33,6)	18,2	(6,5)	72,3	(12,6)
FR	17,9	(19,7)	22,4	(8,7)	59,7	(31,9)
NL	7,3	(26,7)	25,1	(6,9)	67,5	(28,2)
UK	9,3	(13,9)	26,9	(13,6)	63,8	(28,7)
			Alleinerziehende			
DE	*6,9*	*(94,4)*	75,6	(64,0)	17,6	(48,8)
DK	*4,3*	*(25,0)*	74,5	(24,6)	*21,3*	*(20,0)*
FR	*4,7*	*(75,0)*	71,9	(45,1)	23,4	(28,6)
NL	*3,7*	*(100)*	63,4	(62,4)	32,9	(45,1)
UK	15,2	(89,3)	72,5	(67,8)	12,3	(54,5)
			Alleinstehende			
DE	11,9	(65,0)	47,4	(33,9)	40,7	(52,2)
DK	19,5	(54,0)	40,1	(22,2)	40,4	(40,5)
FR	20,0	(40,4)	40,9	(29,9)	39,1	(41,7)
NL	13,7	(57,0)	44,9	(31,5)	41,4	(53,5)
UK	8,2	(37,5)	45,2	(34,7)	46,6	(59,6)

Anmerkung: Kursive Werte beruhen auf geringen Fallzahlen (< 30)

Quelle: EU-SILC (Referenzjahr 2008), eigene Berechnungen

Wie Paarfamilien sind *Alleinerziehende* überwiegend mittleren Alters. Alleinerziehende in diesem Alter haben aber eine deutlich höhere Risikobetroffenheit, auch im Vergleich zu Alleinstehenden ohne Kinder. Gleiches gilt für Alleinerziehende unter 30 Jahre, mit Ausnahme von Dänemark, wo diese relativ selten zu den Risikogruppen gehören. Es muss jedoch beachtet werden, dass es außer im Vereinigten Königreich nur wenige junge Alleinerziehende in unserem Sample gibt. Ältere Alleinerziehende sind interessanterweise weniger oft von Risiken betroffen als Alleinstehende gleichen Alters. In den fünf Ländern sind aber nur etwa 20–33% der Alleinerziehenden zwischen 50 und 64 Jahre alt. Im Vereinigten Königreich sind es noch weniger. Hier sind Alleinerziehende im Ländervergleich am jüngsten.

Von den Alleinerziehenden im Vereinigten Königreich abgesehen, ergeben sich keine gravierenden Länderunterschiede in der Altersstruktur von Haushalten, die ihre unterschiedliche Risikobetroffenheit in den Ländern erklären könnte. Vielmehr zeigt sich, mit wenigen Ausnahmen, dass in den Ländern mit insgesamt höheren Risikogruppen-Anteilen bei den Haushaltstypen auch die verschiedenen Altersgruppen der Haushaltstypen stärker von Erwerbsrisiken betroffen sind, und umgekehrt. Wohl aber lassen sich Unterschiede in der Risikobetroffenheit zwischen den Haushaltstypen zum Teil auf ihre Altersstruktur zurückführen. Bei Paar-Haushalten und Alleinstehenden scheint der Zusammenhang zwischen Alter und Risikogruppenzugehörigkeit U-förmig zu sein, während bei Alleinerziehenden die Risiken offenbar mit dem Alter sinken.

Ob die Wahrscheinlichkeit, zu den Risikogruppen zu gehören, auch mit dem Bildungsniveau abnimmt, wird im Folgenden untersucht. In Tabelle 2.3 ist der *höchste erreichte Bildungsabschluss im Haushalt* dargestellt, getrennt nach den vier Haushaltstypen. Das heißt im Extremfall, dass ein Paar-Haushalt, in dem ein Partner einen hohen Bildungsabschluss (ISCED[5]-Level 4 und 5) und der andere einen niedrigen (ISCED-Level 0 und 1) hat, zu den „hochqualifizierten" gezählt wird. In Klammern wird wiederum der Risikogruppen-Anteil der jeweiligen Haushalte angegeben. Es zeigt sich, dass die Risikogruppenzugehörigkeit, wie erwartet, mit dem Bildungsgrad abnimmt.

Bei Paarfamilien, Alleinerziehenden und Alleinstehenden verringern sich die Risikogruppen-Anteile mit dem Bildungsgrad am deutlichsten im Vereinigten Königreich und Deutschland, bei Paaren ohne Kinder im Vereinigten Königreich und Frankreich. Am kleinsten sind die Rückgänge in Dänemark, was bedeutet,

---

5   ISCED (International Standard Classification of Education) ist eine von UNESCO entwickelte Klassifizierung, um länderübergreifende Vergleiche verschiedener Bildungsstufen zu ermöglichen. (http://www.uis.unesco.org/Education/Pages/international-standard-classification-of-education.aspx).

Tab. 2.3: Höchster erreichter Bildungsabschluss im Haushalt nach
Haushaltstyp (Anteile in %; in Klammern Risikogruppenanteile)

	gering		mittel		hoch	
			Paare mit Kindern			
DE	2,2	(48,5)	42,2	(19,7)	55,6	(6,5)
DK	5,6	(25,0)	39,8	(4,2)	54,6	(2,9)
FR	8,4	(31,3)	46,5	(12,5)	45,1	(4,2)
NL	6,2	(24,0)	43,6	(15,8)	50,2	(5,2)
UK	4,9	(67,9)	50,0	(27,3)	45,1	(7,4)
			Paare ohne Kinder			
DE	2,0	(50,0)	45,1	(43,1)	52,9	(28,6)
DK	10,3	(36,6)	44,9	(14,7)	44,8	(9,6)
FR	14,5	(54,5)	48,2	(32,1)	37,3	(14,1)
NL	13,5	(55,4)	40,5	(35,5)	46,0	(19,7)
UK	8,7	(55,7)	47,5	(29,7)	43,8	(14,2)
			Alleinerziehende			
DE	*9,8*	*(92,0)*	61,4	(68,2)	28,7	(40,3)
DK	*21,1*	*(47,4)*	40,0	(22,9)	38,9	(8,6)
FR	25,9	(64,1)	49,0	(46,7)	25,1	(14,3)
NL	*16,3*	*(83,3)*	54,9	(64,2)	28,8	(36,4)
UK	16,0	(96,2)	61,7	(75,5)	22,3	(36,6)
			Alleinstehende			
DE	7,8	(76,0)	54,1	(48,4)	38,1	(27,7)
DK	24,7	(46,4)	38,5	(30,8)	36,8	(21,9)
FR	23,6	(63,8)	41,9	(33,7)	34,5	(18,7)
NL	20,5	(69,6)	41,7	(45,3)	37,9	(27,6)
UK	19,0	(77,0)	46,5	(48,0)	34,5	(28,2)

Anmerkung: Kursive Werte beruhen auf geringen Fallzahlen (< 30).
Quelle: EU-SILC (Referenzjahr 2008), eigene Berechnungen

dass Bildung dort einen geringeren Effekt auf die Risikobetroffenheit zu haben
scheint. Die Rückgänge fallen in der Regel zwischen gering- und mittelqualifizierten Haushalten am größten aus, was die besondere Betroffenheit von Geringqualifizierten durch Erwerbsrisiken unterstreicht. Alleinerziehende bilden
wieder eine Ausnahme. Bei diesen geht der Risikogruppen-Anteil zwischen Mit-
tel- und Hochqualifizierten am kräftigsten zurück. Eine deutlichere Verbesserung
der Problemlage erfolgt bei Alleinerziehenden also erst bei einem hohen Bil-

dungsniveau. Doch selbst hochqualifizierte Alleinerziehende sind in drei Ländern, nämlich Deutschland, dem Vereinigten Königreich und den Niederlanden, immer noch zu mehr als einem Drittel von Nichterwerbstätigkeit oder Geringverdiensten betroffen.

Paarfamilien haben insgesamt ein höheres Bildungsniveau. Sie weisen den niedrigsten Anteil von Geringqualifizierten auf. Nur in Deutschland ist dieser bei Paaren ohne Kinder ähnlich klein. Es folgen zumeist Paare ohne Kinder und dann Single-Haushalte. In Deutschland und Frankreich haben Alleinerziehende einen etwas höheren Anteil Geringqualifizierter als Alleinstehende. In Dänemark ist es umgekehrt. Die bildungsbezogene Rangfolge der Haushaltstypen stimmt in diesen Ländern also mit deren Rangfolge bei der Risikogruppenzugehörigkeit überein (siehe oben). In den Niederlanden und im Vereinigten Königreich ist das nicht der Fall. In diesen Ländern sind, wie in Dänemark, Alleinstehende öfter geringqualifiziert als Alleinerziehende. Trotzdem gehören Alleinerziehende dort häufiger zu den Risikogruppen.

Insgesamt lassen sich die Länderunterschiede in der Verbreitung von Risikogruppen ebenfalls eher nicht auf Unterschiede in der Bildungsstruktur zwischen den Ländern zurückführen. So fällt der Anteil von geringqualifizierten Haushalten in den beiden Ländern mit den höchsten Risikogruppen-Anteilen, Deutschland und dem Vereinigten Königreich, am kleinsten aus und ist in Frankreich, wo Risikogruppen relativ selten vorkommen, am größten. Diese Länder haben auch in der Gesamtbevölkerung den kleinsten bzw. größten Anteil von Geringqualifizierten. In Deutschland, Dänemark und den Niederlanden haben Paarfamilien meistens ein hohes Bildungsniveau. Im Vereinigten Königreich und Frankreich überwiegen leicht die mittelqualifizierten. In Deutschland und den Niederlanden weisen auch Paare ohne Kinder größtenteils ein hohes Bildungsniveau auf, in den anderen Ländern ein mittleres. In allen Ländern haben Alleinerziehende und Alleinstehende am häufigsten einen mittleren Bildungsabschluss.

Es zeigt sich also, ähnlich wie beim Alter, dass die Länderdifferenzen in den Risikogruppen-Anteilen auch bei Haushalten gleichen Bildungsniveaus bestehen und nicht in der Bildungsstruktur begründet liegen. Allenfalls scheint die unterschiedliche Risikobetroffenheit der Haushaltstypen in manchen Ländern (Deutschland, Frankreich und Dänemark) auf Unterschiede im Bildungsgrad zurückzuführen sein.

2.8 Geschlechterstruktur von Single-Haushalten

Bei Alleinerziehenden handelt es sich überwiegend um Frauen, was zusätzlich zu der Tatsache, dass sie Kinder haben, ein Grund dafür sein könnte, warum sie fast überall seltener erwerbstätig und wenn, dann häufiger von Geringverdienst betroffen sind als Alleinstehende. In Dänemark ist die Risikobetroffenheit von Alleinerziehenden nicht nur im Ländervergleich am geringsten. Alleinerziehende gehören dort auch, anders als in den anderen Ländern, weniger oft zu den Risikogruppen als Alleinstehende. Zwar weisen die Länder mit der größten Risikobetroffenheit von Alleinerziehenden auch die höchsten Risikogruppen-Anteile bei Alleinstehenden auf. Ob dies mit der Geschlechterstruktur dieser Haushalte in den Ländern zusammenhängt, soll im Folgenden untersucht werden.

Tatsächlich zeigen sich bezüglich der Geschlechterstruktur von Single-Haushalten kaum Unterschiede zwischen den Ländern. Alleinerziehende sind meistens Frauen, während das Geschlechterverhältnis bei Alleinstehenden recht ausgeglichen ist. Bei Alleinerziehenden variiert der Frauen-Anteil zwischen 60% in den Niederlanden und 66% im Vereinigten Königreich. Diese Werte sind im Vergleich zu anderen publizierten Zahlen, die die Frauenquote von Alleinerziehenden auf circa 90% beziffern, sehr gering. Die Abweichungen kommen vermutlich durch unsere Definition von Haushalten im Allgemeinen und von Alleinerziehenden im Besonderen zustande, die bei uns nur solche Personen umfassen, die ganz alleine mit ihren abhängigen Kindern zusammenleben (siehe Abschnitt „Untersuchte Haushalte und Haushaltsformen").

Zwar ist die Zusammensetzung von Single-Haushalten nach Geschlecht in den Ländern recht ähnlich. Betrachtet man allerdings den Erwerbsstatus von Alleinerziehenden und Alleinstehenden nach Geschlecht, fällt auf, dass in den Ländern mit den höchsten Risikogruppen-Anteilen bei Alleinerziehenden (Vereinigtes Königreich, Deutschland, die Niederlande) alleinerziehende Frauen weitaus schlechter in den Arbeitsmarkt integriert sind als alleinerziehende Männer. In Frankreich fallen die Geschlechterunterschiede geringer aus, und in Dänemark sind alleinerziehende Frauen und Männer gleichermaßen gut in den Arbeitsmarkt integriert. Bei den Alleinstehenden sind die Geschlechterunterschiede dagegen in allen Ländern nicht so groß. Zwar arbeiten alleinstehende Frauen seltener Vollzeit und häufiger Teilzeit. In manchen Ländern sind sie aber auch öfter beschäftigt als Männer (Deutschland und Vereinigtes Königreich). Mit Ausnahme von Dänemark sind alleinstehende Frauen ohne Kinder besser in den Arbeitsmarkt integriert als solche mit Kindern. Bei den Männern ist es umgekehrt, was darauf hindeutet, dass sich Kinder bei Frauen negativ auf die Arbeitsmarktintegration auswirken, bei Männern hingegen positiv. Somit lässt sich festhalten, dass es zwar kaum Länderunterschiede in der Geschlechterstruktur von Single-Haushalten gibt. Männer und Frauen und insbesondere Frauen mit Kindern haben in den Ländern aber unterschiedlich gute Erwerbschancen, was ein Grund für die Länderunterschiede vor allem bei der Risikobetroffenheit von Alleinerziehenden ist.

2.9 Zusammenfassender Ländervergleich der Risikogruppen

Im Hinblick auf die Verbreitung von Risikogruppen lassen sich somit folgende große Länderunterschiede beobachten: In Dänemark kommen Risikogruppen relativ selten vor (14,7% aller Haushalte), im Vereinigten Königreich besonders häufig (38,1%). Frankreich, die Niederlande und Deutschland liegen dazwischen. Von den betrachteten Haushaltstypen gehören Alleinerziehende am häufigsten zu den Risikogruppen (in Dänemark Alleinstehende), Paare mit Kindern hingegen am seltensten. In Deutschland und im Vereinigten Königreich gibt es größere Probleme sowohl mit Nichterwerbstätigkeit als auch mit Geringverdiensten. In den Niederlanden überwiegt das Geringverdienstproblem. Frankreich und Dänemark haben umgekehrt eher ein Problem mit Nichtbeschäftigung als mit Geringverdiensten. In Dänemark sind allerdings beide Erwerbsrisiken vergleichsweise wenig verbreitet.

In allen Ländern weisen jüngere und ältere sowie geringqualifizierte Haushalte eine höhere Risikobetroffenheit auf. Mit Ausnahme von Dänemark gilt das auch für weibliche Single-Haushalte. Bei Alleinerziehenden lassen sich ein paar Besonderheiten feststellen: Im Unterschied zu anderen Haushaltstypen sinkt bei ihnen die Risikobetroffenheit mit dem Alter, was vermutlich mit den besseren Betreuungsmöglichkeiten für ältere Kinder zusammenhängt. Auch zeigt sich, dass die Risikobetroffenheit von Alleinerziehenden nicht schon bei einem mittleren, sondern erst bei einem hohen Bildungsniveau deutlich abnimmt. Die Betrachtung der Sozialstruktur der Haushalte ergab außerdem, dass Paare ohne Kinder zumeist über 50 Jahre alt sind, was ein, aber nicht der einzige, Grund dafür ist, warum sie öfter von Erwerbsrisiken betroffen sind als Paare mit Kindern.

Die Länderunterschiede in der Verbreitung von Risikogruppen lassen sich nicht auf eine unterschiedliche soziale Zusammensetzung der Haushalte in den Ländern zurückführen. So ist die Altersstruktur der Haushalte in den Ländern recht ähnlich. Im Vereinigten Königreich sind Alleinerziehende jedoch jünger, in den Niederlanden älter. Die Länder mit den höchsten Risikogruppen-Anteilen, Deutschland und das Vereinigte Königreich, weisen die niedrigsten Anteile von Haushalten mit geringem Bildungsniveau auf. Kaum Länderunterschiede gibt es zudem bezüglich der Geschlechterstruktur von Single-Haushalten. Vielmehr zeigen sich die Länderdifferenzen in der Risikobetroffenheit auch bei Haushalten gleichen Alters, Bildungsniveaus und Geschlechts (bei Singles).

Die soziale Zusammensetzung der Risikogruppen ist in den Ländern ebenfalls weitgehend ähnlich: Alleinstehende, ältere und mittelqualifizierte Haushalte bilden überall die größten Gruppen innerhalb der Risiko-Haushalte. Im Verhältnis zu ihren Anteilen an allen Haushalten sind Single-Haushalte, jüngere und ältere sowie geringqualifizierte Haushalte in den Risikogruppen überrepräsentiert. In Frankreich trifft das in besonderem Maße auch auf sonstige Haushalte und in Deutschland sowie im Vereinigten Königreich auf mittelqualifizierte Haushalte zu. Risiko-Paarfamilien haben in Deutschland und Dänemark meist ein Kind, in den anderen Ländern größtenteils zwei Kinder. Die Mehrheit der Risiko-Alleinerziehenden besitzt, wie alle Alleinerziehenden, nur ein Kind. Der überwiegende Teil der Risikofamilien hat, wie alle Familien, keine Kinder im Vorschulalter. Das jüngste Kind ist meistens schon schulpflichtig (außer bei Risiko-Paarfamilien in Dänemark und im Vereinigten Königreich). Im Vergleich zu allen Familien gleichen Typs lässt sich jedoch feststellen, dass Risiko-Paarfamilien häufiger drei und mehr Kinder (außer in den Niederlanden) und öfter auch nur ein Kind haben (außer in Großbritannien). Ob das daran liegt, dass Risiko-Paare aufgrund ihrer Lage davon Abstand nehmen, weitere Kinder zu bekommen, lässt sich anhand der Daten nicht sagen. Risiko-Alleinerziehende haben hingegen etwas mehr Kinder als alle Alleinerziehenden (mit Ausnahme von Dänemark). Bezüglich des Alters der Kinder ist erkennbar, dass Risikofamilien im Vergleich zu allen Familien in unserem Sample häufiger kleine, noch nicht schulpflichtige Kinder haben (mit Ausnahme von Risiko-Paarfamilien in Frankreich).

3 Probleme und Muster der Erwerbsintegration von Familien

In diesem Kapitel richtet sich der Fokus auf die erste Stufe erwerbsbezogener Probleme, also auf die Frage der Arbeitslosigkeit oder Inaktivität im Familienkontext. Im vorhergehenden Kapitel wurde bereits gezeigt, dass der Anteil der von diesen Problemen betroffenen Familien mit Kindern im Ländervergleich erheblich variiert. An dieser Stelle wird diese Problematik nun in dreifacher Hinsicht ausführlicher analysiert: erstens in Zusammenhang mit der allgemeinen Arbeitsmarktentwicklung in den Ländern, zweitens im Hinblick auf den familienpolitischen Kontext zur Unterstützung der Erwerbsintegration von Eltern und drittens in Bezug auf die in den einzelnen Ländern vorherrschenden Familienerwerbsmodelle, die den familiären Risikogruppen unterschiedliche Beschäftigungschancen eröffnen.

3.1 Entwicklung von Beschäftigung und Arbeitslosigkeit

In den fünf untersuchten Ländern lassen sich gemeinsame Tendenzen, aber auch Unterschiede in der allgemeinen Arbeitsmarktentwicklung feststellen. So verlief bereits die Entwicklung der *Erwerbsbeteiligung*, gemessen durch die Erwerbsquote, über das Jahr 2008 hinweg unterschiedlich. Die Erwerbsquote ist der Anteil der Bevölkerung (einer bestimmten Altersgruppe), die aktiv am Erwerbsleben teilnimmt, also abhängig oder selbstständig beschäftigt oder arbeitslos und arbeitssuchend ist. Die Kehrseite der Erwerbsquote (Differenz zu 100%) ist die Quote der Inaktivität. Inaktiv sind Personen, die weder beschäftigt sind noch Arbeit suchen, also zum Beispiel Studierende, Rentner/innen oder Hausfrauen und -männer. Betrachtet wird hier nur die Altersgruppe der 25- bis 64-Jährigen. Die jünger als 25-Jährigen sind ausgeschlossen, weil sie sich häufig noch im Bildungssystem befinden. Die über 60-Jährigen und unter 65-Jährigen werden einbezogen, weil sie sich im Zuge der jüngeren Rentenreformen zunehmend im Erwerbsleben befinden.[1]

Die Entwicklung der Erwerbsbeteiligung folgt einem langfristigen Muster. Bei den Männern verlief die Erwerbsquote kontinuierlich auf hohem Niveau. Es gab nur geringe Schwankungen im Zeitverlauf und kleine Unterschiede zwischen

---

1   Es ist dabei jedoch zu bedenken, dass es 2008 in den fünf Ländern noch unterschiedliche Formen der Frühverrentung gab; darauf können wir jedoch an dieser Stelle nicht eingehen.

den fünf Ländern (deshalb hier nicht dargestellt). Für Frankreich und Deutschland lassen sich jedoch seit Mitte der 2000er Jahre gegenläufige Trends erkennen: In Deutschland steigt die Erwerbsbeteiligung im Zuge der Hartz-Reformen
und der Rentenreformen seitdem stetig an, während sie in Frankreich stagniert
und sogar rückläufig ist. In Deutschland nimmt insbesondere die Erwerbsbeteiligung bei Älteren zu.

      Größere Länderunterschiede zeigen sich in der Erwerbsbeteiligung der
Frauen (Abb. 3.1). Trotz eines kontinuierlichen Anstiegs über die Zeit liegt die
Erwerbsquote der Frauen noch deutlich unter derjenigen der Männer. Im Ländervergleich kann Dänemark seine Spitzenstellung behaupten, aber die anderen
Länder haben stark aufgeholt, vor allem die Niederlande und Deutschland. Dies
ist in beiden Ländern (im Unterschied zu Dänemark) auf die große Bedeutung
der Teilzeitarbeit zurückzuführen. Deutschland nimmt heute bei der Erwerbsquote der Frauen im Fünfländervergleich den zweiten Platz hinter Dänemark ein.
Demgegenüber ist die Entwicklung in Frankreich seit Mitte der 2000er Jahre
wiederum durch Stagnation gekennzeichnet.

      Für den Anstieg der Frauenerwerbstätigkeit ist Teilzeitbeschäftigung in eini-
gen Ländern ein maßgeblicher Faktor. Während Teilzeit bei Männern mit Ausnahme der Niederlande (rund 15% der beschäftigten Männer) wenig verbreitet
ist, spielt sie bei den Frauen eine große Rolle (Abb. 3.2). Dies ist vor allem auf
unterschiedliche Muster in der partnerschaftlichen Arbeitsteilung zurückzuführen. In den Niederlanden liegt die Teilzeiterwerbsquote von Frauen im Ländervergleich mit großem Abstand an der Spitze. Teilzeit ist de facto das klar dominierende Erwerbsmuster bei Frauen. Diese ist auch mit besseren Lohnbedingungen und größerer sozialer Sicherheit verbunden als in anderen Ländern und somit
womöglich auch für Risikogruppen eine gute Möglichkeit der Integration ins
Erwerbsleben. In Deutschland liegt der Teilzeitanteil bei Frauen mit knapp 50%
auch relativ hoch, es überwiegt jedoch leicht die Vollzeitarbeit. Damit ist der
deutsche Arbeitsmarkt in dieser Hinsicht ähnlich geteilt wie der britische, wo die
Teilzeitquote für Frauen rund 40% beträgt. In Frankreich und Dänemark ist Teilzeit dagegen mit rund 30% insgesamt am wenigsten verbreitet. In diesen beiden
Ländern dominiert auch bei Frauen klar die Vollzeitbeschäftigung. Dies kann
zum Beispiel für Alleinerziehende eine hohe Beschäftigungshürde sein, bietet
jedoch im Falle einer gelungenen Erwerbsintegration vermutlich bessere Chancen für die Einkommenssicherung.

      Während die Indikatoren zur Erwerbsbeteiligung einem langfristigen Trend
folgen und durch die aktuelle Finanz- und Wirtschaftskrise nur wenig beeinflusst
werden, zeigen sich die Auswirkungen der Krise direkt und klar an der Entwicklung der *Arbeitslosenquoten* (Anteil der Arbeitslosen an den Beschäftigten und
Arbeitslosen; Abbildungen 3.3 und 3.4, getrennt dargestellt für Männer und Frau-

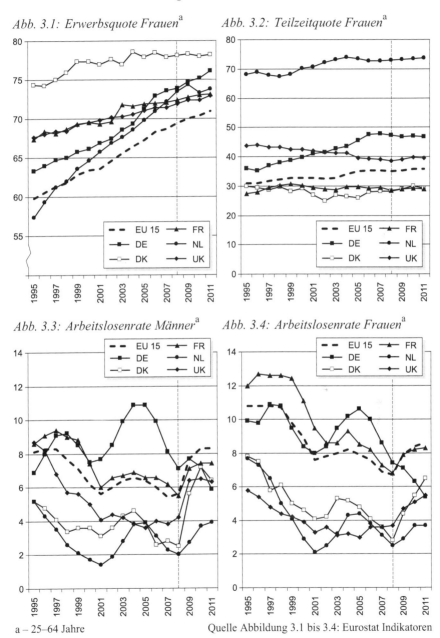

Abb. 3.1: Erwerbsquote Frauen[a]

Abb. 3.2: Teilzeitquote Frauen[a]

Abb. 3.3: Arbeitslosenrate Männer[a]

Abb. 3.4: Arbeitslosenrate Frauen[a]

a – 25–64 Jahre

Quelle Abbildung 3.1 bis 3.4: Eurostat Indikatoren

en). Im Jahr 2008 lagen die Arbeitslosenquoten sowohl der Männer als auch der Frauen im langfristigen Vergleich auf sehr niedrigen Werten. Trotz paralleler Schwankungen der Kurven im Zeitverlauf zeigen sich größere Unterschiede zwischen den Ländern hinsichtlich des Niveaus der Arbeitslosigkeit und des Tempos der Veränderungen.

In Deutschland stieg die *Arbeitslosigkeit bei den Männern* seit Beginn der 2000er Jahre zunächst bis zum Höhepunkt 2005 an, ist seitdem jedoch stark rückläufig. Dennoch wies Deutschland 2008 noch die höchste Arbeitslosenquote im Fünfländervergleich auf. 2011 allerdings hatte es nach den Niederlanden die zweitniedrigste Arbeitslosenquote. Deutschland ist das einzige der fünf Länder – und eines der wenigen EU-Länder überhaupt –, in dem die Arbeitslosigkeit seit Beginn der Krise gesunken ist. Im Jahr 2008 war Frankreich nach Deutschland durch die zweithöchste Arbeitslosigkeit gekennzeichnet, während Dänemark und die Niederlande bis zum Beginn der Krise relativ niedrige Werte hatten. Im Vereinigten Königreich sank die Arbeitslosigkeit von Mitte der 1990er Jahre bis zum Beginn der Krise deutlich und lag zeitweise sogar unterhalb der dänischen und niederländischen Rate. Für das Jahr 2008 ergibt sich somit bei den Männern eine klare Rangfolge: trotz Rückgangs hatte Deutschland nach wie vor die höchste Arbeitslosenrate, gefolgt von Frankreich, dem Vereinigten Königreich, Dänemark und den Niederlanden. In den beiden letztgenannten Ländern betrug die Rate 2008 nur rund 2%, eine im langjährigen Vergleich fast einmalig gute Situation der Vollbeschäftigung. Die Krise hat sich jedoch seit 2009 stark ausgewirkt: Die Arbeitslosigkeit stieg in allen Ländern mit Ausnahme Deutschlands stark an, besonders in Dänemark von rund 2% im Jahr 2008 auf mehr als 7% im Jahr 2010.

Bei den Frauen verlief die Entwicklung ähnlich, es ergeben sich jedoch auch signifikante Abweichungen im Vergleich zu den Männern. In drei Ländern (Deutschland, Dänemark, die Niederlande) sind die Unterschiede zwischen den Arbeitslosenquoten von Männern und Frauen relativ gering und beide Raten folgen demselben zyklischen Muster. In Frankreich und im Vereinigten Königreich hingegen gibt es größere, aber gegenläufige Geschlechtsunterschiede. In Frankreich lag die Arbeitslosenquote der Frauen während des gesamten betrachteten Zweitraums deutlich über derjenigen der Männer, während es im Vereinigten Königreich umgekehrt war. Diese beiden Konstellationen haben unterschiedliche Auswirkungen auf die Situation von Risikogruppen, die maßgeblich durch verschiedene Formen der partnerschaftlichen Arbeitsteilung und Geschlechtsunterschiede geprägt sind. Insgesamt ergibt sich hinsichtlich der Frauenarbeitslosigkeit für das Jahr 2008 im Ländervergleich wiederum ein recht klares Bild: Deutschland und Frankreich sind durch eine relativ hohe (rund 7%), die anderen drei Länder durch niedrige (rund 3–4%) Arbeitslosenquoten bei Frauen gekennzeichnet.

Das Bild wird akzentuierter, wenn man den Blick auf besondere Risikolagen richtet. Auf dem deutschen Arbeitsmarkt zum Beispiel verlief die Entwicklung seit der Krise zwar relativ gut, nach wie vor ist die Situation jedoch durch große strukturelle Probleme gekennzeichnet. Deutschland hält im Fünfländervergleich immer noch den Spitzenplatz hinsichtlich des Anteils an *Langzeitarbeitslosen,* die länger als zwölf Monate arbeitslos sind (Abb. 3.5; hier im Alter von 15 bis 64). Allerdings hat sich die Situation auch in den anderen Ländern seit der Krise – mit einem Jahr Verzögerung – deutlich verschlechtert. So stieg der Anteil der Langzeitarbeitslosen in Dänemark von rund 10% vor der Krise auf

Abb. 3.5: Langzeitarbeitslosenquote (15–64)

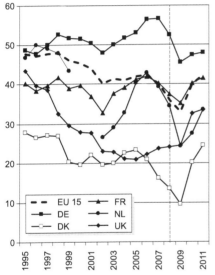

Quelle: Eurostat Indikatoren

rund 25% im Jahr 2011. Der flexible dänische Arbeitsmarkt hat durch Entlassungen schnell auf die Krise reagiert, er dürfte jedoch im (zukünftigen) Aufschwung auch schneller mit Einstellungen reagieren. Ähnliches kann man mit Abstrichen für den relativ flexiblen britischen Arbeitsmarkt vermuten. Schwieriger, weil strukturell bedingt, dürfte die Situation in Deutschland und Frankreich sein.

Weiterhin ist zu bedenken, dass sich die soziale Absicherung der Arbeitslosen erheblich von Land zu Land unterscheidet, was sich auf die Einkommenssituation der Risikogruppen auswirkt. Die lange und hohe soziale Absicherung bei Arbeitslosigkeit in Dänemark schafft für Risikogruppen bessere Einkommensbedingungen als im Vereinigten Königreich oder Deutschland, wo die Leistungen bei Arbeitslosigkeit nach kurzer Zeit auf Sozialhilfeniveau liegen. Somit ist nicht nur das Ausmaß des Problems in Deutschland nach wie vor größer als in den anderen Ländern, darüber hinaus ist auch die soziale Absicherung der davon betroffenen Menschen schlechter.

3.2 Familienpolitik und Erwerbsintegration

Von großer Bedeutung für die Erwerbsintegration von Familien mit Kindern ist das Angebot an öffentlicher Kinderbetreuung. In dieser Hinsicht unterscheiden sich die fünf Vergleichsländer erheblich voneinander, sowohl im Umfang der Betreuungsangebote als auch in deren Stellenwert im Rahmen der Familienpolitik insgesamt. Der für familienpolitische Geld- und Dienstleistungen einschließlich Kinderbetreuung insgesamt ausgegebene Anteil am Bruttoinlandsprodukt variiert von rund 1% in den Niederlanden bis zu rund 4% in Dänemark (Abb. 3.6). Im Jahr 2008 waren dies in € pro Kopf der Bevölkerung rund 1.400 € in Dänemark, 800 € in Deutschland, 700 € in Frankreich, 400 € im Vereinigten Königreich und 350 € in den Niederlanden (Werte für Dänemark und das Vereinigte Königreich umgerechnet in €).

Die Familienleistungen in der Statistik von Eurostat schließen die steuerlichen Vergünstigungen für Familien nicht ein. Ausgeschlossen sind vor allem Leistungen, die mit dem individuellen oder dem Haushaltseinkommen variieren, zum Beispiel das deutsche Ehegattensplitting und das französische Familiensplitting (siehe Teil B, Kapitel 6 und 8). Für beide steuerlichen Maßnahmen werden erhebliche Summen aufgewendet. Würde man diese den deutschen und französischen Zahlen hinzu addieren, lägen beide Länder deutlich näher an Dänemark und weiter vom Vereinigten Königreich und den Niederlanden entfernt.

Auch die Struktur familienpolitischer Leistungen variiert erheblich zwischen den Ländern. Darin werden unterschiedliche Schwerpunkte der Familienförderung deutlich. In Abbildung 3.6 werden vier Leistungsformen unterschieden: Kindergeld und andere Geldleistungen (die zusammen die Transfers bilden) sowie Kinderbetreuung und andere Sach- und Dienstleistungen (die zusammen die Nicht-Transferleistungen bilden). Mit Abstand die höchsten Ausgaben für Familienpolitik hat Dänemark. Dort wird allein für Kinderbetreuung prozentual mehr vom BIP ausgegeben als für die gesamte Familienpolitik in den Niederlanden und fast ebenso viel wie für alle familienpolitischen Leistungen im Vereinigten Königreich. Auch bei den anderen Sach- und Dienstleistungen gibt Dänemark weit mehr aus als die anderen Länder. Beim Kindergeld hingegen liegt das Land nur im europäischen Mittelfeld, weit hinter Deutschland und Frankreich, aber

Abb. 3.6: Struktur und Umfang familienpolitischer Leistungen 2008[a]

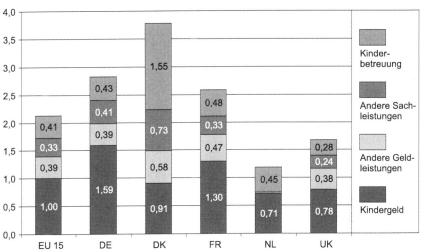

a – in % des BIP
Quelle: Eurostat Indikatoren

noch vor den Niederlanden und dem Vereinigten Königreich. Die dänische Familienpolitik ist somit strukturell eindeutig auf das Ziel der Erwerbsintegration von Eltern und weniger auf die finanzielle Unterstützung von Familien ausgerichtet. Dies bewirkt, dass der Anteil der familiären Risikogruppen relativ gering ist, diese wenigen Fälle aber nicht unbedingt stark unterstützt werden.

Die Niederlande geben von den fünf Vergleichsländern am wenigsten (gemessen am BIP) für Familienpolitik aus. Die Ausgaben für Kindergeld und andere Transfers sind die niedrigsten im Ländervergleich. Die Ausgaben für Kinderbetreuung sind jedoch im Vergleich zu den anderen Ländern (mit Ausnahme Dänemarks) ähnlich hoch oder sogar höher. Strukturell ist die niederländische Familienpolitik somit stark auf das Ziel der Erwerbsintegration gerichtet, wenngleich auf niedrigerem Niveau als in Dänemark.

In Deutschland und Frankreich überwiegen hingegen eindeutig die Geldleistungen zugunsten von Familien. Allein das Kindergeld macht in beiden Ländern mehr als die Hälfte der Ausgaben aus. In Deutschland wird mit Abstand am meisten für monetäre Familienförderung ausgegeben. Würde man in Frankreich und Deutschland noch die steuerliche Ehegatten- und Familienförderung hinzu addieren, würde sich der Schwerpunkt der Familienpolitik noch weiter in diese Richtung verlagern. Bei Frankreich muss allerdings angemerkt werden, dass die Daten von Eurostat leider nicht die gesamte Kinderbetreuung in diesem Land umfassen. Die französischen Vorschulen, die zu den am weitesten ausgebauten Europas zählen, gehören zum Bildungssystem und werden deshalb in der Statistik der Sozialausgaben nur unzureichend erfasst. Der Anteil der Kinderbetreuung wird in Frankreich somit systematisch unterschätzt. Die französische Familienpolitik zielt – ähnlich der dänischen – ebenfalls stark auf die Erwerbsintegration. In Deutschland liegt das Schwergewicht der familienpolitischen Maßnahmen hingegen eindeutig auf den Geldleistungen.

Das Vereinigte Königreich ist aufgrund des insgesamt relativ geringen Umfangs familienpolitischer Leistungen am besten mit den Niederlanden vergleichbar. Es überwiegen hier jedoch die Geldleistungen, während die Kinderbetreuung öffentlich wenig gefördert wird. Das Vereinigte Königreich wendet insgesamt mit Abstand am wenigsten für Kinderbetreuung auf. Das bedeutet aber nicht notwendigerweise, dass das Gesamtangebot an Kinderbetreuung niedrig sein muss, weil im Vereinigten Königreich ein erheblicher Anteil durch den Markt zur Verfügung gestellt wird. Dies ist jedoch für Risikogruppen problematisch und kann eine hohe Hürde für die Erwerbsintegration sein.

In welchem Umfang Eltern erwerbstätig sein können und ob die Anzahl und das Alter der Kinder hierbei eine Rolle spielen, hängt entscheidend von den Möglichkeiten ab, die Kinder von Dritten betreuen zu lassen. Bei der Kinderbetreuung fokussieren wir, wie beim Alter der Kinder, auf die Betreuung von Kindern im Vorschulalter. Berücksichtigt wird zudem nur diejenige Kinderbetreuung, die nicht von den Eltern selbst übernommen wird. Hier werden im EU-SILC drei Formen der Kinderbetreuung unterschieden: Erstens die „formale" Kinderbetreuung, die alle Arten der Betreuung umfasst, die durch eine Organisationsstruktur in privatgewerblicher, freigemeinnütziger oder öffentlicher Trägerschaft vermittelt und kontrolliert wird (z.B. Krippe, Kindertagesstätte, Kindergarten, auch organisierte Betreuungsformen in Privathaushalten z.B. Tageseltern); zweitens alle anderen nicht-öffentlich organisierten, privaten Arrangements zwischen Eltern und Betreuern, bei denen die Eltern als Arbeitgeber auftreten; und drittens „informelle", unbezahlte Kinderbetreuung durch Verwandte, Freunde und Nachbarn.

Bevor wir auf die durchschnittliche Zahl der Wochenstunden eingehen, die Vorschulkinder in diesen drei Formen der Betreuung verbringen, berichten wir zunächst die formale Betreuungsquote von Vorschulkindern, also den Anteil von Vorschulkindern, die sich in formaler Betreuung befinden. Vorschulkinder werden noch einmal differenziert in Null- bis Zweijährige und Vorschulkinder ab drei Jahren. Tabelle 3.1 weist die formalen Betreuungsquoten von Vorschulkindern aus, die in alleinerziehenden und Paar-Haushalten leben. Null- bis zweijährige Kinder befinden sich deutlich seltener in formaler Betreuung als Vorschulkinder ab drei Jahren. Letztere werden zu 83–95% formal betreut. Die Länderunterschiede fallen bei dieser Altersgruppe zudem geringer aus als bei den unter Dreijährigen.

Tab. 3.1: Formale Betreuungsquoten von Vorschulkindern (Einschulungsalter länderspezifisch)

	Alleinerziehende Haushalte		Paar-Haushalte		Gesamt	
	0–2 Jahre	ab 3 Jahren	0–2 Jahre	ab 3 Jahren	0–2 Jahre	ab 3 Jahren
DE	*34,2*	91,4	18,1	89,5	19,1	89,7
DK	*77,8*	84,2	73,5	84,3	73,6	84,3
FR	*29,1*	94,9	42,2	95,1	41,3	95,1
NL	*57,1*	87,9	52,0	90,4	52,0	90,3
UK	*23,9*	83,1	37,7	93,7	34,6	91,0

Anmerkung: Kursive Werte beruhen auf geringen Fallzahlen (< 30)
Quelle: EU-SILC (Referenzjahr 2008), eigene Berechnungen

Bei den Vorschulkindern unter drei Jahren, die in Paar-Haushalten leben, zeigen sich ähnliche Länderunterschiede in der formalen Betreuung. Dänemark schneidet in dieser Altersklasse am besten ab. Dort werden circa drei Viertel der unter Dreijährigen in Paar-Haushalten formal betreut. In den Niederlanden sind es noch etwa die Hälfte. Mit einer formalen Betreuungsquote von unter 20% befindet sich Deutschland mit Abstand auf dem letzten Platz. Etwas anders sieht die Betreuungssituation für Vorschulkinder ab drei Jahren aus: Hier liegt vor allem Frankreich vorne, wohingegen in Dänemark „nur" circa 84% der Kinder in diesem Alter formal betreut werden. Diese niedrige Quote überrascht, auch weil Eurostat auf Basis derselben Daten eine höhere Zahl ausweist (formale Betreuungsquote aller nicht schulpflichtigen Kinder in Dänemark: 97%) und die Quoten für die anderen Länder mit den Eurostat-Zahlen weitgehend übereinstimmen. Ferner zeigt die differenzierte Betrachtung von Kindern nach Haushaltstypen, dass Vorschulkinder ab drei Jahren in alleinerziehenden Haushalten im Vereinigten Königreich deutlich seltener betreut werden als solche Kinder in Paar-Haushalten. Das ist sicherlich auf die hohe Nichterwerbstätigkeit von Alleinerziehenden und vermutlich auch auf die hohen Kosten für Kinderbetreuung zurückzuführen. Letzteres zeigt sich auch darin, dass bei Alleinerziehenden im Vereinigten Königreich informelle Arrangements der Kinderbetreuung relativ weit verbreitet sind. In den anderen Ländern ist die formale Betreuungsquote von über dreijährigen Vorschulkindern in alleinerziehenden und Paar-Haushalten dagegen etwa gleich hoch.

In Tabelle 3.2 wird die durchschnittliche Zahl der Wochenstunden betrachtet, die Vorschulkinder in den drei oben erläuterten Betreuungsformen verbringen. Berücksichtigt werden hier anders als zuvor nur Vorschulkinder ab zwei Jahren, da die Nutzung von Betreuungsmöglichkeiten im ersten Jahr des Kindes

Tab. 3.2: Betreuungsumfang von Vorschulkindern ab 2 Jahren (durchschnittliche Wochenstunden; Einschulungsalter länderspezifisch)

	DE			DK			FR			NL			UK		
	formal	privat[a]	informell	formal	privat[a]	informell	formal	privat[a]	informell	formal	privat[a]	informell	formal	privat[a]	informell
Alleinerziehende															
Beschäftigt, kein Geringverdiener	30,5	3,0	1,4	27,6	0,0	0,0	28,7	4,6	5,9	23,5	0,2	5,7	13,0	12,6	8,8
Beschäftigt, Geringverdiener	26,6	0,5	4,3	29,7	0,0	0,0	33,1	0,0	4,0	24,3	2,6	2,6	14,7	1,4	10,9
Nicht erwerbstätig	22,1	0,7	0,7	27,4	0,0	0,0	19,4	0,8	1,4	10,1	2,0	7,9	11,6	0,5	7,4
Gesamt	24,9	1,1	1,7	28,0	0,0	0,0	26,4	2,5	4,0	21,0	1,8	4,5	12,7	1,7	8,6
Paare mit Kindern															
2 beschäftigt, < = 1 Geringverdiener	24,3	1,2	2,2	29,9	0,0	0,0	28,9	1,9	2,7	16,7	3,5	4,0	16,3	4,7	4,8
2 beschäftigt, 2 Geringverdiener	28,4	0,0	0,7	27,4	0,0	0,0	23,6	0,0	0,3	11,6	4,2	4,4	9,2	0,0	3,9
1 beschäftigt, 0 Geringverdiener	17,2	0,3	0,8	27,8	0,0	0,0	19,7	0,2	1,5	11,8	0,4	1,8	13,1	0,4	1,4
1 beschäftigt, 1 Geringverdiener	19,1	0,5	0,4	22,9	0,0	0,0	20,3	0,5	0,8	9,0	0,7	2,0	12,4	0,0	0,8
2 nicht erwerbstätig	19,4	0,6	0,7	31,2	0,0	0,0	16,7	0,0	0,5	7,0	0,0	0,5	10,0	1,1	2,0
Gesamt	20,8	0,7	1,4	29,4	0,0	0,0	25,5	1,3	2,2	15,4	3,0	3,7	14,2	2,5	3,2

Anmerkung: Betreuungsumfang zum Befragungszeitpunkt; kursive Werte beruhen auf geringen Fallzahlen (< 30)

a – Private Arrangements zwischen Eltern und Betreuungsperson

Quelle: EU-SILC (Referenzjahr 2008), eigene Berechnungen

eher gering ist und für diese Phase größere Länderunterschiede in der Regulierung bestehen. Die Darstellung erfolgt ebenfalls getrennt nach Haushaltstypen und verschiedenen Erwerbsmustern der Haushalte. Es ist zu beachten, dass die Erwerbsmuster der Haushalte ihren überwiegenden Beschäftigungsstatus im Referenzjahr 2008 anzeigen, während sich der Betreuungsumfang der Kinder auf den Erhebungszeitpunkt bezieht.

Betrachtet man zunächst die Bedeutung der drei Betreuungsformen, sieht man, dass die formale Betreuung in allen Ländern deutlich überwiegt. In Dänemark gibt es sogar nur formale Kinderbetreuung, obwohl die Eltern offenbar auch nach alternativen Betreuungsmöglichkeiten befragt wurden. In den anderen Ländern spielt die informelle Betreuung eine zum Teil weitaus geringere Rolle als die formale Betreuung, eine größere jedoch als die direkten, bezahlten Arrangements zwischen Eltern und Betreuern (individuell). Auffallend ist, dass Vorschulkinder im Vereinigten Königreich im Durchschnitt nur wenige Stunden pro Woche formal betreut werden, dafür besonders bei Kindern von Alleinerziehenden die informelle Betreuung eine wichtige Rolle spielt. Anscheinend muss hier aufgrund des geringen und teuren formalen Betreuungsangebots auf informelle Hilfen von Verwandten und Freunden ausgewichen werden.

Der Gesamtumfang der wöchentlichen Betreuung ist in den Niederlanden nach dem Vereinigten Königreich am geringsten. In den Niederlanden werden also relativ viele Kinder betreut (siehe Tab. 3.1), das aber nur für vergleichsweise wenige Stunden. Im Betreuungsumfang von durchschnittlich 22 bis 27 Stunden pro Woche spiegelt sich die hohe Teilzeitbeschäftigung in den Niederlanden wider. In Deutschland liegt der gesamte zeitliche Umfang der Betreuung auf einem ähnlichen Niveau wie in den Niederlanden. Kinder befinden sich allerdings in höherem Maße in formaler Betreuung. Am höchsten ist der durchschnittliche wöchentliche Betreuungsumfang in Dänemark und Frankreich, der dort in vielen Fällen eine Vollzeiterwerbstätigkeit der Eltern erlaubt. In Frankreich müssen Eltern jedoch, anders als in Dänemark, die Kinderbetreuung in höherem Maße individuell organisieren.

Vergleicht man den Betreuungsumfang der Kinder in alleinerziehenden Haushalten mit dem der Kinder in Paar-Haushalten, fällt auf, dass dieser bei Alleinerziehenden in allen Ländern größer ist, außer in Dänemark, wo kaum Unterschiede nach Haushaltstyp feststellbar sind. Alleinerziehende müssen in den anderen Ländern also in höherem Umfang auf fremde Hilfe bei der Kinderbetreuung zurückgreifen.

Betrachtet man schließlich noch den Betreuungsumfang in Abhängigkeit von der Erwerbsbeteiligung der Haushalte, erkennt man, dass dieser in der Regel in Haushalten mit Nichterwerbstätigen geringer ausfällt. Nur in Dänemark ist der Betreuungsumfang bei diesen Haushalten ähnlich hoch, die dort zudem seltener vorkommen. Selbst Haushalte mit Nichterwerbstätigen nutzen hier also in ähnlich hohem Maße formale Betreuungsmöglichkeiten, was für die schnelle Erwerbsintegration von arbeitslosen und inaktiven Eltern von großem Vorteil sein dürfte.

Zudem zeigt sich, dass geringverdienende Alleinerziehende in Deutschland sowie Geringverdiener-Paarfamilien in den Niederlanden und im Vereinigten Königreich einen niedrigeren formalen Betreuungsumfang haben als entsprechende Erwerbstätige mit höheren Verdiensten und teils auch stärker auf informelle Hilfe angewiesen sind. Das könnte auch darauf hindeuten, dass sich Geringverdiener dort nur in geringerem Maße eine formale Betreuung ihrer Kinder leisten können. In diesem Zusammenhang lässt sich außerdem erkennen, dass fast nur Familien mit ausschließlich Besserverdienern direkte, individuelle Arrangements mit Kinderbetreuern bezahlen können (mit Ausnahme der Niederlande).

Es kann also festgehalten werden, dass in Dänemark und Frankreich nicht nur ein hoher Anteil der Vorschulkinder formal betreut wird, auch der zeitliche Betreuungsumfang ist größer als in den anderen Ländern. Die volle Arbeitsmarktintegration von Familien mit Kindern im Vorschulalter wird dort also in stärkerem Maße ermöglicht. In den Niederlanden ist die formale Betreuungsquote ebenfalls relativ gut. Die Zahl der Stunden, die Kinder pro Woche nicht von ihren Eltern betreut werden, ist hier aber deutlich geringer und eher auf eine Teilzeiterwerbstätigkeit zumindest eines Elternteils ausgerichtet. Im Vergleich zu den Niederlanden weist Deutschland eine niedrigere formale Betreuungsquote bei unter dreijährigen Kindern auf. Vorschulkinder (ab zwei Jahren) in formaler Betreuung werden in Deutschland jedoch durchschnittlich etwas mehr Stunden pro Woche betreut. Im Vereinigten Königreich sind sowohl die formalen Betreuungsquoten der Vorschulkinder unter drei Jahren am niedrigsten als auch der durchschnittliche wöchentliche Betreuungsumfang. Berücksichtigt man zudem, dass es im Vereinigten Königreich relativ viele Familien mit Kindern im Vorschulalter gibt, bedeutet das keine guten Bedingungen für die Arbeitsmarktintegration von Familien.

3.3 Erwerbsmuster von Paar-Haushalten

Die Integration von Risikogruppen in Beschäftigung hängt wesentlich von dem im jeweiligen Land vorherrschenden Erwerbsmodell von Familien ab. Je nachdem, welches Modell (Zwei-Verdiener-Modell, Zuverdienst-Modell oder Alleinverdiener-Modell) strukturell dominiert, ergeben sich unterschiedliche Problemlagen für Paare mit Kindern und für Alleinerziehende. Wir betrachten zunächst die Situation bei Paaren mit und ohne Kindern, anschließend die Situation Alleinerziehender und Alleinstehender.

Die Erwerbsmuster von Paar-Haushalten sind in Tabelle 3.3 abgebildet.[2] Der erste Wert in der Tabelle besagt z.b., dass bei 14,4% der Paare mit Kindern in Deutschland beide Partner Vollzeit erwerbstätig sind. Die dahinter stehende Zahl in Klammern gibt den Risikogruppen-Anteil an, also bei wie vielen Vollzeit/ Vollzeit-Paaren mit Kindern beide Partner Geringverdiener sind. Das trifft auf immerhin 9,7% der Vollzeit/Vollzeit-Paarfamilien in Deutschland zu. Vergleicht man die Risikogruppen-Anteile über alle Haushaltstypen hinweg, lässt sich für alle Länder feststellen, dass die Risikobetroffenheit, abgesehen von wenigen Ausnahmen, mit dem Grad der Arbeitsmarktintegration abnimmt. Bei nicht-erwerbstätigen Paaren beträgt der Risikogruppen-Anteil per definitionem 100%. Dieser Anteil sinkt dann und ist bei Vollzeit/Vollzeit-Paaren am niedrigsten.

Tab. 3.3: Erwerbsmuster von Paar-Haushalten
(in Klammern Risikogruppenanteile)

		beide Vollzeit		Vollzeit/ Teilzeit		Vollzeit/nicht erwerbstätig		beide Teilzeit		Teilzeit/nicht erwerbstätig		beide nicht erwerbstätig		Gesamt	
Paare mit Kinder	DE	14,4	(9,7)	46,4	(5,7)	31,0	(12,3)	1,4	(23,7)	3,3	(72,7)	3,5	(100)	100	(14,0)
	DK	67,1	(1,1)	17,9	(3,4)	12,0	(11,1)	0,4	(12,5)	0,7	(57,1)	1,8	(100)	100	(5,0)
	FR	43,1	(2,0)	26,9	(4,6)	23,6	(12,3)	1,0	(27,6)	1,9	(64,3)	3,6	(100)	100	(10,1)
	NL	8,3	(8,2)	65,0	(6,7)	15,0	(9,5)	7,9	(12,7)	2,7	(62,7)	1,2	(100)	100	(10,3)
	UK	31,0	(4,1)	36,7	(9,4)	20,2	(18,8)	1,4	(56,3)	3,9	(90,7)	6,9	(100)	100	(19,7)
Paare ohne Kinder	DE	31,6	(9,3)	17,4	(12,0)	25,0	(28,7)	1,0	(46,2)	8,7	(81,8)	16,2	(100)	100	(36,0)
	DK	44,6	(2,2)	17,3	(4,7)	24,6	(14,8)	1,0	(14,3)	4,2	(44,6)	8,3	(100)	100	(15,8)
	FR	37,0	(2,5)	11,7	(8,9)	27,9	(19,0)	1,1	(57,9)	6,4	(77,5)	15,9	(100)	100	(28,8)
	NL	18,3	(7,2)	29,2	(5,4)	19,2	(20,8)	6,4	(18,5)	11,8	(59,3)	15,2	(100)	100	(30,2)
	UK	44,1	(9,8)	16,3	(13,9)	18,0	(17,1)	4,3	(61,9)	8,9	(77,9)	8,4	(100)	100	(27,7)

Quelle: EU-SILC (Referenzjahr 2008), eigene Berechnungen

Nur in Deutschland und den Niederlanden gehören Vollzeit/Vollzeit-Paarfamilien häufiger zu den Risikogruppen als Vollzeit/Teilzeit-Paarfamilien. In den Niederlanden gilt das auch für Paare ohne Kinder.

Doch betrachten wir zunächst nur die Erwerbsmuster. Es zeigt sich, dass die Erwerbsbeteiligung von *Paarfamilien* zwischen den Ländern deutlich variiert: In Dänemark und den Niederlanden sind sie am meisten in den Arbeitsmarkt integriert, im Vereinigten Königreich hingegen am wenigsten. Bei der Mehrheit der dänischen Paare mit Kindern gehen beide Partner einer Vollzeitbeschäftigung

---

2   Zur Erinnerung: Berücksichtigt wird nur der Erwerbsstatus der Erwachsenen im Haushalt, nicht der von eventuellen Kindern.

nach. In den Niederlanden überwiegt dagegen das Eineinhalbverdiener-Modell, bei dem ein Partner Vollzeit und der andere Teilzeit arbeitet. Diese Erwerbskonstellation ist bei den deutschen und britischen Paarfamilien ebenfalls stark verbreitet. Viele Paare mit Kindern leben dort jedoch auch nach dem Alleinverdiener-Modell, bei dem der eine Partner Vollzeit arbeitet und der andere nicht erwerbstätig ist. Im Ländervergleich weist Deutschland den größten Anteil von Alleinverdiener-Familien auf. Mit einigem Abstand folgt Frankreich. Anders als hierzulande kommt in Frankreich aber das Zweiverdiener-Vollzeitmodell am häufigsten vor. Es ist dort allerdings weniger dominant als in Dänemark.

In Dänemark ist auch die Erwerbsbeteiligung von *Paaren ohne Kinder* im Ländervergleich am höchsten. Hier hat das Vereinigte Königreich, anders als bei den Paarfamilien, höhere Werte, höher als Frankreich, Deutschland und die Niederlande. Die Länderunterschiede in den Erwerbsmustern von Paaren ohne Kinder fallen jedoch nicht so groß aus wie bei den Paaren mit Kindern: Bei den meisten Paaren ohne Kinder sind beide Partner vollzeiterwerbstätig. Nur in den Niederlanden prägt die hohe Teilzeitbeschäftigung auch die Erwerbssituation von Nicht-Familien: Paare ohne Kinder leben dort am häufigsten nach dem Eineinhalbverdiener-Modell. Im Vergleich zu Paarfamilien zeigt sich, dass Paare ohne Kinder nicht in allen Ländern öfter Vollzeit/Vollzeit arbeiten. Das ist lediglich in Deutschland, den Niederlanden und im Vereinigten Königreich der Fall. Doch auch dort sind sie häufiger von Nichterwerbstätigkeit betroffen. Paare ohne Kinder haben daher in allen Ländern eine geringere Erwerbsbeteiligung als Paare mit Kindern. Ein Grund dafür ist, dass Paare ohne Kinder oft älter sind und daher ein Partner bereits in Rente und der zweite Partner ebenfalls nicht (mehr) beschäftigt ist. Solche Mischhaushalte mit einem Rentner sind im Gegensatz zu reinen Rentner-Haushalten in unserem Sample enthalten. Würde man auch diese aus dem Sample ausschließen, würden sich die Anteile der Haushalte mit Nichterwerbstätigen verringern, bei Paaren mit Kindern kaum, bei Paaren ohne Kinder deutlich. Doch selbst dann würden Paare ohne Kinder häufiger zu den Risikogruppen gehören als Paarfamilien. Die Länderrangfolge bliebe weitestgehend gleich.

Noch etwas fällt auf, wenn man alle Konstellationen betrachtet, bei denen beide Partner denselben Erwerbsstatus aufweisen, nämlich, dass der Gesamtanteil dieser egalitären Erwerbskonstellationen überall außer in Dänemark bei Paaren ohne Kinder höher ist als bei Paaren mit Kindern. Das bedeutet, dass die Geschlechterunterschiede im Erwerbsstatus in den meisten Ländern bei Paaren ohne Kinder geringer ausfallen. Bei Paaren mit unterschiedlichem Erwerbsstatus weist der Mann meistens den höheren Erwerbsstatus auf. Das ist auch bei Paaren ohne Kinder so, aber eben seltener als bei Paaren mit Kindern (nicht in Tab. 3.3 dargestellt). 2008 lag der Anteil der Paare mit unterschiedlichem Erwerbsstatus, bei denen der Mann den höheren Status hat, bei Paaren ohne Kinder zwischen 74,3%

im Vereinigten Königreich und 85,9% in den Niederlanden, bei Paaren mit Kindern zwischen 86,2% in Dänemark und 95,1% in den Niederlanden. In den Niederlanden gibt es also generell weniger egalitäre Paar-Haushalte als in den anderen Ländern, und in Paar-Haushalten, bei denen die Partner einen unterschiedlichen Erwerbsstatus aufweisen, hat die Frau seltener die bessere Position. Deutschland rangiert diesbezüglich auf dem zweitschlechtesten Platz. Im Vereinigten Königreich fallen die Geschlechterunterschiede bei Paaren ohne Kinder am geringsten aus, in Dänemark bei Paaren mit Kindern. Es lässt sich somit festhalten, dass Paare mit Kindern zwar eine höhere Erwerbsbeteiligung haben als Paare ohne Kinder. Die Geschlechterunterschiede im Erwerbsstatus sind bei Paarfamilien allerdings in allen Ländern außer Dänemark größer.

Den Länderdifferenzen in der Erwerbsbeteiligung von *Paarfamilien* entsprechend unterscheidet sich auch deren Risikobetroffenheit: Das Vereinigte Königreich hat mit fast 20% den höchsten Risikogruppen-Anteil bei den Paaren mit Kindern. In Dänemark gehören gerade mal 5% der Paarfamilien zu den Risikogruppen. Dazwischen liegen Frankreich und die Niederlande, wo jedes zehnte Paar mit Kindern dazu zählt, und Deutschland, das mit 14% Risiko-Paarfamilien am zweitschlechtesten abschneidet. Dass der Risikogruppen-Anteil bei britischen Paarfamilien so groß ausfällt, ist sowohl auf die vergleichsweise hohe Nichterwerbstätigkeit als auch die starke Verbreitung von Geringverdiensten zurückzuführen. In Deutschland müssen nicht nur Alleinverdiener-Familien relativ häufig von einem Geringverdienst leben. Auch in Zweiverdiener-Familien erzielen oft beide Verdiener, selbst wenn sie Vollzeit arbeiten, ein niedriges Erwerbseinkommen. Vollzeit/Vollzeit-Paare mit Kindern haben hierzulande sogar, trotz ihrer höheren Erwerbsbeteiligung, einen größeren Risikogruppen-Anteil als Vollzeit/Teilzeit-Paarfamilien. In den Niederlanden ist das ebenso der Fall. Dagegen sind in französischen Zweiverdiener-Familien selten beide Partner Geringverdiener. In Frankreich gibt es jedoch auch mehr nichterwerbstätige Paare mit Kindern als in Dänemark und den Niederlanden. Deswegen weist es nach Dänemark und zusammen mit den Niederlanden den zweitniedrigsten Risikogruppen-Anteil bei Paarfamilien auf.

In allen Ländern gehören *Paare ohne Kinder* deutlich häufiger zu den Risikogruppen als Paarfamilien. Das ist größtenteils auf den relativ hohen Anteil der nichterwerbstätigen Paare ohne Kinder zurückzuführen (siehe oben). Dieser liegt zwar auch im Vereinigten Königreich etwas über dem Anteil nichterwerbstätiger Paare mit Kindern. Die Gruppenunterschiede in der Risikobetroffenheit kommen dort aber vorwiegend durch den höheren Doppel-Geringverdiener-Anteil bei Paaren ohne Kinder zustande. Im Ländervergleich hat das Vereinigte Königreich mit 27,7% den zweitniedrigsten Risikogruppen-Anteil bei Paaren ohne Kinder, schneidet bei diesen also sehr viel besser ab als bei den Paarfamilien. Dafür belegt Deutschland bei den Paaren ohne Kinder mit einem Risikogruppen-

Anteil von 36% den schlechtesten Platz. Frankreich und die Niederlande nehmen die Ränge drei und vier ein, und Dänemark weist auch bei den Paaren ohne Kinder mit 15,8% den kleinsten Risikogruppen-Anteil auf.

3.4 Erwerbsmuster von Single-Haushalten

Im Vergleich zu Paaren gehören Singles sehr viel öfter zu den Risikogruppen. Anders als bei den Paaren, sind Singles mit Kindern in den meisten Ländern stärker von Erwerbsrisiken betroffen als solche ohne Kinder. Das ist in Tabelle 3.4 (auf S. 66) ersichtlich, die den Erwerbsstatus und Risikogruppen-Anteil von Singles zusammenfasst. Bei den Alleinerziehenden sind ähnliche ländertypische Erwerbsmuster erkennbar wie bei den Paarfamilien: Folglich überwiegt in Dänemark und Frankreich die Vollzeitbeschäftigung bei Alleinerziehenden. In Frankreich sind sie allerdings auch oft nicht erwerbstätig, öfter als in Dänemark und den Niederlanden. In den Niederlanden haben die meisten Alleinerziehenden eine Teilzeitstelle (49,4%). In Deutschland und im Vereinigten Königreich dominiert dagegen kein Erwerbsmodell: Alleinerziehende gehen zu etwa gleichen Teilen einer Vollzeit-, Teilzeit- oder keiner Beschäftigung nach, sind im Vereinigten Königreich jedoch häufiger nicht erwerbstätig als in Deutschland. Die beiden Länder weisen den höchsten Anteil nichterwerbstätiger Alleinerziehender auf. Im Ländervergleich sind Alleinerziehende in Dänemark also am besten in den Arbeitsmarkt integriert. In Dänemark sind sie zudem seltener nicht erwerbstätig als Alleinstehende ohne Kinder, was ebenso für die Niederlande gilt. In den anderen drei Ländern ist es umgekehrt. Überall arbeiten Alleinerziehende häufiger Teilzeit und nur in Dänemark auch öfter Vollzeit als Alleinstehende. Wie bei den Paaren ohne Kinder, fallen die Länderunterschiede im Erwerbsmuster von Alleinstehenden geringer aus: Sie sind größtenteils vollzeitbeschäftigt. Ein Fünftel bis ein Viertel ist nicht erwerbstätig und noch weniger haben einen Teilzeitjob, mit Ausnahme von den Niederlanden, wo mehr Alleinstehende teilzeitbeschäftigt als nicht erwerbstätig sind.

Dass Alleinerziehende häufiger teilzeitbeschäftigt sind als Alleinstehende hängt vorwiegend mit familiären Betreuungsaufgaben zusammen, die sie übernehmen müssen. Für Alleinstehende sind Hausarbeit, die Betreuung von Kindern oder anderen Personen kein bzw. nur selten der Grund für ihre Teilzeitbeschäftigung.[3] In Dänemark arbeiten Alleinerziehende auch öfter als Alleinstehende

---

3   In Großbritannien, den Niederlanden und Deutschland geben die meisten Alleinerziehenden „Hausarbeit, Betreuung von Kindern oder anderen Personen" als Hauptgrund für ihre Teilzeitbeschäftigung an. Auch für Alleinerziehende in Frankreich und Dänemark ist dies öfter der Anlass Teilzeit zu arbeiten als für Alleinstehende. In Dänemark wollen

Vollzeit. Familie ist dort, wie in Frankreich, in den meisten Fällen mit Vollzeitarbeit vereinbar. Es liegt nahe, hierfür das gut ausgebaute Kinderbetreuungssystem in diesen Ländern verantwortlich zu machen.

Alleinerziehende sind also in allen Ländern außer Dänemark zu einem geringeren Grad in den Arbeitsmarkt integriert als Alleinstehende. Zudem zeigen die Risikogruppen-Anteile in Klammern, dass Alleinerziehende, selbst wenn sie Vollzeit arbeiten, häufiger von Geringverdiensten betroffen sind als vollzeitbeschäftigte Alleinstehende. Nur Dänemark bildet diesbezüglich wieder eine Ausnahme. Bei den Teilzeitbeschäftigten fallen die Geringverdiener- bzw. Risikogruppen-Anteile generell deutlich höher aus. Hier ist zwar in den meisten Ländern keine Diskriminierung von Alleinerziehenden feststellbar. Da sie jedoch überall öfter teilzeiterwerbstätig sind als Alleinstehende, ist auch das ein Grund für ihre größere Risikobetroffenheit. Diese ist, wie bei den Paarfamilien, im Vereinigten Königreich am höchsten und in Dänemark am niedrigsten. Im Vereinigten Königreich bestehen bei Alleinerziehenden sowohl erhebliche Probleme der Nichterwerbstätigkeit als auch der Beschäftigung mit Geringverdiensten. Drei Viertel der Alleinerziehenden sind von diesen Risiken betroffen. In Deutschland gehören fast zwei Drittel der Alleinerziehenden zu den Risikogruppen, in den Niederlanden sind es knapp 60%. In den Niederlanden sind noch verhältnismäßig viele Alleinerziehende erwerbstätig, während in Deutschland nahezu 30% nicht erwerbstätig sind. Wie die deutschen Alleinerziehenden (35%) erzielen sie am Arbeitsmarkt aber oft nur geringe Verdienste (39%). In Frankreich sind Geringverdienste durch die relativ starke Verbreitung von Vollzeitarbeit ein kleineres Problem (21%[4]). Dafür sind Alleinerziehende dort häufiger nicht erwerbstätig als in den Niederlanden und Dänemark. Insgesamt weist Frankreich auch bei diesem Familientyp einen im Ländervergleich mittleren Risikogruppen-Anteil von 44% auf. In Dänemark ist dieser am geringsten. Dort zählt aber immerhin noch jeder vierte alleinerziehende Haushalt zu den Risikogruppen, 14% wegen Nichtbeschäftigung, 11% wegen geringer Verdienste.

Etwas mehr, nämlich gut jede dritte alleinstehende Person in Dänemark ist von Erwerbsrisiken betroffen. Das Vereinigte Königreich hat mit knapp 47% auch bei Alleinstehenden den im Ländervergleich höchsten Risikogruppen-An-

---

die meisten Alleinerziehenden aber nicht länger arbeiten. Das gilt auch für die Mehrzahl der Alleinstehenden in Großbritannien und den Niederlanden. In Frankreich würde ein Großteil der teilzeitbeschäftigten Alleinerziehenden wie Alleinstehenden gerne länger arbeiten, findet jedoch keinen Vollzeitjob. Unfreiwillig in Teilzeitarbeit befindet sich auch die Mehrheit der teilzeitbeschäftigten Alleinstehenden in Deutschland.

4   Diese Geringverdienerquoten sind nicht in Tabelle 3.4 dargestellt. Sie ergeben sich, wenn man die Vollzeit- und Teilzeitquoten mit den jeweiligen Risikogruppen-Anteilen multipliziert und dann aufsummiert.

Tab. 3.4: Erwerbsmuster von Single-Haushalten
(in Klammern Risikogruppenanteile)

	Vollzeit		Teilzeit		nicht erwerbstätig		Gesamt	
			Alleinerziehende					
DE	35,0	(29,9)	35,3	(69,1)	29,7	(100)	100	(64,6)
DK	74,9	(10,1)	10,8	(33,3)	14,3	(100)	100	(25,5)
FR	58,3	(15,5)	19,1	(61,9)	22,6	(100)	100	(43,5)
NL	32,0	(27,3)	49,4	(61,8)	18,6	(100)	100	(57,9)
UK	32,5	(38,9)	26,9	(85,8)	40,7	(100)	100	(76,4)
			Alleinstehende					
DE	65,0	(19,9)	10,3	(71,9)	24,7	(100)	100	(45,0)
DK	69,4	(14,1)	7,6	(39,6)	23,1	(100)	100	(35,9)
FR	70,4	(13,2)	10,5	(78,2)	19,1	(100)	100	(36,6)
NL	56,9	(21,8)	23,2	(50,7)	20,0	(100)	100	(44,1)
UK	62,5	(19,1)	11,4	(75,0)	26,0	(100)	100	(46,6)

Quelle: EU-SILC (Referenzjahr 2008), eigene Berechnungen

teil. Die Abstände zwischen den Ländern sind hier allerdings deutlich geringer als bei den Alleinerziehenden.

Im Unterschied zu Familien müssen Nicht-Familien keine Kinder betreuen und sind zumindest dadurch nicht in ihrer Erwerbstätigkeit eingeschränkt. Dennoch hat sich gezeigt, dass Paarfamilien teilweise sogar besser in den Arbeitsmarkt integriert sind als Paare ohne Kinder. Alleinerziehende weisen dagegen von allen hier betrachteten Haushaltstypen die geringste Erwerbsbeteiligung auf. Nur in Dänemark sind sie häufiger erwerbstätig als Alleinstehende.

Im Ländervergleich konnten deutliche Unterschiede in der Arbeitsmarktintegration und den Erwerbsmustern von Familien identifiziert werden: In Dänemark ist die Risikobetroffenheit von Familien generell am geringsten. Es folgen Frankreich und die Niederlande. Deutschland und zuletzt das Vereinigte Königreich weisen die höchsten Risikogruppen-Anteile bei Familien auf. Diese Länderdifferenzen können in strukturellen, kulturellen und institutionellen Faktoren begründet liegen, wie z.B. in der allgemeinen Arbeitsmarktsituation in den Ländern oder in soziodemografischen Merkmalen von Familien, die sich auf deren Arbeitsmarktintegration auswirken können, ferner in den dort vorherrschenden kulturellen Familienleitbildern sowie den Möglichkeiten zur Kinderbetreuung, weiteren politischen Maßnahmen zur Förderung der Arbeitsmarktintegration und in der finanziellen Unterstützung von Familien. Die institutionellen Einflussfaktoren werden in den Teilen B und C untersucht. Im EU-SILC werden keine Fragen zu Familienleitbildern gestellt. Diese werden daher hier nicht berücksichtigt. Wohl können aber anhand der EU-SILC-Daten Aussagen zu strukturellen Gründen für eine stärkere bzw. schwächere Arbeitsmarktintegration und Risikobetroffenheit von Familien getroffen werden.

3.5 Erwerbstätigkeit von Familien nach Anzahl und Alter der Kinder

In allen Ländern wirken sich die Anzahl und das Alter der Kinder auf die Erwerbstätigkeit von Familien aus. Es lassen sich jedoch Länderunterschiede im Grad dieses Einflusses erkennen.

In Tabelle 3.5 (auf S. 68) ist ersichtlich, dass die Vollzeiterwerbstätigkeit von *Alleinerziehenden* mit der Anzahl der Kinder sinkt. Nur in Dänemark sind Alleinerziehende mit zwei Kindern ähnlich oft vollzeiterwerbstätig wie Alleinerziehende mit nur einem Kind. Demgegenüber steigt in der Regel die Teilzeiterwerbstätigkeit mit der Anzahl der Kinder. Die Nichterwerbstätigkeit nimmt nur im Vereinigten Königreich drastisch zu, tendenziell auch in Frankreich. In den anderen drei Ländern bleibt sie relativ konstant. In Dänemark und Frankreich sind selbst die Alleinerziehenden mit drei und mehr Kindern noch überwiegend vollzeiterwerbstätig, während sie im Vereinigten Königreich mehrheitlich keiner Beschäftigung nachgehen.

Bei den *Paaren* geht das Vollzeit/Vollzeit-Modell mit der Anzahl der Kinder ebenfalls zurück, in Dänemark erst bei drei und mehr Kindern. Das Vollzeit/ Teilzeit-Modell nimmt bei zwei Kindern zu und bei drei Kindern wieder ab, zugunsten des Alleinverdiener-Modells. Das gilt für alle Länder außer Dänemark. In Deutschland und im Vereinigten Königreich erhöht sich das Alleinverdiener-Modell mit der Anzahl der Kinder, in Frankreich und den Niederlanden erst bei drei und mehr Kindern. In Dänemark ist es insgesamt wenig verbreitet. Dort, in Frankreich sowie im Vereinigten Königreich sind bei Paaren mit einem Kind meist beide Partner vollzeiterwerbstätig. In den Niederlanden und Deutschland überwiegt bei diesen Paaren das Vollzeit/Teilzeit-Modell. Bei Paaren mit zwei Kindern dominiert das Vollzeit/Vollzeit-Modell in Dänemark und ist auch in Frankreich noch die häufigste Erwerbskonstellation. In den anderen Ländern arbeiten diese Familien größtenteils Vollzeit/Teilzeit. Die meisten Paare mit drei und mehr Kindern leben in Deutschland nach dem Alleinverdiener-Modell. Hierzulande ist es insgesamt am stärksten verbreitet. Bei den kinderreichen Familien dominiert in Dänemark immer noch das Vollzeit/Vollzeit-Modell, während in Frankreich bei diesen Familien nun das Alleinverdiener-Modell leicht vorne liegt. In den Niederlanden ist die Mehrheit dieser Familien vollzeit-/teilzeiterwerbstätig, was in abgeschwächter Form auch für kinderreiche Familien im Vereinigten Königreich gilt.

Neben der Anzahl beeinflusst auch das Alter der Kinder die Erwerbstätigkeit von Familien (siehe Tab. 3.6). *Alleinerziehende* mit Kindern im Vorschulalter sind zum Teil deutlich schlechter in den Arbeitsmarkt integriert als solche ohne Vorschulkinder. In Deutschland sind die Unterschiede in der Erwerbsbeteiligung von Alleinerziehenden mit und ohne Kinder im Vorschulalter besonders groß. Im Vereinigten Königreich und Frankreich fallen diese geringer aus, sind aber immer noch beachtlich. In Dänemark und den Niederlanden hingegen sind Alleinerziehende mit jüngeren Kindern kaum schlechter in den Arbeitsmarkt integriert. Im Falle der Niederlande muss allerdings beachtet werden, dass die Arbeitsmarktintegration, anders als in Frankreich, größtenteils nur über Teilzeitarbeit erfolgt.

Tab. 3.5: Erwerbstätigkeit nach Anzahl der Kinder (Prozentwerte)

		Alleinerziehende				Paare mit Kindern			
		Gesamt[a]	davon (Zeilenprozente):			Gesamt[a]	davon (Zeilenprozente):			
			Vollzeit	Teilzeit	nicht erwerbstätig		beide Vollzeit	Vollzeit/ Teilzeit	Vollzeit/nicht erwerbstätig	sonstige Konstellation
1 Kind	DE	69,3	38,7	31,1	30,2	42,2	21,1	43,3	26,6	9,1
	DK	54,3	75,2	8,0	16,8	33,5	66,2	14,2	14,9	4,7
	FR	50,6	64,6	13,8	21,5	34,5	50,3	20,7	22,0	6,9
	NL	51,4	35,2	46,2	18,6	29,9	9,3	63,4	14,9	12,4
	UK	46,9	42,4	24,2	33,3	37,9	44,3	31,4	15,0	9,3
2 Kinder	DE	25,2	26,9	44,4	28,7	44,8	10,8	50,9	31,5	6,9
	DK	38,2	76,8	12,6	10,5	46,8	71,5	18,1	8,7	1,7
	FR	33,0	57,1	24,4	18,5	43,5	44,4	31,1	18,8	5,6
	NL	38,5	25,6	55,0	19,4	49,2	7,3	67,5	12,7	12,6
	UK	35,5	25,7	35,2	39,1	44,8	26,4	41,6	21,5	10,4
3+ Kinder	DE	5,5	25,7	45,7	28,6	13,0	5,7	41,4	43,3	9,6
	DK	7,5	63,2	21,1	15,8	19,7	58,5	24,0	14,7	2,9
	FR	16,4	41,7	24,3	34,0	22,0	29,0	28,1	35,6	7,3
	NL	10,1	39,5	44,2	16,3	20,9	9,0	61,4	20,7	8,9
	UK	17,6	20,2	16,9	62,9	17,4	13,3	35,1	28,2	23,4

Anmerkung: Kursive Werte beruhen auf geringen Fallzahlen (<30)

a – Spaltenprozente

Quelle: EU-SILC (Referenzjahr 2008), eigene Berechnungen

Bei den *Paaren* ist zu erkennen, dass bei solchen ohne Vorschulkinder das Alleinverdiener-Modell weniger und das Eineinhalbverdiener-Modell stärker verbreitet ist. Das gilt für alle Länder außer für die Niederlande. In Deutschland, Dänemark und vor allem im Vereinigten Königreich sind Paare ohne Vorschulkinder auch häufiger Vollzeit/Vollzeit erwerbstätig. Insgesamt fallen die Unterschiede in der Erwerbsbeteiligung von Paaren mit und ohne Kinder im Vorschulalter in den Niederlanden, Frankreich und auch Dänemark eher gering aus, in Deutschland und im Vereinigten Königreich sind sie größer.

Tab. 3.6: Kinder im Vorschulalter und Erwerbstätigkeit (Prozentwerte)

		Alleinerziehende				Paare mit Kindern			
		Gesamt[a]	davon[b]:			Gesamt[a]	davon[b]:		
			Vollzeit	Teilzeit	nicht erwerbstätig		beide Vollzeit	Vollzeit/ Teilzeit	Vollzeit/nicht erwerbstätig	sonstige Konstellation
mind. 1 Kind im Vorschulalter	DE	16,3	*15,5*	25,2	59,3	34,3	11,9	31,9	47,0	9,1
	DK	16,3	*68,3*	*14,6*	*17,1*	34,2	64,8	15,8	15,9	*3,4*
	FR	18,9	47,0	*16,2*	36,8	40,4	43,2	25,2	26,8	5,0
	NL	10,4	27,9	51,2	20,9	34,6	8,3	66,0	12,5	13,2
	UK	25,7	*14,1*	24,2	61,7	37,9	21,7	33,4	28,9	16,0
kein Kind im Vorschulalter	DE	83,7	38,8	37,2	24,0	65,7	15,8	54,0	22,6	7,7
	DK	83,7	76,2	*10,0*	13,8	65,8	68,3	19,1	9,9	2,7
	FR	81,1	61,0	19,7	19,3	59,6	43,0	28,0	21,5	7,4
	NL	89,6	32,4	49,2	18,4	65,4	8,2	64,4	16,3	11,0
	UK	74,3	38,8	27,8	33,4	62,1	36,6	38,6	14,9	9,9

Anmerkung: Kursive Werte beruhen auf geringen Fallzahlen (< 30)
a – Spaltenprozente; b – Zeilenprozente
Quelle: EU-SILC (Referenzjahr 2008), eigene Berechnungen

Die Analyse der Erwerbstätigkeit von Familien nach Anzahl und Alter der Kinder ergibt, dass im Vereinigten Königreich Alleinerziehende mit vielen Kindern und Familien mit jungen Kindern nicht nur relativ häufig vorkommen. Die Anzahl und das Alter der Kinder wirken sich dort auch deutlich auf die Erwerbsbeteiligung von Familien aus. Ähnliches gilt für Deutschland, mit dem Unterschied, dass es dort verhältnismäßig wenige Familien mit vielen und jungen Kindern gibt. Frankreich weist höhere Anteile von Familien mit vielen und jungen Kindern auf, ähnlich wie im Vereinigten Königreich. In Frankreich beeinflusst das Alter der Kinder aber offenbar nur die Erwerbstätigkeit von Alleinerziehenden, während sich die Anzahl der Kinder generell negativ auf die Erwerbsbeteiligung von Familien auswirkt. Nichtsdestotrotz sind dort auch Familien mit vielen und jungen Kindern noch zu einem großen Teil vollzeiterwerbstätig. In Dänemark und den Niederlanden scheinen die Anzahl und das Alter der Kinder dagegen einen geringen Einfluss auf die Erwerbstätigkeit zu haben. Zudem haben Alleinerziehende in beiden Ländern recht selten drei und mehr Kinder, in den Niederlanden auch seltener junge Kinder.

4 Die soziale Situation von Familien: Einkommen, Transfers und Armut

In diesem Kapitel wird die Einkommenssituation der Risikogruppen analysiert. Dabei interessiert vor allem die Frage, inwiefern sich die Erwerbsrisiken Nichtbeschäftigung und Geringverdienst auf die Haushaltseinkommen auswirken. Die Analyse richtet sich zunächst auf die Stufe 2 der Risikolagen, die Erwerbseinkommen, anschließend auf soziale Transfers und auf Stufe 3, die verfügbaren Haushaltseinkommen. Dabei stehen die Frage nach der relativen Einkommensposition der verschiedenen Risikogruppen im Vergleich zum Bevölkerungsdurchschnitt und das Problem der Einkommensarmut im Vordergrund.

In vielen Ländern hat der Anteil von Arbeitnehmern mit Niedriglöhnen und Selbstständigen mit geringen Erwerbseinkommen stark zugenommen. Niedriglohnbeschäftigung kann gerade für Familien ein erhebliches Risiko bedeuten, wenn es im Haushaltsverbund keine Kompensation durch ein zweites (höheres) Einkommen gibt. Ob und wie stark sich Niedriglohnbeschäftigung tatsächlich in niedrigen Familieneinkommen niederschlägt, hängt aber ganz wesentlich von der jeweiligen Familienstruktur und der spezifischen Erwerbskonstellation im Haushalt sowie von zusätzlichen sozialstaatlichen Leistungen ab.

In einem international-vergleichenden Projekt über *Niedriglohnbeschäftigung* (Gautié/Schmitt 2010) fanden die Forscher größere Länderunterschiede hinsichtlich Umfang und Entwicklung des Niedriglohnsektors; für Selbstständige liegen leider keine verlässlichen Vergleichsdaten vor. In diesem Projekt wurde Niedriglohnbeschäftigung direkt am individuellen Bruttostundenverdienst bemessen, nicht wie sonst oft üblich am Monatseinkommen. Bei letzterer Methode sind auch geringe Arbeitszeiten ursächlich für einen niedrigen Gesamtmonatsverdienst. Als Schwelle für Niedriglöhne wurde ein Wert (der internationale Standard) von zwei Dritteln des Medianstundenverdienstes aller abhängig Beschäftigten (im Alter von 15 bis 64 Jahren) in einem Land festgelegt. Die Ergebnisse der Studie zeigen (Abb. 4.1 auf S. 72), dass der Anteil der Niedriglohnbeschäftigten im internationalen Vergleich von rund 8% der abhängig Beschäftigten in Dänemark bis zu über 20% in Deutschland oder im Vereinigten Königreich variiert.

Abb. 4.1: Anteil von Niedriglohnbeschäftigten 2005

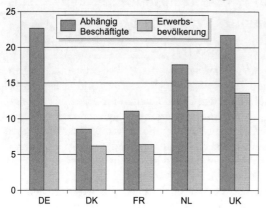

Bemessungsgrundlage: Stundenverdienst niedriger als zwei
Drittel des Median-Stundenverdienstes
Quelle: Gautié/Schmitt 2010: Tabelle 2.1, Seite 37

4.1 Bruttoerwerbseinkommen

Risikogruppen sind durch geringe oder fehlende Erwerbsbeteiligung oder durch
niedrige Erwerbseinkommen im Vergleich zum Durchschnitt der Bevölkerung
gekennzeichnet (siehe Definition der Risikogruppen in Kapitel 2). Doch die Abweichung ihrer Bruttoerwerbseinkommen vom Durchschnitt kann von Land zu
Land unterschiedlich groß sein. In der folgenden Analyse werden die verschiedenen Risikogruppen jeweils im Vergleich zum Bevölkerungsdurchschnitt und
zu ausgewählten Nicht-Risikogruppen untersucht, um die länderspezifischen Risikoprofile gezielt heraus zu arbeiten. Der Fokus ist auf Paare mit Kindern und Alleinerziehende gerichtet, also die *familiären* Risiko- und Nicht-Risikogruppen.

Da im Forschungsdesign die Erwerbskonstellation und Einkommenssituation von *Haushalten* im Mittelpunkt steht, sind die Einkommensindikatoren in
den folgenden Analysen stets äquivalenzgewichtet. Dies gilt auch für die Analyse der Bruttoerwerbseinkommen auf Haushaltsebene. Der Fokus der Analyse
ist somit nicht auf Probleme der individuellen Arbeitsmarktlöhne gerichtet, sondern auf die Frage, inwieweit sich verschiedene Erwerbskonstellationen auf
Haushaltsebene in unterschiedlichen relativen Einkommenspositionen nieder-
schlagen. Für die Äquivalenzgewichtung wurde die neue OECD-Skala verwen-
det, die dem ersten erwachsenen Haushaltsmitglied den Faktor 1, weiteren erwachsenen Mitgliedern den Faktor 0,5 und Kindern den Faktor 0,3 zuordnet. Es

sollte angemerkt werden, dass diese Skala im Vergleich zu anderen Skalen niedrige Werte für die Berücksichtigung des Bedarfs von Kindern ansetzt, wodurch die relative Einkommenssituation von Familien im Vergleich zu Nicht-Familien höher eingeschätzt wird. Die Wahl dieser Skala führt also tendenziell zu einer konservativen Beurteilung der Einkommensproblematik von Familien im Vergleich zu Nicht-Familien.

Tabelle 4.1. zeigt die äquivalenzgewichteten Bruttoerwerbseinkommen von Familien- und Nichtfamilienhaushalten mit unterschiedlichen Erwerbskonstellationen jeweils mit und ohne Geringverdiener im Haushalt. Es sind nur Haushalte berücksichtigt, in denen mindestens ein Erwachsener erwerbstätig war. Die Werte schließen Einkommen aus selbstständiger und nicht-selbstständiger Arbeit aller im Haushalt lebenden Erwachsenen ein und sind auf den Median der Bevölkerung bezogen (alle Haushalte = 100; nicht in der Tabelle ausgewiesen). Es wird in den Zahlen somit die Abweichung der Bruttoerwerbseinkommen der verschiedenen Haushaltstypen von der gesellschaftlichen Mitte deutlich.

Im Vordergrund der Interpretation stehen die relativen Werte, also die Abstände der verschiedenen Gruppen untereinander und zur gesellschaftlichen Mitte innerhalb der einzelnen Länder. Ein direkter Vergleich einzelner Gruppen zwischen den Ländern ist problematisch, weil die Mediane von Land zu Land unterschiedlich sind und durch die Haushaltsstruktur in den einzelnen Ländern mit beeinflusst werden. In Dänemark gibt es zum Beispiel mehr Doppelverdiener-Paare als in anderen Ländern, wodurch der Median aller Haushalte tendenziell höher liegt. Der Median des Bruttoerwerbseinkommens aller Haushalte in unse-

Tab. 4.1: Bruttoeinkommen von Haushalten mit Erwerbstätigen[a]
(Median aller Haushalte mit mindestens einem Erwerbstätigen = 100)

	Ohne Kinder					Mit Kindern				
	DE	DK	FR	NL	UK	DE	DK	FR	NL	UK
	Alleinstehende									
Beschäftigt, kein Geringverdiener	155	114	141	143	156	90	74	84	92	92
Beschäftigt, Geringverdiener	54	45	48	62	51	32	34	31	37	27
	Paare									
2 beschäftigt, 0 Geringverdiener	212	157	189	199	223	157	116	143	143	183
2 beschäftigt, 1 Geringverdiener	144	113	119	137	134	100	82	90	100	104
2 beschäftigt, 2 Geringverdiener	70	67	67	76	63	46	38	45	54	43
1 beschäftigt, 0 Geringverdiener	106	83	145	126	108	98	70	87	91	112
1 beschäftigt, 1 Geringverdiener	39	33	40	57	27	30	27	31	42	21

a – Haushalte mit mindestens einem Erwerbstätigen; äquivalenzgewichtetes Einkommen
Quelle: EU-SILC (Referenzjahr 2008), eigene Berechnungen

rem Sample betrug im Jahr 2008 (umgerechnet in € pro Monat) 3539 in Deutschland, 6.391 in Dänemark, 3.168 in Frankreich, 4.770 in den Niederlanden und 2.918 im Vereinigten Königreich.

Wie erwartet, liegen die Bruttoerwerbseinkommen der Risikogruppenhaushalte mit Geringverdienern in allen Ländern deutlich unter denjenigen der anderen Haushalte und dem Median aller Haushalte. *Alleinstehende* mit Geringverdienst erreichen zwischen 45% (Dänemark) und 62% (Niederlande) des äquivalenzgewichteten medianen Bruttoerwerbseinkommens, *Alleinerziehende* lediglich zwischen 27% (Vereinigtes Königreich) und 37% (Niederlande). Ohne Geringverdienst sind Alleinstehende in allen Ländern besser als der Median gestellt, am wenigsten jedoch in Dänemark, wo nur rund 14% mehr als der Median erzielt wird. Bei den Alleinerziehenden wird jedoch auch ohne Geringverdienst in keinem Land der Median erreicht.

Bei den *Paaren* hängt die Einkommenssituation stark von der jeweiligen Erwerbskonstellation der Partner ab. Paare mit zwei Beschäftigten ohne Geringverdienst und ohne Kinder sind die privilegierteste Gruppe. In Deutschland und im Vereinigten Königreich und annähernd in den Niederlanden erzielen sie mehr als das Doppelte des Median. Auch Paare mit Kindern in derselben Erwerbskonstellation liegen in allen Ländern über dem Median, aber zumeist weit hinter den Paaren ohne Kinder. In allen Ländern wirkt sich Geringverdienst definitionsgemäß stark negativ auf die relative Einkommenssituation bei Paaren aus. Aufgrund der Äquivalenzgewichtung sind Familien ebenfalls tendenziell schlechter gestellt als Paare ohne Kinder.

Doch die *Unterschiede zwischen den Gruppen innerhalb der Länder* variieren erheblich. Am stärksten negativ wirkt sich Geringverdienst in Dänemark und im Vereinigten Königreich aus, am wenigsten in den Niederlanden. Die Gründe dafür sind jedoch unterschiedlich. In Dänemark zieht der hohe gesellschaftliche Standard (viele Doppelverdiener) alle Gruppen, die nicht diesem Modell entsprechen, stark nach unten. Umgekehrt liegen die Nicht-Risikogruppen entsprechend relativ wenig über dem Median. Im Vereinigten Königreich hingegen ist die Spreizung der Bruttoeinkommen zwischen den privilegierten und den Risikogruppen besonders groß. Bei Paaren mit Kindern liegt der Unterschied zwischen 183% des Median (zwei Beschäftigte ohne Geringverdienst) und 21% (ein Beschäftigter mit Geringverdienst). In den Niederlanden wiederum liegen alle Geringverdiener-Konstellationen deutlich näher an der gesellschaftlichen Mitte als in den anderen Ländern. Deutschland hat nach dem Vereinigten Königreich die zweitgrößten Unterschiede zwischen privilegierten und Risikogruppen, die Geringverdiener sind jedoch nicht ganz so weit vom Median entfernt. Frankreich liegt hinsichtlich dieses Indikators zwischen Dänemark und Deutschland: einerseits sind die privilegierten Gruppen nicht ganz so gut gestellt wie in Deutschland, andererseits liegen die Geringverdiener nicht so weit unter dem Median wie in Dänemark.

Interessant ist der Blick auf die „traditionelle" Erwerbskonstellation bei Paaren mit Kindern: den Alleinverdiener-Haushalt ohne Geringverdienst. Nur im Vereinigten Königreich übertrifft dieser Typ den Median und nur noch in Deutschland erreicht er ihn knapp. In Frankreich und den Niederlanden liegt er rund zehn Prozentpunkte unter dem Median, in Dänemark sogar 30 Prozentpunkte. Dieses Erwerbsmodell sichert also nur noch in wenigen Fällen ein mittleres Erwerbseinkommen für den Familienhaushalt. Ohne steuerliche Vorteile und sozialstaatliche Transfers würden auch die verfügbaren Einkommen dieses Typs in den meisten Fällen unter dem Median liegen. Ein zweiter interessanter Fall ist das „Zuverdienst-Modell" mit zwei erwerbstätigen Partnern, von denen einer jedoch nur einen Geringverdienst erzielt. Mit Kindern wird in drei Ländern (Deutschland, Niederlande und Vereinigtes Königreich) gerade eben der Median erreicht, in zwei Ländern (Frankreich und Dänemark) jedoch mit Abstand nicht.

4.2 Geringverdienst und Teilzeitarbeit

Das größere Ausmaß von Geringverdiensten in manchen Ländern, vornehmlich in den Niederlanden, Deutschland und im Vereinigten Königreich, ist unter anderem darauf zurückzuführen, dass Teilzeitarbeit dort häufiger vorkommt. Diese Länder haben die höchsten Teilzeitquoten bei Frauen. Die Teilzeitquoten aus den EU-SILC-Daten stellen den Anteil von Teilzeitbeschäftigten an unserem Sample dar, also an den Erwachsenen zwischen 15 und 64 Jahren ohne Rentner oder Studenten, einschließlich solcher, die in sonstigen Haushalten leben (zur Definition von Teilzeitarbeit siehe Kapitel 2). Um den Zusammenhang zwischen Geringverdiensten und Teilzeitarbeit zu verdeutlichen, enthält Tabelle 4.2 den Anteil von Teilzeitbeschäftigten an den Geringverdienern und umgekehrt den Geringverdiener-Anteil an den Teilzeitbeschäftigten. Zudem zeigt sie den Ge-

Tab. 4.2: Teilzeitbeschäftigung und Geringverdienst

	DE	DK	FR	NL	UK
Anteil Teilzeitbeschäftigter an Bevölkerung	20,1	10,5	14,1	35,5	18,8
Anteil Teilzeitbeschäftigter an Geringverdienern	56,9	31,8	49,3	73,6	52,8
Geringverdiener-Anteil an Teilzeitbeschäftigten	77,9	37,8	63,8	64,0	77,3
Geringverdiener-Anteil an Vollzeitbeschäftigten	20,5	11,1	13,7	16,6	22,3
Durchschnittlicher wöchentlicher Stundenumfang von Teilzeitbeschäftigten	22,5	26,9	25,8	23,7	20,5

Anmerkung: Bevölkerung = erwachsene Personen zwischen 15 und 64 Jahren, ohne Rentner und Studenten

Quelle: EU-SILC (Referenzjahr 2008), eigene Berechnungen

ringverdiener-Anteil an den Vollzeitbeschäftigten, den Zusammenhang zwischen dem Ausmaß der Erwerbstätigkeit und den Verdiensten sowie die durchschnittliche Wochenarbeitszeit von Teilzeitbeschäftigten.

Die Niederlande haben die höchste Teilzeitquote. Dort arbeitet jede dritte Person im Sample Teilzeit (35,5%). In Deutschland und im Vereinigten Königreich liegt die Teilzeitquote deutlich darunter, beträgt aber immerhin noch etwa 20%. Frankreich und Dänemark weisen mit ungefähr 14 bzw. 10% den geringsten Anteil Teilzeiterwerbstätiger auf.[1] Entsprechend unterschiedlich hoch fällt auch der Anteil Teilzeitbeschäftigter an den Geringverdienern aus. In den Niederlanden sind drei Viertel der Geringverdiener teilzeitbeschäftigt, in Dänemark weniger als ein Drittel. Damit ist die Teilzeitquote der Geringverdiener in allen Ländern weitaus höher als die allgemeine Teilzeitquote, d.h. Geringverdiener sind überall überproportional oft teilzeitbeschäftigt. Umgekehrt haben Teilzeitbeschäftigte überproportional häufig geringe Verdienste. Doch auch bei den Geringverdiener-Anteilen der Teilzeitbeschäftigten zeigen sich große Länderunterschiede. Zudem verbuchen diesmal nicht die Niederlande, sondern Deutschland und das Vereinigte Königreich die höchsten Werte. In diesen beiden Ländern sind gut Dreiviertel der Teilzeitbeschäftigten Geringverdiener, in den Niederlanden und Frankreich knapp zwei Drittel. In Dänemark ist dagegen nur jede/r dritte Teilzeiterwerbstätige Geringverdiener. Demgegenüber haben Vollzeiterwerbstätige in allen Ländern ein sehr viel niedrigeres Geringverdienstrisiko. Dieses fällt wiederum im Vereinigten Königreich und Deutschland am größten und in Dänemark am kleinsten aus. Es lässt sich also, wie erwartet, in allen Ländern ein Zusammenhang zwischen dem Ausmaß der Erwerbstätigkeit (Vollzeit/Teilzeit) und den Verdiensten (Nicht-/Geringverdienst) feststellen, der in Dänemark allerdings am schwächsten und in Deutschland am stärksten ist.

Diese Länderunterschiede sind zum einen auf Unterschiede im Stundenumfang insbesondere von Teilzeitarbeit zurückzuführen, zum andern auf Differenzen in den Stundenlöhnen von Vollzeit- und Teilzeitbeschäftigten. In Tabelle 4.2 ist der durchschnittliche wöchentliche Stundenumfang von Teilzeiterwerbstätigen

---

1 Unsere Teilzeitquoten stimmen ungefähr mit denen von Schmeißer et al. (2012) überein. Letztere fallen 1–3% kleiner aus. Nur für Dänemark berechnen sie eine nahezu doppelt so hohe Teilzeitquote. Die Quoten von Schmeißer et al. basieren auf anderen Daten (European Labour Force Survey), einer anderen Grundgesamtheit (alle Personen zwischen 15 und 64 Jahren) und Definition von Teilzeitbeschäftigten (Personen, die mindestens eine Stunde pro Woche gegen monetäre Entlohnung arbeiten und eine Wochenarbeitszeit von bis unter 35 Stunden haben). Unsere niedrigere Teilzeitquote für Dänemark wird sehr wahrscheinlich darauf zurückzuführen sein, dass wir nur Erwachsene betrachten, die sechs Monate und länger teilzeiterwerbstätig waren. Dadurch werden junge Menschen, die in Dänemark möglicherweise einen hohen Anteil der Teilzeitbeschäftigten ausmachen, teilweise ausgeschlossen.

abgebildet. Dieser beruht auf Angaben zur tatsächlichen Wochenarbeitszeit in der aktuellen Haupttätigkeit von Personen, die zum Zeitpunkt der Befragung teilzeitbeschäftigt waren. Es kann sein, dass diese Personen im Jahr 2008 nicht überwiegend Teilzeit gearbeitet haben und damit nicht in unsere Kategorie der Teilzeitbeschäftigten fallen. Zudem ist es möglich, dass sie unserer Definition zufolge zwar teilzeitbeschäftigt sind, aber im Laufe des Jahres ihr Arbeitsverhältnis gewechselt haben, wodurch sich eventuell auch ihre Wochenarbeitszeit geändert haben könnte. Die hier präsentierten Zahlen sind daher nur als Näherungswerte für den durchschnittlichen Stundenumfang von Teilzeitarbeit in den Ländern zu verstehen. Aufgrund dieser Unsicherheiten bezüglich des Stundenumfangs und zusätzlicher Fehler, die bei der Berechnung von Stundenlöhnen aus der wöchentlichen Arbeitszeit und dem Jahresbruttoeinkommen entstehen können, verzichten wir auf eine Betrachtung von Stundenlöhnen. Was den Stundenumfang von Teilzeitarbeit betrifft, so ist Tabelle 4.2 zu entnehmen, dass dieser in Dänemark durchschnittlich am größten und im Vereinigten Königreich und Deutschland am kleinsten ist. Dass Teilzeitbeschäftigte in Dänemark weniger von Geringverdiensten betroffen sind als in den anderen Ländern, könnte also damit zusammenhängen, dass sie dort länger arbeiten.

4.3 Soziale Transfers bei Arbeitslosigkeit und soziale Mindestsicherung

Im nächsten Schritt wenden wir uns nun der dritten Stufe des Integrationsprozesses zu, den verfügbaren Haushaltseinkommen, die sich nach Steuern und Transfers für die Familien ergeben. Für die familiären Risikogruppen sind neben den familienpolitischen Leistungen vor allem die Systeme des Arbeitslosenschutzes und die soziale Mindestsicherung relevant. Dabei richtet sich die Mindestsicherung in vielen Fällen nicht nur an Langzeitarbeitslose, sondern auch an Haushalte mit niedrigen, unter dem sozialen Minimum liegenden, Erwerbseinkommen. Um den möglichen Einfluss dieser Systeme – Arbeitslosenschutz und Mindestsicherung – auf das verfügbare Einkommen abzuschätzen, sollen zunächst diese Leistungssysteme kurz im Ländervergleich analysiert werden.

Die Systeme des Arbeitslosenschutzes wurden in den letzten Jahren in vielen Ländern grundlegend verändert. Zum einen gab es einen Trend zur Aktivierung von Hilfeempfängern sowohl durch restriktivere Bedingungen für den Leistungsbezug als auch durch den Ausbau unterstützender Maßnahmen. Zum anderen wurden Leistungen oft zeitlich begrenzt. In einigen Ländern hat sich darüber hinaus die Architektur der Systeme insgesamt verändert. Die folgende Darstellung fokussiert auf die Situation zu Beginn des Jahres 2008 und auf Gruppen mit geringem Verdienstniveau, die zu den Risikogruppen auf dem Arbeitsmarkt zählen.

Nur in Frankreich gab es 2008 noch ein dreigliedriges System des Arbeitslosenschutzes, alle anderen Länder hatten ein zweigliedriges System. In der ersten Säule, gleich nach Beginn der Arbeitslosigkeit, greift in allen Ländern außer im Vereinigten Königreich ein Versicherungssystem mit lohnbezogenen Leistungen. Im Vereinigten Königreich sind die Leistungen schon auf dieser Stufe pauschal (nicht lohnbezogen), aber noch nicht bedürftigkeitsgeprüft. Wenn diese versicherungsbezogenen Leistungen erschöpft sind, greift in Frankreich für die Versicherten eine zweite Säule: ein einkommensgeprüftes System für langjährig Versicherte mit einheitlichen Leistungssätzen, die etwas oberhalb des Mindestsicherungsniveaus liegen. Diese Leistungen werden zunächst zwei Jahre gewährt, sofern die Bedingungen erfüllt sind. Erst in der dritten Säule greift in Frankreich die soziale Mindestsicherung (RMI; seit 2009 RSA) für Arbeitslose und Langzeitarbeitslose, die die notwendigen Bedingungen für den Bezug von Leistungen in der ersten oder zweiten Säule nicht (mehr) erfüllen. In den vier anderen Ländern folgt im Anschluss an die erste Säule, d.h. nach Erschöpfung der Leistungen aus der Versicherung, direkt die soziale Mindestsicherung. Diese Architektur kennzeichnet auch Deutschland seit den Hartz-Reformen.

In unserer Analyse wird zunächst die erste Stufe der Absicherung betrachtet: das Versicherungssystem. Hierbei konzentrieren wir uns im Ländervergleich auf drei zentrale Indikatoren, die für Risikogruppen besonders wichtig sind: die Anspruchsvoraussetzungen für den Leistungsbezug (gemessen an der Mindestbeschäftigungsdauer vor Eintritt der Arbeitslosigkeit), die Leistungshöhe (gemessen an der Nettolohnersatzrate für Beschäftigte mit Geringverdienst) und die maximale Bezugsdauer der Leistungen für Versicherte ohne besondere Merkmale. Somit werden drei zentrale Dimensionen abgebildet: der Zugang zu Leistungen, die Höhe der Leistungen und die maximale Dauer der Leistungen für diejenigen, die nur die notwendigen minimalen Versicherungsbedingungen erfüllen.[2]

In den Niederlanden und Frankreich waren nur rund 26 Wochen Beschäftigung erforderlich, um Ansprüche auf Arbeitslosengeld zu begründen. In den anderen drei Ländern waren es rund 54 Wochen. Die dabei zugrunde liegende Referenzperiode variierte jedoch zum Teil. Insgesamt (vgl. Bahle et al. 2011: 30) kann man die Länder wie folgt im Vergleich einordnen: Frankreich hatte das „offenste" System der Arbeitslosenversicherung, gefolgt von den Niederlanden, Dänemark und zum Schluss den beiden gleichauf liegenden Ländern Deutschland und dem Vereinigten Königreich. Die Leistungshöhe der ersten Stufe des Arbeitslosenschutzes variiert in der Regel mit der Höhe des vorherigen Verdienstes und zum Teil mit dem Familienstand. Um möglichst genau die Situation familiärer

---

2   Eine genauere Darstellung der Methode, der Daten und der Ergebnisse dieser Analyse
    findet sich in Bahle et al. (2011: 28ff.). Die Kennziffern beziehen sich auf die Situation
    zu Beginn des Jahres 2008.

Risikogruppen zu erfassen, verwenden wir im Folgenden die Nettolohnersatzrate für eine Paarfamilie mit zwei Kindern als Indikator. In dieser Modellfamilie gibt es nur einen (nun arbeitslosen) Verdiener, der vor Eintritt der Arbeitslosigkeit einen Geringverdienst in Höhe von zwei Dritteln des Medianverdienstes aller Arbeitnehmer hatte (OECD-Definition des Geringverdieners). Gemessen an diesem Nettolohn waren die Leistungen in Dänemark mit annähernd 90% am höchsten, gefolgt von den Niederlanden (86%), Frankreich (81%), Deutschland und dem Vereinigten Königreich (jeweils 78%). Die maximale Bezugsdauer für diejenigen, die nur die Mindestvoraussetzungen für den Leistungsbezug erfüllen, war mit Abstand am längsten in Dänemark (annähernd vier Jahre), in den anderen Ländern lag sie weit darunter auf einem ähnlichen Niveau von 20 bis 30 Wochen. Danach fallen diese Gruppen (sofern bedürftig) in aller Regel in die Zuständigkeit der sozialen Mindestsicherung.

Im Anschluss an die Arbeitslosenversicherung greift für die meisten (bedürftigen) Langzeitarbeitslosen das letzte Auffangnetz: die soziale Mindestsicherung (Ausnahme Frankreich: siehe oben). Soziale Mindestsicherung ist durch zwei zentrale Merkmale gekennzeichnet: die Leistungen orientieren sich an einem sozio-kulturellen Existenzminimum und sie beruhen auf Bedürftigkeit, d.h. sie werden in der Regel nach Ausschöpfung und unter Anrechnung aller anderen verfügbaren Einkommensressourcen gewährt. In den meisten Ländern besteht die soziale Mindestsicherung jedoch aus mehreren unterschiedlichen Programmen, die jeweils für bestimmte Bevölkerungsgruppen ausgelegt sind (vgl. Bahle et al. 2011 für eine genauere Analyse). In manchen Ländern unterscheiden sich die Leistungen zwischen den einzelnen Systemen erheblich voneinander. Eine sehr häufig anzutreffende Differenzierung ist die zwischen erwerbsfähigen und nichterwerbsfähigen Hilfebedürftigen. Wir betrachten hier die Systeme für die erwerbsfähige Bevölkerung im Erwerbsalter. Das Gros der Risikogruppen fällt in diese Kategorie. Es ist jedoch zu beachten, dass nicht erwerbsfähige Hilfebedürftige aus dieser Altersgruppe zumeist höhere Leistungen beziehen als im Folgenden dargestellt. Ebenso gibt es für Alleinerziehende mit kleinen Kindern oftmals Sonderregelungen, auf die in den anschließenden Länderkapiteln in Teil B näher eingegangen wird.

An dieser Stelle soll lediglich die Grundstruktur der Mindestsicherung vergleichend dargestellt werden. Hierfür werden zwei zentrale Indikatoren betrachtet: der Empfängerkreis (als Indikator für die Nutzung der Leistungen) und die Leistungshöhe (gemessen an der Armutsgrenze). Die Dauer der Leistungen ist in den meisten Systemen unbegrenzt, sofern die grundlegenden Voraussetzungen für den Leistungsbezug, in erster Linie Bedürftigkeit, vorliegen.[3] Hinsichtlich

---

3   Für eine genauere Darstellung der Methoden, Daten und Ergebnisse dieser Analyse wird
    auf Bahle et al. (2011: 155ff.) verwiesen.

der tatsächlichen Inanspruchnahme von Mindestsicherungsleistungen innerhalb der Bevölkerung im erwerbsfähigen Alter ergeben sich deutliche Unterschiede zwischen den fünf Ländern. Aus verfügbaren administrativen Daten lässt sich dieser Anteil für die Bevölkerung zwischen 20 und 64 Jahren grob schätzen. Im Jahr 2007 bezogen im Vereinigten Königreich im Jahresdurchschnitt knapp 9% dieser Altersgruppe Leistungen aus der sozialen Mindestsicherung (Bahle et al. 2011: 170). Schließt man die ebenfalls einkommensgeprüften Leistungen für Geringverdiener wie den *Working Tax Credit* ein, liegt der Anteil sogar bei knapp 17% der Erwerbsbevölkerung. Daraus wird die enorme Bedeutung der Mindestsicherung für die britische Bevölkerung ersichtlich. Auch in Deutschland hatte die Mindestsicherung 2007 für diese Bevölkerungsgruppe erhebliche Relevanz: mehr als 11% der Bevölkerung diesen Alters bezogen Leistungen, zumeist Arbeitslosengeld II oder Sozialgeld. Frankreich folgt mit knapp 8% auf dem dritten Platz, während die soziale Mindestsicherung in den Niederlanden (rund 5%) und in Dänemark (rund 3%) weit weniger ins Gewicht fällt.

Es gibt einige Gründe für diese Länderunterschiede. Zum einen waren die Länder in unterschiedlichem Maß von Inaktivität, Arbeitslosigkeit und insbesondere Langzeitarbeitslosigkeit betroffen. In den Jahren 2007 und 2008 war der Problemdruck in dieser Hinsicht in den Niederlanden und Dänemark weit geringer als in den drei anderen Ländern. Das Vereinigte Königreich hatte zwar auch wenige Arbeitslose, war aber durch ein hohes Maß an Inaktivität innerhalb dieser Altersgruppe gekennzeichnet. Dies gilt vor allem für Alleinerziehende. Hinzu kommt die unterschiedliche Architektur der sozialen Sicherungssysteme. Das Vereinigte Königreich hatte zwar weniger Arbeitslose, aber der Anteil derer, die in die Mindestsicherung fielen, war hoch, weil die Versicherungsleistungen sehr niedrig und zeitlich eng begrenzt sind. Im Gegensatz dazu werden die Arbeitslosen in Dänemark und den Niederlanden besser durch die vorgelagerten Versicherungssysteme aufgefangen. Für Deutschland zeigt sich in den Zahlen sowohl ein hoher Problemdruck (hohe Langzeitarbeitslosigkeit) als auch die neue Architektur des deutschen Sozialstaats nach den Hartz-Reformen, in der Langzeitarbeitslosigkeit in Kombination mit Erwerbsfähigkeit (von mindestens drei Stunden pro Tag) direkt in das bedürftigkeitsgeprüfte ALG II-System münden. Entsprechend hoch ist der Anteil der Empfänger innerhalb der Bevölkerung. Der französische Fall ist wiederum durch einige Besonderheiten geprägt. Der Problemdruck war in Frankreich ähnlich hoch wie in Deutschland, aber aufgrund der besseren Absicherung durch das Versicherungssystem fiel ein geringerer Anteil der Arbeitslosen in die soziale Mindestsicherung. Allerdings ist dabei zu berücksichtigen, dass das spezielle Hilfesystem für Langzeitarbeitslose mit langer Erwerbsbiographie de facto selbst ein Element der sozialen Mindestsicherung bildet: die Leistungen dieses Systems sind einkommensgeprüft und werden auf niedrigem Niveau gewährt, das nur wenig über den Leistungen für das allgemeine Mindestsicherungssystem liegt.

Hinsichtlich der Leistungshöhe ergibt sich im Ländervergleich ein interessanter, vielleicht nicht ganz erwarteter Befund. Für ein Paar mit zwei Kindern garantiert die Mindestsicherung in den meisten Ländern nur ein Einkommensniveau, das deutlich unterhalb der Armutsrisikoschwelle von 60% des Medianeinkommens der Bevölkerung liegt (Basis: verfügbares Haushaltseinkommen; vgl. Bahle et al. 2011: 162). Nur in zwei der hier untersuchten fünf Länder überschreiten die Leistungen unter Berücksichtigung der Wohnkosten diese Schwelle: in Dänemark und in Deutschland. Deutlich unter dieser Schwelle liegen die Leistungen in Frankreich und den Niederlanden, im Vereinigten Königreich kommt man je nach Datenquelle zu unterschiedlichen Ergebnissen. Da die Wohnkosten methodisch im internationalen Vergleich ein großes Problem darstellen, kann man die Leistungssätze auch ohne Berücksichtigung der Wohnkosten miteinander vergleichen. Dadurch ergibt sich ein etwas anderes Bild. Zum einen haben sich die Unterschiede zwischen den Ländern eingeebnet, zum andern erreichen die Leistungen in keinem Land mehr die Armutsrisikoschwelle. Dänemark liegt immer noch vorn, aber an zweiter Stelle stehen nun die Niederlande, knapp gefolgt von Deutschland und dem Vereinigten Königreich. Die niedrigsten Leistungen – ob mit oder ohne Wohnkosten – werden in Frankreich gezahlt.

4.4 Der Beitrag von Transferleistungen zum Haushaltseinkommen

Die Bedeutung sozialer Transferleistungen für eine Verbesserung der Einkommenslage von Risikogruppen variiert im Ländervergleich erheblich. Wir nehmen an, dass Haushalte von Nichtbeschäftigten und Familien mit Kindern mehr soziale Transfers als andere Haushalte erhalten. Darüber hinaus ist von Interesse, ob soziale Transfers auf Risikogruppen konzentriert sind oder ob sie eher breit streuen, zum Beispiel im Rahmen der allgemeinen Familienförderung. In dieser Hinsicht erwarten wir, dass die britische und die niederländische Sozialpolitik eher auf Risikogruppen zielen, während die der drei anderen Länder eher breit gestreut ist. In Deutschland und Frankreich spielt die allgemeine Familienförderung historisch eine große Rolle, und in Dänemark dominiert ein universalistischer Ansatz, der ebenfalls nicht speziell auf Risikogruppen gerichtet ist.

Tabelle 4.3 zeigt die Bedeutung privater und öffentlicher Transfers für das verfügbare Einkommen der verschiedenen Haushaltstypen. Dabei ist die unterschiedliche Höhe der verfügbaren Haushaltseinkommen nicht berücksichtigt, erfasst ist lediglich der prozentuale Anteil der Transfers am jeweiligen, verfügbaren Haushaltseinkommen nach Steuern und Transfers. Dieser Anteil wird auf Nettobasis, d.h. unter Berücksichtigung einer eventuellen Besteuerung der Trans-

ferleistungen ermittelt. Erfasst sind alle öffentlichen Transferleistungen mit Ausnahme von Renten, die hier als Einkommensäquivalente betrachtet werden, weil
sie in der Regel einen dauerhaften Ersatz für Erwerbseinkommen bilden. Reine
Rentnerhaushalte sind von der Analyse ohnehin ausgeschlossen, es gibt jedoch
Mischhaushalte mit Rentnern. In diesen Mischhaushalten werden die Rentenein-
kommen nicht als Sozialtransfers erfasst, fließen jedoch in das gesamte verfügbare Haushaltseinkommen mit ein. Die Sozialtransfers in dieser Analyse schließen somit folgende Leistungen ein: Familienleistungen, Leistungen bei Krank-

Tab. 4.3: Transferquote (Prozentanteil der Transfers am verfügbaren
Haushaltseinkommen)

	Ohne Kinder					Mit Kindern				
	DE	DK	FR	NL	UK	DE	DK	FR	NL	UK
	Alleinstehende									
Beschäftigt, kein Geringverdiener	1	2	3	1	2	9	12	13	8	16
Beschäftigt, Geringverdiener	10	31	21	6	7	29	37	41	19	47
Nicht erwerbstätig	64	82	47	66	80	66	71	74	62	92
	Paare									
2 beschäftigt, 0 Geringverdiener	1	3	1	1	0	6	5	6	3	4
2 beschäftigt, 1 Geringverdiener	2	10	5	1	1	9	14	11	5	8
2 beschäftigt, 2 Geringverdiener	6	20	16	7	3	21	16	25	10	26
1 beschäftigt, 0 Geringverdiener	8	28	5	7	3	14	30	18	9	11
1 beschäftigt, 1 Geringverdiener	15	43	18	16	11	42	55	44	30	48
Beide nicht erwerbstätig	13	26	15	10	13	65	46	41	60	39

Transfers = Familienleistungen (inkl. private), Leistungen bei Krankheit und Arbeitslosigkeit,
Wohngeld, Mindestsicherung, ohne Renten

Gesamttransferquote pro Jahr im Bevölkerungsdurchschnitt: DE 11%, DK 12%, FR 12%,
NL 7%, UK 13%

Quelle: EU-SILC (Referenzjahr 2008), eigene Berechnungen

heit oder Arbeitslosigkeit, Wohngeld und bedarfsgeprüfte Mindestsicherung.
Darüber hinaus sind in den Transfers auch private Transferzahlungen zwischen
Haushalten enthalten. Diese werden weiter unten für Alleinerziehende differen-
ziert analysiert; nur für diese Gruppe spielen sie tatsächlich eine größere Rolle.
    Im Jahr 2008 betrug die gesamtgesellschaftliche Transferquote, also der
Anteil aller Transfers am gesamten verfügbaren Einkommen aller Haushalte, in
Deutschland 11%, in Dänemark und Frankreich jeweils 12% und im Vereinigten
Königreich 13%. Nur in den Niederlanden lag sie mit 7% deutlich unter dem
Niveau der anderen Länder, weil sozialstaatliche Leistungen hier zu einem gro-

ßen Teil über das Steuersystem abgewickelt werden. Dies ist in den Daten jedoch nur unzureichend erfasst. Leider bietet EU-SILC keine Handhabe für eine tiefergehende Analyse steuerlicher Vorteile.

Wie erwartet, spielen Transfers aufgrund der Familienleistungen für beschäftigte *Alleinerziehende* eine größere Rolle als für beschäftigte Alleinstehende. Beschäftigte *Alleinerziehende* ohne Geringverdienst erhalten je nach Land zwischen 8% und 16% ihres verfügbaren Haushaltseinkommens aus Transferleistungen, vor allem aus Familienleistungen wie Kindergeld. Im Vergleich dazu erhalten besser verdienende Alleinstehende wie zu erwarten praktisch keine Transferleistungen. Bei den Geringverdienern sind die Unterschiede zwischen Alleinstehenden und Alleinerziehenden ebenso deutlich, wenngleich in manchen Ländern auch Alleinstehende mit Geringverdienst stark gefördert werden. So beträgt der Transferanteil am Einkommen dieser Gruppe in Dänemark 31% und in Frankreich 21%. Hierbei kann es sich um Transfers handeln, die geringe Erwerbseinkommen aufstocken (zum Beispiel Wohngeld), zum andern um Leistungen, die nur während einiger Monate im Jahr bezogen wurden. In unserer Analyse wird eine Person als erwerbstätig eingestuft, wenn sie mehr als sechs Monate innerhalb der vergangenen zwölf Monate beschäftigt war. Diese Person kann dann während der restlichen Monate zeitweise Einkommensersatzleistungen erhalten haben. Bei den Alleinerziehenden mit Geringverdienst ist der Transferanteil am Einkommen dank familienbezogener Leistungen deutlich höher. Im Vereinigten Königreich (47%) und Frankreich (41%) wird diese Gruppe besonders unterstützt, auch weil sie ein relativ niedriges Erwerbseinkommen erzielen. Umgekehrt ist die Situation in den Niederlanden, wo Alleinerziehende bereits relativ hohe Erwerbseinkommen erzielen und deshalb weniger Transfers erhalten. Hierbei sind jedoch die steuerlichen Vorteile schon im Erwerbseinkommen enthalten, die in den Daten leider nicht separat ausgewiesen werden. Deutschland und Dänemark befinden sich in einer mittleren Position.

Nicht überraschend ist, dass inaktive und arbeitslose Alleinstehende und Alleinerziehende (in der Tabelle zu „nicht erwerbstätig" zusammengefasst) überwiegend von Transfers abhängig sind. Auch in diesem Fall können Personen, die als „nicht erwerbstätig" eingestuft sind, durchaus während weniger Monate innerhalb des Jahres beschäftigt gewesen sein und Erwerbseinkommen bezogen haben. Es ist auch möglich, dass es sich bei einigen davon um „Aufstocker" handelt, die Erwerbseinkommen und Transfers kombinieren. Deshalb beträgt die Transferquote auch in diesen Fällen nicht 100%. In dieser Erwerbskonstellation erzielen Alleinerziehende nicht immer einen höheren Transferanteil als Alleinstehende. In Dänemark und den Niederlanden weisen nichterwerbstätige Alleinstehende eine höhere Transferquote auf als Alleinerziehende. Der Grund dafür könnte in der unterschiedlichen Zusammensetzung dieser Population liegen. Arbeitslose (eine Teilpopulation) erhalten zumeist lohnbezogene Leistungen, während Inaktive (die zweite Teilpopulation) oft auf Leistungen aus anderen Systemen angewiesen sind.

Vergleicht man *Paare mit und ohne Kinder* miteinander, profitieren auch hier Familien in allen Ländern in höherem Maße von Transfers. Stark gefördert werden vor allem Haushalte von Paaren mit Kindern, in denen ein oder beide Partner Geringverdiener sind. In Deutschland, Frankreich und im Vereinigten Königreich liegt die Transferquote von Paarfamilien mit zwei Geringverdienern bei 21–26%, in den Niederlanden hingegen nur bei 10%. Dies ist wiederum auf die tendenziell höheren Erwerbseinkommen in den Niederlanden zurück zu führen. In Paarfamilien mit nur einem beschäftigten Geringverdiener liegt die Transferquote in allen Ländern (außer den Niederlanden) sogar bei über 40%. Familien mit Kindern, in denen die Erwerbseinkommen niedrig sind, werden also durch Transfers relativ stark gefördert.

Im Gegensatz dazu spielen Transferleistungen wie zu erwarten bei den gut verdienenden Doppelverdienern eine kleine Rolle. Für Alleinverdiener-Paare ohne Geringverdienst machen Transfers immerhin zwischen rund 10% (Niederlande und Vereinigtes Königreich) und 14% (Deutschland) bzw. 18% (Frankreich) des verfügbaren Einkommens aus. In Deutschland und Frankreich wird dieser Familientyp mit traditioneller Arbeitsteilung zwischen den Geschlechtern besonders gefördert. Dabei sind die großen steuerlichen Vorteile für diesen Typ, die sich aus dem Splittingverfahren bei der Einkommensteuerveranlagung ergeben, noch gar nicht berücksichtigt. Den höchsten Wert von 30% erreicht die Transferquote für diesen Typ allerdings in Dänemark, was auf die geringe Fallzahl und hohe Selektivität dieser Gruppe zurückzuführen ist.

Eine hohe Abhängigkeit von Transfers gibt es unter den Paaren mit Kindern, in denen beide Partner nicht erwerbstätig sind. In Deutschland beträgt die Transferquote für diese Gruppe rund zwei Drittel des Einkommens, im Vereinigten Königreich dagegen nur knapp 40%. Diese Unterschiede erklären sich zum Teil aus der Heterogenität der inaktiven Paare. Zum Teil erhalten sie Renten (die wir hier nicht als Transfers berücksichtigt haben) oder erzielen andere Einkünfte. Eindeutiger ist das Bild bei den Paaren mit zwei Arbeitslosen. In dieser Gruppe beträgt der Transferanteil in allen Ländern deutlich mehr als zwei Drittel, im Vereinigten Königreich sogar 100%. Aufgrund der geringen Fallzahlen in einigen Ländern sind diese Werte jedoch in der Tabelle nicht separat ausgewiesen.

Wie erwartet, profitieren also Nichtbeschäftigte und Geringverdiener sowie Familien im Vergleich zu Nicht-Familien in den meisten Fällen mehr von Transfers als andere Gruppen. Dennoch sind auch größere Unterschiede zwischen den Ländern erkennbar. Diese sind zum Teil auf unterschiedliche Politikprofile zurück zu führen, in denen die verschiedenen Risikogruppen unterschiedlich unterstützt werden.

In diesem Zusammenhang stellt sich die Frage, inwiefern die Transferleistungen überhaupt auf die Risikogruppen gerichtet sind oder breiter auf die gesamte Bevölkerung verteilt werden. Der Anteil der Transferleistungen am verfügbaren Haushaltseinkommen verschiedener Gruppen sagt nichts über die tatsächliche Höhe der Leistungen aus, die an die jeweiligen Haushalte fließen, weil die absoluten Haushaltseinkommen der Gruppen voneinander abweichen. Außerdem lässt sich nicht erkennen, in welchem Maße die Transfers tatsächlich bedarfsgerecht ausgestaltet sind, d.h. inwieweit Familien im Vergleich zu Haushalten ohne Kinder gefördert werden.

Beides lässt sich mit Hilfe eines Indikators ermitteln, den wir als „Transferintensität" bezeichnen (Tab. 4.4). Die Transferintensität gibt an, wie hoch die nach Haushaltsgröße und -zusammensetzung (äquivalenz-)gewichteten Transfereinkommen der verschiedenen Gruppen gemessen am Bevölkerungsdurchschnitt (alle Haushalte = 100) sind. An diesem Indikator kann man erkennen, in welchem Maß bestimmte Haushalte absolut und unter Berücksichtigung ihres Bedarfs von Transferleistungen profitieren. Für die gesamte Bevölkerung betrugen die durchschnittlichen, äquivalenzgewichteten Transferleistungen im Jahr 2008 in Deutschland 2.369 € pro Bedarfseinheit, in Dänemark 3.773 €, in Frankreich 2.574 €, in den Niederlanden 1.690 € und im Vereinigten Königreich 2.434 €. Ein Wert von 100 in Tabelle 4.4 würde genau diesem Durchschnitt entsprechen und somit signalisieren, dass dieser Haushaltstyp (im jeweiligen Land) pro Bedarfs-

Tab. 4.4: Transferintensität[a]

	Ohne Kinder					Mit Kindern				
	DE	DK	FR	NL	UK	DE	DK	FR	NL	UK
	Alleinstehende									
Beschäftigt, kein Geringverdiener	9	17	33	10	16	75	71	90	105	122
Beschäftigt, Geringverdiener	58	138	126	61	39	152	160	191	173	246
Nicht erwerbstätig	274	439	318	693	379	296	312	317	472	396
	Paare									
2 beschäftigt, 0 Geringverdiener	12	28	17	16	3	79	42	62	58	42
2 beschäftigt, 1 Geringverdiener	23	92	50	21	5	79	86	85	67	61
2 beschäftigt, 2 Geringverdiener	39	127	105	92	19	114	88	112	97	125
1 beschäftigt, 0 Geringverdiener	92	251	72	133	32	123	214	137	117	82
1 beschäftigt, 1 Geringverdiener	105	254	138	216	67	205	267	201	256	204
Beide nicht erwerbstätig	113	192	119	149	97	267	248	213	453	157

a – Transfers je Äquivalenzeinheit in % des Bevölkerungsdurchschnitts
Quelle: EU-SILC (Referenzjahr 2008), eigene Berechnungen

einheit genauso viel an Transfers erhält wie der Bevölkerungsdurchschnitt. Zahlen über 100 zeigen überdurchschnittliche Transferleistungen pro Bedarfseinheit an, Werte unter 100 unterdurchschnittliche Leistungen. In Deutschland erhalten zum Beispiel Alleinstehende ohne Geringverdienst nur rund 9% der Transfersumme pro Äquivalenzeinheit wie der Durchschnitt aller Haushalte. Ist der oder die Alleinstehende nicht erwerbstätig, erhält er oder sie hingegen das 2,74-fache des Durchschnitts, also 274%.

Betrachten wir zunächst wiederum *Alleinstehende* und *Alleinerziehende*. Der Vergleich zwischen beschäftigten Alleinstehenden und beschäftigten Alleinerziehenden ergibt in allen Ländern eine deutlich höhere Unterstützung Alleinerziehender. Besonders hoch ist die Förderung Alleinerziehender im Vereinigten Königreich. Dort erhalten selbst besser verdienende Alleinerziehende eine Förderung, die deutlich über dem Bevölkerungsdurchschnitt liegt. Alleinerziehende mit Geringverdienst erhalten sogar fast das 2,5-fache an Transferzahlungen pro Bedarfseinheit wie der Bevölkerungsdurchschnitt. In Deutschland hingegen ist die Förderung beschäftigter Alleinerziehender gemessen am Durchschnitt relativ gering. Bei den Alleinerziehenden mit Geringverdienst liegt der deutsche Wert sogar an letzter Stelle im Ländervergleich.

Erwartungsgemäß fließen die Transfers auch überproportional an Haushalte von inaktiven oder arbeitslosen Alleinstehenden und Alleinerziehenden. Gemessen pro Bedarfseinheit schneiden dabei Alleinstehende oft sogar besser ab als Alleinerziehende. Dies ist vor allem in Dänemark und den Niederlanden der Fall. Dieses Ergebnis bedeutet, dass die Transferleistungen bei Inaktivität oder Arbeitslosigkeit den durch Kinder entstehenden höheren Bedarf nur unzureichend berücksichtigen. Ein Grund dafür könnte sein, dass die Leistungen bei Arbeitslosigkeit häufig am Lohn bemessen werden. Je wichtiger also innerhalb des gesamten sozialen Schutzes bei Arbeitslosigkeit lohnabhängige gegenüber bedarfsgeprüften Leistungen sind (was in Dänemark und den Niederlanden der Fall ist), desto weniger kommt der Haushaltsbedarf zum Zuge. Im Gegensatz dazu steht die Situation im Vereinigten Königreich und Deutschland. Dort bekommen Alleinerziehende mehr Transfers als Alleinstehende, weil die Mehrzahl der Inaktiven und Arbeitslosen bedarfsbezogene Leistungen aus der sozialen Mindestsicherung erhält, in denen die Familiensituation grundsätzlich berücksichtigt wird.

Bei den *Paaren* ergibt sich im Ländervergleich ein etwas anderes Muster. Paare, bei denen beide Partner beschäftigt sind und außerdem mindestens ein Erwerbseinkommen über der Geringverdienstgrenze liegt, erhalten erwartungsgemäß unterdurchschnittliche Transferzahlungen. Dabei sind Paare mit Kindern jedoch in der Regel besser gestellt als kinderlose Paare, weil sie von allgemeinen (nicht einkommensgeprüften) Familienleistungen profitieren (siehe unten). Mit wenigen Ausnahmen über dem Gesamtdurchschnitt liegen die Transferzahlungen an Paare mit Kindern, die zu den Risikogruppen gehören. Paarfamilien mit zwei Geringverdienern liegen knapp am Durchschnitt, solche mit nur einem Beschäftigten, der zugleich Geringverdiener ist, deutlich darüber. Am höchsten sind die Transferleistungen erwartungsgemäß für Paare, in denen beide Partner arbeitslos sind (in Tab. 4.4 aufgrund der geringen Fallzahlen nicht separat ausgewiesen). Auch die klassische Alleinverdiener-Familie wird mit Ausnahme des Vereinigten Königreichs in allen Ländern finanziell überproportional gefördert. In Dänemark sind hierbei wiederum die geringen Fallzahlen zu berücksichtigen.

4.5 Der Beitrag familienbezogener Transfers zum Haushaltseinkommen

Familienleistungen sind für die familiären Risikogruppen besonders relevant. Diese sind zumeist sowohl unter den Nichtrisiko- als auch unter den Risikogruppen breit gestreut, weil sie allen Familien mit Kindern ohne Bedürftigkeitsprüfung zustehen. Oftmals gibt es zwar Zuschläge oder spezielle Transfers für Risikogruppen, im Prinzip erhalten jedoch fast alle Familien Leistungen. So liegt die Empfängerquote unter den Paarfamilien in allen Gruppen über 85%, in den meisten Fällen über 90%. Bei den Alleinerziehenden sind die Werte noch höher. Es sind jedoch keine 100%, weil die Altersgrenzen für Kinder in unserem Sample in einigen Fällen über der gesetzlichen Altersgrenze für den Bezug von Kindergeld liegen. Nur ein Land weicht von diesem Muster universeller Familienleistungen ab, ausgerechnet das klassische Land der Familienpolitik: Frankreich. Hier liegt die Quote der Empfänger unter den Familien deutlich unter derjenigen in den anderen Ländern. Bei den Alleinerziehenden sind es fast 10% weniger, bei den Paaren mit Kindern sogar knapp 15%. Der Grund dafür ist, dass es in Frankreich als einzigem unter den Ländern kein Kindergeld für das erste oder einzige Kind in einer Familie gibt (siehe Kapitel 8). Somit sind viele Familien vom Bezug dieser Leistung ausgeschlossen.

Private Transfers zwischen Haushalten spielen nur für Alleinerziehende eine größere Rolle und sind in der Analyse in den Familienleistungen enthalten, zusammen mit Kindergeld, Unterhaltsvorschuss, Elterngeld und anderen familienpolitischen Leistungen. Dies lässt sich dadurch rechtfertigen, dass private Transfers oft durch gesetzlich oder gerichtlich festgelegte Unterhaltsansprüche bedingt sind und insofern nicht rein freiwillig erfolgen. In diesem Sinne kann man staatlich regulierte, private Unterhaltszahlungen durchaus als familienpolitische „Leistung" betrachten. Leider lässt sich in den Daten nicht zwischen solchen „festgelegten" und anderen, freiwilligen Familientransfers unterscheiden.

Ein genauerer Blick auf die Familienleistungen ergibt einige interessante Befunde (Tab. 4.5).

Tab. 4.5: Familienleistungen für Alleinerziehende (Prozentanteil am verfügbaren Haushaltseinkommen)

	DE		DK		FR		NL		UK	
	Gesamt	davon privat	Gesamt	davon privat	Gesamt	davon privat	Gesamt	davon privat	Gesamt	davon privat
Alle Alleinerziehenden										
	28	10	17	5	20	5	18	9	30	4
Nicht-Risikogruppen										
Vollzeit beschäftigt, kein Geringverdienst	15	6	15	4	13	5	9	4	11	4
Teilzeitbeschäftigt, kein Geringverdienst	21	12	17	6	19	8	14	7	20	8
Risikogruppen										
Vollzeit beschäftigt, Geringverdienst	25	9	17	5	18	3	20	9	19	3
Teilzeit beschäftigt, Geringverdienst	34	14	22	5	23	6	26	14	32	4
Nicht erwerbstätig	37	9	22	5	33	5	19	7	40	3

Anmerkungen: Anteil der Empfänger an den Haushalten liegt in der Regel zwischen 85–100% (Ausnahme Frankreich: weniger, da kein Kindergeld für das erste Kind); Nicht-Erwerbstätigkeit: ohne Rentner-Haushalte

Quelle: EU-SILC (Referenzjahr 2008), eigene Berechnungen

Im Durchschnitt aller *Alleinerziehenden* tragen Familienleistungen je nach Land zwischen 17% (Dänemark) und 30% (Vereinigtes Königreich) zum verfügbaren Haushaltseinkommen bei. Erwartungsgemäß nimmt der Transferanteil in der Regel mit zunehmender Erwerbsintegration ab. Transfers spielen zum Beispiel für Teilzeitbeschäftigte eine größere Rolle als für Vollzeitbeschäftigte. Es findet also (relativ zum verfügbaren Haushaltseinkommen) eine gewisse Kompensation einer geringeren Erwerbsbeteiligung durch Familientransfers statt. In Deutschland und im Vereinigten Königreich ist der Anteil der Familienleistungen am Haushaltseinkommen bei allen Alleinerziehenden am höchsten, was durch die große Anzahl nichterwerbstätiger oder geringverdienender Alleinerziehender zu erklären ist. Umgekehrt spiegelt sich in den niedrigen dänischen und niederländischen Anteilswerten die gute Erwerbsintegration der Alleinerziehenden wider. Frankreich liegt im Mittelfeld, aber näher bei den Ländern mit guter Erwerbsintegration. Ein zweiter Grund für die niedrigen Werte in Dänemark und den Niederlanden ist das relativ niedrige Niveau der Familienleistungen. Auch bei den Risikogruppen (untere Hälfte der Tabelle) liegen die Anteilswerte am verfügbaren Einkommen kaum über 20%, während sie in den anderen Ländern, vor allem Deutschland und dem Vereinigten Königreich, hohe Werte von bis zu 40% erreichen. Private Familientransfers sind zwar nicht unbedeutend, liegen aber überall deutlich unter den staatlichen Transferleistungen. Bei den Risikogruppen unter den Alleinerziehenden machen Familienleistungen in allen Ländern einen größeren Anteil am verfügbaren Einkommen aus als bei den Nicht-Risikogruppen.

Bei *Paaren mit Kindern* liegt der Anteil der Familienleistungen am verfügbaren Einkommen deutlich niedriger (hier nicht ausgewiesen). Nur in zwei Fällen tragen Familienleistungen in Nichtrisiko-Paarfamilien mehr als 10% zum Familieneinkommen bei: bei den klassischen Alleinverdiener-Paarfamilien in Deutschland und Frankreich. Darin zeigt sich wiederum die starke Förderung dieser traditionellen Familienform in beiden Ländern. Bei den Risikofamilien liegen die Werte zwar höher, aber deutlich niedriger als bei den Alleinerziehenden. Ein starker Kontrast zwischen Nichtrisikogruppen und Risikogruppen findet sich im Vereinigten Königreich. Dies könnte auf den starken Einfluss zielgerichteter sozialer Transfers (targeting) zurückzuführen sein.

4.6 Einkommensverbesserung und Armutsvermeidung durch Sozialtransfers

Gerade für familiäre Risikogruppen spielen neben Familienleistungen andere Transfers eine wichtige Rolle. Dazu zählen vor allem Lohnersatzleistungen wie das Arbeitslosengeld oder die soziale Mindestsicherung. Wie stark das verfügbare Einkommen der Risikogruppen durch Transfers insgesamt beeinflusst wird, zeigen die Analysen in den Abbildungen 4.2 bis 4.5. Die Abbildungen 4.2 und 4.3 beziehen sich auf Alleinerziehende, Abbildungen 4.4 und 4.5 auf Paare mit Kindern.

Dargestellt ist zum einen das verfügbare, bedarfsgewichtete Haushaltseinkommen ausgewählter Risikogruppen im Vergleich zum Median der Bevölkerung (= 100). Die in den Abbildungen 4.2 (für Alleinerziehende) und 4.4 (für Paare mit Kindern) auf den Balken abgetragenen Werte geben das Einkommen der jeweiligen Risikogruppe in Prozent des Median der Gesamtbevölkerung (alle Haushalte) an. Werte unter 100 zeigen ein unterdurchschnittliches, Werte über 100 ein überdurchschnittliches Einkommensniveau dieser Gruppe. Die Balken sind in zwei Abschnitte geteilt. Der erste (dunkle) Abschnitt trägt das Haushaltseinkommen vor Transfers (aber nach Steuern) ab. Der hellere Abschnitt schließt alle Transfers ein und zeigt somit die verfügbaren Haushaltseinkommen an. Die Balken veranschaulichen also einerseits, wie groß der Einkommensabstand der jeweiligen Gruppe zum Median der Bevölkerung ist und andererseits, wie hoch der Beitrag der Transferleistungen zur Verringerung dieses Abstands ist.

In den Abbildungen 4.3 (für Alleinerziehende) und 4.5 (für Paare mit Kindern) ist außerdem die Armutsquote jeweils vor und nach Transfers dargestellt. Daraus wird ersichtlich, inwiefern Transfers zu einer Verringerung der Armut in verschiedenen Risikogruppen beitragen. Die Armutsquote wurde in der Analyse streng definiert. Zugrunde gelegt wurde eine Armutsgrenze von 50% des bedarfsgewichteten Medianeinkommens aller Haushalte.

Wir betrachten zunächst die Situation Alleinerziehender, anschließend diejenige von Paaren mit Kindern. In allen Ländern erzielen *Alleinerziehende* insgesamt auch nach Steuern und sozialen Transfers durchschnittlich nur rund 70% des gesellschaftlichen Medianeinkommens (Abb. 4.2). Deutschland und das Vereinigte Königreich liegen leicht unter, Dänemark und Frankreich leicht über dieser Marke. Das höchste relative Einkommensniveau erzielen Alleinerziehende mit rund 75% des Median in den Niederlanden. In allen Ländern tragen Transfers zu einer deutlichen Erhöhung des Einkommens bei, am wenigsten in Dänemark und den Niederlanden, am meisten in Deutschland und insbesondere im Vereinigten Königreich.

Die unterschiedliche Bedeutung sozialer Transfers im Ländervergleich ist vor allem auf die unterschiedliche Zusammensetzung der Gesamtzahl der Alleinerziehenden in den einzelnen Ländern zurück zu führen. So ist zum Beispiel der Anteil der Arbeitslosen und Inaktiven (mit hoher Transferabhängigkeit) in Deutschland und im Vereinigten Königreich am größten und in Dänemark und den Niederlanden am kleinsten. Soziale Transfers führen insofern zu einer tendenziellen Angleichung der Einkommenssituation Alleinerziehender sowohl im Ländervergleich als auch im Vergleich zwischen den verschiedenen Risikogruppen. Dennoch lassen sich hinsichtlich der verschiedenen Gruppen systematische Unterschiede zwischen den Ländern erkennen.

In der Regel erreichen beschäftigte Alleinerziehende mit Geringverdienst auch nach Transfers ein höheres Einkommen als Inaktive oder Arbeitslose. Dies ist besonders im Vereinigten Königreich der Fall, wo gerade alleinerziehende Geringverdiener stark unterstützt werden. Transfers tragen hier deutlich über die Hälfte zum verfügbaren Einkommen dieser Gruppe bei. Die Niederlande erzie-

Abb. 4.2: Verfügbares Haushalts- *Abb. 4.3: Armutsquote Allein-*
  einkommen von Allein-   *erziehender*[a]
  erziehenden[a]

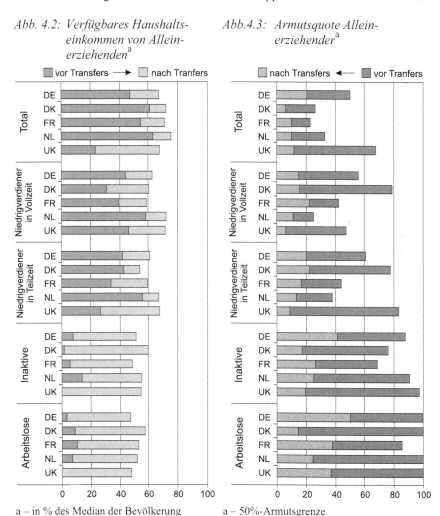

a – in % des Median der Bevölkerung a – 50%-Armutsgrenze

len für diese Gruppe ebenfalls ein hohes Einkommensniveau. Hier beruht dieses Ergebnis jedoch vor allem auf einem relativ hohen Verdienstniveau auch unter Geringverdienern. Dies steht im Zusammenhang mit der guten steuerlichen Förderung, während die Transfers im Ländervergleich den kleinsten Anteil ausmachen. Somit erreicht das Einkommen dieser Gruppe in den Niederlanden schon vor Transfers einen hohen Wert. Im Vereinigten Königreich und den Niederlanden erzielen geringverdienende Alleinerziehende ein Einkommen von rund 70% des Median, während es in den anderen drei Ländern nur rund 60% sind.

Werden schon geringverdienende Alleinerziehende stark durch Transfers unterstützt, ist dies bei den Inaktiven und Arbeitslosen erwartungsgemäß noch mehr der Fall. Doch in den meisten Fällen erreicht das Einkommen bei diesen Gruppen auch nach Transfers nur rund 50% des Median – und liegt somit im Durchschnitt nah an der relativen Armutsgrenze. Nur in Dänemark ist die soziale Absicherung in diesen Fällen deutlich höher und erreicht ein Einkommensniveau von annähernd 60% des Median. Besonders niedrig ist das Einkommen arbeitsloser Alleinerziehender in Deutschland, wo im Durchschnitt weniger als 50% erreicht werden.

Nicht überraschend ist deshalb, dass auch nach sozialen Transfers die Armutsquoten dieser Gruppen von Alleinerziehenden hoch bleiben (Abb. 4.3). So liegt die Armutsquote alleinerziehender Arbeitsloser nach Transfers in Deutschland bei 50%, dem absoluten Spitzenwert im Ländervergleich. Das Vereinigte Königreich und Frankreich weisen Werte von knapp 40% auf, während die Armutsquoten dieser Gruppe in den Niederlanden und Dänemark viel geringer sind. Die Armutsquote der beschäftigten Alleinerziehenden mit Geringverdienst variiert ebenso, ist aber in allen Ländern außer Dänemark unterhalb der Armutsquote der Inaktiven oder Arbeitslosen. Insbesondere in den Niederlanden und im Vereinigten Königreich sind nur wenige geringverdienende Alleinerziehende arm. Im Vereinigten Königreich liegt die Quote deutlich unter 10%, während sie in Deutschland zwischen 15% (bei Vollzeit) und 20% (bei Teilzeit) liegt.

Im *Ländervergleich* wird damit folgendes Muster sichtbar. In Dänemark ist der soziale Schutz Alleinerziehender im Falle von Inaktivität oder Arbeitslosigkeit am höchsten. Die Einkommenslage dieser Gruppe ist überraschenderweise sogar besser als die der Geringverdiener, wobei Geringverdienst in Dänemark selten auftritt. Im Vereinigten Königreich und den Niederlanden erzielen geringverdienende Alleinerziehende die höchsten relativen Einkommen im Ländervergleich. In beiden Ländern korrespondiert dieser Befund mit der gut ausgebauten Unterstützung dieser Gruppe durch die Steuer- und Sozialpolitik (siehe Kapitel 9 und 10). In Frankreich und Deutschland ist die Einkommenssituation sowohl der Geringverdiener als auch der Arbeitslosen am schlechtesten. Dabei sticht Deutschland durch eine besonders hohe Armutsquote bei Inaktiven und Arbeitslosen hervor.

Paare mit Kindern unterscheiden sich in dreierlei Hinsicht von Alleinerziehenden (Abb. 4.4 und 4.5).

Abb. 4.4: Verfügbares Haushalts-   *Abb.4.5: Armutsquote von*
einkommen von   *Paaren mit Kindern*[a]
Paaren mit Kindern[a]

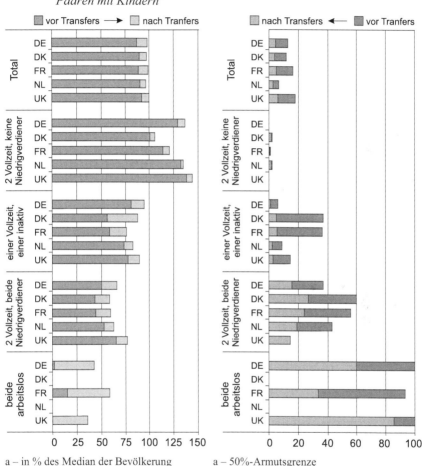

a – in % des Median der Bevölkerung   a – 50%-Armutsgrenze

Erstens liegt das durchschnittliche verfügbare Haushaltseinkommen dieser Gruppe in allen Ländern ziemlich genau am Median und damit rund 30 Prozentpunkte über dem Einkommen der Alleinerziehenden. Paare mit Kindern gehören also in der Mehrzahl der Fälle eindeutig zur gesellschaftlichen Mitte, unabhängig von der im jeweiligen Land vorherrschenden Erwerbskonstellation. Entsprechend gering ist der Anteil der sozialen Transfers am verfügbaren Einkommen, der in allen

Ländern bei weniger als 10% liegt. Familienleistungen bilden hierbei das Gros. Zweitens sind die Unterschiede innerhalb der Paare mit Kindern aber deutlicher ausgeprägt: die Einkommensabstände zwischen den verschiedenen Gruppen sind größer. So liegt die privilegierteste Gruppe – die Doppelverdiener ohne Geringverdienst – in Deutschland, den Niederlanden und im Vereinigten Königreich bei über 125% des Medianeinkommens. Das ist rund doppelt so hoch wie in der Gruppe mit zwei Geringverdienern. Dies liegt vor allem daran, dass in diesen drei Ländern Teilzeit relativ häufig ist und Paare, in denen beide Partner Vollzeit arbeiten, einkommensmäßig somit deutlich privilegiert sind. Der Unterschied zu Paaren mit zwei Arbeitslosen ist noch größer – hier sind jedoch die Fallzahlen zu niedrig, so dass dieser Vergleich nur für Deutschland, das Vereinigte Königreich und Frankreich aussagekräftig ist. Drittens ist die Bedeutung sozialer Transfers geringer als bei Alleinerziehenden, die wesentlich stärker von staatlichen Transfers abhängen.

Im Unterschied zu den Alleinerziehenden lassen sich aus diesen Befunden im Ländervergleich auch keine klaren Politikprofile erkennen. Es fällt allerdings auf, dass in Deutschland Paare mit Kindern insgesamt auch bei den Risikogruppen – mit Ausnahme der Arbeitslosen – besser abschneiden als Alleinerziehende. Dies könnte darauf zurück zu führen sein, dass in diesem Fall die steuerlichen Vorteile für Paare wirken. Dies wird besonders in der Gruppe der Alleinverdiener-Paare deutlich, wo Deutschland im Ländervergleich das höchste relative Einkommensniveau erreicht. Im Vereinigten Königreich schneiden wiederum die Geringverdiener relativ gut ab. In Frankreich und Dänemark hingegen schneiden Paare mit zwei Geringverdienern am schlechtesten ab, was auf die hohe Selektivität und die unzureichende Unterstützung für diese Gruppe zurück zu führen sein dürfte. Klarer treten die verschiedenen Risikoprofile der Länder bei der Analyse der Armutsquoten hervor. Liegen die Armutsquoten nach Transfers im Durchschnitt aller Paare in allen Ländern bei nur rund 5%, sind sowohl Paare mit zwei Geringverdiensten als auch solche mit zwei Arbeitslosen erheblich häufiger von Armut betroffen. Dabei schneiden die Geringverdiener wiederum in Dänemark und Frankreich am schlechtesten und im Vereinigten Königreich am besten ab. Bei den Arbeitslosen sind die Armutsquoten sowohl in Deutschland als auch im Vereinigten Königreich extrem hoch. Dabei muss zwar die geringe Fallzahl im Vereinigten Königreich bedacht werden, in Deutschland jedoch gibt es eine aussagefähige Anzahl in dieser Gruppe, deren Armutsquote nach Transfers bei rund 60% liegt. In aller Regel dürfte es sich dabei um Empfänger von Leistungen nach SGB II handeln.

4.7 Einkommenslage und Armut von Risikogruppen: zusammenfassender Vergleich

Abschließend soll die Einkommenssituation der verschiedenen Risikogruppen zusammenfassend im Ländervergleich betrachtet werden. Dieser Teil der Analyse bezieht nun alle Haushaltstypen und Erwerbskonstellationen unseres Samples ein und ermöglicht somit ein vollständiges Einkommensprofil im Intergruppenvergleich für die fünf Länder. Die Analyse bezieht sich ausschließlich auf die dritte Stufe des verfügbaren Haushaltseinkommens. Zunächst wird das relative Einkommen im Vergleich zum Median der Bevölkerung betrachtet, anschließend die Armutsquoten.

In Tabelle 4.6 sind die bedarfsgewichteten Einkommen der verschiedenen Risikogruppen auf den Median der Bevölkerung (= 100) bezogen. Beim Vergleich von *Alleinstehenden ohne Kinder* mit *Alleinerziehenden* ergibt sich folgendes Muster. In allen Ländern sind Alleinerziehende ohne Geringverdienst gegenüber Alleinstehenden ohne Geringverdienst deutlich benachteiligt. Dies ist auf zwei Faktoren zurückzuführen: zum einen ist der Bedarf durch die zu versorgenden Kinder höher, zum anderen heben die Transfers für Familien die Einkommensunterschiede zwischen Alleinerziehenden und Alleinstehenden nicht auf. Besonders groß ist der Abstand zwischen beiden Haushaltstypen in Deutsch-

Tab. 4.6: Verfügbares Haushaltseinkommen (Median in der jeweiligen Gruppe in % des Median der Bevölkerung; äquivalenzgewichtet)

	Ohne Kinder					Mit Kindern				
	DE	DK	FR	NL	UK	DE	DK	FR	NL	UK
	Alleinstehende									
Beschäftigt, kein Geringverdiener	125	98	111	115	131	94	76	84	93	103
Beschäftigt, Geringverdiener	67	58	66	75	68	61	59	59	68	70
Nicht erwerbstätig	46	64	65	66	62	51	60	48	55	55
	Paare									
2 beschäftigt, 0 Geringverdiener	176	136	147	157	180	135	105	120	124	145
2 beschäftigt, 1 Geringverdiener	126	110	105	120	126	100	85	88	95	99
2 beschäftigt, 2 Geringverdiener	80	79	79	90	89	63	58	59	71	72
1 beschäftigt, 0 Geringverdiener	118	105	124	119	122	94	88	82	84	90
1 beschäftigt, 1 Geringverdiener	78	74	86	90	76	57	65	54	62	57
Beide nicht erwerbstätig	47	63	65	66	65	42	56	56	54	48

Anmerkung: Nicht-Erwerbstätigkeit ohne Rentner-Haushalte
Quelle: EU-SILC (Referenzjahr 2008), eigene Berechnungen

land, im Vereinigten Königreich und in Frankreich (in dieser Reihenfolge), etwas niedriger in den Niederlanden und Dänemark. Unter den Geringverdienern ist das Muster völlig anders. In Deutschland, Frankreich und den Niederlanden ist der Abstand zwischen den Haushaltstypen nun erheblich geschrumpft, während alleinerziehende Geringverdiener in Dänemark und im Vereinigten Königreich nach staatlichen Transfers im Ergebnis sogar besser gestellt sind als alleinstehende Geringverdiener ohne Kinder. Dieser Effekt wird noch deutlicher, wenn man die Arbeitslosen betrachtet, also die Gruppe, die überwiegend von staatlichen Transferleistungen abhängig ist (aufgrund der geringen Fallzahlen in Tabelle 4.6 nicht separat ausgewiesen). In Deutschland, Dänemark und dem Vereinigten Königreich sind arbeitslose Alleinerziehende deutlich besser gestellt als Alleinstehende, in Frankreich und den Niederlanden unterscheiden sich die verfügbaren Einkommen dieser Gruppen hingegen kaum. In Deutschland und dem Vereinigten Königreich sind die verfügbaren Einkommen Arbeitsloser insgesamt am niedrigsten; hier werden Arbeitslose am wenigsten unterstützt.

Bei den *Paaren* findet man ein anderes Muster. Hier sind *Familien im Vergleich zu Paaren* ohne Kinder mit wenigen Ausnahmen in allen Erwerbskonstellationen deutlich benachteiligt. Inaktive oder arbeitslose Paarfamilien erzielen zum Beispiel in Deutschland nur wenig mehr als 40% des bedarfsgewichteten verfügbaren Einkommens der Gesamtbevölkerung. Im Vereinigten Königreich sind es mit 48% nicht wesentlich mehr. Der Abstand dieser Risikogruppen zum Median der Bevölkerung ist somit in beiden Ländern erheblich. Doch auch in keiner anderen Erwerbskonstellation holen Paare mit Kindern den Abstand zu denjenigen ohne Kinder auf. Familien sind also – unter Berücksichtigung ihres höheren Bedarfs – klar benachteiligt. In keinem Land kompensiert die staatliche Politik den Einkommensabstand zwischen Familien und Nichtfamilien so weit, dass eine annähernd gleiche Einkommenslage für Familien erzielt wird. Dennoch erreichen Paarfamilien mit zwei Erwerbseinkommen oberhalb der Geringverdienstgrenze in allen Ländern ein verfügbares Haushaltseinkommen, das über dem Median liegt. Die klassische „Alleinverdiener-Familie" mit normalem (zumeist männlichem) Lohn erreicht hingegen in keinem Land den Median der Bevölkerung, auch wenn die Abstände in Deutschland und dem Vereinigten Königreich mit sechs bzw. zehn Prozentpunkten gering sind.

Trotz sozialer Transfers ist das verfügbare Haushaltseinkommen der Risikogruppen oft nicht nur weit von der gesellschaftlichen Mitte entfernt, in vielen Fällen liegt es auch unter der relativen Armutsgrenze von 50% des Medianeinkommens der Gesamtbevölkerung (Tab. 4.7).

Im *Vergleich von Alleinstehenden und Alleinerziehenden* ergeben sich wiederum interessante Unterschiede zwischen den Ländern. Vergleicht man immer die Haushaltstypen mit demselben Erwerbsstatus miteinander, sind Alleinerzie-

Tab. 4.7: Armutsquoten (50%-Armutsgrenze)

	Ohne Kinder					Mit Kindern				
	DE	DK	FR	NL	UK	DE	DK	FR	NL	UK
Alleinstehende										
Beschäftigt, kein Geringverdiener	< 2	< 2	< 2	< 2	3	< 2	< 2	< 2	< 2	< 2
Beschäftigt, Geringverdiener	18	31	19	8	15	19	18	23	13	8
Inaktiv	54	24	28	13	25	41	17	51	25	20
Arbeitslos	72	38	38	23	55	50	14	42	24	37
Paare										
2 beschäftigt, 0 Geringverdiener	< 2	< 2	< 2	< 2	< 2	< 2	< 2	< 2	< 2	< 2
2 beschäftigt, 1 Geringverdiener	< 2	4	< 2	< 2	< 2	< 2	6	< 2	< 2	< 2
2 beschäftigt, 2 Geringverdiener	8	8	4	6	7	14	29	21	11	13
1 beschäftigt, 0 Geringverdiener	< 2	< 2	< 2	< 2	< 2	2	5	4	2	3
1 beschäftigt, 1 Geringverdiener	13	9	10	2	12	25	21	39	30	27
Beide nicht erwerbstätig	76	< 2	35	< 2	100	60	40	27	83	86

Quelle: EU-SILC (Referenzjahr 2008), eigene Berechnungen

hende in Deutschland, Dänemark und dem Vereinigten Königreich mit einer einzigen Ausnahme (Geringverdiener in Deutschland) immer besser gestellt als Alleinstehende, während sie in Frankreich und den Niederlanden immer schlechter abschneiden. Diese Unterschiede sind vor allem bei den Inaktiven und Arbeitslosen ausgeprägt. In diesen Fällen greifen in Deutschland und dem Vereinigten Königreich sehr häufig schon bedarfsgeprüfte Sicherungssysteme, in denen Familien in der Regel besser abschneiden. Der dänische Fall ist durch den schon öfters festgestellten Befund, dass nicht Familien, sondern junge Alleinstehende hohe Risiken tragen, zu erklären. In Frankreich und den Niederlanden ergibt sich hingegen die eher unerwartete Anomalie, dass Familien schlechter abschneiden. Dies könnte an stark individualisierten Leistungen beim Arbeitslosenschutz liegen.

Betrachtet man das Ausmaß der Armut Alleinerziehender im Ländervergleich, ergibt sich ein sehr klarer Befund. Bei den Risikogruppen unter den Alleinerziehenden schneiden Deutschland und Frankreich besonders schlecht ab. Für gering verdienende Alleinerziehende liegt die Armutsquote nach Transfers in Deutschland bei rund 20%, in Frankreich sogar bei 23%. Bei den Inaktiven ist die Quote rund doppelt so hoch, und bei den Arbeitslosen ist Deutschland mit einer Armutsquote von 50% das absolute Schlusslicht (in der Tabelle aufgrund der geringen Fallzahlen nicht separat ausgewiesen). Wie schon erwähnt, geht es den alleinstehenden Arbeitslosen in Deutschland noch erheblich schlechter: deren Armutsquote liegt bei über 70%. Dies belegt erneut die im internationalen Vergleich sehr schlechte soziale Absicherung bei Arbeitslosigkeit in Deutschland.

Frankreich hat ebenfalls ein erhebliches Problem mit den Risikogruppen unter den Alleinerziehenden, gerade unter Geringverdienern. Allerdings ist dort der Anteil der Risikogruppen an allen Alleinerziehenden niedriger als in Deutschland. Dänemark hat mit Ausnahme der Geringverdiener die niedrigsten Armutsquoten für Alleinerziehende. Hierin zeigt sich die sehr gute soziale Absicherung im Fall der Arbeitslosigkeit. Die Niederlande haben ebenfalls relativ niedrige Armutsquoten, in diesem Fall sowohl für Geringverdiener als auch für Arbeitslose. Die Niederlande sind ein Beispiel dafür, dass Erwerbsintegration auch in Risikogruppen erfolgreich unterstützt werden kann, ohne die Maßstäbe einer adäquaten sozialen Sicherung aufgeben zu müssen. Das Vereinigte Königreich schneidet bei den Alleinerziehenden im Ländervergleich ebenfalls überraschend gut ab. Bei den Geringverdienern hat es die niedrigste Armutsquote aller Länder, aber auch bei den Arbeitslosen liegt der Wert deutlich unterhalb der deutschen Marke. Im Unterschied zu den Niederlanden wird im Vereinigten Königreich jedoch eine starke Bevorzugung von Geringverdienern auf Kosten der sozialen Absicherung Arbeitsloser deutlich. Der Unterschied zwischen den Armutsquoten beider Gruppen beträgt annähernd 30 Prozentpunkte.

Bei den *Paaren* ergibt sich wiederum ein anderes Muster. In allen Ländern und in allen Erwerbskonstellationen (außer bei zwei arbeitslosen Partnern) sind Paare mit Kindern schlechter gestellt als Paare ohne Kinder. Das bedeutet, dass bei den Paar-Risikohaushalten in keinem Land der zusätzliche Bedarf von Kindern durch Transfers so weit kompensiert wird, dass eine höhere Armutsquote vermieden würde. Gerade gering verdienende Paare mit Kindern werden überall unzureichend unterstützt und tragen gegenüber Paaren ohne Kinder ein erhöhtes Armutsrisiko. Offenbar gibt es in keinem Land eine wirklich gut greifende Lösung für das Problem, wie geringe Erwerbseinkommen bei Familien soweit angehoben werden können, dass Armut vermieden wird. Noch eklatanter ist das Problem bei Arbeitslosigkeit. Hier sind jedoch auch Paare ohne Kinder sehr schlecht gestellt. In Deutschland, dem Vereinigten Königreich und den Niederlanden sind über 60%–80% der Paarfamilien mit zwei arbeitslosen Partnern arm. Die sozialen Sicherungssysteme versagen hier weitgehend bei der Armutsvermeidung. Allerdings müssen hier wiederum die im Ländervergleich sehr unterschiedlichen Fallzahlen berücksichtigt werden. Während diese Konstellation in Deutschland noch relativ häufig ist, tritt sie in Dänemark, den Niederlanden und dem Vereinigten Königreich selten auf.

Noch deutlicher wird das überproportionale Armutsrisiko der Risikogruppen, wenn man die relativen Risiken der einzelnen Gruppen im Vergleich zum Armutsrisiko der Gesamtbevölkerung betrachtet (*odds ratios*; nicht in der Tabelle dargestellt). So tragen zum Beispiel geringverdienende Alleinerziehende in Deutschland immerhin ein doppelt so hohes Armutsrisiko wie der Bevölkerungsdurchschnitt, bei den arbeitslosen Alleinerziehenden ist es ein fast neunfaches

Risiko. Im Vergleich dazu ist die Situation im Vereinigten Königreich deutlich besser. Dort liegt das relative Risiko der alleinerziehenden Geringverdiener sogar unter dem Gesamtwert (*odds ratio* < 1) und bei den Arbeitslosen ist es „nur" ein rund 5,5-faches Risiko, nach Dänemark immerhin der zweitniedrigste Wert im Ländervergleich.

Hinsichtlich der Einkommenssituation der familiären Risikogruppen zeigen die fünf Vergleichsländer somit charakteristische Profile. In *Deutschland* ist die Familien- und Sozialpolitik offensichtlich wenig auf die spezifischen Bedürfnisse familiärer Risikogruppen ausgerichtet. Der Abstand der familiären Risikogruppen zur gesellschaftlichen Mitte ist sowohl bei Paaren mit Kindern als auch bei Alleinerziehenden groß. Insbesondere Alleinerziehende werden im Vergleich zu den anderen Ländern wenig gefördert. Zudem sind innerhalb der Risikogruppen die Unterschiede in der Einkommensposition zwischen Beschäftigten und Nichtbeschäftigten besonders groß. Während Transfers, darunter vor allem Familienleistungen, das Armutsrisiko in der ersten Gruppe senken, gelingt dies bei den Nichtbeschäftigten in weit geringerem Maß. Deren Armutsrisiko bleibt nach Transfers bei Paaren wie bei Alleinerziehenden mit knapp 50% auf dem höchsten Wert im Ländervergleich. Deutschland unterstützt Geringverdiener also zumindest so weit, dass der größte Teil von ihnen der Armut entgeht. Dabei bleiben sie aber immer noch weit von der gesellschaftlichen Mitte entfernt. Die Arbeitslosen hingegen sind die doppelten Verlierer.

Dänemark bildet ein klares Gegenmodell zu Deutschland. Hier ist das Niveau der allgemeinen sozialen Sicherung hoch, wovon auch Risikogruppen profitieren. So sind Arbeitslose deutlich besser gestellt als in den anderen Ländern. Geringverdiener werden in Dänemark zwar nur wenig unterstützt, es gibt jedoch auch nur relativ wenige Fälle. Die insgesamt sehr gute soziale Absicherung nichterwerbstätiger Gruppen geht einher mit einer im Ländervergleich sehr guten Integration von Risikogruppen in den Arbeitsmarkt. Dänemark ist insofern ein Beispiel dafür, dass sich ein hohes Maß an Erwerbsbeteiligung mit einer sehr guten sozialen Absicherung und niedriger Armut vereinbaren lässt. Es gibt zwar keine spezifische Politik für Risikogruppen, aber das universale Sicherungsmodell Dänemarks bietet auch für diese Gruppen relativ gute Einkommensbedingungen. Interessant ist dabei, dass sich in Dänemark bei den Transferleistungen keine finanzielle Bevorzugung von Familien gegenüber Nicht-Familien feststellen lässt. Nur die erwerbstätigen Alleinerziehenden werden gegenüber Alleinstehenden deutlich bevorzugt. In allen anderen Konstellationen lässt sich sogar eine Konzentration der finanziellen Unterstützung des Staates auf Nicht-Familien feststellen. Dafür gibt es zwei Gründe. Paradoxerweise spiegelt sich darin gerade der große Erfolg der dänischen Familien- und Arbeitsmarktpolitik wider, die zu einer hohen Erwerbsintegration von Familien, vor allem auch Alleinerziehenden beigetragen hat. Die Risikogruppen in Dänemark setzen sich deshalb mehr als in anderen Ländern aus Nicht-Familien zusammen. Zum zweiten zeigt sich darin die Grundstruktur des dänischen sozialen Sicherungssystems, in dem nur relativ wenige Problemfälle in die bedarfsgeprüften Systeme fallen. Vor allem Arbeitslosigkeit, die ohnehin im internationalen Vergleich niedrig und kurz ist, wird überwiegend durch die Arbeitslosenversicherung aufgefangen, in der Grundleistungen und einkommensbezogene Leistungen kombiniert sind und länger als in anderen Ländern gewährt werden. Dadurch werden Arbeitslose ohne Kinder nicht schlechter gestellt als Familien. Im Gegensatz dazu fallen in Deutschland und dem Vereinigten Königreich viele Arbeitslose schnell in bedarfsgeprüfte Systeme wie ALG II oder die *non-contributory jobseeker allowance.*

Frankreich liegt im Ländervergleich in einer Zwischenposition. Hinsichtlich des Anteils der Risikogruppen zeigt es nach Dänemark die günstigsten Werte, hinsichtlich der Armutsproblematik der Risikogruppen jedoch sind die Werte zum Teil noch schlechter als in Deutschland. Wir beobachten hier also eine gewisse Polarisierung. Es sind zwar weniger Haushalte betroffen als in anderen Ländern, aber diejenigen, die betroffen sind, stellen sich sehr schlecht. So sind zum Beispiel Geringverdiener unter den Paaren in Frankreich stärker von Armut betroffen als in Deutschland, zugleich ist die Armutsquote alleinerziehender Arbeitsloser mit 50% fast genauso hoch wie in Deutschland. Es gibt darüber hinaus auch Probleme mit der Erwerbsintegration, obwohl der Anteil der Risikogruppen kleiner ist als in Deutschland. Die französische Sozialpolitik berücksichtigt die Belange der Risikogruppen nur unzureichend und bietet zudem schlechte strukturelle Bedingungen für eine Integration in den Arbeitsmarkt. Seit vielen Jahren gibt es in Frankreich ein ungelöstes strukturelles Problem der Unterbeschäftigung, das sich auf die Risikogruppen besonders ungünstig auswirkt und das durch finanzielle Transfers nicht ausreichend kompensiert wird. Außerdem fehlt es an einer wirksamen finanziellen Unterstützung von Geringverdienern. Hier greift auch der gesetzliche Mindestlohn offenbar nur unzureichend, weil er zu sehr auf eine Vollzeiterwerbstätigkeit gerichtet ist. Die Probleme der Erwerbsintegration auf dem französischen Arbeitsmarkt und die Stagnation der Beschäftigung offenbaren eine tief liegende Problematik, die vor allem die Risikogruppen negativ beeinflusst. Die Risiken der Erwerbsgesellschaft werden also in hohem Maße auf die Risikogruppen abgewälzt. Darüber hinaus sind die Transfers breit gestreut und Risikogruppen werden nicht zielgerichtet gefördert.

Ganz anders und deutlich besser sind die Verhältnisse für Risikogruppen in den *Niederlanden.* Ähnlich wie in Dänemark sind für dieses relativ gute Ergebnis in erster Linie die guten allgemeinen strukturellen Bedingungen auf dem Arbeitsmarkt und die gute allgemeine soziale Absicherung verantwortlich, von der auch die Risikogruppen profitieren. Die Einkommenschancen sind hier auch für Geringverdiener unter den Risikogruppen gut, weil Teilzeitarbeit ein anerkanntes und strukturell begünstigtes Muster der Erwerbsbeteiligung ist. Aus den Daten allein lässt sich jedoch nicht schließen, wie stark der direkte Einfluss der Steuerpolitik auf dieses Ergebnis ist. In der Politikanalyse zeigt sich jedoch eine starke steuerliche Bevorzugung von Teilzeitbeschäftigten mit Geringverdienst (siehe Kapitel 9). Zugleich ist auch die soziale Absicherung der Nichtbeschäftigten auf einem hohen Niveau, so dass die gute Erwerbsintegration nicht mit hohen Sozialkosten bei den Arbeitslosen „erkauft" wird. Im Unterschied zu Dänemark gibt es außerdem eine explizite und wirksame Politik der Förderung von Geringverdienern. Die Niederlande setzen klar auf die Förderung der Erwerbsintegration, ohne jedoch die soziale Absicherung der Arbeitslosen zu vernachlässigen. Der Schwerpunkt der finanziellen Förderung liegt zudem eindeutig auf den bedürftigen Gruppen. Die niederländische Transferpolitik begünstigt Risikogruppen im Vergleich zur Gesamtbevölkerung in hohem Maße. Das niederländische Profil ist somit durch eine für Risikogruppen günstige Kombination zweier Merkmale geprägt: zum einen gute allgemeine, strukturelle Bedingungen auf dem Arbeitsmarkt, die für eine hohe Erwerbsintegration auch der Risikogruppen sorgen; zum anderen eine zielgerichtete finanzielle Förderung, die gerade Risikogruppen vor Armut bewahrt. Diese Mischung aus universalistischen und bedarfsorientierten Politikelementen bietet für Risikogruppen ein relativ günstiges Umfeld.

Ein hohes Maß an Bedarfsorientierung kennzeichnet auch das *Vereinigte Königreich*, vor allem bei den Alleinerziehenden. Allerdings ist die soziale Sicherung der Nichtbeschäftigten weit schlechter als in den Niederlanden. Außerdem sind die Verdienstniveaus der Risikogruppen deutlich niedriger. Das Vereinigte Königreich bietet im Gegensatz zu den Niederlanden keine auskömmlichen Löhne und keine gute soziale Absicherung bei Nichtbeschäftigung. Es ist ein Modell, das sehr einseitig auf die Förderung von Geringverdienern setzt. Im Ergebnis ist es zwar teilweise durchaus erfolgreich, löst aber die großen strukturellen Probleme der Erwerbsintegration nicht, vor allem nicht bei den Alleinerziehenden. Die britische Politik ist relativ stark auf die Situation familiärer Risikogruppen ausgerichtet, erzielt aber schlechtere Ergebnisse als Dänemark oder die Niederlande, die sich beide auf eine umfassende Lohn- und Sozialpolitik stützen.

5 Risikogruppenprofile: ein zusammenfassender Vergleich

5.1 Risikoprofile

In diesem Kapitel werden die wichtigsten Ergebnisse der Risikogruppenanalyse in Teil A im Ländervergleich zusammengefasst. Für die fünf Vergleichsländer ergeben sich folgende Risikogruppenprofile (Abb. 5.1) Auf der x-Achse der Abbildung ist der Anteil der Risikogruppen am jeweiligen Haushaltstyp (alle Haushalte; Paare mit Kindern; Alleinerziehende) abgetragen, auf der y-Achse die Armutsquote der Risikogruppen nach Steuern und Transfers (gemessen an der 50%-Grenze des Medianeinkommens der Bevölkerung). Die hier dargestellte Armutsquote bezieht sich also nur auf die Risikohaushalte, nicht auf alle Haushalte des jeweiligen Typs. Die Darstellung impliziert keinen kausalen Zusammenhang zwischen den beiden Indikatoren, wenngleich man innerhalb eines gleichen (stabilen) institutionellen Kontextes davon ausgehen könnte, dass eine höhere Selektivität von Risikogruppen tendenziell mit einer verschärften Problemlage einhergeht.

In allen Ländern zeigt sich das bekannte Muster, dass die Risikobetroffenheit Alleinerziehender über und diejenige von Paaren mit Kindern unter dem

Abb. 5.1: Risikogruppenanteile und Armutsrisiko der Risikogruppen

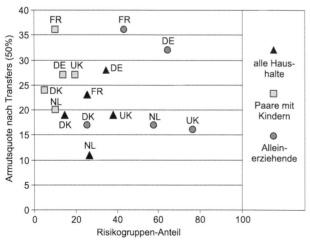

Quelle: EU-SILC (Referenzjahr 2008), eigene Auswertungen

Bevölkerungsdurchschnitt liegen. Das Niveau und die Abstände zwischen den Haushaltstypen variieren jedoch von Land zu Land. Die geringste Risikobetroffenheit im Allgemeinen und die kleinsten Abstände zwischen den Haushaltstypen gibt es in Dänemark, die höchste Betroffenheit mit den größten Abständen im Vereinigten Königreich. Frankreich liegt in dieser Hinsicht näher bei Dänemark, die Niederlande und vor allem Deutschland näher beim Vereinigten Königreich.

Hinsichtlich der Armutsbetroffenheit der Risikogruppen ergibt sich folgendes Bild. In den drei Ländern mit einem Risikogruppenanteil von über 50% unter den *Alleinerziehenden* (Vereinigtes Königreich, Niederlande, Deutschland) ergeben sich ganz unterschiedliche Armutsquoten: Das Vereinigte Königreich hat die niedrigste Quote unter den Risiko-Alleinerziehenden überhaupt (niedriger noch als Dänemark), während Deutschland und Frankreich sehr hohe Armutsquoten aufweisen. Das Vereinigte Königreich hat zwar – wie oben gezeigt – große Risiken unter Alleinerziehenden, es gelingt aber auch eine relativ gute Armutsvermeidung innerhalb dieser Gruppe. In Deutschland hingegen versagt die Sozial- und Familienpolitik in dieser Hinsicht weitgehend. Auch in den Niederlanden gelingt es, Armut innerhalb dieser Risikogruppe in erheblichem Umfang zu vermeiden. In den Niederlanden und dem Vereinigten Königreich liegt die Armutsbetroffenheit der Risiko-Alleinerziehenden sogar unter derjenigen der Risiko-Paarhaushalte mit Kindern. In den zwei Ländern mit einem Risikogruppenanteil von unter 50% unter den Alleinerziehenden (Dänemark und Frankreich) finden wir ebenfalls ein sehr unterschiedliches Muster. In Dänemark ist die Armutsquote niedrig, in Frankreich hingegen sogar am höchsten im Ländervergleich. Zwar ist der Anteil der Risikogruppen unter den Alleinerziehenden in Frankreich mit rund 45% deutlich niedriger als in Deutschland (65%), aber die Armutsbetroffenheit dieser Gruppe übertrifft mit über 35% die deutsche Marke (rund 30%). Bei den *Paaren mit Kindern* liegt der Anteil der Risikogruppen in vier von fünf Ländern bei unter 20%, im Vereinigten Königreich bei gerade 20%. Doch die Armutsbetroffenheit dieser Gruppe variiert ebenfalls erheblich im internationalen Vergleich. Mit rund 20% ist sie am niedrigsten in den Niederlanden, mit über 35% am höchsten in Frankreich. Insgesamt zeigen diese Befunde, dass der Einfluss verschiedener institutioneller Rahmenbedingungen und sozialpolitischer Maßnahmen auf die Armut von Risikogruppen erheblich ist.

Betrachtet man das Risikoprofil einzelnen Länder genauer, ergeben sich interessante Unterschiede. Deutschland hat bei den hier betrachteten Haushaltstypen den zweithöchsten Anteil an Risikogruppen hinter dem Vereinigten Königreich. Doch die Armutsbetroffenheit unter den Risiko-Alleinerziehenden ist deutlich höher als im Vereinigten Königreich, während sie bei den Paaren gleichauf liegt. In Deutschland ist die Situation Alleinerziehender also vergleichsweise prekär, bei den Paaren hingegen eher im Mittelfeld angesiedelt. Im Vereinigten Königreich ist die Situation hingegen deutlich besser als häufig angenommen. Die Risikogruppenanteile unter den Haushalten sind zwar die höchsten im Ländervergleich, aber die Armutsbetroffenheit alleinerziehender Risikogruppen ist die niedrigste überhaupt und bei den Paaren liegt das Land wie Deutschland im Mittelfeld. Überraschend gut ist auch das Ergebnis für die Niederlande. Zwar liegt der Risikogruppenanteil unter den Alleinerziehenden ebenfalls recht hoch, aber deren Armutsbetroffenheit ist ebenso niedrig wie im Vereinigten Königreich oder Dänemark. Paarfamilien schneiden in den Niederlanden im Ländervergleich sogar am besten ab. Überraschend schlecht ist das Ergebnis für Frankreich. Zwar sind die Risikogruppenanteile relativ niedrig, die Risikogruppen sind jedoch im Ländervergleich am meisten von Armut betroffen. Frankreich zeigt somit ein Muster der Polarisierung zwischen Risikogruppen und Nicht-Risikogruppen. Die Situation von Risiko-Paarfamilien ist besonders auffällig und weicht deutlich vom Muster der anderen Länder ab. Die französische Familienpolitik sorgt zwar für eine niedrigere Risikobetroffenheit von Familien, versagt aber bei der Lösung des Armutsproblems unter den Risikofamilien. Dasselbe gilt für die Alleinerziehenden. Nicht überraschend ist das gute Ergebnis für Dänemark, das für alle Haushaltstypen die niedrigsten Risikogruppenanteile aufweist. Allerdings schneiden andere Länder hinsichtlich der Armutsbetroffenheit dieser Risikogruppen noch etwas besser ab. Dies weist darauf hin, dass es auch in Dänemark Probleme und Lücken in der sozialen Absicherung von Risikogruppen gibt.

5.2 Soziodemografische Merkmale familiärer Risikogruppen

In diesem Abschnitt fassen wir die wesentlichen soziodemografischen Merkmale der familiären Risikogruppen im Ländervergleich zusammen. Im Hinblick auf die Sozialpolitik für diese Gruppen sind nicht nur Informationen über die Risikostruktur von Bedeutung, sondern auch Befunde über die soziale Zusammensetzung von Familienhaushalten mit Erwerbsrisiken.

Die soziale Zusammensetzung der Risikogruppen ist in allen Ländern ähnlich: Alleinstehende, ältere und mittelqualifizierte Haushalte bilden überall die größten Gruppen innerhalb der Risiko-Haushalte. Im Verhältnis zu ihren Anteilen an allen Haushalten sind Alleinerziehende und Alleinstehende, jüngere und meist auch ältere sowie geringqualifizierte Haushalte in den Risikogruppen überrepräsentiert. Die familiären Risikogruppen wiederum sind durch weitere Merkmale gekennzeichnet. Tabelle 5.1 zeigt, wie sich die familiären Risikogruppen nach Haushalten mit unterschiedlich vielen Kindern und mit Kindern verschiedenen Alters zusammensetzen. Wir betrachten hier drei kinderbezogene Merkmale: erstens die Anzahl der Kinder (eins, zwei, drei und mehr), zweitens die Anzahl der

Tab. 5.1: Kinderbezogene Merkmale familiärer Risikogruppen (Vorschulalter und Schuleintrittsalter länderspezifisch)

Paare

	DE		DK		FR		NL		UK	
	Risiko-gruppen	Gesamt	Risiko-gruppen	Gesamt	Risiko-gruppen	Gesamt	Risiko-gruppen	Gesamt	Risiko-gruppen	Gesamt
Anzahl der Kinder										
1	52,0	42,2	36,7	33,5	35,5	34,5	37,9	29,9	28,9	37,9
2	34,0	44,8	32,7	46,8	35,8	43,5	41,4	49,2	41,3	44,8
3+	14,0	13,0	30,6	19,7	28,8	22,0	20,7	20,9	29,8	17,4
Anzahl der Kinder im Vorschulalter										
0	58,3	65,6	44,9	65,7	60,9	59,7	63,3	65,4	52,3	59,9
1	31,9	24,5	40,8	23,7	25,4	28,7	27,6	23,4	33,0	30,3
2	9,0	9,4	13,3	9,8	12,0	10,4	8,2	10,2	12,4	9,1
3+	0,8	0,5	1,0	0,8	1,7	1,2	0,9	1,0	2,3	0,7
Alter des jüngsten Kindes										
0-2	25,3	18,9	32,7	19,3	24,7	23,7	25,4	23,9	34,4	26,9
3 bis unter Schuleintrittsalter	16,4	15,5	22,4	15,0	14,4	16,7	11,3	10,7	13,3	13,2
Schuleintrittsalter bis 12	26,1	32,7	27,6	30,2	25,1	29,2	34,8	35,2	29,4	35,0
älter als 12	32,2	32,9	17,3	35,5	35,8	30,5	28,5	30,2	22,9	24,8

Tab. 5.1: (Fortsetzung)

Alleinerziehende

	DE Risikogruppen	DE Gesamt	DK Risikogruppen	DK Gesamt	FR Risikogruppen	FR Gesamt	NL Risikogruppen	NL Gesamt	UK Risikogruppen	UK Gesamt
Anzahl der Kinder										
1	67,4	69,3	59,4	54,3	46,1	50,6	48,1	51,4	41,5	46,9
2	26,2	25,2	31,3	38,2	31,2	33,0	43,1	38,5	38,8	35,5
3+	6,4	5,5	9,4	7,5	22,7	16,4	8,8	10,1	19,7	17,6
Anzahl der Kinder im Vorschulalter										
0	78,9	83,9	76,6	83,9	75,1	81,3	88,3	89,7	69,6	73,5
1	20,1	15,4	18,8	14,2	20,8	16,3	10,0	9,4	21,8	19,8
2	1,0	0,8	4,7	1,6	3,7	2,2	1,7	0,9	7,6	6,0
3+	0,0	0,0	0,0	0,4	0,4	0,2	0,0	0,0	1,0	0,7
Alter des jüngsten Kindes										
0-2	8,6	6,0	3,1	3,1	12,3	7,7	2,1	2,8	20,2	16,5
3 bis unter Schuleintrittsalter	12,5	10,2	20,3	13,0	12,6	11,0	9,6	7,5	10,2	10,0
Schuleintrittsalter bis 12	40,9	36,1	29,7	34,6	40,1	37,5	47,3	44,6	40,7	38,7
älter als 12	38,0	47,8	46,9	49,2	34,9	43,9	41,0	45,1	28,9	34,7

Anmerkung: Kursive Werte beruhen auf geringen Fallzahlen (< 30)
Quelle: EU-SILC (Referenzjahr 2008), eigene Berechnungen

Kinder im Vorschulalter (null, eins, zwei, drei und mehr) und drittens das Alter des jüngsten Kindes (mit den Ausprägungen: null bis zwei Jahre, drei bis unter schulpflichtiges Alter, schulpflichtiges Alter bis zwölf Jahre, älter als zwölf Jahre). Wegen der größeren Unterschiede zwischen Alleinerziehenden und Paarfamilien, etwa im Hinblick auf Risikobetroffenheit und Alter, werden die Ergebnisse getrennt für die beiden Familientypen präsentiert. Da Alleinerziehende meist jünger sind als Paarfamilien, ist zu erwarten, dass sie auch öfter nur wenige und jüngere Kinder haben.

Alleinerziehende haben meistens ein Kind und vor allem in Deutschland, Dänemark und den Niederlanden nur selten drei und mehr Kinder (unter 10% mit geringen Fallzahlen). Auch wenn die Unterschiede zwischen den Risiko-Alleinerziehenden und allen Alleinerziehenden nicht sehr groß sind, so ist doch zu erkennen, dass solche mit Erwerbsrisiken in der Regel mehr Kinder haben (mit Ausnahme von Dänemark). Paarfamilien sind kinderreicher als Alleinerziehende. Im Vergleich zu allen Paarfamilien ist bei den Risiko-Paarfamilien der Anteil der Familien mit drei und mehr Kindern in drei Ländern (Dänemark, Frankreich und Vereinigtes Königreich) deutlich höher, in Deutschland nur leicht und in den Niederlanden etwa gleich hoch. Risiko-Paarfamilien haben aber auch fast überall öfter nur ein Kind (abgesehen vom Vereinigten Königreich). Das könnte eventuell daran liegen, dass Familien mit Erwerbsrisiken jünger sind und/oder wegen ihrer prekären Lage davor zurückschrecken, weitere Kinder zu bekommen.

Die meisten Familien in unserem Sample besitzen keine Kinder im Vorschulalter. Risikofamilien haben aber häufiger Kinder im Vorschulalter als alle Familien. Was hier schon zu sehen ist, ist auch beim nächsten kinderbezogenen Merkmal, dem Alter des jüngsten Kindes, zu erkennen: Paarfamilien haben, anders als oben vermutet wurde, öfter kleine Kinder als Alleinerziehende. Das jüngste Kind von Risiko-Alleinerziehenden ist zumeist im Alter von Schuleintritt bis zwölf Jahren oder älter. In den Niederlanden fällt der Anteil der Risiko-Alleinerziehenden, deren jüngstes Kind im schulpflichtigen Alter ist, am höchsten aus. Dort sind Alleinerziehende insgesamt etwas älter. Im Vereinigten Königreich, wo es relativ viele junge Alleinerziehende gibt, befindet sich das jüngste Kind von Risiko-Alleinerziehenden auch in vielen Fällen (20,2%) in der Altersgruppe der unter Dreijährigen. Abermals sind keine großen Unterschiede zwischen Risiko-Alleinerziehenden und allen Alleinerziehenden feststellbar. Risiko-Alleinerziehende haben jedoch gemessen am Alter des jüngsten Kindes etwas häufiger jüngere Kinder. Das gilt wiederum für Paarfamilien im Vergleich zu Alleinerziehenden. Doch auch beim Großteil der Paare befindet sich das jüngste Kind schon im schulpflichtigen Alter. Eine Ausnahme bilden die Risiko-Paarfamilien in Dänemark, bei denen das jüngste Kind meist null bis zwei Jahre alt ist. Auch bei der Mehrheit der Risiko-Paare mit Kindern im Vereinigten Königreich (circa ein Drittel) fällt das jüngste Kind in diese unterste Altersklasse. Wie bei den Alleinerziehenden zeigt sich, dass Risiko-Paarfamilien etwas öfter jüngere Kinder haben als Paarfamilien gesamt (in Dänemark deutlich, in Frankreich eher nicht).

Es zeigt sich also, dass Risikofamilien im Vergleich zu allen Familien in unserem Sample häufiger kleinere, noch nicht schulpflichtige Kinder haben (mit Ausnahme von Risiko-Paarfamilien in Frankreich). Im Hinblick auf die Anzahl der Kinder ist der Befund nicht ganz so eindeutig: Zwar haben Risikofamilien öfter drei und mehr Kinder als alle Familien (mit Ausnahme der Niederlande). Risiko-Paarfamilien besitzen aber häufiger auch nur ein Kind (mit Ausnahme vom Vereinigten Königreich). In Dänemark gilt das ebenso für Risiko-Alleinerziehende.

TEIL B: POLITIKPROFILE DER LÄNDER IM VERGLEICH

In Teil A des Buches wurden die für die einzelnen Länder charakteristischen Risikogruppenprofile vergleichend herausgearbeitet. In Teil B werden nunmehr die länderspezifischen Politikkombinationen untersucht, die für diese unterschiedlichen Risikoprofile verantwortlich sind. Dabei werden Land für Land diejenigen Politiken dargestellt, die für die drei Stufen erwerbsbezogener Probleme maßgeblich sind. Wir beginnen zunächst mit einem zusammenfassenden Überblick über die in den jeweiligen Ländern vorherrschenden Problemkonstellationen, bevor die einzelnen Politiken in Länderkapiteln ausführlicher analysiert werden.

In der bisherigen Analyse wurde deutlich, dass *Deutschland* erhebliche Probleme sowohl hinsichtlich der Erwerbsintegration als auch der Einkommenssicherung von Risikogruppen hat. Eine Ursache hierfür ist die nur langsam schwindende Dominanz des traditionellen Alleinverdiener- und Zuverdienst-Modells bei Paarfamilien. In diesem Modell haben gerade Alleinerziehende große strukturelle Probleme bei der Erwerbsintegration. Doch auch Paarfamilien mit Geringverdienst stehen vor großen Schwierigkeiten, ein ausreichendes Familieneinkommen zu sichern. Die Erwerbsintegration ist zwar in den letzten Jahren gestiegen, aber die Einkommensrisiken sind nach wie vor hoch. Es gibt im deutschen Sozialstaat immer noch zahlreiche Elemente, die wenig auf die Bedürfnisse von Risikogruppen zugeschnitten sind. Die steuerliche Bevorzugung der Alleinverdiener- und Zuverdienst-Ehe, die lohnbezogenen Sozialleistungen ohne ausreichende Mindestsicherungskomponente und die zu niedrigen Leistungen der sozialen Mindestsicherung führen zu einer Benachteiligung von Risikogruppen und zu einer relativ hohen Armutsquote. Auch die Geringverdiener unter den Risikogruppen schneiden schlecht ab. Es fehlt eine wirksame Unterstützung von Geringverdienern, vor allem unter den Alleinerziehenden. Die große Bedeutung der Teilzeit für die Erwerbsintegration sowohl bei Alleinerziehenden als auch bei Müttern in Paarfamilien wird weder lohn- noch sozialpolitisch ausreichend abgesichert. Im Unterschied zu den Niederlanden ist Teilzeit häufig immer noch Arbeit zweiter Klasse. In dieser Hinsicht passen der Wandel der Arbeitswelt und die lohn- und sozialpolitischen Grundstrukturen nicht richtig zusammen. Eine stärkere Erwerbsintegration durch Vollzeit setzt deutlich bessere Kinderbetreuungsangebote und ein Ende der steuerlichen Bevorzugung von Alleinverdiener-Ehen voraus. Eine Erhöhung der Erwerbsintegration durch Teilzeit macht eine Anpassung der lohn- und sozialpolitischen Grundstrukturen erforderlich. Dabei wäre zum Beispiel eine besserer steuerliche Förderung von Geringverdienern (etwa durch Steuergutschriften) nötig oder eine soziale Sicherung, in der es mehr grundsichernde Leistungen unabhängig vom Einkommen und vom Umfang der Erwerbsbeteiligung gibt. Insgesamt kann man derzeit für Deutschland noch von erheblichen strukturellen Inkonsistenzen und großen Inklusionsproblemen für Risikogruppen sprechen.

Dänemark hat im Gegensatz dazu wenige Probleme mit der Erwerbsintegration und der Einkommenssicherung. Die Erwerbsstrukturen sind seit Längerem auf Vollzeittätigkeit ausgerichtet, was durch das Steuer- und Sozialsystem sowie die Familienpolitik stark unterstützt wird. Hinzu kommt, dass es kaum Probleme mit Geringverdiensten gibt, weil Teilzeit relativ selten ist und die Lohnbedingungen insgesamt gut sind. Trotz des flexiblen Arbeitsmarktes bietet das Sozialsystem ausreichend Schutz vor Armut. In Dänemark greifen somit Erwerbsmuster, soziale Sicherungssysteme und Lohnpolitik gut ineinander, so dass der Anteil der Risikogruppen relativ klein ist. Allerdings hat das dänische Modell auch eine Kehrseite: es gibt einen gewissen Sockel an Problemgruppen (vor allem Nichtbeschäftigte), deren Einkommenslage im internationalen Vergleich nur im Mittelfeld liegt, schlechter zum Beispiel als im Vereinigten Königreich oder den Niederlanden. Insgesamt kann man dennoch von einer erfolgreichen Inklusion der Risikogruppen im dänischen Vollzeiterwerbsmodell sprechen.

Frankreich hat nach Dänemark die niedrigsten Anteile von Risikogruppen, im Unterschied zu Dänemark aber ein sehr großes Armutsproblem unter diesen Gruppen. Man kann somit von einer Polarisierung sprechen. Der erste Arbeitsmarkt bietet in der Regel gute Lohn- und Sozialschutzbedingungen, der Zugang ist allerdings erschwert. Hinzu kommt, dass der französische Arbeitsmarkt aufgrund des geringen Umfangs von Teilzeitbeschäftigung und des relativ hohen gesetzlichen Mindestlohns für Vollzeitbeschäftigte hohe Beschäftigungshürden für Risikogruppen hat. Unter den Mindestlohnempfängern sind zum Beispiel Teilzeitbeschäftigte deutlich überrepräsentiert. Insgesamt überwiegt jedoch das Problem der Nichtbeschäftigung bei den Risikogruppen. Diese Gruppen finden zudem schwierige institutionelle und sozialpolitische Bedingungen für die Einkommenssicherung vor. Der Sozialschutz für nicht versicherte Langzeitarbeitslose in der Mindestsicherung ist im internationalen Vergleich sehr niedrig. Die Familienpolitik fördert zwar große Familien und Familien mit geringerem Einkommen, aber viele Alleinerziehende haben weniger Kinder oder keine Arbeit und fallen somit aus dieser Förderung heraus. Stattdessen sind sie auf die sehr niedrige Mindestsicherung angewiesen. Gerade familiäre Risikogruppen werden im klassischen Land der Familienpolitik unzureichend gefördert, denn sie passen nicht ins vorherrschende Muster einer Vollzeitbeschäftigung ohne Geringverdienst, auf das die französischen Sozialsysteme ausgerichtet sind. Insgesamt kann man somit von einer (partiellen) Exklusion von Risikogruppen im französischen Vollzeiterwerbsmodell sprechen.

Die *Niederlande* sind durch ein geringes Problem der Nichtbeschäftigung, aber ein relativ großes Problem mit Geringverdiensten durch den hohen Anteil an Teilzeitarbeit konfrontiert. Allerdings sind die Armutsquoten der Risikogruppen sehr niedrig, noch niedriger als in Dänemark. Die Niederlande bieten den Risikogruppen somit relativ gute Bedingungen für eine partielle Erwerbsintegration auf einem Verdienstniveau, das über der Armutsgrenze liegt und sozialstaatlich unterstützt wird. In den Niederlanden funktioniert die Erwerbsintegration der Risikogruppen deshalb gut, weil Teilzeit eine anerkannte und auch in der Mehrzahl der Nicht-Risikopaarfamilien praktizierte Form der Erwerbsbeteiligung ist. Von diesem Modell profitieren auch die Risikogruppen. Es wird außerdem durch eine flächendeckende Lohnpolitik und die Struktur der Sozialleistungen unterstützt, bei denen neben lohnbezogenen Elementen auch verschiedene Grundleistungen existieren, von denen insbesondere Teilzeitbeschäftigte profitieren. Das Geringverdienstproblem wird somit im Unterschied zu Deutschland lohnpolitisch und sozialpolitisch abgefedert, mit dem Ergebnis einer deutlich niedrigeren Armutsquote unter den Risikogruppen.

Das *Vereinigte Königreich* hat große Probleme sowohl der Nichtbeschäftigung als auch der Geringverdienste. Die Ausdehnung des Niedriglohnsektors brachte keine Entspannung für die Problematik der Nichtbeschäftigung, vor allem nicht bei Alleinerziehenden. Die Erwerbsintegration familiärer Risikogruppen ist stark behindert durch eine mangelnde und teure Kinderbetreuung, die kaum mit den Anforderungen der Arbeitswelt harmoniert. Hinzu kommt, dass sich Erwerbsintegration aufgrund des ausgedehnten Niedriglohnsektors oft nicht lohnt, obwohl der Staat diese massiv fördert. Auf der anderen Seite sind die Sozialleistungen bei Nichtbeschäftigung niedrig angesetzt, um den für die britische Sozialpolitik traditionell wichtigen „Lohnabstand" zu Geringverdienern sicherzustellen. Im Ergebnis ist die Armutsquote der Geringverdiener deutlich niedriger als die der Nichtbeschäftigten. Dennoch kann man die britische Mindestsicherung nicht als rudimentär bezeichnen. Sie bietet eine allgemeine Grundsicherung für die gesamte Bevölkerung und höhere Leistungen als zum Beispiel in Frankreich. Dies ist das Ergebnis einer weiteren britischen Tradition der Sozialpolitik: der Sicherung grundlegender sozialer Bürgerrechte. Insgesamt scheint der britische Weg einer Inklusion von Risikogruppen über die Ausdehnung flexibler Arbeitsmärkte und Geringverdienste (bei gleichzeitigem Abbau sozialer Schutzleistungen) jedoch nicht erfolgversprechend zu sein.

6 Deutschland: verspätete Modernisierung?

Das deutsche Risikoprofil verweist auf größere sozial-, arbeitsmarkt- und familienpolitische Defizite im Hinblick auf die Lage familiärer Risikogruppen. Dabei lassen sich drei Problemkreise unterscheiden: Erstens gibt es in Deutschland einen relativ hohen Anteil von Risikogruppen unter den Familien. Geringverdienst und Nichtbeschäftigung sind vor allem unter Alleinerziehenden weit verbreitet. Zweitens ist die Einkommenssituation von Geringverdienern im Vergleich zu anderen Ländern schlecht. Ihr verfügbares Einkommen bleibt trotz Erwerbstätigkeit weit vom gesellschaftlichen Durchschnitt entfernt. Drittens schließlich ist auch die Einkommenssituation nichtbeschäftigter Risikofamilien im Ländervergleich prekär. Sehr viele dieser Familien leben in relativer Armut.

Von *Nichtbeschäftigung* und geringem Beschäftigungsumfang sind vor allem Alleinerziehende betroffen, in deren Situation sich die allgemeine Problematik der Beschäftigung von Frauen und Müttern auf dem deutschen Arbeitsmarkt wie in einem Brennglas bündelt. Geringer Stundenumfang und niedrige Löhne kennzeichnen gerade die weiblich geprägten Segmente des Arbeitsmarktes. Bei Frauen in Partnerschaften können diese Defizite teilweise kompensiert werden, nicht jedoch bei Alleinerziehenden. Die Sozial-, Familien- und Arbeitsmarktpolitik tragen ihrerseits wenig zur Verbesserung dieser Situation bei. Die Kinderbetreuung hinkt dem Bedarf hinterher und die Steuerpolitik unterstützt Alleinverdiener- und Zuverdienst-Familien weiterhin in hohem Maße. In Deutschland bestehen für Familien somit widersprüchliche Anreize und erhebliche Hürden für eine Überwindung der ersten Risikostufe: der Integration in Beschäftigung.

Geringverdienst ist in Deutschland sowohl ein Problem geringer Arbeitszeiten als auch niedriger Löhne. Gerade für Frauen und Alleinerziehende bietet der Arbeitsmarkt oft nur geringfügige Beschäftigungen oder Teilzeitarbeitsplätze. Auch wenn Geringverdienst oft eine Folge geringer Arbeitszeit ist, tragen die teilweise niedrigen Löhne zu einer Verschärfung der Einkommenssituation von Risikogruppen bei. Es fehlen an dieser Stelle notwendige Kompensationsmechanismen. Die Tariflöhne sind in manchen Branchen sehr niedrig. Zudem hat die Zahl der Arbeitnehmer, die durch einen Tarifvertrag abgedeckt sind, in den letzten Jahren abgenommen. Heute unterliegen in Deutschland nur noch rund 60% der Arbeitnehmer einem Tarifvertrag. Das ist nach dem Vereinigten Königreich die zweitniedrigste Quote im Vergleich der fünf Länder. Darüber hinaus gab es in Deutschland 2008 noch keinen gesetzlichen Mindestlohn und keine flächendeckenden Instrumente zur Unterstützung des Einkommens von Geringverdienern. Der Kindergeldzuschlag sorgt zwar für Familien am untersten Rand der Einkommensverteilung für eine leichte Verbesserung, reicht aber nicht

aus, um die Einkommen deutlich anzuheben. Die steuerlichen Grundfreibeträge
können ihrerseits gerade von den Geringverdienern gar nicht voll ausgeschöpft
werden und verpuffen somit für die Risikogruppen weitgehend. Hinzu kommt
ein wichtiger Aspekt der Finanzierung des deutschen Sozialstaats, der sich besonders negativ für Geringverdiener auswirkt: die einkommensproportionalen
Sozialabgaben, die schon bei niedrigen Einkommen mit Abzügen für Renten-,
Kranken-, Pflege- und Arbeitslosenversicherung einsetzen. Insgesamt versagen
in Deutschland sowohl die Tarif- als auch die staatliche Steuer- und Abgaben-
politik weitgehend bei der Förderung von Geringverdienern.

Die *Einkommenssituation nichtbeschäftigter Risikofamilien* ist in Deutschland im Ländervergleich besonders schlecht. Nur in Frankreich ist sie noch prekärer. In Deutschland kommt verschärfend hinzu, dass der Anteil nichtbeschäftigter Risikofamilien besonders unter den Alleinerziehenden deutlich höher ist
als in allen anderen Ländern mit Ausnahme des Vereinigten Königreichs. Die
relativ großzügige deutsche Familienförderung kommt bei den Risikogruppen
nicht an. Der horizontale Familienlastenausgleich mit seinen steuerlichen Instru-
menten ist primär auf die Bedürfnisse mittlerer und höherer Einkommen zugeschnitten, die auch in erheblichem Umfang vom Ehegattensplitting profitieren.
Doch auch das allgemeine Kindergeld entfaltet keine durchschlagende Wirkung
bei den Risikofamilien. Zum einen ist es als Einzelmaßnahme zu niedrig für
geringe Einkommen. Zum andern verpufft es im Falle der Familien in der Mindestsicherung, weil es vollständig als Einkommen angerechnet wird und den
Leistungsanspruch entsprechend mindert. Eine Erhöhung des Kindergeldes wirkt
sich somit auf Familien in der Mindestsicherung überhaupt nicht aus, es sei
denn, sie können dadurch den Leistungsbezug als solchen beenden.

Im Folgenden werden die Politiken, die dieses Risikoprofil prägen, im Einzelnen dargestellt. Die Politiken sind dabei schwerpunktmäßig einer der drei Risikostufen (Erwerbsintegration, Förderung von Geringverdienern und Unterstützung bei Nichtbeschäftigung) zugeordnet. In Kombination mit anderen Politiken
können sie jedoch Wirkung auf allen drei Stufen entfalten. In der Analyse steht
die Situation im Jahr 2008 im Mittelpunkt, es werden aber auch Entwicklungen
dargestellt. Dies ist im Fall Deutschlands besonders wichtig, weil es in einigen
Politikbereichen zu deutlichen Veränderungen gekommen ist. Dies gilt vor allem für die Kinderbetreuung, die Lohnpolitik und die soziale Mindestsicherung.
Insofern ist gerade das deutsche Politikprofil in Bewegung, was möglicherweise
auch einige Friktionen bei der Kombination von Politiken erklären kann. Auf
diesen Aspekt einer „ungleichzeitigen Modernisierung" der deutschen Politik
gehen wir im Schlussteil dieses Kapitels ein. Einige Probleme für die Risikofamilien ergeben sich möglicherweise daraus, dass die Schnittstellen zwischen den
verschiedenen Politiken nicht mehr oder noch nicht richtig ineinander greifen.

6.1 Stufe 1: Förderung der Erwerbsintegration

Eine erfolgreiche Erwerbsintegration von Risikofamilien steht in Deutschland vor hohen Hürden. Zwar hat sich die Situation im Jahr 2008 im Vergleich zu den Jahren davor verbessert und der positive Trend setzt sich auch nach 2008 fort, aber im internationalen Vergleich ist die Lage nach wie vor schwierig. Dies liegt vor allem an dem verspäteten Ausbau der Kinderbetreuung, an einer verspäteten Entwicklung familienorientierter Aktivierung und dem zögerlichen Wandel eines insgesamt veralteten Familienerwerbsmodells, das immer noch staatlich gefördert wird und dadurch die Erwerbschancen von Müttern und Alleinerziehenden mindert.

(a) Kinderbetreuung

Auf Bundesebene gehören Kindertageseinrichtungen in den Zuständigkeitsbereich des Bundesministeriums für Familie, Senioren, Frauen und Jugend. Die Aufgaben des Bundesministeriums beschränken sich jedoch zum größten Teil auf allgemeine Rechts- und Verwaltungsvorschriften. Auf Länderebene ist die Zuständigkeit unterschiedlich geregelt. Die Länder sind zuständig für die Finanzierung der Kindertageseinrichtungen (gemeinsam mit den Kommunen) und die Ausgestaltung von Landesregelungen. Die Kommunen tragen den größten Teil der Betriebskosten von Kindertageseinrichtungen (Jaich 2002). Kinderbetreuung wird in Deutschland in erster Linie über ein öffentliches Angebot bereitgestellt. Private Kindertageseinrichtungen, wie es sie in marktliberalen Ländern gibt, sind wenig verbreitet. Ein Spezifikum der deutschen Situation ist darüber hinaus die besondere Bedeutung freier Träger (wie Kirchen und Wohlfahrtsverbände) für die Organisation und Bereitstellung von Plätzen in Kindertageseinrichtungen. Die unterschiedlichen Anbieter haben in Deutschland eine plurale Trägerlandschaft entstehen lassen (vgl. Kreyenfeld 2008).

Deutschland galt ähnlich wie das Vereinigte Königreich lange Zeit als Nachzügler beim Ausbau der frühkindlichen Bildung und Betreuung. Während andere Länder bereits in den 1970er und 1980er Jahren mit einem Ausbau der Betreuungsplätze begannen, startete Deutschland den Ausbau erst in den 1990er Jahren und einen aktiven Ausbau der Betreuung für unter Dreijährige sogar erst nach 2002 (Evers et al. 2005: 195). Seit 1996 besteht in Deutschland ein Rechtsanspruch auf einen Halbtags-Kindergartenplatz für Kinder ab drei Jahren bis zum Schuleintritt, womit vor allem das bis dahin mangelhafte Angebot an Kinderbetreuung in Westdeutschland vorangetrieben wurde.

Ein weiterer politischer Anstoß zum Ausbau der frühkindlichen Betreuung erfolgte mit der Agenda 2010, mit der die Bundesregierung einen „bedarfsgerechten" Ausbau der Kinderbetreuungsplätze für unter Dreijährige anstrebte. Mit

dem 2005 in Kraft getretenen Tagesbetreuungsausbaugesetz (TAG) sollten bis
zum Jahr 2010 230.000 neue Plätze für unter Dreijährige entstehen. 2008 trat zusätzlich zum TAG das Kinderförderungsgesetz (KiföG) in Kraft, welches den
Ausbau eines qualitativ hochwertigen Betreuungsangebotes von 750.000 Plätzen
(35% aller unter Dreijährigen) beschleunigen und Eltern echte Wahlmöglich-
keiten eröffnen sollte. Das Gesetz sieht ab dem Jahr 2013 einen Rechtsanspruch
auf einen Betreuungsplatz für alle Kinder vom vollendeten ersten bis zum vollendeten dritten Lebensjahr vor. Der Betreuungsumfang ist jedoch zeitlich nicht
präzise definiert, so dass der Anspruch bislang mit einem Halbtagsplatz als erfüllt gilt. Um die Länder bei diesem ehrgeizigen Ziel zu unterstützen, steuert der
Bundeshaushalt rund ein Drittel der benötigten Mittel bei (BMFSFJ 2010). Die
Umsetzung und Finanzierung des Rechtsanspruches auf einen Kindergartenplatz
sowie des TAG ist Aufgabe der Länder und Gemeinden, weshalb die Betreuungssituation nicht nur zwischen Ost- und Westdeutschland variiert, sondern auch
zwischen einzelnen Bundesländern und Kommunen (Stern 2007).

Kinder von null bis drei Jahren werden in der Regel in Krippen oder von
Tageseltern betreut. Betreuung durch Tageseltern erfolgt zum Teil privat, wird
aber auch von den Kommunen ergänzend zu den Krippen angeboten. Krippen
sind meistens ganztags, d.h. von 7:30 bis 17:00 Uhr geöffnet. Je nach Anbieter
können die Öffnungszeiten jedoch variieren. Bei Tagesmüttern besteht die Möglichkeit, Kinder auch kürzer oder mit flexibleren Zeiten betreuen zu lassen. Bei
der Betreuung der unter Dreijährigen zeigt sich ein besonders starkes Gefälle
zwischen Ost- und Westdeutschland. Während bis 2004 in Westdeutschland
knapp 8% der Kinder unter drei Jahren eine Kinderkrippe besuchten oder durch
eine Tagesmutter versorgt wurden, waren es in Ostdeutschland 39%. Die informelle Betreuung insbesondere durch Großeltern sowie die Betreuung durch privat organisierter Tageseltern sind in Westdeutschland weiter verbreitet als im
Osten (Gerlach 2010: 322ff.). Darüber hinaus existieren in Deutschland auch
altersgemischte Einrichtungen, in denen Kinder von null bis sechs Jahren entweder in gemeinsamen oder in parallel laufenden Kinderkrippen- und Kinder-
gartengruppen betreut werden (Dörfler 2007: 26). Seit den 1990er Jahren ist der
Anteil der altersgemischten Kombi-Einrichtungen stark angestiegen und besonders in den neuen Bundesländern eine weitverbreitete Betreuungsform (Statistisches Bundesamt 2004: 10).

Kinder von drei bis sechs Jahren werden hauptsächlich in Kindergärten
oder den oben genannten Kombi-Einrichtungen betreut. Nur wenige Kinder über
drei Jahren besuchen noch eine Tagesmutter. Die Öffnungszeiten von Kindergärten beschränken sich in Westdeutschland oftmals nur auf eine vormittägliche
Betreuung von vier Stunden. In Ostdeutschland hingegen handelt es sich bei den
meisten Kindergärten um Ganztageseinrichtungen. 1998 waren 98% der Kindergärten in Ostdeutschland Ganztageskindergärten, während in Westdeutsch-

land nur 19% der Kinder mit einem Ganztagesplatz versorgt waren (Gerlach 2010: 332; Hank et al. 2004).

Für *Kinder im Schulalter* gestaltet sich die Betreuungslage nach wie vor unzureichend. Der Schulunterricht, der in Deutschland in der Regel am Vormittag bis zu sechs Unterrichtsstunden stattfindet und Eltern oftmals mit unregelmäßigen Unterrichtszeiten konfrontiert, lässt auch für Kinder im Schulalter große Betreuungslücken entstehen. Zwar gibt es die Möglichkeit, Kinder zur ganztätigen Betreuung in einem Hort unterzubringen, die Plätze sind jedoch begrenzt und die Verfügbarkeit unterscheidet sich von Bundesland zu Bundesland. Während die Versorgung durch Hortplätze in Westdeutschland gering ist, besuchen in Ostdeutschland über die Hälfte aller Kinder in diesem Alter eine solche Einrichtung (Stern 2007: 103ff.)

Die von den Eltern zu tragenden Kosten für öffentliche Kinderbetreuung sind überwiegend einkommensgestaffelt, wobei sich auch hier starke regionale Unterschiede finden. So sind bspw. in einigen Bundesländern (Saarland, Berlin, Hessen, Niedersachsen und Rheinland-Pfalz) und Städten das letzte Kindergartenjahr oder sogar alle Jahre kostenfrei. Daneben gibt es in manchen Bundesländern für Geringverdiener die Möglichkeit, sich von den Kinderbetreuungskosten komplett oder zum Teil befreien zu lassen und/oder für das zweite Kind weniger Gebühren zu zahlen.

(b) Aktivierung

Die ersten Aktivierungselemente in der deutschen Arbeitsmarktpolitik traten zwar schon 1998 in Kraft, von einem Beginn aktivierender Arbeitsmarktpolitik im eigentlichen Sinne kann aber erst mit dem Job-AQTIV Gesetz von 2001 und den 2003 bis 2006 in Kraft getretenen Hartz-Reformen gesprochen werden (Dingeldey 2007: 196). Im September 2001 wurde das Job-AQTIV-Gesetz von der rot-grünen Koalition erlassen. Job-AQTIV steht dabei für Aktivieren, Qualifizieren, Trainieren, Investieren und Vermitteln. Die neue Zielrichtung sollte sein, die Arbeitsvermittlung nach dem Prinzip des „Förderns und Forderns" zu verbessern. Problemgruppen sollten von nun an durch persönliche Beratung, Aus- und Weiterbildung oder Teilfinanzierung von regulären Beschäftigungen wieder in den ersten Arbeitsmarkt integriert und Leistungen aus der Einkommenssicherung für Arbeitslose dadurch reduziert werden. Dieses neue Gesetz, welches eine ständige Verbesserung der Beschäftigungsstruktur durch das Instrument des Förderns und Forderns anstrebte, kam in der Praxis jedoch kaum zur Anwendung (Mohr 2009: 54).

Mit den Gesetzen „für moderne Dienstleistungen am Arbeitsmarkt" (Hartz-Reformen) im Zeitraum von 2003 bis 2006 veränderte sich die Struktur der Arbeitsmarktpolitik in Deutschland grundlegend. Zunächst wurden im Januar 2003 die ersten zwei Gesetze (Hartz I und II) erlassen. Kernbestandteil dieser Reformen war die verpflichtende Einrichtung einer Personal-Service-Agentur (PSA) in jeder Bundesagentur für Arbeit. Deren Aufgabe sollte es sein, Arbeitslose einzustellen, um sie auf dem Wege der Arbeitnehmerüberlassung in Arbeit zu vermitteln und sie in verleihfreien Zeiten zu qualifizieren. Diese Verpflichtung wurde im Jahr 2006 jedoch wieder aufgehoben. Des Weiteren wurden u.a. Bildungsgutscheine und Existenzgründer-Zuschüsse für Arbeitslose eingeführt. Im Rahmen der zweiten Hartz-Reform wurde eine sozialversicherungsfreie geringfügige Nebenbeschäftigung wieder möglich (Minijob), wobei die Geringfügigkeitsgrenze von 325 € auf 400 € angehoben wurde . Im Zuge des dritten Hartz-Gesetzes, welches zum 1. Januar 2004 wirksam wurde, wurde die Bundesanstalt für Arbeit in Bundesagentur für Arbeit umbenannt und nach den Grundsätzen des New Public Management neu strukturiert (Klenk 2009: 215).

Seit dem 1. Januar 2005 regelt das zweite Sozialgesetzbuch (SGB II) die Grundsicherung für Arbeitsuchende in Deutschland und bildet den wesentlichen Teil des Vierten Gesetzes für moderne Dienstleistungen am Arbeitsmarkt (Hartz-IV). Erst damit konkretisierte sich mit Wirkung zum 1. Januar 2005 der Schritt zu einer aktiven Arbeitsmarktpolitik in Deutschland. Das Gesetz führte die bedürftigkeitsgeprüfte Arbeitslosenhilfe und bedürftigkeitsgeprüfte Sozialhilfe zu einer neuen Grundsicherung für Arbeitsuchende, dem Arbeitslosengeld II (ALG II), auf einem einheitlichen Sozialhilfeniveau zusammen (Bundesregierung 2005). Mit dem Ziel, Langzeitarbeitslose wieder auf den ersten Arbeitsmarkt zu bringen und die Transferabhängigkeit zu verringern, wurden eine Reihe von aktivierenden Maßnahmen eingeführt sowie bestehende Maßnahmen ausgebaut und umstrukturiert, bei denen nicht eine Verbesserung der Fähigkeiten und Fertigkeiten im Vordergrund steht, sondern eine schnellstmögliche Integration in den ersten Arbeitsmarkt (Oschmiansky/Ebach 2009: 84).

Die verschiedenen Instrumente zur Aktivierung erwerbsloser Leistungsempfänger stellen ein breitgefächertes Angebot dar. Neben den Beratungs- und Vermittlungsangeboten bestehen Weiterbildungs- und Trainingsangebote sowie eine Reihe von Beschäftigung schaffenden Maßnahmen. Empfänger von Arbeitslosengeld sind dazu verpflichtet, mit dem zuständigen Betreuer der Arbeitsagentur bzw. des Jobcenters eine Eingliederungsvereinbarung abzuschließen. In dieser wird festgehalten, welche Eigenbemühungen und Nachweise die arbeitslos gemeldeten Personen zu erbringen haben. Kommt keine Eingliederungsvereinbarung zustande, können die erforderlichen Eigenbemühungen durch die zuständige Verwaltung (Arbeitsagentur oder Jobcenter) festgesetzt werden. Die Eingliederungsvereinbarung für ALG-I-Empfänger ist jedoch im Gegensatz zu den Vereinbarungen der ALG-II-Empfänger nicht an Sanktionen geknüpft (Eichhorst et al. 2008: 35).

Die Arbeitslosen werden entsprechend ihrer Fähigkeiten und Motivation in vier Kategorien eingeteilt: Marktkunden, Beratungskunden (Aktivieren), Beratungskunden (Fördern) und Betreuungskunden. Je nach Einteilung stehen verschiedene Angebote zur Wiedereingliederung in den ersten Arbeitsmarkt zur Verfügung. Marktkunden stellen dabei die Gruppe mit guten Qualifikationen dar, deren Wahrscheinlichkeit vermittelt zu werden relativ hoch ist. Beratungskunden sind die „arbeitsmarktfernere" Gruppe und benötigen entweder Aktivierung oder eine Qualifizierungsmaßnahme. Betreuungskunden stellen die am schwierigsten zu vermittelnde Gruppe dar, bei der eine langsame Heranführung an den Arbeitsmarkt notwendig ist. Je nach Kundengruppe werden von der Arbeitsagentur unterschiedliche Instrumente eingesetzt. Dabei liegt der Schwerpunkt auf den Beratungskunden, da hier die größte Wahrscheinlichkeit besteht, durch den Einsatz von Ressourcen einen Erfolg bei der Integration in den Arbeitsmarkt zu erzielen (Bieber et al. 2006: 8ff.)

Eine wesentliche Veränderung betraf die Zumutbarkeits- und Sanktionsregelungen. Während in der alten Arbeitslosenhilfe noch abgestufte Zumutbarkeitsregelungen mit Rücksicht auf den Berufsstatus galten, gilt für Leistungsbezieher des ALG II jede Arbeit als zumutbar, zu der die betreffende Person unabhängig von der Länge der Arbeitszeit oder ortsüblichen Löhnen, körperlich und geistig in der Lage ist. Die Zumutbarkeitsregelung greift für Frauen mit Kindern ab dem dritten Lebensjahr des Kindes. Sind die Kinder unter drei Jahre alt, wird in Deutschland die Aufnahme einer Erwerbsarbeit nicht als zumutbar erachtet. Des Weiteren gilt eine Arbeit nicht als zumutbar, wenn die Betreuung von Kindern über drei Jahren in einer Tagespflege oder Tageseinrichtung nicht gesichert ist. Neben den Zumutbarkeitsregelungen wurden auch die Sanktionsmöglichkeiten erheblich ausgeweitet: Erwerbsfähige Hilfebedürftige, die keine Eigenbemühungen zur Eingliederung in den Arbeitsmarkt unternehmen oder die Aufnahme einer zumutbaren Arbeit ablehnen, müssen mit Kürzungen von bis zu 60% nach mehrmaliger Regelverletzung bis hin zum Verlust der Anspruchsberechtigung rechnen (Mohr 2009: 56ff.).

Im Bereich der Beschäftigung schaffenden Maßnahmen haben sich die Reformen der letzten Jahre immer stärker auf Vermittlungshilfen und subventionierte Beschäftigung konzentriert. Dies ist unter anderem deutlich an der im Zuge der Hartz Reformen stark ausgebauten Maßnahme der Arbeitsgelegenheit mit Mehraufwandentschädigung, den sogenannten Ein-Euro-Jobs. Dabei geht es um die Ausübung einer im öffentlichen Interesse stehenden Tätigkeit wie z.B. Arbeit im Kindergarten, gemeinnützigen Vereinen etc.. Das Angebot richtet sich an Langzeitarbeitslose, die keine Arbeit finden. Zusätzlich zum ALG II wird hier eine „Mehraufwandsentschädigung" gezahlt. Dabei handelt es sich in der Regel um einen Betrag von 1–2,50 € die Stunde. Bei Ablehnung eines sogenannten Ein-Euro-Jobs greifen die Sanktionen der Leistungskürzung (Ochel 2005: 23).

Berufliche Bildungsmaßnahmen waren in Deutschland lange Zeit ein viel-
genutztes arbeitsmarktpolitisches Instrument. Mit der Einführung der Hartz-Reformen begann jedoch ein stetiger Abbau beruflicher Weiterbildung. Es kam zu
einer Verschiebung langfristig angelegter Angebote hin zu kurzfristigen Trainingsmaßnahmen. Dabei können Trainingsmaßnahmen von Wissensvermittlung
bis zu umfangreichen Informationsveranstaltungen alles beinhalten. Das Angebot
von langfristigen Qualifizierungs- und Weiterbildungsmaßnahmen beschränkt
sich seit der Reformen Hartz I und II hauptsächlich auf Angebote, die sechs
Monate nach Beendigung der Maßnahme eine Wiedereingliederungsquote von
70% der Arbeitslosen erwarten lassen.

6.2 Stufe 2: Unterstützung von Geringverdienern

In Deutschland sind Geringverdienste vor allem bei Frauen weit verbreitet, werden aber bei Paaren oft durch ein höheres Partnereinkommen kompensiert, so
dass aus dem individuellen Risiko kein Haushaltsrisiko erwächst. Die Haupt-
gründe für niedrige Erwerbseinkommen sind geringe Arbeitszeiten und niedrige
Löhne, die oft auch in Kombination auftreten. Die institutionellen Bedingungen
auf dem deutschen Arbeitsmarkt verstärken diese Probleme. Die Tarifpolitik
zielt nach wie vor primär auf das Vollzeiterwerbsverhältnis. Zudem erodiert die
Tarifbindung in weiten Teilen des deutschen Arbeitsmarkts. Mitte der 2000er
Jahre unterlagen nur noch rund 60% der Beschäftigten einem Tarifvertrag. Insbesondere in Ostdeutschland ging die Tarifbindung drastisch zurück. Die Problematik wird auch von Seiten des Staates nicht gelöst, denn es gab in Deutschland bis 2015 keinen gesetzlichen Mindestlohn. Darüber hinaus werden Geringverdiener in Deutschland weniger gefördert als im Vereinigten Königreich oder
den Niederlanden. Insgesamt ist das Instrumentarium zur Verbesserung der Einkommenssituation von Geringverdienern in Deutschland unterentwickelt, obwohl
das Land seit Jahren durch eine Zunahme dieses Problems gekennzeichnet ist.

(a) Mindestlöhne und Tarifpolitik

Einen gesetzlichen Mindestlohn gab es bis 2015 in Deutschland nicht. Die Löhne
werden durch die Tarif(vertrags-)parteien im Rahmen der Tarifautonomie oder,
in tariffreien Zonen, nur von den Arbeitgebern festgelegt. Zudem ist die Tarifbindung in Deutschland seit Jahren rückläufig. Es gibt jedoch zwei Möglichkeiten, Tariflöhne und andere tarifliche Arbeitsbedingungen auf Arbeitgeber und
Arbeitnehmer auszuweiten, die nicht an Tarifverträge gebunden sind: die Allgemeinverbindlichkeit und (seit 1996) das Arbeitnehmerentsendegesetz (AEntG).
Erstere wird jedoch nicht häufig angewendet und letztere gilt nur für bestimmte

Branchen. Einen gewissen Mindestlohnschutz bietet darüber hinaus das Verbot sittenwidriger Löhne nach einem Urteil des Bundesarbeitsgerichts von 2009.

(b) Kombilöhne und Kindergeldzuschlag

In Deutschland existieren verschiedene Kombilohnvarianten. Zunächst ist das Arbeitslosengeld II selbst ein Kombilohnmodell, da es niedrige Einkommen bis zum garantierten Minimum für den jeweiligen Haushalt (Bedarfsgemeinschaft) aufstockt. Tatsächlich ist die Zahl der „Aufstocker" unter den ALG-II-Beziehern nicht unerheblich. Darüber hinaus kann man auch die Regelungen zur verminderten Anrechnung von Erwerbseinkommen beim Arbeitslosengeld I sowie die Mini- und Midijobs zu den Kombilohnmodellen zählen (Jaehrling/Weinkopf 2006: 14f.). ALG-I-Empfänger dürfen eine Nebentätigkeit von maximal 15 Wochenarbeitsstunden aufnehmen. Das Einkommen aus dieser Nebentätigkeit wird zwar auf das Arbeitslosengeld angerechnet, es bleiben jedoch 165 € im Monat anrechnungsfrei. Auch bei ALG-II-Beziehern wird ein Teil des Erwerbseinkommens nicht auf die Grundsicherungsleistung angerechnet: Die ersten 100 € des Bruttoverdienstes bleiben anrechnungsfrei, zusätzlich werden 20% des über 100 € aber unter 1.000 € liegenden Teils des Bruttoeinkommens nicht angerechnet. Darüber hinaus werden 10% des Bruttolohns über 1.000 € bis zur Verdienstobergrenze nicht von der Grundsicherung abgezogen. Diese Grenze liegt bei ALG II-Empfängern ohne Kinder bei 1.200 € brutto im Monat, bei Leistungsbeziehern mit mindestens einem Kind bei 1.500 €. Mini- und Midijobs werden nicht durch monetäre Transfers, sondern durch eine Befreiung bzw. Reduktion von Steuern und Sozialversicherungsbeiträgen subventioniert.

Befristete Kombilohnmodelle, die sich auf bestimmte Zielgruppen beziehen, sind das Einstiegsgeld, der Kindergeldzuschlag und die Entgeltsicherung für Ältere (Jaehrling/Weinkopf 2006: 14f.). Das Einstiegsgeld können Arbeitslose für maximal 24 Monate beantragen, wenn sie eine sozialversicherungspflichtige Beschäftigung von mindestens 15 Stunden in der Woche aufnehmen oder sich selbständig machen wollen. Weitere Voraussetzungen sind, dass sie aufgrund ihrer Beschäftigung kein Arbeitslosengeld mehr beziehen und die Förderung als erforderlich betrachtet wird für die Eingliederung in den Arbeitsmarkt.

Der *Kindergeldzuschlag* ist die für Risikofamilien wichtigste Kombilohnleistung. Mit den Hartz-Reformen wurde 2005 zusätzlich zum Kindergeld der Kinderzuschlag eingeführt, um Familien mit Kindern einen Anreiz und Möglichkeiten zu schaffen, eine Abhängigkeit von „Hartz IV" zu vermeiden oder zu überwinden und eine Erwerbstätigkeit aufzunehmen. Der Zuschlag soll verhindern, dass Eltern, welche ihren eigenen Bedarf mittels Erwerbseinkommen abdecken können, nicht aber den ihrer Kinder, deshalb ALG II beanspruchen müssen. Damit soll zum einen die Stigmatisierung, die von ALG II ausgeht, vermieden werden, zum anderen soll für Familien mit einem Erwerbseinkommen in Höhe des ALG II oder knapp darüber ein Arbeitsanreiz geschaffen werden. Die Mindesteinkommensgrenze für den Bezug des Zuschlags liegt bei monatlichen Einnahmen von 900 € für Elternpaare und 600 € für Alleinerziehende. Das zu berücksichtigende Einkommen und Vermögen darf jedoch auch eine bedarfsgeprüfte Höchsteinkommensgrenze nicht überschreiten. Liegt das Einkommen unter der Mindesteinkommensgrenze, wird auf ALG II verwiesen. Der höchstmögliche Kinderzuschlag liegt für jedes Kind bei max. 140 € pro Monat. Soweit die Anspruchsberechtigungen erfüllt sind, kann der Kinderzuschlag bis zum vollendeten 25. Lebensjahr des Kindes ausbezahlt werden (Familienkasse der Bundesagentur für Arbeit 2008).

6.3 Stufe 3: Sozialer Schutz bei Nichterwerbstätigkeit

Zur Einkommenssicherung bei Nichterwerbstätigkeit greifen in Deutschland in erster Linie zwei Politikinstrumente: die Arbeitslosenversicherung für kurzfristig Arbeitslose (in der Regel bis zu einem Jahr Arbeitslosigkeit) und die soziale Mindestsicherung für arbeitsfähige Personen unter 65 Jahren (Arbeitslosengeld II).

(a) Arbeitslosenversicherung

Die deutsche Arbeitslosenversicherung ist eine obligatorische und beitragsfinanzierte Versicherung für alle Arbeitnehmer. Ausgenommen davon sind Beamte, geringfügig Beschäftigte und Selbstständige. Nach einer Mindestversicherungszeit hat jeder versicherte Arbeitnehmer Anspruch auf Lohnersatzleistungen. Die Lohnersatzleistungen werden dabei nach dem Äquivalenzprinzip ausgezahlt, d.h., die Leistungshöhe hängt vom vorherigen Lohneinkommen ab. Um anspruchsberechtigt zu sein, muss der Antragssteller mindestens zwölf Monate innerhalb der letzten zwei Jahre sozialversicherungspflichtig beschäftigt gewesen sein. Die Leistungsdauer richtet sich dabei nach der Beschäftigungsdauer sowie dem Alter der Antragsteller (OECD 2008).

Das Arbeitslosengeld I wird bis zum 65. Lebensjahr einer Person ausgezahlt. Danach hat sie Anspruch auf Rentenleistungen. Um Arbeitslosengeld I zu erhalten, müssen die Leistungsbezieher sich bei der zuständigen Arbeitsagentur registrieren, den Vermittlungsbemühungen der Arbeitsagentur zur Verfügung stehen sowie aktiv nach Arbeit suchen (OECD 2008: 2). Die Höhe der Leistungen richtet sich nach dem vorherigen, auf der Lohnsteuerkarte verzeichneten Lohn sowie danach, ob Kinder vorhanden sind. Die Leistungen betragen für eine Person mit abhängigen Kindern 67% des vorherigen Nettoeinkommens und für Personen ohne Kinder 60%. Die Leistungen sind nicht steuerpflichtig und für die Leistungsempfänger von Sozialabgaben frei. Einkommen aus einer Nebentätigkeit (Beschäftigung von weniger als 15 Stunden pro Woche) mindert den Anspruch auf Arbeitslosengeld. Dabei gilt jedoch ein Freibetrag von € 165 pro Monat. Ansonsten gibt es keine weitere Berücksichtigung von Einkommen und Vermögen (MISSOC 2008). In der Regel wird das Arbeitslosengeld ohne Wartezeit ab dem ersten Tag der Arbeitslosigkeit für sieben Tage pro Woche ausbezahlt. Wird das Arbeitsverhältnis jedoch ohne wichtigen Grund oder durch arbeitsvertragswidriges Verhalten vorzeitig beendet, kann eine Sperrzeit von bis zu zwölf Wochen verhängt werden (MISSOC 2008). Neben der Ausbezahlung der Lohnersatzleistungen bezieht sich das Leistungsspektrum der Arbeitslosenversicherung auch auf Unterstützungsleistungen, die eine Integration in den Arbeitsmarkt fördern. Dazu zählen unter anderem Bewerbungskosten, Reisekosten, Förderung beruflicher Weiterbildung oder die Förderung der Aufnahme einer selbstständigen Tätigkeit oder Kurzarbeitergeld.

(b) Soziale Mindestsicherung

Infolge der vierten Hartz Reform wurde das dreigliedrige Absicherungssystem abgeschafft und die bis dahin bestehende Arbeitslosenhilfe mit der Sozialhilfe zum Arbeitslosengeld II (ALG II) zusammengelegt und auf dem Sozialhilfeniveau angeglichen. Seitdem besteht das Arbeitslosengeld I als eine einkommensabhängige Versicherungsleistung und das Arbeitslosengeld II als eine bedarfsgeprüfte Mindestsicherungsleistung. Besteht kein Anspruch auf Arbeitslosengeld I oder wurde dieser verwirkt, kann eine Mindestsicherungsleistung, das ALG II bezogen werden. Hierbei handelt es sich um eine bedarfsgeprüfte und steuerfinanzierte Leistung, deren Betrag pauschalisiert ist und den gesamten Lebensunterhalt einer Person umfasst (Schwarzkopf 2009: 35ff.).

Ab Juli 2009 beinhalten die Leistungen des ALG II einen einheitlichen Grundbetrag von 359 € pro Monat für eine alleinstehende- oder alleinerziehende erwerbsfähige Person. Dieser Regelsatz kann durch weitere Leistungen für z.B. Kinder oder durch Erstattung der Wohnkosten ergänzt werden. (vgl. MISSOC 2010).[1] Bei der Berechnung der Leistungshöhe wird entweder eine einzelne leistungsberechtigte Person oder mehrere in einem Haushalt zusammen wohnende und wirtschaftende, leistungsberechtigte Personen zusammen als Bedarfsgemeinschaft behandelt. Wer zu einer Bedarfsgemeinschaft gehört, ist im SGB II festgelegt. Besteht eine Bedarfsgemeinschaft, werden alle Personen, die dieser angehören mit ihren persönlichen Verhältnissen (Einkommen, Vermögen) in eine

---

1 Die Regelleistung zur Sicherung des Lebensunterhalts wird jeweils zum 1. Juli eines Jahres um den Prozentsatz angepasst, um den sich der aktuelle Rentenwert in der gesetzlichen Rentenversicherung verändert (vgl. MISSOC 2010).

gemeinsame Berechnung miteinbezogen. Damit besteht erst Anspruch auf Mindestsicherungsleistung, wenn der gesamte Haushalt unter einer festgelegten Mindesteinkommensgrenze liegt. Zur Bedarfsgemeinschaft zählen die im Haushalt lebenden eigenen Kinder und die Kinder des Partners, solange sie das 25. Lebensjahr noch nicht vollendet haben, unverheiratet sind und kein ausreichendes eigenes Einkommen oder Vermögen besitzen. Ebenfalls zur Bedarfsgemeinschaft werden im gemeinsamen Haushalt lebende Elternteile oder auch neue Partner sowie alle weiteren erwerbsfähigen leistungsberechtigten Personen gezählt.[2]

Für Angehörige der Bedarfsgemeinschaft (z.B. Kinder oder Partner), kann zusätzlich ein Sozialgeld beantragt werden. Die Höhe des Sozialgeldes für Kinder orientiert sich am Alter des Kindes, während Partner oder Ehegatten von erwerbsfähigen Hilfeempfängern einen Regelsatz von jeweils 90% des Betrags des Haushaltsvorstandes erhalten. Kinder bis sechs Jahre erhalten 215 € (60% der Regelleistung – RL), Kinder zwischen sieben und 13 Jahren 251 € (70% der RL) und Kinder ab 14 Jahren 287 € (90% der RL). Zudem wurde ein so genanntes Schulstarterpaket eingeführt, durch das jedes Kind zu Beginn des Schuljahres 100 € Zuschuss erhält (MISSOC 2010b). Neu eingeführt wurde im Juli 2009 eine Kinder-Stufe für Sechs- bis 13-Jährige. Während diese zuvor Gelder der niedrigsten Stufe erhielten, erhalten Kinder in der neu geschaffenen Alterskategorie ab Juli 2009 70% des Regelsatzes. Alleinerziehende mit einem Kind unter 16 Jahren erhalten seit 2007 einen monatlichen Mehrbedarf von 129 €. Des Weiteren stehen Alleinerziehenden für das erste und zweite Kind zwischen 16 und 17 Jahren 43 € pro Monat und für das vierte und fünfte Kind unter 16 Jahren der gleiche Betrag zu.

6.4 Stufe 3: Monetäre Familienförderung

In Deutschland werden Familien mit Kindern auf verschiedene Weise finanziell unterstützt. Zentrale Maßnahmen in dieser Hinsicht sind das Kindergeld (bzw. der Kinderfreibetrag in der Einkommensteuer), die steuerlichen Vorteile für Ehegatten und Familien sowie das seit 2007 eingeführte Elterngeld. Alleinerziehende können darüber hinaus einen staatlichen Unterhaltsvorschuss auf den Unterhaltsanspruch gegen einen Ex-Partner erhalten.

(a) Kindergeld

In Deutschland wird das Kindergeld für alle Kinder bis zum 18. Lebensjahr sowie für Kinder in schulischer oder universitärer Ausbildung bis zum 25. Lebens-

---

2   Arbeitsagentur 2011: http://www.arbeitsagentur.de/nn_549784/Navigation/zentral/Buerger/
    Arbeitslos/Grundsicherung/Bedarfsgemeinschaft/Bedarfsgemeinschaft-Nav.html

jahr universell ausbezahlt. Die Höhe steigt mit der Anzahl der Kinder. Statt des Kindergeldes kann der Kinderfreibetrag geltend gemacht werden. Liegt das zu versteuernde Einkommen über einer gewissen Grenze, bringt der Abzug der Freibeträge regelmäßig einen Vorteil gegenüber dem Kindergeld. Das Kindergeld beträgt seit 2010 für die ersten beiden Kinder 184 €, beläuft sich beim dritten Kind auf 190 € und wird für das vierte Kind auf 215 € erhöht (MISSOC 2010). Zuvor betrug das Kindergeld 154 € für die ersten drei Kinder und erhöhte sich dann für jedes weitere Kind auf 179 €. Das Kindergeld wird bei Empfängern von ALG II zum Einkommen gerechnet, wenn es nicht von den Kindern selbst zur Deckung ihres eigenen Bedarfs (Lebensunterhalt) benötigt wird. Das ist zum Beispiel der Fall, wenn das Kind keine ausreichenden Unterhaltsleistungen erhält.

(b) Besteuerung des Familieneinkommens

Eine wichtige familienpolitische Fördermaßnahme ist das seit 1958 existierende Ehegattensplitting. Ehepaare haben demnach die Wahlmöglichkeit zwischen einer getrennten und einer gemeinsamen Einkommensteuerveranlagung.[3] Bei der Zusammenveranlagung werden die beiden zu versteuernden Einkommen addiert und dann halbiert. Für jede Hälfte wird die Einkommensteuer nach dem Einkommensteuertarif berechnet und beide Beträge wieder zusammengezählt (sogenanntes Splitting-Verfahren). Der Splittingvorteil ist abhängig von der Gesamthöhe des zu versteuernden Einkommens und tritt auch nur dann ein, wenn zwischen den Ehegatten eine Einkommensdifferenz besteht. Steuerlich wird hierbei nicht das Vorhandensein von Kindern, sondern die Institution der Ehe gefördert. Alleinerziehende und nicht verheiratete Paare (ohne oder mit Kindern) profitieren davon nicht (Rüling/Kassner 2007: 83). Zwar können Alleinerziehende einen Entlastungsbetrag von 1.308 € im Jahr steuerlich geltend machen, diese Entlastung ist jedoch wesentlich geringer als durch das Ehegattensplitting.

Darüber hinaus gibt es im Steuersystem eine Reihe von insbesondere für Familien relevanten Vergünstigungen, zumeist in Form von Freibeträgen. Zunächst ist ein bestimmter Einkommensbetrag für jeden Steuerzahler steuerfrei (Grundfreibetrag). Dieser lag 2008 bei 7.664 € und wurde seitdem fast jedes Jahr erhöht. Eltern erhalten zusätzlich Freibeträge für Kinder bis zum 18. Lebensjahr und darüber hinaus bis zum Alter von 21 Jahren, wenn die Kinder nicht erwerbstätig sind, und bis zum Alter von 25 Jahren, wenn sie sich in Ausbildung oder Grundwehr-/Zivil-/Freiwilligendienst befinden. 2008 konnte jedes Elternteil für jedes Kind einen Freibetrag von 1.824 € (seit 2010: 2.184 €) und für den

---

3   Ehegatten im Eheschließungsjahr sowie wiederverheiratete verwitwete Personen können ihr Einkommen auch einzeln veranlagen.

Betreuungs-, Erziehungs- und Ausbildungsbedarf zusätzlich einen Freibetrag von 1.080 € (seit 2010: 1.320 €) vom zu versteuernden Einkommen absetzen.

(c) Elterngeld

Mit der Einführung des neuen Elterngeldes zum 1. Januar 2007 wurde nach Hartz IV eine weitere große Reform vollzogen. Im Gegensatz zu dem vorher ausbezahlten Erziehungsgeld, welches nur bis zu einer bestimmten Einkommensgrenze gewährt und für zwei bzw. drei Jahre ausbezahlt wurde, stellt das Elterngeld eine Lohnersatzleistung dar. Das vor 2007 existierende Erziehungsgeld wurde für das erste und zweite Lebensjahr des Kindes als eine einkommensabhängige Familienleistung, welche sich am Gesamteinkommen der Familie orientierte, ausbezahlt, unabhängig davon, ob der oder die Antragstellerin erwerbstätig war. Das Erziehungsgeld betrug für zwei Jahre 300 € monatlich, wobei es die Möglichkeit gab, sich nur für ein Jahr mit einem Regelsatz von dann 450 € zu entscheiden (Rüling 2010: 93). In manchen Bundesländern wurde für das dritte Lebensjahr des Kindes noch für ein weiteres Jahr Landeserziehungsgeld gezahlt.

Anders als das Erziehungsgeld, welches sich am Familieneinkommen orientierte, richtet sich das Elterngeld nach dem individuellen Einkommen. Das Elterngeld wird bis zu zwölf Monate in Höhe von 67% des vorherigen durchschnittlichen Monatseinkommens aus Erwerbstätigkeit bis zu einem Höchstbetrag von 1.800 € ausbezahlt. Der Anspruch auf Elterngeld verlängert sich um zwei weitere Monate (sogenannte „Vätermonate"), wenn das andere Elternteil in diesem Zeitraum in Elternzeit geht. Alleinerziehende haben automatisch Anspruch auf 14 Monate bezahlte Elternzeit (Ray 2008: 14ff.). Generell kann jedoch individuell entschieden werden, ob die Mutter oder der Vater die zwölf Monate Elternzeit inklusive Lohnersatzleistung in Anspruch nimmt. Mit der Einführung des neuen Elterngeldes wurde durch die Verkürzung der Leistungsdauer ein Anreiz gesetzt, Erwerbsunterbrechungen zu verkürzen und früher in den Arbeitsmarkt zurückzukehren. Die einkommensbezogene Leistung erhöht im Vergleich zum alten Erziehungsgeld die Anreize für Vollzeit-Erwerbstätige, in Elternzeit zu gehen. Nichterwerbstätige Personen oder solche, die kein ausreichendes oder gar kein Einkommen aus vorheriger Beschäftigung erzielt haben, haben bislang einen Anspruch auf 300 € Elterngeld im Monat. Durch Beschluss der Bundesregierung wurde jedoch eine Änderung des Elterngeldes bei Hartz IV Empfängern zum Jahr 2011 beschlossen. Ab Januar 2011 erhalten Leistungsbezieher von ALG II kein zusätzliches Elterngeld mehr. Auch für Alleinerziehende wird dabei keine Ausnahme gemacht.

Die Elternzeit beläuft sich nach dem Bundeselterngeld- und Elternzeitgesetz (BEEG) auf bis zu drei Jahre. Dabei können in Absprache mit dem Arbeitgeber zwölf Monate bis zum achten Geburtstag des Kindes übertragen werden. Die Elternzeit kann in Deutschland von beiden Elternteilen gleichzeitig genutzt oder zwischen den Elternteilen aufgeteilt werden. Zudem darf während der Elternzeit einer Teilzeitbeschäftigung nachgegangen werden. Erlaubt ist eine Erwerbstätigkeit von bis zu 30 Stunden wöchentlich.

(d) Unterhaltsleistungen

Bleiben Unterhaltszahlungen des abwesenden Elternteils aus, können Alleinerziehende von der Unterhaltsvorschusskasse unterstützt werden. Der Unterhaltsvorschuss wird für längstens 72 Monate gezahlt, jedoch nicht über die Altersgrenze von zwölf Jahren des Kindes hinaus. Kinder unter sechs Jahren bekommen 117 €, Kinder zwischen sechs und zwölf Jahren 158 € (Heimer et al. 2009: 21).

6.5 Fazit

Zusammenfassend betrachtet ist das deutsche Politikprofil durch zwei grundlegende Merkmale charakterisiert: eine verspätete Reaktion auf gesellschaftliche Veränderungen einerseits und eine charakteristische Ungleichzeitigkeit bei zentralen Reformen in verschiedenen Bereichen andererseits. Daraus folgt, dass die verschiedenen Bereiche oft nicht konsistent ineinander greifen und es zu erheblichen Friktionen kommt, von denen insbesondere Risikogruppen negativ betroffen sind. Für die Zukunft lassen sich aufgrund der Reformen in einigen Bereichen deutliche Verbesserungen erwarten, in anderen Bereichen hingegen dürften die strukturellen Probleme im Wesentlichen fortbestehen.

Das grundlegende Problem ist eine unvollständige und ungleichzeitige Modernisierung von Arbeitsmarkt, Familienpolitik und Familienerwerbsmodell (vgl. Esping-Andersen 2009). Die klassische Alleinverdiener- oder Zuverdienst-Familie ist nach wie vor weit verbreitet und prägt die Struktur des deutschen Arbeitsmarktes nachhaltig. Mit diesem Modell geht eine starke Differenzierung des Arbeitsmarktes in geschlechtsspezifische Segmente einher. Dies gilt vor allem hinsichtlich der Arbeitszeiten, aber auch im Hinblick auf den Lohnunterschied zwischen Männern und Frauen. Diesem Sog des deutschen Modells können sich auch die Alleinerziehenden nicht entziehen, die man als Opfer des traditionellen Familienmodells bezeichnen darf. Tatsächlich haben es gerade Alleinerziehende innerhalb dieser übergreifenden Struktur besonders schwer, eine adäquate Beschäftigung mit auskömmlichem Lohn zu finden.

Dieses Modell wurde von der Familien-, Lohn- und Sozialpolitik lange Zeit gestützt. Es haben zwar inzwischen überall substantielle Veränderungen eingesetzt, aber über Ausmaß und Ziel des Wandels herrscht Unklarheit. Deutschland verfolgt in dieser Hinsicht kein klares Modell, sondern verändert verschiedene Bereiche ungleichzeitig und teilweise inkohärent (vgl. Leitner et al. 2008), wodurch gerade für Risikofamilien erhebliche Anpassungsprobleme entstehen. Zunächst wurde die Statusabsicherung im Fall der Arbeitslosigkeit im Zuge der Hartz-Reformen in eine Mindestsicherung transformiert, um eine bessere individuelle Integration in den Arbeitsmarkt zu erzielen und Langzeitarbeitslosigkeit abzubauen. Zugleich wurden alle erwachsenen und erwerbsfähigen Mitglieder der Bedarfsgemeinschaft hinsichtlich der Arbeitsanforderungen faktisch gleichgestellt. Geschlechtsspezifische Unterschiede, die mit der Erziehung von Kindern verbunden sind, sollten nur noch im Fall sehr junger Kinder unter drei Jahren gelten. Vor allem Alleinerziehende sollten möglichst bald in Arbeit gebracht werden. Man könnte sagen, die deutsche Sozialpolitik hat einen plötzlichen Modernisierungssprung vollzogen, obwohl weder die Struktur des geschlechtsspezifisch geprägten deutschen Arbeitsmarktes noch die Familienpolitik diesem Wandel bereits angepasst sind. Tatsächlich entstand so aus den Hartz-Reformen ein weiterer großer Reformdruck auf andere Bereiche der deutschen Politik.

Dies gilt zuvörderst für die Familienpolitik. Wenn Mütter und insbesondere Alleinerziehende schneller in Arbeit kommen sollen, werden vor allem mehr Kinderbetreuungsplätze benötigt. Der Ausbau der Kinderbetreuung hat zwar seitdem erhebliche Fortschritte gemacht, doch hinkte Deutschland im Jahr 2008 immer noch hinter anderen Ländern her. Zweitens müsste die Aufnahme einer Beschäftigung dann auch zu einem Einkommen führen, das zum Leben reicht. Doch aufgrund der Lohnentwicklung und des geschlechtsspezifischen Arbeitsmarktes in Deutschland ist dies gerade für Risikofamilien und insbesondere Alleinerziehende sehr schwierig. Während sich also die Chancen der Erwerbsintegration als solcher auch aufgrund des familienpolitischen Wandels zu bessern beginnen, hinkt nun die Einkommensentwicklung dem hinterher. In Deutschland gibt es zwar viele „Aufstocker", aber keine systematische und auf alle familiären Risikogruppen durchgreifende Unterstützung von Geringverdienern. In einem flexibilisierten Arbeitsmarkt mit schwächer werdender Tarifbindung und ohne gesetzlichen Mindestlohn (bis 2015) führt selbst eine zunehmende Erwerbsbeteiligung bei Familien nicht automatisch zu weniger Armut. Es müssten in diesem Fall entweder eine starke Förderung von Geringverdienern und/oder eine monetäre Familienförderung hinzukommen, die sich stärker auf Risikogruppen richtet. Beides ist jedoch bislang in Deutschland nur unzureichend geschehen.

Trotz dieser partiellen Modernisierung der Familienpolitik in Richtung auf eine bessere Vereinbarkeit von Familie und Erwerbstätigkeit gibt es somit weiterhin widersprüchliche Signale und Anreize für Familien. Zum einen werden die traditionellen Alleinverdiener- und Zuverdienst-Ehen immer noch massiv steuerlich begünstigt. Das neue Betreuungsgeld ist insofern nur ein weiterer Baustein, der dieses Muster untermauert. Zum andern steht die Modernisierung dieses Familienmodells immer noch vor massiven Anpassungsproblemen auf dem Arbeitsmarkt und in den Sozialsystemen, die trotz der viel beschworenen Flexibilisierung und Individualisierung immer noch starke geschlechtsspezifische Prägungen aufweisen. Der Arbeitsmarkt ist zwar nicht nur in Deutschland stark geschlechtsspezifisch segmentiert, es fehlen jedoch hierzulande die in diesem Fall notwendigen Kompensationsmechanismen. In den Niederlanden zum Beispiel ist der Arbeitsmarkt sogar noch stärker geschlechtsspezifisch geprägt als in Deutschland, aber Teilzeitbeschäftigung wird dort massiv unterstützt und sozialrechtlich abgesichert, zum Beispiel im Rentensystem durch eine Wohnbürgerrente. Im niederländischen Fall passen also die Strukturen der verschiedenen Politikbereiche zusammen, während sie in Deutschland im Jahr 2008 kein stimmiges Ganzes ergeben. Ob sich eine ausgewogene und institutionell untermauerte Modernisierung in Deutschland abzeichnet und welches die Konturen eines solchen Modells sein könnten, wird im Schlussteil des Buches, insbesondere in Kapitel 12 diskutiert.

7 Dänemark: ein Vorzeigemodell?

In Dänemark sind Nichterwerbstätigkeit und Geringverdienste im Allgemeinen wenig verbreitet. Von den hier betrachteten Ländern weist Dänemark den niedrigsten Risikogruppen-Anteil an Haushalten mit Personen im erwerbsfähigen Alter auf. Alleinerziehende arbeiten dort größtenteils Vollzeit. Auch sind in Paarfamilien meistens beide Partner vollzeiterwerbstätig. In Dänemark gehören Familien deutlich seltener zu den Risikogruppen als in den anderen Ländern. Doch selbst dort ist jede/r vierte Alleinerziehende von Nichterwerbstätigkeit und Geringverdiensten betroffen. Die Gruppen, die nicht in den Arbeitsmarkt integriert sind oder weniger verdienen, sind aber relativ selten arm. Bezüglich der Armutsbetroffenheit schneiden die Niederlande bei den Risiko-Paaren mit Kindern und das Vereinigte Königreich bei den Risiko-Alleinerziehenden jedoch etwas besser ab.

Hinter diesen positiven Ergebnissen unserer Risikogruppen-Analyse für Dänemark steht ein Arbeitsmarkt- und Sozialmodell, das als „Goldenes Dreieck" bezeichnet wird. Es setzt sich aus den beiden Komponenten der *Flexicurity* zusammen – einem flexiblen Arbeitsmarkt mit schwachem Kündigungsschutz und hoher Fluktuation auf der einen Seite und hohen Sozialleistungen bei Nichterwerbstätigkeit auf der anderen Seite – die ergänzt werden durch eine *aktive und aktivierende Arbeitsmarktpolitik*.[1] Dieses Modell gewährleistet sowohl einen hohen Beschäftigungsgrad als auch eine gute Einkommenssicherung im Falle von Arbeitslosigkeit. Es ist das Ergebnis einer traditionellen Arbeitsteilung zwischen den Sozialpartnern und dem Staat, wobei sich der Staat weitgehend aus der *Regulierung des Arbeitsmarktes* heraushält und diese den Sozialpartnern überlässt, während er die Sozialleistungen festlegt. Einige Schutzbestimmungen z.B. bei Krankheit und Mutterschaft oder die betriebliche Altersvorsorge und Weiterbildung werden *durch rechtsverbindliche Kollektivvereinbarungen der Sozialpartner* geregelt. Weiterbildung hat im dänischen Flexicurity-Modell, das auf Beschäftigungssicherheit anstatt auf Arbeitsplatzsicherheit setzt, einen hohen Stellenwert.[2]

Die Zusammenarbeit zwischen den Sozialpartnern und dem Staat ist zwar nicht institutionalisiert z.B. in Form von tripartistischen Gremien (wie in den Niederlanden). Es finden aber Gespräche statt, die zuweilen, wie es 1987 der Fall war, in einer gemeinsamen Erklärung enden. Damals wurde (wie in den Niederlanden in den 1980/90er Jahren) zur Lösung der großen wirtschaftlichen Probleme in Folge der Ölkrise (u.a. hohe Arbeitslosigkeit) eine Politik der Lohnzurückhaltung vereinbart. Diese legte zusammen mit politischen Reformen, die unter anderem Einschnitte in die arbeitsmarktbezogenen Transfersysteme und

---

1   http://denmark.dk/en/society/welfare/flexicurity/
2   http://www.eurofound.europa.eu/eiro/country/denmark_4.htm

eine Hinwendung zur aktivierenden Arbeitsmarktpolitik beinhalteten, einen Grundstein für das dänische Wirtschaftswunder Ende der 1990er Jahre mit einer der niedrigsten Arbeitslosenquoten in Europa (Green-Pedersen/Baggesen Klitgaard 2008; Westergaard-Nielsen 2008: 23[3]).

Kennzeichnend für das dänische System der Arbeitsbeziehungen ist eine „zentralisierte Dezentralisierung".[4] Die Dachverbände der Arbeitgeber und Gewerkschaften (nicht der Staat wie z.B. in Deutschland) treffen auf nationaler Ebene Grundvereinbarungen u.a. zu Streiks, zur Betriebsverfassung (also zur Ordnung der Zusammenarbeit von Arbeitgebern und Arbeitnehmervertretern am Arbeitsplatz) und Kündigung. Nationale Vereinbarungen setzen den Rahmen für Verhandlungen über Löhne und Arbeitsbedingungen auf Branchenebene, wobei der Industriebranche traditionell die Rolle als Lohnführer zukommt (wie in Deutschland). In Dänemark gibt es *keinen gesetzlichen Mindestlohn.* Die Sozialpartner haben sich allerdings in der Industrie auf einen Mindesttarif von ungefähr 13,80 € pro Stunde geeinigt, der über den allgemeinen Mindestlöhnen im Vereinigten Königreich, den Niederlanden und Frankreich liegt. Der Mindesttarif wurde auf die anderen Branchen ausgeweitet, und es wurde vereinbart, dass kein tarifgebundener Arbeitgeber diesen unterschreiten darf. Aber auch die meisten nicht-tarifgebundenen Arbeitgeber halten sich an diese Vereinbarung (Westergaard-Nielsen 2008: 38). Die *Tarifbindung* ist in Dänemark, anders als in Frankreich, auch ohne staatlichen Eingriff hoch (85% der Beschäftigten, 100% im öffentlichen Dienst, wo etwa ein Drittel der Beschäftigten arbeitet), weil *Arbeitgeber wie Arbeitnehmer gut organisiert* sind: Der Organisationsgrad der Arbeitgeber beträgt circa 60%. Der gewerkschaftliche Organisationsgrad ist mit 68% etwas höher, nimmt aber im Unterschied zu dem der Arbeitgeber seit einigen Jahren ab (ICTWSS 2013). In Dänemark ist eine zunehmende *Dezentralisierung von Lohnverhandlungen* zu beobachten: Oft werden in Tarifverträgen nur die untersten Löhne festgelegt. Die individuellen Löhne werden meist auf betrieblicher Ebene oder direkt zwischen Arbeitgeber und Arbeitnehmer mit Unterstützung von Gewerkschaftsvertretern ausgehandelt (außer im öffentlichen Dienst) (Westergaard-Nielsen 2008: 41). Dennoch zeichnet sich Dänemark im europäischen Vergleich durch ein hohes Bruttolohnniveau, eine geringe Lohn- und Einkommensspreizung und einen kleinen Niedriglohnsektor aus. Die Niedriglohnbeschäftigung ist in Dänemark unter anderem auch deswegen so wenig verbreitet, weil durch die großzügigen Sozialleistungen bei Arbeitslosigkeit (das Ar-

---

3   Westergaard-Nielsen sieht für das Wirtschaftswunder auch Faktoren wie das Wiederaufleben der Konjunktur, die zunehmende Dezentralisierung von Kollektivverhandlungen (bessere Anpassung an veränderte Produktions- und Absatzbedingungen) und die vertrauensvolle Zusammenarbeit der Sozialpartner (friedliche Lösung von Arbeitskonflikten) verantwortlich.

4   http://www.eurofound.europa.eu/eiro/country/denmark_4.htm

beitslosengeld z.B. beträgt bis zu 90% des vorherigen Lohns) nur dann zu Niedriglohnbedingungen gearbeitet wird, wenn erwartet wird, dass diese von kurzer Dauer sind (Westergaard-Nielsen 2008: 24f.).

Durch das *hohe soziale Sicherungsniveau* wird die Abhängigkeit des Individuums vom Arbeitsmarkt im „sozialdemokratischen" Wohlfahrtsstaat Dänemark (Esping-Andersen 1990) stark reduziert. Der hohe Grad an Dekommodifizierung wird durch einen *niedrigen Grad der Stratifizierung* ergänzt – relativ generöse und universelle Grundsicherungsleistungen werden rechtlich allen Personen zugesprochen, die ihren Wohnsitz in Dänemark haben. Diese werden durch einkommensabhängige Versicherungsleistungen ergänzt (Kautto 2010). Mit den arbeitsmarkt- und sozialpolitischen Reformen seit den 1990ern wurde der Bezug von Leistungen für Arbeitslose jedoch zunehmend an Bedingungen geknüpft. Durch die Einführung einer obligatorischen Aktivierung von Arbeitslosen wurde nicht nur die Befähigung, sondern auch die Pflicht zur Arbeitsmarktteilhabe akzentuiert (Dingeldey 2007). Der Staat ist in Dänemark der Hauptanbieter von Wohlfahrtsgütern und -dienstleistungen, die dezentral von den Kommunen bereitgestellt werden. Markt und Familie spielen bei der Wohlfahrtsproduktion eine untergeordnete Rolle (Brochmann/Hagelund 2012: 5). Weniger die Familie oder Ehepartnerschaft stehen im Mittelpunkt der Wohlfahrtspolitik, sondern das *Individuum* und dessen finanzielle Unabhängigkeit (Esping-Andersen 1999). Das äußert sich z.B. in der hohen Vollzeiterwerbstätigkeit von Frauen, die durch Kinderbetreuungsangebote erleichtert wird, oder in der Individualbesteuerung, bei der auch Kinder als eigenständige steuerrechtliche Personen behandelt werden, wie später noch ausgeführt wird.

Der ausgebaute dänische Wohlfahrtsstaat wird hauptsächlich aus *Steuern* finanziert, weshalb die Steuerbelastung des Einkommens im internationalen Vergleich sehr hoch ausfällt (Westergaard-Nielsen 2008: 27). Die Sozialversicherungsbeiträge, die von Arbeitnehmern und Arbeitgebern geleistet werden müssen, sind hingegen sehr gering.[5] Trotz seiner hohen Kosten genießt der dänische Wohlfahrtsstaat, der auf den Werten der Gleichheit, Solidarität und rezi-

---

5   Arbeitnehmer und Arbeitgeber müssen einen Pauschalbeitrag zur staatlichen Arbeitsmarktzusatzente ATP zahlen. Bei einer vollzeiterwerbstätigen Person beläuft sich der Arbeitnehmerbeitrag zur ATP auf 975,60 DKK. Für Arbeitgeber ist der ATP-Beitrag doppelt so hoch (1.951,20 DKK, OECD 2008: 17). Daneben können Erwerbstätige einen Pauschalbeitrag zur freiwilligen Arbeitslosenversicherung leisten. Die Pflichtbeiträge zum Arbeitsmarktfonds (in Folgenden: Arbeitsmarktbeitrag) in Höhe von 8% des Bruttoerwerbseinkommens und zur besonderen Sparrente (SP) in Höhe von 1% (letztere wurden zwischen 2004 und 2008 ausgesetzt) werden eher als Steuern denn als Sozialversicherungsbeiträge betrachtet (OECD 2008: 16f.). Arbeitgeber beteiligen sich neben der Arbeitsmarktzusatzrente auch an der Finanzierung der Arbeitslosen- und Unfallversicherung.

proken Verantwortung aufgebaut ist, eine breite gesellschaftliche Akzeptanz (Kildal/Kuhnle 2005; Einhorn/Logue 2010: 7; Brochmann/Hagelund 2012).

7.1 Stufe 1: Förderung der Erwerbsintegration

Der dänische Wohlfahrtsstaat setzt eine hohe Erwerbsbeteiligung voraus, die auf verschiedenen Wegen gefördert wird, von denen wir drei besonders hervorheben möchten.

Erstens hat sich Dänemark bereits früh einer *aktivierenden Arbeitsmarktpolitik* zugewandt. Nach dem Grundsatz „keine Leistung ohne Gegenleistung" wurde seit Anfang der 1990er Jahre der Bezug von Arbeitslosengeld und Sozialhilfe an Bemühungen zur Reintegration in den Arbeitsmarkt geknüpft (Sproß/ Lang 2008: 46ff.). So beinhalteten die Arbeitsmarktreformen in den 1990ern und 2000ern nicht nur Kürzungen der maximalen Bezugsdauer von Arbeitslosengeld und eine Verschärfung der Zugangsvoraussetzung für Arbeitslosengeld, sondern auch Erhöhungen der Rechte und Pflichten von Arbeitslosengeld- und Sozialhilfeempfängern sowie der Sanktionen bei Nichtnachkommen der Pflichten.

Die Arbeitsmarktreform der 1990er Jahre wurde in drei Stufen durchgeführt: die erste Reformstufe erfolgte 1993 mit einem „Check up" 1994/5, die zweite 1996 und die dritte 1999 (Andersen 2002: 66). Die maximale Bezugsdauer wurde mit jeder Reformstufe von bis zu neun auf vier Jahre verkürzt. Seit 1993 ist eine Verlängerung des Arbeitslosengeldes durch die Teilnahme an einer aktiven Maßnahme (z.b. subventionierte Beschäftigung) nicht mehr möglich. Ein erneuter Anspruch kann jedoch durch eine sechsmonatige reguläre Beschäftigung erworben werden (Andersen 2002: 70; OECD 2008: 2). Die Zugangsvoraussetzungen für Arbeitslosengeld wurden 1996 verschärft. Seitdem ist eine Mitgliedschaft in der Arbeitslosenversicherung von mindestens einem Jahr statt einem halben erforderlich.

Die Rechte auf Teilnahme an aktiven Maßnahmen und die Pflichten wurden stufenweise erweitert. Zunächst wurden nur die 18- bis 25-Jährigen zur Teilnahme berechtigt und verpflichtet, dann auch die über 25-Jährigen. Mit der Reform von 1999 wurden schließlich verpflichtende Maßnahmen nach einem Jahr der Arbeitslosigkeit (sogenannte Aktivperiode, für Jugendliche unter 30 Jahren nach sechs Monaten) wirksam. Lediglich die 55- bis 59-Jährigen waren noch davon ausgenommen (Andersen 2002: 70ff.). Auch erwerbsfähige Sozialhilfeempfänger wurden in die Aktivierung einbezogen (Sproß/Lang 2008: 48). Bereits seit 1993 wurden individuelle Handlungspläne eingesetzt, in denen nicht nur die Rechte auf Fördermaßnahmen zur Integration in den Arbeitsmarkt festgeschrieben wurden, sondern auch die damit verbundenen Pflichten. Die Verfügbarkeitspflicht wurde im Zuge der Reformen insbesondere dahingehend erhöht, dass jede

Arbeit auch außerhalb des erlernten Berufes und der Region angenommen werden muss. Sanktionen bei Ablehnung von aktiven Maßnahmen wurden zunehmend verschärft. Im Gegenzug wurde das Maßnahmenangebot ausgeweitet (Linke 2009).

Nach dem Wechsel zur konservativ-liberalen Regierung im Jahr 2001 wurden die aktivierenden Elemente in der dänischen Arbeitsmarktpolitik durch Reformen, die unter der Devise „Mehr Menschen in Arbeit" standen, weiter ausgebaut. Im Rahmen des Gesetzes über aktive Beschäftigungsmaßnahmen von 2003 wurden die Rechte und Pflichten von Arbeitslosengeld- und Sozialhilfeempfängern und die Sanktionen bei Nichtnachkommen der Pflichten vereinheitlicht, die Pflichten und Sanktionen weiter erhöht[6] sowie der Personenkreis der „Aktivierungspflichtigen" weiter ausgedehnt. Nicht dazu gehören nur noch ganz bestimmte Gruppen, wie etwa vom Arzt als „arbeitsunfähig" attestierte Personen oder schwangere Frauen und Mütter mit einem Kind bis zu sechs Monaten. Frauen mit Kindern, die keinen Betreuungsplatz haben, sind ebenfalls von der Aktivierungspflicht befreit. Da jedoch ein rechtlicher Anspruch auf einen Betreuungsplatz ab dem sechsten Lebensmonat des Kindes besteht, ist dieser Fall selten. Diese Gruppen müssen nicht, können aber freiwillig an aktiven Maßnahmen teilnehmen (Sproß/Lang 2008: 55ff.). Zudem wurden mit der Reform von 2003 die Maßnahmenarten vereinfacht (1. Beratung und Qualifizierung, 2. Unternehmenspraktika und 3. Anstellung mit Lohnzuschuss [Fromm/Sproß 2008: 71]). Laut Linke (2009) ging das mit einer Verschiebung der Angebote weg von langfristiger Qualifizierung hin zu schneller Vermittlung und Integration in den Arbeitsmarkt einher. Beschäftigungsanreize sollten schließlich auch durch die Kürzung von Sozialleistungen gesetzt werden: So wurde die Höhe und Bezugsdauer der Sozialhilfe verringert, und es wurde stärker darauf geachtet, dass diese stets unter dem Erwerbseinkommen liegt und damit finanzielle Anreize zur Arbeitsaufnahme bestehen bleiben (Green-Pedersen/Baggesen Klitgaard 2008: 160, siehe „Sozialer Schutz bei Nichterwerbstätigkeit"). Die Höhe des Arbeitslosengeldes wurde nur für Jugendliche unter 25 Jahren deutlich gesenkt.

Zweitens spiegeln *Reformen im dänischen Einkommenssteuersystem* den starken Fokus auf Arbeitsmarktintegration wider. Das Einkommenssteuersystem ist progressiv und hatte 2008 noch drei verschiedene Steuersätze. Damals galt: Jeder Person ab 18 Jahren steht ein jährlicher Grundfreibetrag von 41.000 DKK

---

6   Zum Beispiel Pflicht zur Arbeitsannahme und Teilnahme an aktiven Maßnahmen ab dem ersten Tag des Leistungsbezugs, Vorrang der Verfügbarkeit am Arbeitsmarkt vor Bildungsmaßnahmen (Linke 2009: 196ff.). Durch die Vereinheitlichung der Rechte und Pflichten von Arbeitslosengeld- und Sozialhilfeempfängern im Rahmen der Reform von 2003 und die Zusammenlegung der staatlichen Arbeitsvermittlungen (AF) und kommunalen Stellen zu lokalen Jobzentren 2007 wurde ein gemeinsamer Zugangspunkt zum Arbeitsmarkt für diese Gruppen geschaffen.

(circa 5.500 €) zu (für Kinder unter 18 Jahren 30.600 DKK [circa 4.100 €]). Übersteigt das steuerpflichtige Einkommen diesen Grundfreibetrag, werden der Mindeststeuersatz von 5,48%, ein Gesundheitsbeitrag von 8% sowie die Kommunen- und Kirchensteuer von durchschnittlich 25,54% auf den Differenzbetrag fällig. Weiterhin gibt es einen Freibetrag für die Mittelsteuer von 279.800 DKK (circa 37.500 €). Wird dieser vom steuerpflichtigen Einkommen überschritten, so muss wiederum auf die Differenz von Einkommen und Mittelsteuerfreibetrag eine Mittelsteuer von 6% gezahlt werden. Die Spitzensteuer beträgt 15% und muss auf das Einkommen gezahlt werden, welches den Freibetrag der Spitzensteuer von 335.800 DKK (circa 45.000 €) übersteigt (OECD 2008: 15).

Dabei wurde durch Steuerreformen von 2000 bis 2002 der Mindeststeuersatz von 7% auf 5,5% reduziert und bis 2005 von der konservativ-liberalen Regierung eine Steuersenkungspolitik verfolgt, die unter anderem das Einfrieren des Steuersystems der indirekten und direkten Steuern in ihrer Amtszeit von 2002 bis 2005 beschloss. Diese Politik wurde nach deren Wiederwahl fortgeführt. Im Frühling 2003 wurde ein Steuerpaket beschlossen, welches darauf abzielte, die Besteuerung von Arbeit zu senken und Arbeitsanreize zu steigern. So wurde 2004 der sogenannte „Beschäftigungsfreibetrag" eingeführt. Lohnempfänger konnten 2,5% ihres Bruttolohns absetzen, wobei der Betrag 7.500 DKK nicht überschreiten durfte. Ziel dieser Reform war es einerseits, Arbeitslosen Anreize zu bieten, sich in den Arbeitsmarkt zu integrieren, und andererseits Beschäftigte auf dem Arbeitsmarkt zu halten und zu mehr Arbeit zu motivieren. Der Beschäftigungsfreibetrag wurde in den Folgejahren weiter erhöht. 2008 betrug er 4% des Bruttolohns bei einem Maximalbetrag von 12.300 DKK (circa 1.650 €). Der Freibetrag wird vor der Berechnung der Einkommenssteuer vom Bruttolohn abgezogen (SKAT o.J.b).

Außerdem werden Arbeitnehmer, deren Einkommen unterhalb des Freibetrags zur Mittelsteuer liegt, angespornt mehr zu arbeiten bzw. zu verdienen. Im Jahr 2007 wurde weiterhin die Einkommensgrenze der Mittelsteuerklasse bis 2009 um 57.900 DKK angehoben, um die Grenze der Spitzensteuerklasse zu erreichen (Eurostat 2012: 76ff.; OECD 2012: 264). Durch die Vergrößerung der mittleren Steuerklasse bzw. das Aufheben der Mittelsteuerklasse wird vor allem Verdienern eines mittleren Einkommens der Anreiz gegeben, mehr zu arbeiten bzw. zu verdienen.

Drittens wird die hohe Erwerbsbeteiligung (insbesondere von Frauen) durch ein *gutes Kinderbetreuungsangebot* ermöglicht. Seit dem 1. Juli 2006 besteht eine Betreuungsplatzgarantie für Kinder im Alter zwischen sechs Monaten und sechs Jahren (zuvor ab neun Monaten [NOSOSCO 2005: 59]). Die Schulpflicht beginnt in Dänemark zwar erst mit sieben Jahren, aber fast alle Sechsjährigen (98%) besuchen bereits eine Vorschule (Ministry of Social Affairs and Integration 2011).

Kinderbetreuung wird hauptsächlich von den Kommunen angeboten (ungefähr 74% der Einrichtungen, der Rest sind unabhängige und privatwirtschaftliche Einrichtungen sowie Elterninitiativen, (Statistics Denmark 2010)) und von diesen sowie vom Staat stark subventioniert. Eltern zahlen maximal 25% der geplanten Betriebskosten für Kinder bis zum Schulalter, 30% für Kinder in nachschulischer Betreuung.[7] Aus finanziellen Gründen kann sogar ganz oder teilweise auf eine Zuzahlung verzichtet werden. Liegt das persönliche Einkommen unter der Grenze von 18.602 € (138.301 DKK) brutto im Jahr (abzüglich Arbeitsmarktbeitrag), werden die Betreuungskosten komplett vom Staat und den Kommunen übernommen. Danach wird die Bezuschussung mit ansteigendem Einkommen reduziert, bis der volle Kostenanteil bei einem persönlichen Einkommen von 57.730 € (429.200 DKK) geleistet werden muss. Zusätzlich bekommen Eltern mit mehreren Kindern in Betreuung einen Preisnachlass (OECD 2008: 13). Kinderbetreuungskosten sind nicht steuerlich absetzbar.

Für die Organisation der Kinderbetreuung sind die Kommunen verantwortlich. Sie können unter anderem die Preise festlegen, wodurch diese je nach Kommune unterschiedlich hoch ausfallen können (Linke Sonderegger 2004: 13). Die Betreuungsformen für Vorschulkinder sind vielfältig und umfassen Tageseltern und Kinderkrippen sowie Kindergärten, Kindertagesstätten und Vorschulen. Kann die Kommune keinen Platz für ein Kind anbieten, ist die Kommune verpflichtet, den Eltern eine private Betreuung zu finanzieren oder einen Platz in einer anderen Kommune anzubieten. Der Stundenumfang der Kinderbetreuung ist meist so hoch, dass Eltern Vollzeit arbeiten können. Die öffentlich bereitgestellten Betreuungsplätze für Kinder unter drei Jahren sind in der Regel von sieben bis 17 Uhr geöffnet. Manche privaten Anbieter und Tageseltern bieten auch längere und flexiblere Öffnungszeiten an. Die Eltern haben dabei die Möglichkeit, zwischen Halbtags- und Ganztagsplätzen zu wählen, wobei der Großteil der Kinder einen Ganztagsplatz in Anspruch nimmt (Abrahamson/Wehner 2008: 67).

Um die Wahlfreiheit für Eltern zu erweitern, können Eltern, die ihre Kinder im Alter von 24 Wochen bis zu sechs Jahren zu Hause betreuen und keinen Betreuungsplatz in Anspruch nehmen, seit 2002 ein Betreuungsgeld bei den Kommunen beantragen. Maximal 85% der Kosten einer Unterbringung des Kindes in einer kommunalen Einrichtung werden für maximal drei Kinder für einen Zeitraum von acht Wochen bis zu einem Jahr bezahlt. Das gesamte Betreuungsgeld darf dabei nicht über dem Höchstbetrag des Mutterschaftsgeldes liegen. Die Leistungen werden nur gewährt, wenn der berechtigte Elternteil in den vergangenen acht Jahren mindestens sieben Jahre seinen Wohnsitz in Dänemark hatte und während des Betreuungszeitraums keine anderen Transfer- oder Arbeitseinkom-

---

7   http://english.sm.dk/ministryofsocialwelfare/legislation/social_affairs/day-care%20facil ities%20act/Sider/ Start.aspx

men erzielt (MISSOC 2008). Solche Formen der privaten, informellen Betreuung sind in Dänemark nicht sehr weitverbreitet.

7.2 Stufe 2: Unterstützung von Geringverdienern

Im dänischen Wohlfahrtsstaat werden Geringverdiener nicht explizit unterstützt. Sie haben jedoch Zugang zu universellen Leistungen, z.b. Gesundheitsleistungen (außer Zahnarzt), zur staatlichen Volksrente, zu Kindergeld und bedarfsgeprüftem Wohngeld. Personen mit niedrigem Einkommen zahlen außerdem nur geringe bis gar keine Kinderbetreuungskosten (siehe „Förderung der Erwerbsintegration"), und auch das Schul- und Universitätswesen ist in Dänemark kostenlos.[8] Bei Arbeitslosigkeit werden Geringverdiener durch die hohe Lohnersatzrate von bis zu 90% des vorherigen Einkommens besonders unterstützt. Durch die Festsetzung einer Höchstgrenze des Arbeitslosengeldes von 2.049 € (15.232 DKK) im Monat, profitieren Personen mit hohem Einkommen relativ gesehen weniger von dieser Regelung (siehe „Sozialer Schutz bei Nichterwerbstätigkeit").

Zwar ist die Lohnersatzrate für Geringverdiener relativ hoch. Dennoch werden auch sie mit hohen Einkommenssteuern belastet: Sobald eine Person Einkommen aus Erwerbstätigkeit erhält, muss sie einen Arbeitsmarktbeitrag von 8% (steuerlich absetzbar) auf ihr Bruttoerwerbseinkommen zahlen. Allerdings bekommen Lohnempfänger auch eine Steuergutschrift, den Beschäftigungsfreibetrag von 4% (2008), der bei sehr geringem Einkommen aber eher weniger ins Gewicht fällt. Übersteigt das steuerpflichtige Einkommen den Grundfreibetrag von circa 5.500 €, werden die Mindeststeuer von 5,48%, ein Gesundheitsbeitrag von 8% sowie die Gemeinde- und Kirchensteuer von durchschnittlich 25,54% (2008) fällig (insgesamt circa 39%, siehe „Förderung der Erwerbsintegration"). Zusätzlich muss jede Person, die Einkommen hat (auch Arbeitslosengeld- und Sozialhilfeempfänger), einen Beitrag in die Arbeitsmarktzusatzrente ATP zahlen.

7.3 Stufe 3: Sozialer Schutz bei Nichterwerbstätigkeit

Den sozialen Schutz bei Nichterwerbstätigkeit gewährleistet ein zweigliedriges System aus freiwilliger Arbeitslosenversicherung und bedarfsgeprüfter Sozialhilfe. Beide Leistungen bieten eine relativ hohe finanzielle Absicherung auch bei längerer Nichterwerbstätigkeit. Im Gegensatz zum Arbeitslosengeld wird bei der Sozialhilfe (und bei Wohngeldern, die zusätzlich dazu beantragt werden können) der höhere Bedarf von Familien berücksichtigt, wobei Alleinerziehende gegenüber Paaren mit Kindern nicht sonderbehandelt werden.

---

8   http://studyindenmark.dk/study-in-denmark/tuition-fees-and-scholarships

(a) Arbeitslosenversicherung

Die Arbeitslosenversicherung ist in Dänemark keine Pflichtversicherung, sondern beruht auf einer freiwilligen Mitgliedschaft in einer Arbeitslosenkasse (arbejdsløshedskasse/a-kasse).[9] Dennoch sind die meisten Erwerbspersonen Mitglied.[10] Die Voraussetzungen für eine Mitgliedschaft sind sehr gering: Mitglied können Personen zwischen 18 und 63 Jahren mit Wohnsitz in Dänemark werden, die eine abgeschlossene Berufsausbildung von mindestens 18 Monaten haben oder in einem bezahlten Beschäftigungsverhältnis stehen oder selbstständig sind. Mitglieder zahlen einkommensunabhängige Pauschalbeiträge[11], die u.a. nach dem Erwerbsstatus gestaffelt sind (Vollzeit, Teilzeit, arbeitslos), wobei Teilzeitbeschäftigte in einigen Kassen zwischen einer Voll- oder Teilversicherung wählen können. Die Beiträge sind steuerlich absetzbar und daher moderat.[12]

Von der Höhe des Versicherungsumfangs und der Höhe des durchschnittlichen Verdienstes in den letzten drei Monaten abzüglich der Sozialversicherungsbeiträge (sogenannter Arbeitsmarktbeitrag von 8%) hängt die Höhe des Arbeitslosengeldes ab.[13] Das Arbeitslosengeld (*dagpenge*) beträgt maximal 90% dieses Verdienstes, höchstens jedoch 15.232 DKK (circa 2.049 €) und wenigstens 12.480 DKK (circa 1.679 €) im Monat.[14] Es gelten keine höheren Leistungssätze für Arbeitslose mit Kindern. Da die vorherigen Verdienste der meisten Arbeitslosen über dem Höchstbetrag liegen, erhalten nach Schätzungen des Finanzministeriums für das Jahr 2009 nur 10–15% nicht den Höchstbetrag (Danish Labour News 2010: 3). Hinzuverdienste zum Arbeitslosengeld sind nur in Ausnahmefällen zulässig. Das Arbeitslosengeld unterliegt der Besteuerung. Zudem müssen die Pauschalbeiträge zur Zusatzrente (*arbejdsmarkedets tillægspension*, ATP) und Arbeitslosenkasse weiterhin gezahlt werden. Die Beiträge zur Sozial-

---

9 2008 gab es 29 Arbeitslosenkassen. Diese sind oftmals mit einer Gewerkschaft verbunden. Meist geht die Mitgliedschaft in einer Kasse mit einer Mitgliedschaft in der jeweiligen Gewerkschaft einher. Die Gewerkschaftsmitgliedschaft ist jedoch keine Voraussetzung für die Mitgliedschaft in der Kasse.

10 Nach offiziellen Angaben des Arbeitsdirektorats sind etwa 80% der Erwerbsbevölkerung arbeitslosenversichert (Arbejdsdirektoratet 2008).

11 Die Pauschalbeiträge zur Arbeitslosenkasse setzen sich aus Beiträgen zur Arbeitslosenversicherung und optional zur Frührentenversicherung zusammen.

12 Westergaard-Nielsen (2008: 45) beziffert die Beiträge grob auf 900 € im Jahr. Bei Clasen/Viebrock (2006: 18f.) findet sich eine etwas genauere Aufschlüsselung der Beiträge.

13 Bei Selbstständigen werden die beiden höchsten Jahreseinkommen der letzten fünf Jahre zugrunde gelegt.

14 Die Zahlen beziehen sich auf das Jahr 2008. Das Arbeitslosengeld wird einmal jährlich nach dem allgemeinen Anpassungssatz für Sozialleistungen erhöht. Versicherte, die unmittelbar nach Beendigung ihrer Ausbildung von mindestens 18 Monaten oder ihres Wehrdienstes arbeitslos werden, erhalten nur 82% des Höchstbetrags (MISSOC 2008).

versicherung (8%) entfallen hingegen. Der Höchstbetrag und die Besteuerung bewirken, dass die Nettolohnersatzraten nur für Geringverdiener sehr hoch sind. Für Durchschnitts- und Besserverdiener liegen diese deutlich unter 90%.

Um Arbeitslosengeld zu erhalten, müssen sich versicherte Personen beim lokalen Jobcenter arbeitslos melden, für mindestens ein Jahr Mitglied in einer Arbeitslosenkasse gewesen sein und mindestens 52 Wochen innerhalb der letzten drei Jahre Vollzeit (37 Stunden/Woche) gearbeitet haben (für Teilzeitbeschäftigte gilt eine Beschäftigungsdauer von mindestens 34 Wochen in den vergangenen drei Jahren).[15] Darüber hinaus müssen sie dem Arbeitsmarkt zur Verfügung stehen, aktiv nach Arbeit suchen und gewillt sein Arbeitsangebote zu akzeptieren. Wurde die Arbeitslosigkeit selbst verschuldet, wird eine Arbeitslosengeldsperre von drei Wochen verhängt. Bei Verstößen gegen die Aktivierungspflichten drohen Sanktionen von einer dreiwöchigen Sperre bis zum Entzug der Leistung (siehe „Förderung der Erwerbsintegration").

2008 wurde das Arbeitslosengeld noch für maximal vier Jahre gezahlt. 2010 wurde die Bezugsdauer erneut verkürzt und zwar auf zwei Jahre, was im internationalen Vergleich aber immer noch sehr lang ist. Arbeitslose ab 55 Jahren haben Anspruch auf fünf Jahre Arbeitslosengeld, sofern sie die Voraussetzungen für eine Frührente mit 60 Jahren erfüllen. Seit 2003 können Bildungsmaßnahmen, Krankheit oder Geburt die Bezugsdauer nicht wie zuvor verlängern.

Die Arbeitslosenversicherung bietet also gerade Geringverdienern hohe Lohnersatzleistungen. Allgemein sind die Leistungen der Arbeitslosenversicherung relativ hoch und bieten einen guten sozialen Schutz für eine vergleichsweise lange Zeit zu moderaten Beiträgen. Sie sind allerdings an strenge Pflichten gebunden. Außerdem zeigen Studien, dass Geringverdiener, obwohl sie stärker von den Leistungen profitieren, unterdurchschnittlich arbeitslosenversichert sind (Clasen/Viebrock 2006: 18; Westergaard-Nielsen 2008: z.B. 46). Gründe hierfür können etwa in den freiwilligen Beiträgen oder kurzen Arbeitseinsätzen von Geringverdienern liegen.

(b) Sozialhilfe

In Dänemark gibt es die *Kontanthjælp* und drei weitere Sozialhilfeprogramme für Ausländer, wobei hier nur die *Kontanthjælp* beschrieben wird. *Kontanthjælp* wird Staatsbürgern und Ausländern, die seit mehr als sieben Jahren in Dänemark wohnen, gewährt und zwar nur denjenigen, die aufgrund besonderer Umstände (wie Krankheit oder Arbeitslosigkeit) nicht über ausreichende Mittel für den

---

15 Bei Versicherten, die schon einmal Arbeitslosengeld bezogen haben, reicht eine Beschäftigungsdauer von 26 Wochen in den letzten drei Jahren (bei Teilzeitbeschäftigung: 17 Wochen) (OECD 2008).

eigenen Unterhalt oder den ihrer Familie verfügen. Die Leistung ist bedürftigkeitsgeprüft und wird nur an Personen und Ehepaare gezahlt, die keinen oder keinen ausreichenden Anspruch auf vorrangige Sozialleistungen (z.b. Arbeitslosengeld, Erwerbsminderungsrente) haben und kein weiteres anrechenbares Einkommen und Vermögen besitzen (siehe hierzu MISSOC 2008). Erwerbsfähige Sozialhilfebezieher sind dazu verpflichtet, aktiv nach einer Arbeit zu suchen und an Aktivierungsmaßnahmen teilzunehmen. Letzteres gilt auch für Sozialhilfebezieher mit eingeschränkter Erwerbsfähigkeit. Kommen Sozialhilfebezieher und ihre Partner nicht den Pflichten nach, wird die Leistung gekürzt oder eingestellt. Nur in Ausnahmefällen gilt eine Befreiung von der Aktivierungspflicht (siehe „Förderung der Erwerbsintegration").

Die Höhe der Sozialhilfe wird staatlich festgelegt und (wie das Arbeitslosengeld) jährlich angepasst. Darüber hinaus können Sozialhilfeempfänger bei den Kommunen weitere Leistungen, wie Wohngelder und Leistungen für besondere Bedarfe, beantragen. Haben sie Kinder, bekommen sie Kindergeld und gegebenenfalls weitere Familienleistungen. Dabei wird darauf geachtet, dass die Summe aller Leistungen für Sozialhilfeempfänger nach Steuern nie den Höchstsatz des Arbeitslosengeldes nach Steuern überschreitet (OECD 2008: 7). Die Sozialhilfe variiert mit dem Alter und Familienstatus der Leistungsbezieher und reduziert sich nach einer gewissen Bezugsdauer: Personen mit unterhaltsberechtigten und in Dänemark lebenden Kindern erhalten ungefähr 80% des Höchstbetrags des Arbeitslosengeldes. Personen ohne Kinder bekommen etwa 60% des Höchstbetrags der Arbeitslosenleistung, solche unter 25 Jahren erhalten rund 20 oder 40% weniger, je nachdem ob sie im eigenen Haushalt oder noch bei ihren Eltern leben. Unterhalten sie Familienangehörige, bekommen sie Leistungen wie Personen über 25 Jahre. Da die Leistungssätze pro Person gelten, haben Paare also Anspruch auf den doppelten entsprechenden Satz[16] (MISSOC 2008).

Es gibt allgemeines Wohngeld und spezifische Wohnzuschüsse für Sozialhilfeempfänger. In die Berechnung dieser Wohngeldleistungen gehen Faktoren wie das Haushaltseinkommen, die Haushaltszusammensetzung und Wohnkosten ein. Kinder werden wie bei der Sozialhilfe berücksichtigt (MISSOC 2008). Nach sechs Monaten darf die Summe aus Sozialhilfe und Wohngeldern bei Paaren mit Kindern 80% des Höchstbetrags des Arbeitslosengeldes pro Person nicht übersteigen, bei Paaren ohne Kinder 60%. Alleinstehende bekommen dann noch maximal 80% des Höchstbetrags der Arbeitslosenleistung und Alleinerziehende etwas mehr. Bei Personen unter 25 Jahren reduziert sich der Sozialhilfesatz ebenfalls (OECD 2008: 4).

---

16 Es sei denn, sie leben mit einem Kind aus früherer Ehe und haben selbst kein gemeinsames Kind. Dann erhalten sie einmal 80 und einmal 60% des Höchstbetrags der Arbeitslosenleistung.

Die Sozialhilfe ist (wie das Arbeitslosengeld) normal steuerpflichtig. Die Beiträge zur Sozialversicherung (8%) werden nicht gezahlt. Beiträge zur Altersvorsorge müssen jedoch geleistet werden, wenn Sozialhilfe für einen ununterbrochenen Zeitraum von sechs Monaten bezogen wurde. Wohngeldleistungen sind nicht steuerpflichtig.

Die Bezugsdauer von Sozialhilfe ist prinzipiell unbegrenzt, sofern die Zugangsvoraussetzungen erfüllt werden. Bei Paaren wird die sogenannte „300-Stunden-Regel" (nach dem 1. Juli 2009 die „450-Stunden-Regel") angewendet. Sie besagt, dass erwerbsfähige Partner nach zwei Jahren Sozialhilfebezug nur dann weiter Sozialhilfe bekommen, wenn sie in den vergangenen zwei Jahren mindestens 300 Stunden (450 Stunden ab Juli 2009) gearbeitet haben.

Die Sozialhilfe bietet in Kombination mit Wohngeldern allen Bürgern und Menschen, die schon länger im Land leben, ein existenzsicherndes Einkommen. Anders als beim Arbeitslosengeld werden Alleinerziehende bei den Mindestsicherungsleistungen gegenüber alleinstehenden Personen bevorzugt behandelt, nicht aber gegenüber anderen Familien mit Kindern. Insofern sind diese nicht nur als Maßnahme zur Verhinderung von Armut zu betrachten, sondern auch als familienpolitische Maßnahme, da sie Lebensformen mit Kindern besonders fördern.

7.4 Stufe 3: Monetäre Familienförderung

Familientransfers haben primär den Zweck, den finanziellen Mehraufwand, der durch die Versorgung von Kindern entsteht, auszugleichen. Die bedeutendste Familienleistung ist das steuerfinanzierte Kindergeld (*børnefamilieydelse*). Es wird für jedes unverheiratete Kind unter 18 Jahren mit Wohnsitz in Dänemark gezahlt. Eine weitere Bedingung ist, dass der Elternteil, der das Sorgerecht hat, in Dänemark unbeschränkt steuerpflichtig ist (MISSOC 2008). Die Höhe des Kindergeldes richtet sich nach dem Alter des Kindes und ist unabhängig vom Einkommen der Eltern.[17] Beim Kindergeld handelt es sich also um eine universelle Leistung, die keine spezifische Familien- oder Erwerbsform begünstigt. Allerdings erhalten unter anderem Alleinerziehende einen besonderen Ausgleich, indem sie zusätzlich zum Kindergeld eine Zulage für jedes Kind (*ordinært børnetilskud*) und den Haushalt (*ekstra børnetilskud*) bekommen.[18] Auch in anderen

---

17 2008 belief sich das Kindergeld für Null- bis Zweijährige auf 1.346 DKK (etwa 180 €) im Monat. Für Drei- bis Sechsjährige verringert es sich auf 1.066 DKK (143 €) und für Sieben- bis 17-Jährige auf 821 DKK (110 €) (MISSOC 2008). Das Kindergeld wird wie die meisten anderen Familienleistungen (außer Geburts- und Adoptionsbeihilfe) vierteljährlich und im Voraus ausbezahlt.

18 Die Zulage pro Kind betrug 2008 380 DKK (circa 51 €) im Monat, die Zulage für den alleinerziehenden Haushalt 386 DKK (52 €). Der Anspruch auf diese Zulagen wird

Sonderfällen werden Kinderzulagen und -beihilfen gezahlt (für Mehrlingsgeburten, Kinder von Rentnern und Studenten, Waisen, Kinder mit Behinderung und ausländische Adoptivkinder).

Kinder, deren Eltern nicht mehr zusammenleben, haben zudem ein Anrecht auf Unterhaltszahlungen des abwesenden Elternteils. Wird das Geld nicht oder unpünktlich gezahlt, kann ein Unterhaltsvorschuss von den Kommunen im Voraus gezahlt werden (NOSOSCO 2005: 56 ff.). Die Höhe des Unterhalts hängt dabei vom Einkommen des abwesenden Elternteils ab, wobei die Mindestgrenze in etwa bei 146 € pro Monat liegt (MISSOC 2008).

Wie andere Sozialleistungen werden Familienleistungen einmal jährlich nach dem Anpassungssatz für Sozialleistungen angehoben. Im Unterschied etwa zum Arbeitslosengeld und zur Sozialhilfe unterliegen sie aber nicht der Besteuerung.

Im Zuge der Arbeitsmarktreformen der 1990er Jahre wurde 1992 der Erziehungsurlaub eingeführt, der zum Ziel hatte, Eltern die Möglichkeit zu geben, über die gesetzlichen Bestimmungen des Mutterschutzes und des Vaterschaftsurlaubes hinaus, sich der Betreuung ihrer Kinder zu widmen, ohne dabei den Arbeitsplatz zu gefährden (Linke 2009: 133). Unter den Reformen der liberal-konservativen Regierung seit 2003 wurde der Erziehungsurlaub durch den Elternurlaub ersetzt. Der Elternurlaub (*barselsorlov*) besteht aus dem Mutterschutz (vier Wochen vor und 14 Wochen nach der Geburt), dem Vaterschaftsurlaub (zwei aufeinanderfolgende Wochen innerhalb der 14 Wochen nach der Geburt) und einem Urlaub von 32 Wochen, den sich die Eltern untereinander aufteilen können. Ein Elternteil kann aber auch die kompletten 32 Wochen für sich alleine beanspruchen. Der Elternurlaub kann ab der 15. Woche bis zum neunten Lebensjahr des Kindes genommen werden. Wenn ein Elternteil während der Elternzeit einer Teilzeitbeschäftigung nachgeht, kann sich der Urlaub auf 40 oder 46 Wochen verlängern. Dabei entspricht das Elterngeld dem für 32 Wochen gewährten Betrag. Um die Leistung während des Elternurlaubs in Anspruch nehmen zu können, muss eine Arbeitszeit von 120 Stunden in den letzten 13 Wochen vor der Geburt nachgewiesen werden (Gerlach 2010: 381). Die Höhe des Mutterschafts-, Vaterschafts- und Elterngeldes ist einkommensabhängig und wird auf der Basis des vorherigen Stundenlohnes und der Anzahl der Arbeitsstunden der in Anspruch nehmenden Person berechnet. Es besteht jedoch eine Höchstgrenze von 471 € pro Woche (MISSOC 2008). Anders als der zuvor existierende Erziehungsurlaub beschränkt sich der Elternurlaub nur noch auf beschäftigte Personen. Die finanziellen Leistungen sind zwar leicht gestiegen, die zeitlichen Anrechte wurden jedoch verringert (Linke Sonderegger 2004: 22).

---

entzogen, sobald die berechtigte Person in einer neuen Partnerschaft lebt. Der Nachweis des Status „alleinerziehend" muss daher jedes Jahr neu erbracht werden (MISSOC 2008).

Steuervorteile für Familien gibt es in Dänemark nicht (NOSOSCO 2004: 18). Kinder haben also z.b. keinen Einfluss auf den Steuersatz der Eltern, es existieren keine Kinderfreibeträge oder Absetzmöglichkeiten von Kinderbetreuungskosten. In Dänemark gilt das Prinzip der Individualbesteuerung. Nicht nur die Einkünfte von Ehepartnern bzw. eingetragenen Lebenspartnern werden getrennt besteuert. Auch Kinder sind eigenständige steuerrechtliche Personen (Linke Sonderegger 2004: 15). Die Familie wird im dänischen Einkommensteuersystem somit nicht als eine Einheit behandelt. Dennoch ist dieses System nicht vollständig individualisiert. Wird etwa ein Steuerfreibetrag nicht aufgebraucht, so kann der ungenutzte Teil an den Ehepartner bzw. eingetragenen Lebenspartner übertragen werden. Diese Regelung gilt allerdings nicht für den ungenutzten Teil des Freibetrags des Spitzensteuersatzes, damit Spitzenverdiener nicht auf diese Weise den Spitzensteuersatz umgehen können. Durch die unvollständige Individualisierung des dänischen Einkommensteuersystems kann die Steuerlast von Ehe- bzw. eingetragenen Lebenspartnern also geringer sein als die von unverheirateten bzw. nicht eingetragenen Lebenspartnern. Damit werden das Alleinverdiener-Modell und die modernere Form des Eineinhalbverdiener-Modells begünstigt und die Ehe als zentrale Institution geschützt (Dingeldey 2011).

7.5 Fazit

Dänemark ist ein Beispiel dafür, dass eine hohe Erwerbsbeteiligung und eine gute soziale Absicherung bei Arbeitslosigkeit miteinander vereinbar sind. Der Wohlfahrtsstaat mit seinen generösen und universellen Leistungen setzt gleichwohl einen hohen allgemeinen Beschäftigungsstand voraus. Die Förderung der Arbeitsmarktintegration steht daher im Mittelpunkt sämtlicher Politikbereiche. Sie wird vor allem durch eine aktive und aktivierende Arbeitsmarkt- und Sozialpolitik betrieben und durch ein gut ausgebautes Kinderbetreuungssystem unterstützt. Der Personenkreis, dessen Leistungsbezug an Bemühungen zur Integration in den Arbeitsmarkt geknüpft ist, wurde in der Vergangenheit immer weiter ausgedehnt. Pflichten von Leistungsbeziehern und Sanktionen bei Nichtnachkommen der Pflichten wurden verschärft, aber auch Rechte auf Qualifizierungs- und Integrationsangebote eingeräumt, für die der dänische Staat viel Geld ausgibt. Der Integrationsdruck wurde ebenfalls durch Kürzungen von Leistungen gesteigert, die im internationalen Vergleich trotzdem immer noch großzügig sind. Der dänische Wohlfahrtsstaat hält nach wie vor am Grundsatz fest, dass kein Bürger wirtschaftliche Not erleiden soll (Westergaard-Nielsen 2008: 24). Familien werden von Aktivierungspflichten nur in seltenen Fällen befreit. Öffentliche Kinderbetreuungsmöglichkeiten sind vergleichsweise zugänglich und bezahlbar und werden in relativ hohem Maße genutzt auch von Nichterwerbstätigen, was ihre

Verfügbarkeit am Arbeitsmarkt erhöht. Seit den 2000er Jahren wird zudem vermehrt beim Steuersystem angesetzt, um stärkere finanzielle Anreize zur Aufnahme einer Beschäftigung und Mehrarbeit zu schaffen. Dieses bietet zwar durch die Übertragbarkeit von Steuerfreibeträgen zwischen Ehe- und Lebenspartnern einen Vorteil für Allein- und Eineinhalbverdiener-Haushalte. Dennoch sind diese Erwerbsmodelle unter Familien wenig verbreitet.

Der finanzielle Mehrbedarf von Familien wird in erster Linie durch das Kindergeld ausgeglichen, das im Ländervergleich nicht besonders hoch ist. Alleinerziehende werden durch höhere Kindergeldleistungen besonders unterstützt. Bei der Sozialhilfe wird der Mehrbedarf von Familien, egal ob alleinerziehend oder nicht, berücksichtigt.

Eine explizite Unterstützung von Geringverdienern ist weniger zu erkennen. Zwar profitieren sie von höheren Lohnersatzraten in der Arbeitslosenversicherung. Zudem haben sie wie alle Bürger Zugang zu den universellen wohlfahrtsstaatlichen Leistungen. Dennoch werden auch sie mit hohen Einkommenssteuern belastet.

8 Frankreich: Lücken im Land der Familienpolitik?

Die Risikogruppenanalyse ergibt für Frankreich im Ländervergleich mittlere bis niedrige Anteile von Risikogruppen in der Erwerbsbevölkerung. Alleinerziehende und Paare mit Kindern sind im Allgemeinen gut in den Arbeitsmarkt integriert, Geringverdienste sind weniger verbreitet als in den anderen Ländern außer Dänemark. Allerdings gibt es auch eine Kehrseite, im Unterschied zu Dänemark: Die Gruppen, die nicht integriert sind oder weniger verdienen, sind besonders schlecht gestellt und werden finanziell nur unzureichend unterstützt. Risikogruppen erreichen im internationalen Vergleich sehr niedrige Einkommen und sind häufig arm.

Diese Dualisierung ist das hervorstechende Merkmal der französischen Erwerbsstrukturen. Die Arbeitsmarktstrukturen sowie die verschiedenen sozial- und lohnpolitischen Instrumente greifen nicht richtig ineinander und schaffen eine für Risikogruppen ungünstige strukturelle Situation der sozialen Exklusion. Die gute Kinderbetreuungssituation bietet zwar für die Mehrzahl der Paarfamilien und Alleinerziehenden gute Chancen der Erwerbsintegration, aber viele Jüngere, Geringqualifizierte und Ältere finden im stagnierenden französischen Arbeitsmarkt keine Beschäftigung. Erwerbsarbeit richtet sich überwiegend am Modell der Vollzeitarbeit ohne Geringverdienst aus. Der Arbeitsmarkt bietet wenig Raum für eine auskömmliche Teilzeitarbeit; Beschäftigungen mit Geringverdienst sind selten. Somit sind aber auch die Hürden für eine erfolgreiche Erwerbsintegration von Risikogruppen hoch. Diese Hürden können für Alleinstehende mit geringer Qualifikation oder für manche Alleinerziehende zu hoch sein. Umgekehrt gibt es in Frankreich – auch dies im Unterschied zu Dänemark – einen relativ großen Anteil von Alleinverdiener-Familien, in denen einer der Partner, zumeist die Frau, inaktiv ist. In diesem Fall ist Inaktivität kein Risikomerkmal, sondern Ausweis eines relativ gut situierten Status des Partners. Diese Konstellation ist jedoch mit einem hohen potentiellen Risiko für den inaktiven Partner behaftet.

Die französische Einkommensteuer fördert Alleinverdiener-Paare und Paare mit mehreren Kindern insbesondere durch das Familiensplitting. Das Kindergeld ist ebenso vor allem auf die Förderung größerer Familien gerichtet. Zwar erhalten auch Alleinerziehende einen höheren Splittingquotienten als Alleinstehende, die Förderung wirkt sich jedoch erst bei einer vollen Erwerbsintegration ohne Geringverdienst voll aus. In Frankreich gibt es für das erste Kind kein Kindergeld und für das zweite Kind ist der Betrag deutlich unter dem für dritte und weitere Kinder. Viele Alleinerziehende – die zumeist weniger Kinder haben als Paare – profitieren damit nicht oder weniger von der direkten Familienförderung. Somit spiegelt sich die Polarisierung der französischen Erwerbsstrukturen in einem für Risikogruppen ungünstigen Dualismus in der Familienpolitik wider. Noch stärker zeigt sich dieser Dualismus in der sozialen Sicherung von Arbeitslosen. Auf der einen Seite bietet die französische Arbeitslosenversicherung im internationalen Vergleich relativ gute Bedingungen für die Versicherten. Langjährig Versicherte können zudem nach Auslaufen ihrer primären Ansprüche Leistungen aus der (allerdings bedarfsgeprüften) Arbeitslosenhilfe ASS beziehen, deren Leistungsniveau aber oberhalb der allgemeinen Grundsicherung RMI/RSA liegt. Nicht oder nicht ausreichend Versicherte erhalten hingegen weit schlechtere und im internationalen Vergleich sehr niedrige Leistungen aus diesem allgemeinen System, das als letztes Auffangnetz dient. Ein nicht unerheblicher Anteil der Bevölkerung im Erwerbsalter ist auf solche Leistungen aus der sozialen Mindestsicherung angewiesen.

Ein weiterer Dualismus zeigt sich ausgerechnet bei einem Instrument, das eigentlich die soziale Inklusion fördern sollte: dem gesetzlichen Mindestlohn. Der gesetzliche Mindestlohn in Frankreich ist im internationalen Vergleich relativ hoch und flächendeckend eingeführt. Zudem gibt es ihn schon relativ lange, seit 1970. Er ist hoch institutionalisiert und wird regelmäßig an die allgemeine Wirtschafts- und Lohnentwicklung angepasst. Zahlreiche Erwerbstätige profitieren vom Mindestlohn, der entscheidend dazu beiträgt, dass es in Frankreich relativ wenige Geringverdiener gibt. Allerdings ist auch hierbei wiederum anzumerken, dass der Mindestlohn seine positive Einkommenswirkung erst bei einer Vollzeittätigkeit auch voll entfaltet. Teilzeitbeschäftigte profitieren zwar auch – anteilsmäßig – vom Mindestlohn, für sie reicht das Niveau jedoch kaum aus, um Armut zu vermeiden. Außerdem kann der Mindestlohn das Problem des höheren Bedarfs von Familien mit Kindern nicht lösen. Interessant ist hingegen, dass der Mindestlohn ausgerechnet viele Teilzeitbeschäftigte betrifft, für deren Bedürfnisse er aber überhaupt nicht geschaffen ist. So offenbart sich hier ein weiterer, diesmal durchaus paradoxer, Dualismus: Vollzeitbeschäftigte sind weniger abhängig vom Mindestlohn als Teilzeitbeschäftigte, die sich in Frankreich ganz überwiegend im unteren Lohnsegment befinden. Gerade für diese Gruppe aber, insbesondere für Alleinerziehende, reicht der Mindestlohn keineswegs für ein angemessenes Mindesteinkommen aus.

Die Segmentation des Arbeitsmarktes wird also durch den Dualismus der sozialen Sicherung und einen selektiv wirkenden Mindestlohn weiter verfestigt und sorgt dafür, dass die Gruppen, denen die Integration in den ersten Arbeitsmarkt und damit der Zugang zu guten Lohn- und Sozialschutzbedingungen nicht gelingt, in Frankreich besonders schlecht abschneiden. So ist die Armutsquote nach Transfers sowohl für Geringverdiener als auch für bestimmte Gruppen von Arbeitslosen im internationalen Vergleich hoch. Die Unterstützung von Geringverdienern, insbesondere von Familien, ist gering. Doch tut der Staat einiges, um die Empfänger der sozialen Mindestsicherung (RMI/RSA) wieder in Arbeit einzugliedern. Auch gibt es einige spezielle finanzielle Unterstützungsleistungen für Alleinerziehende mit kleinen Kindern oder mehreren Kindern, die vorübergehend keiner Vollzeittätigkeit nachgehen können. Die spezifischen Instrumente dieser Politik werden in den folgenden Abschnitten detaillierter behandelt. Dabei wird allerdings zu fragen sein, ob diese Instrumente – so zielgerichtet sie auch sind – im Rahmen des vorherrschenden Dualismus in Frankreich tatsächlich gute Ergebnisse für die Risikogruppen bringen.

8.1 Stufe 1: Förderung der Erwerbsintegration

Frankreich bietet Familien ein günstiges institutionelles Umfeld für die Vereinbarkeit von Familie und Beruf und für die Erwerbsintegration im Allgemeinen. Es sind hierbei in erster Linie zwei Politikbereiche zu betrachten: das System der Betreuung für Kinder im Vorschulalter und die Aktivierungspolitik. Die Kinderbetreuung hat in Frankreich eine lange Tradition, deren Kern die Vorschulerziehung bildet. In dieser Hinsicht gilt Frankreich als führend in Europa. Die Aktivierungspolitik ist hingegen jüngeren Datums und ihre Ergebnisse sind eher als ambivalent zu bezeichnen.

(a) Kinderbetreuung

Das französische *System der Kinderbetreuung* gilt europaweit als eines der meist ausgebauten und ist für die Erwerbsintegration von Eltern von großer Bedeutung. Hinzu kommt, dass es in Frankreich auch eine lange Tradition von Ganztagsschulen gibt, die auch für Eltern mit Primarschulkindern gute Bedingungen für die Vereinbarkeit von Familie und Erwerbstätigkeit bietet. Die Betreuung von Kindern wird von unterschiedlichen Akteuren organisiert: Städte und Gemeinden, Departements, die Familienkassen der Sozialversicherung (CNAF), private Vereine und Träger sowie Kirchen und private Initiativen (Dörfler 2007: 31). Obwohl für unter Dreijährige kein Rechtsanspruch auf die Betreuung von Kindern außerhalb der Familie besteht, gibt es zahlreiche Betreuungsangebote (Veil 2003: 18). Während die Kinderbetreuung der unter Dreijährigen sehr stark von privaten Anbietern getragen wird, wird die Betreuung der Kinder über drei fast ausschließlich durch den Staat organisiert und bereitgestellt. Ab dem dritten Lebensjahr haben die Kinder einen Rechtsanspruch auf eine Betreuung außerhalb der Familie. Dabei besuchen die meisten Kinder dieser Altersklasse die staatliche Vorschule (*école maternelle*), die ein fester Bestandteil des französischen Bildungssystems ist.

Kinderbetreuung für Null- bis Dreijährige: Kinderbetreuung in Kinderkrippen wird in Frankreich von unterschiedlichen Trägern in verschiedenen Formen bereitgestellt. Die Kinderkrippen betreuen in der Regel Kinder im Alter von zehn Wochen bis drei Jahren bis zu zwölf Stunden am Tag. Die Öffnungszeiten variieren je nach Einrichtung und Kommune, können aber durchaus von sieben bis 19 Uhr geöffnet sein. Im Durchschnitt sind die Kinder acht Stunden betreut (Dörfler et al. 2011: 79). Das Angebot an Kinderkrippen besteht aus sogenannten Gemeinschaftskrippen (*crèche collectives*), die hauptsächlich von den Gemeinden bereitgestellt werden und in welcher die Kinder von staatlich geprüften Erzieherinnen und einer diplomierten Kinderpflegerin betreut werden. Da diese Krippen sehr begehrt sind, ist es jedoch schwer einen Platz zu bekommen. Des Weiteren gibt es eine Anzahl an staatlich subventionierten Krippen, die von Eltern organisiert und verwaltet werden (*crèche parentale*). In der dritten Form, der *crèche familiale*, werden die Kinder von staatlich geprüften Tagesmüttern betreut. Anders als bei den Gemeinschaftskrippen ist hier eine flexiblere Betreuung im Hinblick auf die Betreuungszeiten möglich und die Kinder können durchaus bis 20 Uhr betreut werden (Caisse Nationale des Allocations Familiales 2011). Abgesehen von dem Angebot der Kinderkrippen besteht auch die Möglichkeit, seine Kinder zu Hause von sogenannten „Kinderfrauen" (*assistante maternelle partagées*) oder von Tagesmüttern (*assistante maternelle*) betreuen zu lassen. Kinderfrauen betreuen dabei Kinder ganz verschiedenen Alters in den Haushalten der jeweiligen Familien, Tagesmütter dagegen betreuen die Kinder bei sich zu Hause, wobei in der Regel Kinder aus verschiedenen Familien betreut werden. Da diese Formen von Kinderbetreuung auch staatlich bezuschusst werden, besteht insgesamt ein vielfältiges Angebot an staatlich geförderten, privaten und öffentlichen Betreuungsmöglichkeiten in Frankreich (Luci 2011: 17).

Kinderbetreuung für Drei- bis Sechsjährige: In Frankreich besteht ab dem dritten Geburtstag des Kindes ein Rechtsanspruch auf außerfamiliale Betreuung und wird ab diesem Lebensjahr hauptsächlich durch das öffentliche Angebot der Vorschule abgedeckt. Es besteht zwar ein Rechtsanspruch auf den Besuch der Vorschule, ein Besuch ist jedoch nicht verpflichtend. In den Vorschulen unterrichten ausgebildete Grundschullehrer mit besonderen Kenntnissen in Vorschulpädagogik, Kinderpflege und Hygiene. Die Lehrkräfte unterstehen dabei dem nationalen Bildungsministerium mit dem Ziel die Kinder auf das Lernen in der „richtigen" Schule vorzubereiten und eine Herstellung von Chancengleichheit zu erreichen, indem z.B. familiale Defizite mit der vorschulischen Erziehung kompensiert werden sollen (Veil 2006: 35). Die Öffnungszeiten orientieren sich dabei an den richtigen Schulen, d.h. in der Regel von 8:30 Uhr bis 16:30 Uhr, und weisen auch dieselben Ferienzeiten auf. Viele Vorschulen sind auch an die Schulen angegliedert. Die Betreuung vor und nach der Vorschule sowie in den Mittagspausen und während der Ferienzeiten erfolgt durch qualifiziertes Personal und Freizeiteinrichtungen, deren Träger Gemeinden und private Vereine sind (Dörfler 2007: 34). Fast 99% der Kinder zwischen drei und sechs Jahren besuchen die Vorschule, sowie ein Drittel der Zweijährigen. Die Vorschule ist somit die dominanteste Betreuungsform für diese Altersklasse und hat andere Betreuungsangebote wie Kindergärten zurückgedrängt (Veil 2003).

Kinderbetreuungskosten: Die Kosten für die Kinderbetreuung variieren innerhalb Frankreichs und zwischen den unterschiedlichen Angeboten. Dabei sind die Beiträge für die Krippen in der Regel abhängig vom Einkommen der Eltern. Eltern, die ein sehr geringes Einkommen oder Leistungen aus der Mindestsicherung erhalten, zahlen lediglich einen minimalen Betrag oder werden befreit, während gut verdienende Eltern teilweise sehr hohe Beträge bezahlen. Die durchschnittlichen Kosten für die Krippe variieren und belaufen sich im Durchschnitt auf circa 300 bis 350 € pro Monat (Veil 2003: 18). Für die Betreuung der Kinder durch eine Tagesmutter oder Kinderfrau gewährt der Staat Beihilfen, die sich nach dem Einkommen der Eltern richten. Zusätzlich besteht die Möglichkeit, die Kinderbetreuungskosten zu einem gewissen Teil steuerlich geltend zu machen. Kinderbetreuungskosten können von erwerbstätigen Eltern, die ihre Kinder in den ersten sieben Jahren außerfamilial betreuen lassen, bis zu 25% steuerlich abgesetzt werden, dabei handelt es sich um maximal 2.300 € pro Jahr pro Kind. Für die Beschäftigung einer Hilfe in der eigenen Wohnung können unabhängig von der Anzahl der Kinder 50% der Kosten und maximal 6.900 € abgesetzt werden (Dörfler et al. 2011: 78). Die staatliche Vorschule in Frankreich untersteht dem Erziehungsministerium und die Betreuung der Kinder ab drei Jahren ist kostenlos. Lediglich ein geringer Betrag für das Mittagessen muss von den Eltern selbst bezahlt werden.

Neben dem Mutterschaftsurlaub, der insgesamt für 16 Wochen (sechs Wochen vor und zehn Wochen nach der Geburt) für die ersten beiden Kinder und 26 Wochen ab dem dritten Kind beträgt, existiert ein Anrecht auf *Elternzeit* für jeweils sechs Monate. Die Elternzeit kann zwischen Mutter und Vater aufgeteilt werden. Dabei besteht die Möglichkeit die Elternzeit nacheinander oder aber auch (gleichzeitig) in Teilzeit (mit maximal 16 Stunden pro Woche) in Anspruch zu nehmen. Voraussetzung ist, dass vorher mindestens ein Jahr bei demselben Arbeitgeber gearbeitet wurde (République Française 2012c). Zusätzlich zu den Mutterschaftsleistungen können seit Januar 2002 auch Väter einen Vaterschaftsurlaub von elf aufeinanderfolgenden Tagen in Anspruch nehmen. Die Elternzeit ist unbezahlt. Zwei Jahre der Kindererziehungszeit werden jedoch der Mutter pro Kind auf die Rente angerechnet. Dabei ist die Anrechnung auf die Rente unabhängig davon, ob die Frauen ihre Erwerbsarbeit unterbrechen, in Teilzeit oder in Vollzeit arbeiten (Halwachs 2010: 132).

(b) Aktivierung

Aktivierungspolitik: Erste Ansätze arbeitsmarktpolitischer Aktivierungsstrategien gab es in Frankreich in den späten 1980er Jahren mit dem Ziel einer Reduzierung der Arbeitslosigkeit, die damals eines der wichtigsten politischen Probleme darstellte (Barbier 2007; Barbier/Ludwig-Mayerhofer 2004; Béraud/Eydoux 2009). Als Antwort auf die stark ansteigende Zahl der nicht versicherten und ausgegrenzten Personen am Arbeitsmarkt wurde 1988 für diese Gruppe eine erste universelle Sicherungsleistung eingeführt: der RMI (*Revenu Minimum d'Insertion*). Der RMI stellte ein Basiseinkommen für nicht versicherte Personen ab 25 Jahren dar und wurde direkt an das aktivierende Element eines individuellen Wiedereingliederungsplans geknüpft. Somit kann die Einführung der RMI als erstes Indiz für eine Aktivierungspolitik in Frankreich gewertet werden.

Von einer umfassenden Veränderung der Arbeitsmarktpolitik in Richtung Aktivierung kann jedoch erst seit der Reform der Arbeitsvermittlung im Jahr 2000/2001 gesprochen werden. Die zuvor im Bereich der Basissicherung (RMI) eingeführten Aktivierungsmaßnahmen sollten nun auch auf die Arbeitslosengeldbezieher aus den Versicherungen ausgedehnt werden. Im Januar 2001 wurde eine Vereinbarung zwischen den Sozialpartnern unterzeichnet, die eine Einführung von aktivierenden Elementen in der Arbeitslosenversicherung vorsah. Die Reform enthielt die Schaffung eines persönlichen Wiedereingliederungsvertrags für Arbeitslose – *Plan d'Aide au Retour à l'Emploi* (PARE). Mithilfe eines individuellen Aktionsplans (*Plan d'Action Personnalisé*, PAP) sollte bei der Vermittlung von Arbeitslosen besser auf individuelle Qualifikationen und Bedürfnisse geachtet werden. Auch wenn sich der französische Arbeitgeberverband mit der Forderung nach einer Streichung der Lohnersatzleistungen bei Nichtunterzeichnung einer solchen Vereinbarung oder Ablehnung eines Arbeitsangebots nicht durchsetzten konnte, wurde erstmalig das Arbeitslosengeld durch den PARE direkt an eine aktive Wiedereingliederung gekoppelt. Mit dieser Vereinbarung wurde auch das degressive Arbeitslosengeld abgeschafft und durch eine Hilfe zur Rückkehr ins Arbeitsleben (*Aide au Retour à l'Emploi*, ARE) ersetzt (Egle 2009: 167).

Mit dem Gesetz der sozialen Kohäsion im Jahr 2005 änderte sich die Unterstützung der Arbeitssuchenden dahingehend, dass die zuvor eingeführten PARE-PAP-Programme stärker individualisiert und an die jeweilige individuelle Situation des Arbeitssuchenden angepasst wurden (Council for Employment 2005: 14). Mit der verstärkten Unterstützung der Arbeitsuchenden veränderten sich jedoch auch die Pflichten. Arbeitslos gemeldete Personen wurden verstärkt angehalten, nach Jobs zu suchen, Jobs außerhalb ihrer Qualifikationen oder eine subventionierte Beschäftigung anzunehmen. Trotz dieser Verstärkung der Pflichten blieb ein gewisser Schutz des vormaligen Arbeitsstatus erhalten. Im August

2008 wurden die Pflichten der registrierten Arbeitslosen noch einmal verstärkt und Arbeitslose mussten nach drei Monaten registrierter Arbeitslosigkeit jede zumutbare Arbeit annehmen (Béraud/Eydoux 2009). Neben der stärkeren Betonung der Pflichten der Arbeitslosen und einem stärkeren Fokus auf individueller Vermittlung wurde auch der Zugang zu den Leistungen der Arbeitslosenversicherung eingeschränkt, ganz entgegen dem Kompromiss der Sozialpartner von 2001. Diese Restriktionen hatten zur Folge, dass viele Arbeitslose, die zuvor Leistungen der Arbeitslosenversicherung bezogen, nun Leistungen der ASS oder RSA erhielten, also eine bedarfsgeprüfte Mindestsicherungsleistung (siehe unten).

Aktivierende und qualifizierende Maßnahmen im Einzelnen: Das Prinzip der individuellen Unterstützung für alle registrierten Arbeitslosen wurde im Jahr 2001 mit dem PARE eingeführt. Im Jahr 2006 fand eine Modifikation des persönlichen Handlungsplans (PAP) statt. Ersetzt wurde dieser durch das Projet *Personnalisé d'Accès à l'Emploi* – PPAE, gekoppelt an eine monatliche individuelle Unterstützung. Diese Vermittlungsvereinbarung und die daran angeschlossenen Maßnahmen beginnen seitdem mit der Registrierung bei der Arbeitsagentur. Der zuständige Arbeitsvermittler versucht zu Beginn die Vermittelbarkeit des Kunden mit besonderem Fokus auf das Risiko von Langzeitarbeitslosigkeit festzulegen. Im Anschluss daran werden „Vermittlungsprofile" erstellt, die sich aus der Vermittelbarkeit des Arbeitslosen ergeben (Positionierung im Arbeitsmarkt, Risiko von Langzeitarbeitslosigkeit usw.). Dabei wird nach verschiedenen „Profil-Typen" unterschieden:

– Die „zeitnahe Vermittlung" mit dem Ziel, Personen, die keinem erhöhten Risiko von Langzeitarbeitslosigkeit ausgesetzt sind, so schnell wie möglich in den Arbeitsmarkt zu bringen.
– Die „aktive Arbeitsplatzsuche" richtet sich an Personen mit einem mittleren Risiko einer Langzeitarbeitslosigkeit. Die hier einzustufende Person wird durch geeignete Qualifikationsmaßnahmen wieder an den Arbeitsmarkt herangeführt.
– Die „unterstützte Arbeitsplatzsuche" ist für marktferne Langzeitarbeitslose gedacht, die schwer zu vermitteln sind. Neben den üblichen Maßnahmen werden hier zusätzliche Maßnahmen eingesetzt, die eine besonders individuelle und intensive Förderung beinhalten.

Im Zuge der Umstrukturierung der öffentlichen Arbeitsverwaltung wurde auch das Vermittlungsmonopol der Arbeitsagentur abgeschafft. Die ANPE schließt seither Verträge mit unterschiedlichen staatlich regulierten Anbietern, die einen Teil der Dienstleistungen und Trainings, insbesondere für bestimmte Gruppen, übernehmen (Barbier/Kaufmann 2008: 97).

Generell sind jedoch Trainings zur Weiterqualifikation besonders für Geringqualifizierte und schlecht ausgebildete Jugendliche nur gering in die Unterstützungsangebote der Arbeitsagenturen eingebettet. Die große Problematik besteht dabei in der sehr komplexen Struktur von Finanzierung und Zuständigkeiten. Jedoch scheint es auch hier, dass insbesondere die Personen an Trainings teilhaben können, die generell schon über mehr Fähigkeiten und Qualifikationen verfügen (Council for Employment 2005: 20).

Einer der größten Bereiche französischer Fördermaßnahmen zur Wiedereingliederung in den ersten Arbeitsmarkt sind spezifische Beschäftigungsprogramme für bestimmte Zielgruppen, besonders für Jugendliche und Langzeitarbeitslose. Schwer vermittelbare Arbeitslose sollen durch diese Aktionspläne, meist in Form subventionierter Arbeitsverträge, wieder an den Arbeitsmarkt herangeführt werden. Dabei handelt es sich z.B. um Beschäftigung in Übungsfirmen, Beschäftigungsgesellschaften oder Zeitarbeitsfirmen. Arbeitslose, die an diesen Maßnahmen teilnehmen, stehen in einem vertraglichen Arbeitsverhältnis, um so ihre soziale und berufliche Wiedereingliederung zu erleichtern (Pes Monitor 2008). Genau wie bei Weiterbildungs- und Qualifizierungsprogrammen sind auch hier die Strukturen komplex und die Angebote vielfältig.

Zu diesen Aktionsplänen zählen weiterhin der *Contrat d'Avenir* (CA-Zukunftsvertrag) und der *Contrat d'Insertion-Revenu Minimum* (CI-RMA/Vertrag zur Eingliederung von Beziehern des gesetzlich garantierten Mindesteinkommens). Es handelt sich hierbei um staatliche Zuschüsse für Arbeitgeber aus dem gemeinnützigen oder kommerziellen Sektor, wenn sie einen Bezieher des gesetzlich garantierten Mindesteinkommens einstellen (Council for Employment 2005: 27). Im Jahr 2010 wurden die verschiedenen Unterstützungsangebote im CUI – *Contrat Unique d'Insertion* – zusammengefasst. Eine Unterscheidung zwischen subventionierter Beschäftigung im Non-Profit-Sektor und im kommerziellen Sektor bleibt jedoch bestehen (Pôle Emploi 2011).

8.2 Stufe 2: Unterstützung von Geringverdienern

Hinsichtlich der Unterstützung von Geringverdienern sind vor allem der gesetzliche Mindestlohn und die staatliche Bezuschussung von Niedriglohnbeschäftigung zu nennen. Der gesetzliche Mindestlohn spielt im Rahmen der Lohnpolitik eine zentrale Rolle. In Frankreich sind die Gewerkschaften sehr schwach organisiert, die Tarifabdeckung der Arbeitnehmer ist gleichwohl sehr hoch, deutlich höher als in den anderen vier Ländern. Die hohe Tarifabdeckung ist vor allem auf den großen Einfluss des Staates zurückzuführen, der die Tarifabkommen in der Regel für ganze Branchen allgemeinverbindlich erklärt. Durch den gesetzlichen Mindestlohn setzt der Staat außerdem eine landesweite und branchenübergreifende Lohnuntergrenze. Der Mindestlohn ist darüber hinaus im Ländervergleich relativ hoch. Geringverdienst durch niedrige Stundenlöhne spielt deshalb in Frankreich eine eher geringe Rolle. Aber auch Geringverdienst durch Teil-zeitarbeit ist seltener als in anderen Ländern, weil eine Vollzeittätigkeit die Norm bildet und durch das gute Kinderbetreuungssystem gerade für Familien relativ gut zu verwirklichen ist.

(a) Mindestlohn

Der gesetzliche Mindestlohn SMIC (*Salaire Minimum Interprofessionnel de Croissance*) wurde 1970 eingeführt und ersetzte den seit 1950 geltenden SMIG, der auf tariflicher Grundlage entstanden war. Es handelt sich beim SMIC um einen Brutto-Stundenlohn, der Steuern und Abgaben des Arbeitnehmers, jedoch nicht die Abgaben des Arbeitgebers enthält. Zum SMIC gehören nur bestimmte Teile des Entgelts, der sog. Basislohn. Neben dem Hauptgehalt enthält dieser allerdings Zuzahlungen wie Urlaubs- und Weihnachtsgeld und nicht-monetäre Vorteile. Hingegen sind Ortszuschläge, Überstunden, Nacht-/Sonn-/Feiertagszu-schläge, arbeitsbedingte Zuschläge, einige Boni und Gewinnbeteiligungen nicht berücksichtigt.

Der SMIC gilt für alle Beschäftigten, die über 18 Jahre alt sind und in Frank-reich arbeiten. Ausnahmen sind Auszubildende, Arbeitnehmer unter 18 Jahren ohne Berufserfahrung und zum Teil behinderte Personen. Sie bekommen einen reduzierten SMIC (80 bis 90%). Einige Berufe, bei denen die Arbeitszeit schwer messbar ist (z.B. Handelsvertreter), sind vom SMIC ausgeschlossen. Es gibt per Gesetz eine Mindestanpassung, die mittlerweile jährlich am 1. Juli stattfindet. Im Juli 2008 betrug der SMIC 8,71 €/Stunde oder 1.321,02 €/Monat mit der gesetzlichen Wochenarbeitszeit von 35 Stunden. Nach OECD-Zahlen lag der SMIC bei 61% des Medianlohns eines Vollzeitbeschäftigten, während der briti-sche Mindestlohn (NMW) bei 45% und der US-Mindestlohn bei 31% liegen (Werte von 2006 für Vollzeitbeschäftigte). Der Anteil der abhängig Beschäftig-ten, die auf Mindestlohnniveau arbeiten, erreichte 2005 mit 16,3% einen Höhe-punkt im langjährigen Zeitvergleich seit 1990. Im Jahr 2007 betrug der Anteil 12,9% effektive Mindestlohnbezieher als Anteil an allen abhängig Beschäftig-ten. Nicht erfasst sind naturgemäß Selbstständige, was auf ein erstes großes Pro-blem des Mindestlohns hinweist. Gerade Frankreich hat eine relativ hohe Zahl an Selbstständigen, deren Einkommensbedingungen oft prekär sind. Die Min-destlohnbezieher konzentrieren sich zudem in kleinen Firmen mit weniger als zehn Beschäftigten und unter Teilzeitbeschäftigten (Gautié 2010: 157).

(b) Kombilohn, Steuergutschriften

Während der Mindestlohn eine gesetzliche Lohnuntergrenze bildet, unterstützt der Staat die Erwerbsarbeit zu niedrigen Löhnen auch direkt finanziell, und zwar zum einen auf Arbeitgeberseite, zum andern auf Arbeitnehmerseite. Frankreich hat langjährige Erfahrungen im Bereich der Subventionierung von Niedriglöhnen. Seit 1993 erfolgt die Lohnsubventionierung hauptsächlich durch eine Subventionierung der arbeitgeberseitigen Sozialversicherungsbeiträge. Seit 2000 gibt es zusätzliche steuerliche Anreize für die Arbeitnehmerseite (PPE, siehe unten). Die Subventionierung der arbeitgeberseitigen Sozialversicherungsbeiträge erfolgt degressiv, d.h., mit steigendem Lohn sinkt der Fördersatz (Bothfeld et al. 2006: 6). Inzwischen werden nur noch Bruttostundenlöhne bis zum 1,6-fachen des SMIC gefördert (Horn et al. 2008: 9). Seit 2004 werden alle Beiträge für Verdienste auf Basis des Stundenlohns um maximal 26% des Bruttogehaltes entlastet. Die Beitragsreduzierung erfolgt nur in Abhängigkeit von der Höhe des Lohneinkommens und ist somit nicht zielgruppenspezifisch ausgestaltet (Bothfeld et al. 2006: 6).

Auf Arbeitnehmerseite gibt es den PPE (*Prime Pour l'Emploi*). Dieser wird teilweise als Kombilohn, teilweise als Tax Credit bezeichnet. Er wurde 2001 eingeführt (Kaltenborn et al. 2006: 20) und sukzessive ausgebaut; 2006 und 2007 gab es deutliche Erhöhungen. Dennoch sind die Leistungen im Vergleich zum britischen *Working Tax Credit* gering. Die Förderung wird nur gewährt, wenn das steuerpflichtige Einkommen des Leistungsberechtigten, des Ehepartners und etwaiger Kinder zusammen genommen eine familienspezifische Höchstgrenze nicht übersteigt. Zugleich muss das Einkommen jedoch eine bestimmte Mindesthöhe erreichen, die über dem Mindestsicherungsniveau liegt. Ansonsten greift die erwerbsbezogene Komponente des RSA, die sehr niedrige Einkommen aufstockt. Die Förderung durch die PPE steigt zunächst mit dem individuellen jährlichen Bruttoeinkommen an, um ab einer gewissen Einkommensgrenze dann abgeschmolzen zu werden. Die Förderung wird mit der Einkommensteuer verrechnet, ggf. wird die Differenz ausgezahlt (= *tax credit*). Die Verrechnung bzw. Auszahlung erfolgt jeweils im Folgejahr. Die Förderung ist unbefristet (Kaltenborn/ Pilz 2002: 14ff.). Bei Teilzeittätigkeiten, unterjährigen Änderungen des Erwerbsumfangs und Erwerbsunterbrechungen ermäßigen sich die genannten Einkommensgrenzen und Förderbeträge anteilig entsprechend der Jahresarbeitszeit. Die PPE ist weder einkommensteuer- noch sozialversicherungspflichtig.

Die Wirkungen sowohl des Mindestlohns als auch der Beschäftigungsprämie sind umstritten. Manche Studien finden Hinweise auf negative Beschäftigungseffekte des SMIC für Teilsegmente des Arbeitsmarktes (Abowd et al. 1999, 2000), zumeist für gering qualifizierte und junge Arbeitnehmer (Fitoussi 1994; Bruno/Cazes 1998). Andere Studien finden diesbezüglich keine robuste negative Wirkung (Bazen/Martin 1991; Benhayoun 1994). Für eine insgesamt beschäftigungsreduzierende Wirkung des SMIC findet sich keine empirische Evidenz (Fitoussi 1994; Dolado et al. 1996, 1998; Bosch et al. 2009: 2f.). Hinsichtlich der PPE kommen zwar viele Haushalte in den Genuss dieser Leistung (2008 rund neun Millionen Haushalte), aber weil es eine Mindesteinkommensgrenze für den

Bezug der PPE gibt, profitieren gerade die einkommensschwächsten Haushalte nicht davon. Für diese Gruppe greift in aller Regel der 2009 eingeführte RSA als Teil der Mindestsicherung, durch den niedrige Einkommen aufgestockt werden können (siehe unten).

8.3 Stufe 3: Sozialer Schutz bei Arbeitslosigkeit und Nichtbeschäftigung

Frankreich hat ein großes strukturelles Problem der Arbeitslosigkeit. Die soziale Absicherung Arbeitsloser ist somit für Risikogruppen ein besonders wichtiger Teil der sozialen Sicherung. Zu diesem Zweck gibt es ein mehrsäuliges System, in dem Gruppen mit unterschiedlichem Arbeitsmarktbezug unterschiedlich abgesichert sind. Im internationalen Vergleich ist die Absicherung von versicherten Arbeitslosen relativ generös, während Nichtversicherte deutlich schlechter gestellt sind. Ein erstes zentrales Merkmal des französischen Systems des Arbeitslosenschutzes ist somit ein ausgeprägter Dualismus. Zum zweiten hat das System Lücken, vor allem bei jüngeren Erwachsenen unter 25 Jahren, die von den allgemeinen Leistungen der sozialen Mindestsicherung, der dritten Stufe des Systems, ausgeschlossen sind. Das zweite zentrale Merkmal ist somit die soziale Exklusion einiger Bevölkerungsgruppen.

(a) Arbeitslosenversicherung

Passive Leistungen im Falle der Arbeitslosigkeit: Die soziale Absicherung im Falle der Arbeitslosigkeit besteht aus drei Säulen. Die erste Säule bildet ein beitragsfinanziertes und einkommensabhängiges Arbeitslosenversicherungssystem (*assurance chômage*) mit einem Grundbetrag für Personen, die eine bestimmte Zeit in die Sozialversicherung eingezahlt haben. Die zweite Säule bildet die staatlich finanzierte sowie bedarfsgeprüfte Arbeitslosenhilfe *Allocation de Solidarité Spécifique* (ASS). Das letzte Sicherungsnetz und die dritte Säule der Absicherung bei Arbeitslosigkeit bildet die ebenfalls steuerfinanzierte Sozialhilfe *Revenu Minimum d'Insertion* (RMI) zur Sicherung des Grundeinkommens. Der RMI wurde im Juni 2009 durch die *Revenu de Solidarité Active* (RSA) ersetzt. Diese Mindestsicherungsleistung richtet sich an all diejenigen, die weder Anspruch auf Arbeitslosengeld noch Arbeitslosenhilfe haben oder ihren Anspruch verloren haben. Neu an den Leistungen der RSA ist, dass es sich nicht nur an Personen richtet, die eine Arbeit suchen, sondern auch an diejenigen, die aus verschiedenen Gründen nicht am Arbeitsmarkt teilhaben können. Dazu zählen unter anderem Personen mit gesundheitlichen Beeinträchtigungen, familiären Einschränkungen oder Alleinerziehende mit kleinen Kindern (Béraud/Eydoux 2011: 126ff.)

Die erste Säule des Systems, die Arbeitslosenversicherung, ist in Frankreich eine beitragsfinanzierte Pflichtversicherung. Zu den von dieser Versicherung erbrachten Leistungen gehören das Arbeitslosengeld (*Allocation d'aide au Retour à l'Emploi*, ARE), ein persönlicher Wiedereingliederungsplan (siehe oben, PPAE), Kurzarbeitergeld und spezielle Leistungen für ältere Arbeitslose. Für die Bereitstellung der Lohnersatzleistungen aus den gezahlten Sozialversicherungsbeiträgen war bis Mitte der 2000er Jahre die UNEDIC (*Union Nationale interprofessionelle pour l'Emploi Dans l'Industrie et le Commerce*) auf nationaler und die ASSEDIC (*ASSociations pour l'Emploi Dans l'Industrie et le Commerce*) auf lokaler Ebene zuständig. Die UNEDIC ist die landesweite Arbeitslosengeldkasse, die von den Sozialpartnern verwaltet wird. Die ASSEDIC sind verantwortlich für die Auszahlung des beitragsfinanzierten Arbeitslosengeldes sowie für die Leistungen der ergänzenden Sozialhilfe in den jeweiligen Departements (Barbier/ Kaufmann 2008: 84). Die öffentliche Vermittlung von Arbeitslosen unterstand jedoch bis 2005 der staatlichen Arbeitsverwaltung *Agence Nationale Pour l'Emploi* (ANPE), mit der Hauptfunktion der Stellenvermittlung und der Implementierung spezifischer Arbeitsmarktprogramme mit vielen dezentralen Büros und Dienstleistungen. Daneben waren die staatlichen Berufsbildungsinstitutionen für Erwachsene (AFPA) zuständig für berufliche Qualifikation und Beratung (Béraud/Eydoux 2011: 41).

Seit 2005 begannen sich die unterschiedlichen Institutionen miteinander zu verschmelzen. Es wurde unter anderem eine Vereinbarung zwischen ANPE und UNEDIC getroffen, um eine bessere Abstimmung zu erzielen und die Vermittlung der Arbeitslosen durch die ANPE zu optimieren (Pes Monitor 2008). Im Jahr 2009 wurden die staatliche Arbeitsagentur ANPE und die Arbeitslosenkasse der Sozialpartner ASSEDIC zu einer einheitlichen Arbeitsagentur (*Pôle emploi*) zusammengelegt. Seit diesem Zeitpunkt unterliegen die Betreuung und Integration der Arbeitslosen in den Arbeitsmarkt sowie die Auszahlung ihrer Bezüge einer einheitlichen Institution mit dem Ziel, Arbeitslose aktiver als bisher bei der Rückkehr in den Arbeitsmarkt zu unterstützen (Uterwedde 2009: 7).

Um Leistungen aus der Arbeitslosenversicherung zu erhalten, muss eine Beschäftigung von mindestens sechs Monaten (= Versicherungsmitgliedschaft) in den letzten 22 Monaten (36 Monate für Personen ab einem Alter von 50 Jahren) vor Eintritt der Arbeitslosigkeit bestanden haben. Des Weiteren ist an den Erhalt von Arbeitslosengeld eine aktive Arbeitssuche, physische Arbeitsfähigkeit und ein Hauptwohnsitz in Frankreich gekoppelt. Die Leistungen der ARE richten sich jedoch nur an Personen unter 60 Jahren, ältere Antragsteller bekommen bis zur Rente eine gesonderte Leistung ausgezahlt. Des Weiteren darf der Arbeitsplatz nicht freiwillig aufgegeben worden sein (ohne gesetzlich anerkannten Grund) (MISSOC 2010). Die maximale Auszahlungsdauer der ARE liegt zwischen sieben und 23 Monaten oder drei Jahren (wenn der Begünstigte über 50

Jahre alt ist). Die Auszahlungshöhe bestimmt sich als Anteil eines sogenannten Tagesreferenzlohns und richtet sich nach dem vorherigen Arbeitsentgelt. Ein Mindestbetrag von 26,01 € pro Tag muss jedoch ausgezahlt werden (MISSOC 2008). So besteht das Arbeitslosengeld aus einem fixen und einem variablen Teil. Der Gesamtbetrag darf einen Mindestbetrag nicht unterschreiten und einen Höchstbetrag nicht überschreiten. Das Arbeitslosengeld unterliegt der Besteuerung.

Die zweite Säule des Arbeitslosenschutzes ist die ASS (*Allocation de solidarité spécifique*), die aufgrund der Bedarfsprüfung ihrer Leistungen zur Mindestsicherung gehört. Das französische Mindestsicherungssystem bestand bis zum Jahr 2009 aus zehn beitragsunabhängigen bedarfsgeprüften Unterstützungsleistungen für jeweils unterschiedliche Zielgruppen. Seit 2009 existieren nur noch neun unterschiedliche Hilfeleistungen. Je nach Lebenslage oder Zugehörigkeit zu einer bestimmten Bevölkerungsgruppe wird eine dieser Leistungen gewährt, die sich im Niveau zum Teil erheblich voneinander unterscheiden. Im Hinblick auf die im Projekt betrachteten Risikogruppen sind drei (seit 2009 zwei) Mindestsicherungssysteme von besonderer Relevanz: ASS, API und RMI bzw. RSA (Bahle et al. 2011).

ASS: Die ASS wurde 1984 eingeführt und richtet sich an Personen, deren Anspruch auf Arbeitslosengeld ausgelaufen ist. Es handelt sich dabei um eine bedarfsgeprüfte, jedoch versicherungsbasierte Leistung, die fünf Beschäftigungsjahre in den letzten zehn Jahren vor Beendigung der Beschäftigung sowie eine aktive Arbeitssuche voraussetzt. Dabei kann die ASS für maximal zwei Jahre bezogen werden. Der maximale Leistungssatz lag im Juli 2008 bei 14,74 € pro Tag, und damit bei 442,20 € im Monat. Die Zahlung erfolgt dabei unter der Bedingung einer Bedürftigkeitsprüfung, die sowohl den Antragsteller als auch die familiäre Situation miteinbezieht. Einkommen von Partnern werden angerechnet. Die ASS wird dann in voller Höhe gezahlt, wenn das monatliche Einkommen der Person (oder des Paares) unter einer bestimmten Grenze liegt. Der Maximalbetrag im Jahr 2008 lag bei 589,60 € (netto) für eine einzelne Person und 1.179,20 € für Paare (OECD 2008).

(b) Soziale Mindestsicherung

RMI und *RSA:* Das *Revenu Minimum d'Insertion* (RMI) stellt die dritte Säule der sozialen Sicherung bei Arbeitslosigkeit dar und ist zugleich das wichtigste Instrument zur Mindestsicherung der französischen Bevölkerung. Das RMI wird lokal finanziert und ist nicht an eine vorangegangene Versicherung gebunden. Dabei stellt das RMI nur eine von neun (nach 2009 dann nur noch acht weiteren) sozialen Mindestsicherungsleistungen dar. Das RMI als universales Sicherungsnetz existiert seit 1988 als Antwort auf die stark ansteigende Zahl der nicht versicherten und ausgegrenzten Personen am Arbeitsmarkt. Das RMI stellte ein Ba-

162

Kapitel 8

siseinkommen für alle Personen ab 25 und bis 60 Jahren und für jüngere Erwachsene mit Kindern dar und beinhaltet neben einer finanziellen Hilfeleistung auch ein aktivierendes Element zur Arbeitsmarktintegration (siehe oben). Seit 2003 sind die Leistungen des RMI an die Unterzeichnung einer Eingliederungsvereinbarung (*contrat d'insertion*) gekoppelt. Die Leistungshöhe des RMI berechnet sich nach der Haushaltsgröße und der Anzahl der abhängigen Personen. Familienleistungen, Arbeitseinkommen oder Einkommen aus Vermögen werden angerechnet. Die Obergrenze des monatlichen Einkommens aus garantiertem Mindesteinkommen lag im Jahr 2008 für Alleinstehende bei 447,91 € und für einen Haushalt ohne Kinder bei 671,87 €. Alleinerziehende mit einem Kind erhielten 671,87 €, mit zwei Kindern 806,24 € und Paare je nach Anzahl der vorhandenen Kinder 806,24 € (ein Kind), 940,62 € (zwei Kinder), 1.119,78 € (drei Kinder) (MISSOC 2008).

API: Diese Leistung wurde 1976 eingeführt und richtete sich an Alleinerziehende mit Kindern unter drei Jahren. Seit 2009 wurde die API in die neue RSA (vormals RMI) integriert. Die API stellte eine finanzielle Unterstützungsleistung dar, die für eine gewisse Zeit das Familieneinkommen für das alleinerziehende Elternteil sicherstellen soll. Dabei wird zwischen dem Bezug von „kurzer" und „langer" API unterschieden. Für Elternteile, die ein oder mehrere Kinder unter drei Jahren zu versorgen haben, wird API bis zum dritten Lebensjahr des Kindes ausbezahlt. Elternteile mit älteren Kindern, die seit weniger als einem Jahr geschieden, getrennt oder verwitwet sind, erhalten unabhängig vom Alter des Kindes die „kurze API" für einen Zeitraum von einem Jahr (OECD 2008). Die Leistungen sind bedarfsgeprüft und stehen nur solchen Familien zu, deren Einkommen eine gewisse Grenze nicht überschreitet. Im Jahr 2008 erhielt ein Elternteil mit unterhaltsberechtigten Kindern 566,79 € monatlich plus 188,93 € pro unterhaltsberechtigtem Kind.

Zum 1. Juni 2009 wurde der RMI durch den RSA (*Revenu de Solidarité Active*) ersetzt. Der RSA integriert die vorherige Hilfe für Alleinerziehende API und den RMI, sowie einige Unterstützungsleistungen für Geringverdiener, die weniger als das 1,04-fache des Mindestlohns SMIC verdienen. Der RSA ist somit beides, eine Leistung für Arbeitslose wie auch eine Unterstützungsleistung für Personen in Arbeit. Anspruchsberechtigt sind Personen ab 25 Jahren oder jüngere Personen mit eigenen Kindern sowie Personen unter 25, die in den letzten drei Jahren zwei Jahre beschäftigt waren. Des Weiteren verpflichtet der Erhalt von RSA zur aktiven Arbeitssuche. Der RSA besteht weiterhin aus einem Pauschalbetrag und einer einkommensbezogenen Komponente. Für nicht erwerbstätige Personen stellt der RSA ein Mindesteinkommen von circa 450 € monatlich dar. Bei Ausübung einer Erwerbsarbeit hingegen ist er eine Art Kombilohn, d.h. ein Lohnzuschuss, der degressiv gestaltet ist und bis zu einem Lohnniveau bezahlt wird, das dem 1,04-fachen des staatlichen Mindestlohns SMIC entspricht.

8.4 Stufe 3: Monetäre Unterstützung von Familien

Frankreich war zusammen mit Belgien der Pionier der Familienpolitik. Seit dem 19. Jahrhundert hat sich ein vielfältiges, komplexes und umfassendes System der Familienförderung entwickelt, zu dessen Kernbestandteilen die steuerliche Förderung von Familien, das allgemeine Kindergeld und eine Reihe von speziellen Leistungen für junge Familien, Alleinerziehende und Familien mit geringem Einkommen zählen. In allen Bereichen werden Familien mit drei und mehr Kindern besonders stark gefördert. Trotz dieses verzweigten und ausgebauten Systems gibt es aber Sicherungslücken, die für bestimmte Risikogruppen spürbar sind, insbesondere für Familien mit nur einem Kind oder für Alleinerziehende mit älteren Kindern.

(a) Steuervorteile

Besteuerung des Familieneinkommens: Frankreich hat ein Familiensplittingsystem für die Veranlagung der privaten Einkommensteuer. Dieses System berücksichtigt bei der Besteuerung des Einkommens von Familien die Zahl der Familienmitglieder. Dabei wird ein bestimmter Familienquotient (*quotient familial*) berechnet. Wie beim Ehegattensplitting in Deutschland werden zunächst die Einkünfte der Partner addiert. Anders als in Deutschland ist eine Ehe jedoch nicht notwendig, es genügt auch eine eingetragene Lebensgemeinschaft oder der Nachweis, dass man Alleinerziehend ist. Bei der Berechnung des zu versteuernden Einkommens wird je nach Größe der Familie ein Faktor, der Familienquotient, zugrunde gelegt. Das gesamte Familieneinkommen wird dann durch diesen Quotienten geteilt. Die auf die einzelnen Teile des Einkommens entfallende Steuer wird wieder mit dem Familienquotienten multipliziert und ergibt die Steuerschuld der Familie. Der Familienquotient für ein verheiratetes Paar ohne Kinder liegt bei 2,0, die ersten zwei Kinder werden zusätzlich jeweils mit dem Faktor 0,5 berücksichtigt, jedes weitere Kind mit dem Faktor 1. Berücksichtigt werden jedoch nur Kinder bis zum Alter von 18 Jahren (Gerlach 2010: 399). Alleinerziehende werden mit dem Faktor 1,5 besteuert, wodurch auch diese Familienform vom Familiensplitting profitieren kann. Für Kinder von Alleinerziehenden werden dieselben Faktoren angesetzt wie bei den Paarfamilien. Eine Alleinerziehende mit einem Kind hat demnach einen Splittingquotienten von 2,0. Das Familiensplitting unterliegt einer Einkommensgrenze, die aber so hoch angesetzt ist, dass nur ein sehr geringer Anteil der Familien nicht davon profitiert (Luci 2010: 12).

(b)   Kindergeld und andere Familiengeldleistungen

Die direkte finanzielle Förderung von Familien in Form von Transfers besitzt in Frankreich eine lange Tradition. Seit 1945 stellen die Familienkassen einen autonomen Versicherungszweig dar und sind fester Bestandteil der Sozialversicherungen. Die Familienpolitik in Frankreich kennzeichnet sich vor allem durch die Unterstützung von bedürftigen und kinderreichen Familien. Organisiert, verwaltet und ausbezahlt werden die Leistungen durch die Familienkasse *Caisse Nationale d'Allocations Familiales* (CNAF) und ihre Filialen auf lokaler Ebene (*Caisses d'Allocations Familiales*, CAF). Die CAF ist neben der Ausbezahlung monetärer Leistungen für Familien auch für die Ko-Finanzierung von Kinderbetreuung zuständig (Veil 2003). Das Kindergeld (*allocations familiales*) wird unabhängig vom Einkommen ausbezahlt. Es wird in Frankreich erst ab dem zweiten Kind bezahlt. Kindergeld wird bis zum 20. Lebensjahr ausbezahlt, solange das Einkommen des Kindes nicht 55% des Mindestlohns SMIC übersteigt (MISSOC 2010). Das Kindergeld unterstützt größere Familien überproportional. Familien mit drei Kindern erhalten mehr als doppelt so viel an Kindergeld wie eine Familie mit zwei Kindern, Familien mit nur einem Kind erhalten nichts. Nach dem dritten Kind erhöht sich das Kindergeld linear mit jedem weiteren Kind. Zusätzlich gibt es Alterszuschläge für Kinder ab dem 14. Lebensjahr, nicht jedoch für das erste Kind in einer Zwei-Kind-Familie. Kinder von geringverdienenden Eltern erhalten einen Zuschlag (*complément familial*). Dieser Zuschlag ist einkommensabhängig und steht nur Familien mit mindestens drei Kindern zu, die älter als drei Jahre sind (République Française 2012c).

Daneben gibt es auch eine Förderung von Familien mit kleinen Kindern. Das PAJE (*Prestation d'accueil du Jeune Enfant*) für alle Kinder, die ab 2004 geboren sind, gewährt auch Zahlungen für Familien mit einem Kind. PAJE ersetzt die zuvor gültigen Leistungen der APJE (*Allocation Pour Jeunes Enfants*), APE (*Allocation Parentale d'Education*), AFEAMA (*Aide Financières à l'Emploi d'une Assistante Maternelle Agrée*) und AEGD (*Allocation de Garde d'Enfant à Domicile*) (Luci 2010: 9). PAJE besteht aus vier verschiedenen Elementen für Eltern, die zum Teil an eine Einkommensgrenze gekoppelt sind und vor allem Leistungen für Familien mit geringem Einkommen darstellen. Ein Grundbetrag (*allocation de base*) wird vom Monat der Geburt bis zum dritten Lebensjahr des Kindes gezahlt. Eine einmalige Geburts- oder Adoptionshilfe (*prime à la naissance*) wird ab dem siebten Monat der Schwangerschaft oder am Tag der Ankunft des adoptierten Kindes bezahlt. Beide Leistungen sind einkommensabhängig (eine bestimmte Einkommensgrenze darf nicht überschritten werden) und richten sich nach dem Familienstand, der Anzahl der unterhaltsberechtigten Kinder und der Anzahl der Hauptverdiener (République Française 2012b). Unter den PAJE fällt auch ein Zuschuss für die freie Wahl der Tätigkeit (*Complément du Libre Choix d'Activité*, CLCA), der sich an Eltern mit Kindern unter drei Jahren richtet. Er erlaubt einem Elternteil, seine Tätigkeit für die erste Zeit einzustellen oder zu reduzieren. Die Leistung wird jedoch nur an Eltern ausbezahlt, die zwei Jahre vor der Ankunft des Kindes berufstätig waren. Wenn es sich um das zweite Kind handelt, sind es zwei Jahre innerhalb der letzten vier Jahre (fünf Jahre bei drei oder mehr Kindern) (République Française 2011). Dadurch werden Eltern mit diskontinuierlicher Erwerbsbiographie zum Teil von diesen Leistungen ausgeschlossen (Luci 2010: 9).

Die Dauer der Leistung richtet sich nach der Anzahl der Kinder und wird Eltern mit nur einem Kind für bis zu sechs Monate gewährt, Eltern mit zwei Kindern oder mehr für 36 Monate. Zudem besteht die Möglichkeit für Eltern mit drei Kindern oder mehr, die keine drei Jahre ihre Erwerbstätigkeit unterbrechen oder verkürzen wollen, einen optionalen Zuschuss COLA (*Complément Optionel de Libre choix d'Activité*) für ein Jahr in Anspruch zu nehmen und ihre Erwerbstätigkeit zu unterbrechen (Luci 2010: 9). Dieser Betrag fällt dann höher aus als der Betrag des regulären Zuschusses. Der volle CLCA-Satz kann nicht mit Leistungen für Arbeitslose kombiniert werden.

Das vierte Element des PAJE beinhaltet einen Zuschuss für die freie Wahl der Kinderbetreuung (*complément du libre choix du mode de garde*). Hierbei handelt es sich um eine teilweise Übernahme der Betreuungskosten für Kinder unter sechs Jahren, die entweder zu Hause von einem Kindermädchen oder bei einer staatlich akkreditierten Tagesmutter betreut werden. Diese Leistung richtet sich an vollzeiterwerbstätige Eltern, eine Kumulierung des Zuschusses im Falle einer Teilzeitbeschäftigung mit professioneller Kinderbetreuung ist jedoch auch möglich. Generell richtet sich die Höhe der Bezuschussung nach dem Erwerbsstatus der Eltern (in Paarhaushalten müssen beide Eltern einer Beschäftigung nachgehen), nach dem Einkommen und nach der Anzahl der Kinder (nach Alter). Zusätzlich zu der Bezuschussung des an die Betreuungsperson zu zahlenden Lohns werden 50% der anfallenden Sozialbeiträge (bis zu einer Obergrenze) für Kindermädchen (Betreuung zu Hause) und 100% für Tagesmütter (Betreuung bei der Tagesmutter) vom Staat übernommen. Dabei gilt jedoch, dass 15% des Nettolohns von den Eltern selbst getragen werden müssen (Luci 2010: 11). Um sich für den Kinderbetreuungszuschuss zu qualifizieren, müssen die Eltern ein bestimmtes Mindesteinkommen erzielen.

8.5 Fazit

Das französische Politikprofil zeigt einige im internationalen Vergleich charakteristische Merkmale, die für unsere Risikogruppen von Bedeutung sind. Zunächst ermöglicht die relativ gute Kinderbetreuung den Eltern eine gute Erwerbsinte-

gration, die tatsächlich in erster Linie auf Vollzeitbasis erfolgt. Die hohe Tarifabdeckung und der relativ hohe gesetzliche Mindestlohn sorgen zudem für ein
relativ geringes Problem der Niedriglohnbeschäftigung. Das große Problem
Frankreichs ist jedoch die hohe strukturelle Arbeitslosigkeit und die soziale Exklusion bestimmter Risikogruppen vom Arbeitsmarkt und von der sozialen Sicherung, mit anderen Worten: ein ausgeprägter Dualismus zwischen Insidern
und Outsidern, der durch das stark erwerbsbezogene System der sozialen Sicherung Bismarck'scher Prägung akzentuiert wird. Somit ist der Anteil der Risikogruppen im internationalen Vergleich der fünf Länder zwar niedrig, deren Situation aber durchaus als prekär zu bezeichnen. Dies gilt zunächst für eine Gruppe
von Alleinerziehenden, die trotz guter Kinderbetreuung Probleme der Erwerbsintegration haben oder bei partieller Erwerbsintegration in Teilzeit mit geringem
Einkommen arbeiten. Das französische System des Mindestlohns und die soziale
Sicherung sind wenig auf die Bedürfnisse von Teilzeitbeschäftigten zugeschnitten, die das Gros der *Working Poor* bilden. Eine zweite Problemgruppe sind die
Langzeitarbeitslosen (und Langzeitarbeitsuchenden), die nicht (mehr) vom Versicherungssystem erfasst werden. Für sie gibt es zum einen aufgrund der Defizite der Teilzeitarbeit und des hohen Mindestlohns relativ hohe Beschäftigungshürden, zum andern sind die Leistungen der sozialen Mindestsicherung, auf die
diese Gruppe zumeist angewiesen ist, sehr niedrig. Trotz einer längeren Ge-
schichte der Aktivierungspolitik als in Deutschland oder im Vereinigten Königreich kann Aktivierung unter den Bedingungen des stark dualistisch geprägten
und segmentierten französischen Arbeitsmarktes nicht gut funktionieren.

Es gibt somit eine deutliche Tendenz zur sozialen Exklusion bestimmter
Gruppen, die weder auf dem Arbeitsmarkt noch in der sozialen Sicherung richtig
Fuß fassen können. Zu diesen Gruppen gehören leider auch eine Anzahl Alleiner-
erziehender, die trotz der breiten französischen Familienpolitik oftmals nicht in
die Arbeitswelt integriert und von Armut bedroht sind. Insgesamt schafft das
französische Modell wenig Raum für Zwischenlösungen auf dem Weg in Arbeit
und aus Armut. Verantwortlich dafür sind jedoch weniger die Familienpolitik
als die Verkrustung der Arbeitsmärkte und die dualistische soziale Absicherung,
die Risikogruppen oft in eine zweitrangige Position versetzt.

9 Niederlande: ein alternatives Modell?

Der niederländische Arbeitsmarkt ist durch einen hohen Anteil atypischer Beschäftigung, vor allem Teilzeit, gekennzeichnet. Das soziale Sicherungssystem ist umfassend und zumindest teilweise an die durch atypische Beschäftigung geprägten, flexiblen Bedingungen am Arbeitsmarkt angepasst. Es ist eine Hybridform zwischen dem konservativ-korporatistischen und sozialdemokratischen Wohlfahrtsregime, enthält aber auch liberale Elemente (van Oorschot 2008: 469). Die Bismarckschen Arbeitnehmerversicherungen sind beitragsfinanziert (von Arbeitnehmern bis Ende 2008 und Arbeitgebern) und sichern diese gegen Arbeitslosigkeit und Arbeitsunfähigkeit ab. Der Zugang zum Arbeitslosengeld (WW) zum Beispiel ist offen und die Lohnersatzrate hoch, die Bezugsdauer variiert jedoch mit der Beschäftigungsdauer. Ebenfalls aus Beiträgen finanziert (von Arbeitnehmern und Selbstständigen) sind die universellen Volksversicherungen für alle, die in den Niederlanden wohnen oder arbeiten. Sie umfassen eine Grundsicherung im Alter (AOW, die durch eine private, betriebliche Rente ergänzt wird) und eine Hinterbliebenenrente (Anw). Universelle, steuerfinanzierte Familienleistungen sind das Kindergeld (AKW), der Kinderzuschlag (nur für Familien mit niedrigen Einkommen, wurde 2009 durch eine Beihilfe ersetzt) und seit 2007 der Kinderbetreuungszuschlag. Die verbleibenden Betreuungskosten müssen Eltern und Arbeitgeber tragen. Die Betreuungsplätze stellt der Markt bereit. Die Krankenversicherung (Zvw) ist für alle, die in den Niederlanden wohnen oder arbeiten, obligatorisch. Als letztes Sicherungsnetz fungiert die steuerfinanzierte und bedürftigkeitsgeprüfte Sozialhilfe für alle, die kein (ausreichendes) Erwerbseinkommen und keinen Anspruch auf andere Leistungen haben. Die Höhe der Sozialhilfe ist pauschal und orientiert sich am Mindestlohn. Der Wohlfahrtsstaat reicht schließlich noch in andere Bereiche, wie etwa Wohnen (z.B. Sozialwohnungen und Wohngeld) oder Bildung (z.B. kostenlose Schulbildung).

Die Niederlande zeichnen sich durch einen hohen Grad an Korporatismus aus. Der Staat und die Sozialpartner arbeiten in wichtigen wirtschaftlichen und sozialen Fragen zusammen (Polder-Modell). Hauptinstitutionen sind hier die bipartistische Stiftung für Arbeit (*Stichting van de Arbeid*, STAR) und der tripartistische Sozialökonomische Rat (*Sociaal Economische Raad*, SER), in dem ein Drittel der Mitglieder durch die Regierung ernannt wird. Die Regierung gibt im Sozialökonomischen Rat Anstöße für Regulierungen. Für die Umsetzung sind die Sozialpartner verantwortlich. Da, wo dies nicht funktioniert, werden gesetzliche Mindeststandards gesetzt, von denen aber oftmals per Tarifvertrag oder Betriebsvereinbarung abgewichen werden kann (Visser/Hemerijck 1997). In den Niederlanden sind Tarifverträge häufig allgemeinverbindlich. Die Tarifbindung ist mit 85% der Beschäftigten ähnlich hoch wie in Dänemark, trotz sinkendem gewerkschaftlichen Organisationsgrad (ICTWSS 2013). Durch Tarifverträge werden Löhne, Arbeitsbedingungen etc. dezentral ausgehandelt und können so flexibel an die Branchen- und Unternehmenssituation angepasst werden. Regelungen sind dadurch jedoch auch je nach Wirtschaftssektor uneinheitlich.

Unsere Analysen zu den Niederlanden haben ergeben, dass – erstens – Familien häufig in den Arbeitsmarkt integriert sind und – zweitens – familiäre Risikogruppen selten von Armut betroffen sind. Welche Kombination aus Politiken der Arbeitsmarktintegration und Einkommenssicherung von Familien hinter diesen guten Ergebnissen stehen, wird im Folgenden dargestellt.

9.1 Stufe 1: Förderung der Erwerbsintegration

(a) Teilzeitarbeit

Das wohl hervorstechendste Merkmal des niederländischen Politikprofils ist die Förderung der Arbeitsmarktintegration durch Teilzeitarbeit.[1] Die Niederlande haben mittlerweile dank der hohen Teilzeitbeschäftigung eine der niedrigsten Arbeitslosenquoten und höchsten Beschäftigungsraten in Europa (Schmeißer et al. 2012). Die Expansion der Teilzeitbeschäftigung geht auf die schlechte wirtschaftliche Lage und hohe Arbeitslosigkeit in den 1980er Jahren zurück. In einer Reihe von Abkommen (1982 Wassenaar, 1992 und 1993) hatten sich die Regierung und Sozialpartner zur Lösung dieser Probleme auf moderate Lohnerhöhungen gegen Arbeitszeitverkürzung geeinigt (Visser/Hemerijck 1997; Salverda 2008: 86; van Oorschot 2008: 468).

Die Ausweitung von Teilzeitarbeit wurde von den Sozialpartnern und vom Staat als ein Mittel zur Bekämpfung der Arbeitslosigkeit und Steigerung bzw. Sicherung der Beschäftigung von Frauen und Älteren gesehen. Zur Akzeptanz von Teilzeitarbeit hat zudem beigetragen, dass in den Niederlanden schon seit 1957 eine universelle Grundsicherung im Alter (AOW) existiert, die unabhängig von vorheriger Erwerbstätigkeit (aber abhängig von der Wohnsitzdauer) eine existenzsichernde Rente garantiert (Klammer 2000: 317; Weinkopf 2003: 26; van Oorschot 2008: 471ff.).

Darüber hinaus wurden sozial- und arbeitsrechtliche Benachteiligungen von Teilzeitbeschäftigten sukzessive abgebaut. In den 1980ern wurden die Mindest-

---

1   Auch andere flexible, atypische Beschäftigungsverhältnisse (befristete Beschäftigung, Leiharbeit) sind in den Niederlanden (zunehmend) verbreitet. Sie spielen gegenüber der Teilzeitarbeit eine geringere Rolle. Mittlerweile sind mehr Erwerbspersonen teilzeitbeschäftigt als unbefristet vollzeitbeschäftigt (Normalarbeit) (Schmeißer et al. 2012).

arbeitszeit- und -verdienstgrenzen in den Sozialversicherungen abgeschafft. Teil-zeitbeschäftigten wurde damit grundsätzlich der Zugang zu den Versicherungen eröffnet (van Oorschot 2008: 476). Seit 2006 müssen alle Einwohner kranken-versichert sein. Personen mit niedrigen Haushaltseinkommen werden hinsicht-lich ihrer Beiträge vom Staat finanziell unterstützt. Die Leistungen der Volks-versicherungen (z.b. Grundsicherung im Alter [AOW], Kindergeld) sind weit-gehend universell und werden überwiegend aus Beiträgen von Arbeitnehmern und Selbstständigen anteilig zu ihrem Erwerbseinkommen finanziert. Die Leis-tungen der Arbeitnehmerversicherungen (z.b. Arbeitslosengeld, Arbeitsunfähig-keitsrente) werden nun nur noch aus Arbeitgeberbeiträgen finanziert und sind abhängig vom Lohn (van Oorschot 2008: 469f.). Die Nettoersatzraten sind bei geringen Verdiensten höher als bei hohen, wodurch Teilzeitbeschäftigte begüns-tigt werden (Schulze Buschoff/Protsch 2008: 65). Reichen die Versicherungsleis-tungen und Arbeitseinkommen nicht zum Lebensunterhalt aus, besteht Zugang zu Sozialhilfe (siehe Abschnitt „Sozialer Schutz bei Nichterwerbstätigkeit").

In den 1990ern wurde der gesetzliche Mindestlohn samt Urlaubsgeld auf Teilzeitarbeit ausgeweitet (1993), der Zugang zur Betriebsrente verbessert (1994) und die Gleichbehandlung von Teilzeit- und Vollzeitbeschäftigten gesetzlich ver-ankert (1996). Letztere ist nun in Tarifverträgen, die u.a. Stundenlöhne, Lohn-ersatzraten, betriebliche Sozialleistungen, Urlaubsregelungen und Weiterbildung festlegen, verbindlich einzuhalten (van Oorschot 2008: 476). In den Niederlan-den ist daher eine geringere Lohndiskriminierung von Teilzeitbeschäftigten zu beobachten (Salverda 2008: 86). Seit 2000 haben Arbeitnehmer in Unternehmen mit mindestens zehn Beschäftigten zudem das Recht auf Arbeitszeitverkürzung und auch -verlängerung, sofern die betrieblichen Möglichkeiten dazu bestehen (van Oorschot 2001: 546).

Teilzeitarbeit geht jedoch mit geringeren monatlichen Verdiensten einher. Geringverdiener im Allgemeinen und vor allem solche mit gut verdienenden Part-nern (Eineinhalbverdiener-Modell) wurden durch Reformen des Einkommensteu-ersystems in den 2000ern mehr entlastet (siehe Abschnitt „Unterstützung von Geringverdienern").

(b) Kinderbetreuung

Formale Kinderbetreuung war in den Niederlanden bis zu den 1990er Jahren noch unterentwickelt. Mit der Förderung von Teilzeitarbeit und dem politischen Ziel, die Frauenerwerbstätigkeit zu erhöhen, änderte sich das jedoch schnell. Anfang der 1990er befanden sich nur 2% der Null- bis Dreijährigen in staatlich geför-derter Kinderbetreuung. Zehn Jahre später waren es immerhin fast 20% (Kremer 2007: 156; Knijn/Saraceno 2010: 448). Zum Untersuchungszeitpunkt wurden mehr als die Hälfte der unter Dreijährigen formal betreut. Für den Ausbau der

Kinderbetreuung stellte der Staat den Kommunen finanzielle Mittel bereit. Außerdem unterstützt er seit 1995 Eltern, die ihre Kinder in Betreuung geben, und Arbeitgeber, die Kinderbetreuung anbieten, in Form von Steuererleichterungen (van Oorschot 2008: 477). Seit 2007 existiert für Eltern ein einkommensabhängiger Kinderbetreuungszuschlag, der vom Staat und den Arbeitgebern finanziert wird (siehe unten). Wie in anderen Bereichen sieht sich der Staat aber nicht alleinig verantwortlich für die Kinderbetreuung. Er zahlt vielmehr nur dann, wenn Arbeitgeber und Eltern ebenfalls einen Beitrag leisten, wobei die Arbeitgeberbeiträge mit den Jahren deutlich zunahmen, aber erst seit 2007 gesetzlich verpflichtend sind (siehe unten, Kremer 2007: 169).

Eine weitere Besonderheit ist die Privatisierung des niederländischen Kinderbetreuungssystems. Seit dem Kinderbetreuungsgesetz (*Wet Kinderopvang*) von 2005 sind ausschließlich private (gewinnorientierte oder gemeinnützige) Betreuungseinrichtungen erlaubt (Knijn 2008: 166). Kommunen dürfen keine Kinderbetreuung mehr anbieten. Ihre Aufgabe besteht nur noch in der Qualitätskontrolle der privaten Einrichtungen, für die im Gesetz gewisse Standards festgeschrieben wurden. Eltern kaufen am Markt Kinderbetreuung ein und bekommen (bei Kinderbetreuung, die die gesetzlichen Qualitätsstandards erfüllt) einen Teil der Kosten vom Finanzamt zurück in Form des Kinderbetreuungszuschlags. Auf diese Weise soll der Betreuungsbedarf das Betreuungsangebot bestimmen.

Formale Kinderbetreuung für Kinder von drei Monaten bis zu vier Jahren erfolgt hauptsächlich in Kindertagesstätten (*Kinderdagverblijf*). Die Öffnungszeiten sind hier sehr flexibel. Die meisten haben mindestens zehn Stunden am Tag geöffnet, wobei die Möglichkeit besteht, seine Kinder ganz- oder halbtags ein bis fünf Tage die Woche (Montag bis Freitag) betreuen zu lassen.[2] Der durchschnittliche wöchentliche Betreuungsumfang liegt aber nur bei 2,5 Tagen oder weniger, was vorwiegend an der hohen Teilzeiterwerbstätigkeit von Müttern liegt (Knijn 2008: 157; Council of Europe 2009: 27ff.). Darüber hinaus sind vor allem in Großstädten Kindertagesstätten vorhanden, die rund um die Uhr, sieben Tage die Woche geöffnet haben, allerdings wesentlich höhere Preise verlangen.

Neben den Kindertagesstätten gibt es Tageseltern (*Gastouderopvang*), die bis zu vier Kinder im eigenen Haus oder im Haus der Eltern betreuen. Tageseltern werden jedoch nur dann als formale Kinderbetreuung anerkannt, wenn sie den staatlichen Standards in Bezug auf Qualifikation, etc. entsprechen und in einem Kinderbetreuungsbüro (*Gastouderbureau*) registriert sind.[3] Ist dies der Fall, besteht auch hier ein Anspruch auf Kinderbetreuungszuschlag. Das gilt ebenfalls für die Betreuung durch Großeltern, sofern sich diese als Tageseltern registrieren und zertifizieren lassen.

---

2   www.kinderopvang.net
3   Seit 2010 gibt es ein neues nationales Register. www.kinderopvang.net

Kinder bis zu vier Jahren können zusätzlich für wenige Stunden am Tag an Spielgruppen (*Peuterspeelzalen*) teilnehmen. Im Unterschied zu den beiden erstgenannten Betreuungsformen sind die Spielgruppen (noch) nicht als formale Kinderbetreuung anerkannt. Eltern erhalten hierfür also keinen Kinderbetreuungszuschlag.[4] Generell haben Eltern und ihre Kinder kein Recht auf vorschulische Kinderbetreuung, weder in Spielgruppen noch in Kindertagesstätten oder durch Tageseltern (Council of Europe 2009: 27ff.).

Die Schulpflicht beginnt in den Niederlanden ab dem fünften Lebensjahr. Nahezu alle Kinder gehen aber schon ab vier in die Grundschule, die sie bis zum zwölften Lebensjahr besuchen. Die meisten Grundschulen sind von 8:30 bis 15:30 Uhr geöffnet. Seit dem Schuljahr 2007/2008 müssen Grundschulen Eltern, die dies benötigen, eine außerschulische Ganztagsbetreuung (*Buitenschoolse Opvang*), auch in den Ferien, anbieten (Council of Europe 2009: 28). Damit ist es Eltern von Vorschulkindern rein formal möglich, Vollzeit zu arbeiten.

Bis zum Ende der Schulpflicht (18 Jahre, 16 Jahre im Falle einer Berufsausbildung) ist der Besuch einer öffentlichen Schule kostenlos. Die Betreuung von Kindern im Vorschulalter ist dagegen kostenpflichtig. Für die Kindertagesstätten, Spielgruppen und außerschulische Betreuung zahlen Eltern einen einkommensabhängigen Beitrag. Bei Tageseltern ist der maximale Stundensatz festgelegt. Eltern bekommen vom Staat einen Zuschuss zu den Kosten, sofern es sich um staatlich anerkannte Kinderbetreuung handelt (siehe oben). Der Kinderbetreuungszuschlag (*Kinderopvangtoeslag*) ist im Kinderbetreuungsgesetz von 2005 geregelt. Anspruchsberechtigt sind Eltern, die aufgrund von Erwerbstätigkeit, der Teilnahme an Integrationsmaßnahmen oder aus anderen Gründen auf Kinderbetreuung angewiesen sind. Bei der Berechnung werden maximal 230 Stunden Betreuung pro Kind pro Monat mit einem maximalen Stundensatz von 6,10 € berücksichtigt (Stand: 2008). Eltern mit einem (gemeinsamen) steuerpflichtigen Einkommen auf Niveau des Existenzminimums (2008: 16.926 €) bekommen den maximalen Zuschlag in Höhe von 63,2% der Kosten. Bei höheren Einkommen nimmt der Zuschlag proportional zum Einkommen ab. Er kann sich beim ersten Kind bis auf 0%, bei den weiteren Kindern bis auf 57,4% der Kosten reduzieren (OECD 2008: 16f.). Zudem sind Arbeitgeber seit 2007 gesetzlich dazu verpflichtet, einen Teil der Kinderbetreuungskosten zu übernehmen. Bei Paaren zahlt jeder Arbeitgeber ein Sechstel der Kosten. Bei Alleinerziehenden zahlt der Arbeitgeber ein Sechstel, das andere Sechstel übernimmt der Staat (Knijn/Saraceno 2010: 452). Dieses Drittel wird den Eltern zusammen mit dem Kinderbetreuungszuschlag vom Finanzamt ausbezahlt. Das bedeutet, dass bei Familieneinkommen auf Niveau des Existenzminimums insgesamt 96,5% der Kinderbetreuungskosten von Staat und Arbeitgebern getragen wer-

---

4   www.kinderopvang.net

den. Die Belastung durch Kinderbetreuungskosten dürfte somit für Familien mit niedrigen Einkommen nicht hoch sein.

(c) Aktivierung

Neben Teilzeitarbeit und Kinderbetreuung wurde die Arbeitsmarktintegration auch durch die Aktivierung von Transferabhängigen vorangetrieben. Die Transformation von einem passiven in einen aktiven Wohlfahrtsstaat, der den Bürgern und Kommunen mehr Eigenverantwortung abverlangt, vollzog sich seit den 1980er Jahren in zahlreichen Reformen. Im Zuge dieser Reformen wurden nahezu sämtliche Sozialleistungen gekürzt und die Pflichten für den Bezug von Sozialleistungen ausgeweitet. Die Verwaltung wurde umstrukturiert, sodass es nun eine lokale Anlaufstelle für alle Personen gibt, die Sozialleistungen beantragen. Die Kommunen müssen mit den Mitteln für die Sozialhilfe eigenständig haushalten und haben daher ein höheres Interesse, Sozialhilfeempfänger in den Arbeitsmarkt zu integrieren. Kommunen und Arbeitsämtern ist es zudem weitgehend selbst überlassen, welche Eingliederungsmaßnahmen sie durchführen. Hierbei arbeiten sie häufig mit privaten Dienstleistern zusammen. Der Fokus liegt nun stärker darauf, für jeden Leistungsempfänger die passenden Integrationsmaßnahmen zu finden.

Die Reformen der Sozialversicherungen sind zu zahlreich, um sie hier im Einzelnen darzustellen (für eine etwas ausführlichere Darstellung siehe van Oorschot 2008). Zusammenfassend lässt sich festhalten, dass die Voraussetzungen für den Zugang zu den lohnabhängigen Leistungen der Arbeitnehmerversicherungen (z.B. Arbeitslosengeld, Erwerbsunfähigkeitsrente) erhöht wurden. Die Lohnersatzraten wurden insgesamt gesenkt (sind aber noch relativ hoch) und die Bezugsdauer verkürzt (siehe Abschnitt „Sozialer Schutz bei Nichterwerbstätigkeit"). Auch die Leistungen der Volksversicherungen wurden verringert (Kindergeld), die Zugangsvoraussetzungen verschärft (Hinterbliebenenrente nur noch für Personen, die vor 1950 geboren wurden) und Bedürftigkeitsprüfungen eingeführt (Hinterbliebenenrente, bei der Grundrente AOW nur zu einem kleinen Teil).

Meilensteine der Aktivierung sind die Gesetzgebungen von 1996, 2004 und 2006. Seitdem wird von allen erwerbsfähigen Leistungsempfängern erwartet, dass sie sich um Arbeit bemühen. Im Rahmen der Reform der Arbeitslosenversicherung (*Werkloosheidswet*, WW) von 1996 wurden unter anderem die Pflichten von Arbeitslosen erhöht. Im Sozialhilfegesetz (*Algemene Bijstandswet*, ABW) von 1996 wurde auch der Erhalt von Sozialhilfe erstmals explizit an Pflichten zur Arbeitssuche und -aufnahme geknüpft, die nun ebenfalls für Alleinerziehende mit Kindern über fünf Jahre (vorher zwölf) galten. Unter der Reformdevise „Arbeit vor Transfereinkommen" wurde 2004 das Sozialhilfegesetz zusammen mit anderen Bestimmungen in das neue Gesetz über Arbeit und Sozialhilfe (*Wet Werk en Bijstand*, WWB) integriert (Sproß/Lang 2008: 30ff.). Die Pflichten für erwerbsfähige Leistungsempfänger wurden hierin erheblich ausgeweitet. Erstens schreibt das Gesetz vor, dass nun alle die Pflicht haben, nach Arbeit zu suchen und Arbeit anzunehmen. Die Ausnahmeregeln für Alleinerziehende (mit Kindern unter fünf Jahren) und ältere Arbeitnehmer (57+) wurden abgeschafft. Selbst Alleinerziehende mit kleinen Kindern sollten also wie alle anderen behandelt werden, sofern die Kinderbetreuung gewährleistet ist. Diese Regelung wurde jedoch 2008 erneut überarbeitet. Seitdem können sich Alleinerziehende insgesamt bis zu sechs Jahre von Pflichten befreien lassen. Sie müssen aber an Maßnahmen teilnehmen, sofern diese für die Arbeitsmarktintegration nach Ablauf der „Schonfrist" als sinnvoll erachtet werden (Sproß/Lang 2008: 35; Finn/Gloster 2010: 78ff.). Zweitens wurde mit dem Gesetz generell die Pflicht zur Teilnahme an Maßnahmen eingeführt. Drittens wurde die Pflicht zur Arbeitsaufnahme dahingehend verschärft, dass jede zumutbare Arbeit auch unterhalb der eigenen Qualifikation und außerhalb des erlernten Berufs angenommen werden muss (Sproß/Lang 2008: 37). Über Pflichten und Ausnahmen entscheiden die zuständigen Behörden und Fallmanager von Person zu Person, auch in Abhängigkeit vom lokalen Arbeitsmarkt und Zugang zu Kinderbetreuung. Ebenso ist es ihnen seit 2004 freigestellt, welche Sanktionen sie bei Pflichtverstößen verhängen (Sproß/Lang 2008: 43). Daher werden Pflichten und Sanktionen im Allgemeinen und bei Alleinerziehenden im Besonderen auf kommunaler Ebene sehr unterschiedlich gehandhabt (van Berkel 2006; Sproß/Lang 2008: 33; Finn/Gloster 2010: 80).[5] Seit 2006 unterliegen nun auch erwerbsfähige Bezieher von Leistungen bei Arbeitsunfähigkeit (WIA) den genannten Pflichten (siehe Abschnitt „Sozialer Schutz bei Nichterwerbstätigkeit").

Im Zuge der Transformation in einen aktiven Wohlfahrtsstaat wurde die Verwaltung entsprechend umstrukturiert. 2002 wurden die Verwaltungen der Arbeitnehmerversicherungen zu einem Institut (*Uitvoeringsinstituut Werknemersverzekeringen*, UWV) zusammengelegt. Zudem wurden lokale Zentren für Arbeit und Einkommen (*Centrum voor Werk en Inkomen*, CWI, ab 2009: *UWV-Werkbedrijf*) als einheitliche Anlaufstellen für alle Personen, die Sozialleistungen beziehen wollen, eingerichtet. Die CWIs überprüfen den Anspruch auf Leistungen der Arbeitnehmerversicherungen sowie der Sozialhilfe und überweisen die Anspruchsberechtigten an die zuständigen Behörden. Diese sind im Falle von Arbeitslosengeld und Arbeitsunfähigkeitsleistungen das UWV und im Falle von Sozialhilfe die Kommunen. Die CWIs schätzen darüber hinaus die Arbeitsmarktnähe der Leistungsempfänger ein, auf deren Basis über Maßnahmen zur Arbeitsmarktintegration entschieden wird (Sproß/Lang 2008: 33).

---

5   Vor 2004 waren formal etwa zwei Drittel der erwerbsfähigen Sozialhilfebezieher von Pflichten ausgenommen (Sproß/Lang 2008: 35). Daran hat sich real durch die unterschiedliche lokale Aktivierungspraxis offenbar nicht viel geändert (Finn/Gloster 2010: 81).

Entsprechend ihrer Nähe zum Arbeitsmarkt werden Leistungsempfänger einer von vier Gruppen zugeordnet. Personen, die in die erste Kategorie fallen, sind solche, von denen erwartet wird, dass sie sehr schnell einen Job finden und dafür keine große Unterstützung benötigen (*Basisreintegratie*). Sie werden vom CWI bis zu sechs Monate betreut und beraten. In Gruppe zwei befinden sich Personen, denen kurze Maßnahmen zur erfolgreichen Arbeitsmarktintegration ausreichen sollten. Gruppe drei umfasst Personen, die Probleme haben auf den ersten Arbeitsmarkt zu kommen und intensivere Aktivierung benötigen (*Reintegratie Plus*). Der Gruppe vier werden schließlich Personen zugewiesen, die es ohne Hilfe nicht schaffen werden, eine Arbeit zu finden. Der Fokus liegt bei dieser Gruppe auf der sozialen Integration, die langfristig eine Integration in den Arbeitsmarkt ermöglichen soll (*Sociale Activering*). Maßnahmen richten sich in erster Linie an die Gruppen zwei bis vier, für die das UWV und die Gemeinden verantwortlich sind (Fromm/Sproß 2008: 49ff.).

Um diese Aufgabe wahrnehmen zu können, wurde 1998 erstmals ein kommunaler Beschäftigungsfonds eingerichtet, aus dem Integrationsmaßnahmen finanziert werden können.[6] Seit 2004 sind die Kommunen nicht nur für die Integration von Sozialhilfeempfängern, sondern auch für die Finanzierung der Sozialhilfe zuständig. Dazu erhalten sie vom Bund ein fixes Budget. Entstehen etwa durch eine hohe Zahl von Sozialhilfeempfängern Mehrausgaben, müssen sie diese selbst tragen. Überschüsse dürfen sie dagegen auch für andere Aufgaben verwenden. Auf diese Weise sollen die Anreize für Kommunen erhöht werden, Sozialhilfeempfänger in den Arbeitsmarkt zu integrieren. Die Zahl von Sozialhilfeempfängern ist seit Einführung dieses Anreizsystems gesunken. Es wird aber dahingehend kritisiert, dass es vor allem die schnelle Integration von arbeitsmarktnahen Gruppen fördere und eine Verschiebung von (teurerer) Qualifizierung hin zu Beratung und Vermittlung bewirke (van Berkel 2007: 83ff.; Sproß/Lang 2008: 42ff.).

Das WWB von 2004 macht bezüglich der Integration von Leistungsempfängern kaum noch Vorgaben. Die meisten sollen in irgendeiner Form in Maßnahmen eingebunden werden. Leistungsempfänger haben seitdem auch ein Recht auf Reintegration. Doch welche Maßnahmen zur Reintegration wie und wann zum Einsatz kommen, ist den UWV und Gemeinden selbst überlassen (van Berkel 2007: 78; Sproß/Lang 2008: 45; Fromm/Sproß 2008: 50).

In den 1990er Jahren hatte die niederländische Aktivierungspolitik noch stark auf zielgruppenspezifische Programme für junge und Langzeitarbeitslose sowie eingeschränkt Erwerbsfähige, auf Qualifizierung und subventionierte Beschäftigung gesetzt und hierfür erstmals viel Geld bereitgestellt.[7] Nachdem durch

---

6   Die Niederlande gehören zusammen mit Belgien, Dänemark und Schweden zu den Ländern mit den höchsten Ausgaben für aktive Arbeitsmarktpolitik (OECD 2013).

7   Zu nennen sind hier der Jugendbeschäftigungsgarantieplan ab 1992 (*Jeugdwerkgarantieplan*, JWG) und Programme für Langzeitarbeitslose (*Banenpool* ab 1990, Melkert-Jobs

subventionierte Beschäftigung jedoch zu wenige in reguläre Arbeit gebracht werden konnten, wurde dieses Instrument 2004 eingeschränkt und wird seitdem kaum noch eingesetzt (Fromm/Sproß 2008: 52; Konle-Seidl 2008: 18; van Oorschot 2008: 476). Die Auswahl und Gestaltung der Maßnahmen soll sich nun nach den individuellen Bedürfnissen und örtlichen Gegebenheiten richten. Daher entstand auf lokaler Ebene eine große Variation an Maßnahmen, die sich grob in Beratung (Arbeits- sowie Schulden-, Sucht- und psychosoziale Beratung), Vermittlung, Sprach- und Bewerbungstrainings, Aus- und Weiterbildung, Arbeitserfahrung durch Praktika, subventionierte Beschäftigung oder Freiwilligenarbeit sowie soziale Aktivitäten klassifizieren lassen (Fromm/Sproß 2008: 52). Die Maßnahmen werden in individuellen Handlungsplänen (*Reintegrationstrajekte*) festgehalten. Leistungsempfänger können sofort zu Maßnahmen verpflichtet werden (z.B. einjähriger Vertrag in einer Zeitarbeitsfirma, gemeinnützige Arbeit für sechs bis acht Wochen) (Sproß/Lang 2008: 42; Fromm/Sproß 2008: 48, 56).

Seit 2005 werden die meisten Maßnahmen von privaten Anbietern durchgeführt, die von den UWV und Gemeinden beauftragt und bezahlt werden (Sproß/Lang 2008: 45). Durch den Wettbewerb der privaten Anbieter sollen die Effizienz und Qualität der Maßnahmen gesteigert werden (Tergeist/Grubb 2006: 17).

9.2 Stufe 2: Unterstützung von Geringverdienern

Als erstes der hier betrachteten Länder führten die Niederlande 1968 einen gesetzlichen Mindestlohn ein, nachdem zuvor bereits tarifliche Mindestlöhne existiert hatten.[8] Geringverdiener werden seit 2001 auch steuerlich stärker unterstützt.

(a) Mindestlohn

Der gesetzliche Mindestlohn ist im Mindestlohn- und Mindesturlaubsgeld-Gesetz (*Wet Minimumloon en Minimumvakantiebijslag*) geregelt. Waren im Gesetz von 1968 noch nur Arbeitnehmer ab 24 Jahren anspruchsberechtigt, die mindestens ein Drittel der vollen tariflichen Wochenarbeitszeit erwerbstätig waren,

---

I–IV ab 1994), die 1998 in das Gesetz zur Beschäftigung Arbeitsuchender (WIW) integriert wurden, das auch neue Maßnahmen beinhaltete (kommunale Arbeitsgelegenheiten für eingeschränkt Erwerbsfähige, I/D-Jobs für Langzeitarbeitslose). Das WIW wurde durch das Gesetz über Arbeit und Sozialhilfe (WWB) ersetzt. Für eine Übersicht über die vor 2004 geltenden Maßnahmen siehe Petring (2006: 252f.) und Fromm/Sproß (2008: 53ff.).

8   Hintergrund der Einführung waren massive Streiks für Lohnerhöhungen Anfang der 1960er Jahre gewesen, zu einer Zeit, als in den Niederlanden Vollbeschäftigung herrschte (Salverda 2009: 12).

haben seit 1993 alle Personen ab 15 Jahren mit Arbeitsvertrag ein Recht auf einen Mindestlohn (Salverda 2009: 12f.).[9] 2008 wurde dieses Recht auf Leiharbeitnehmer ausgeweitet.[10]

Das Arbeits- und Sozialministerium legt keinen Stunden-, sondern einen Wochen-Mindestlohn fest. Die Höhe des Mindestlohns ist abhängig von der vertraglichen Wochenarbeitszeit. Da in den Wirtschaftssektoren verschiedene volle Wochenarbeitszeiten gelten (36, 38 oder 40 Stunden), werden in den Branchen auch unterschiedlich hohe Mindestlöhne gezahlt. 2008 betrug der durchschnittliche volle Mindestlohn 310,58 € brutto pro Woche (Salverda 2009: 11), was sich im Monat auf circa 1.335 € summiert. Hinzu kommt ein Urlaubsgeld von mindestens 8% des Bruttolohns.[11] Damit ist der Mindestlohn höher als im Vereinigten Königreich und Frankreich und befindet sich auch deutlich über der Armutsgrenze, die 2008 für eine alleinstehende Person bei 976 € definiert war. Dennoch ist der Mindestlohn ein Niedriglohn, da er unterhalb von zwei Dritteln (circa 52%) des nationalen Medianbruttolohns liegt (Europäische Kommission 2014).

Nur Vollzeiterwerbstätige ab einem Alter von 23 Jahren haben Anspruch auf den vollen Mindestlohn. Teilzeitbeschäftigte erhalten einen Anteil davon entsprechend ihrer vertraglichen Wochenarbeitszeit. Seit 1974 sind auch 15- bis 22-jährige Arbeitnehmer anspruchsberechtigt. Sie bekommen jedoch lediglich einen Anteil von 30–85% vom vollen Mindestlohn (der Mindestlohn für jüngere Arbeitnehmer befindet sich somit auf einem niedrigen Niveau). Der Anteil steigt mit jedem Lebensjahr bis schließlich ab 23 Jahren der volle Mindestlohn gezahlt wird. Im internationalen Vergleich sind das Anspruchsalter für den vollen Mindestlohn hoch (Salverda 2009: 9) und die Herabsetzung des Mindestlohns für jüngere Arbeitnehmer stark.

---

9   Bis zu einer Änderung des Mindestlohngesetzes im Jahr 2007 mussten Arbeitnehmer ihr Recht auf einen Mindestlohn selbst vor Gericht einklagen. Das Arbeits- und Sozialministerium (*Ministerie van Sociale Zaken en Werkgelegenheid*, SZW), das für die Regulierung des Mindestlohns zuständig ist, sah zudem keine Strafen für Unternehmen vor, die ihren Mitarbeitern weniger als den Mindestlohn zahlten (Burgess 2003: 440). Seit 2007 führt die Arbeitsinspektion (*Arbeidsinspectie*) des Arbeits- und Sozialministeriums mehr Kontrollen durch und ist befugt, im Falle einer Nichteinhaltung des Mindestlohns Strafen von bis zu 6.700 € pro Arbeitnehmer zu verhängen. Die Arbeitsinspektion schätzt, dass 2007 0,6% aller Erwerbstätigen unterhalb des Mindestlohns bezahlt wurden. 2001 waren es noch 1,1% gewesen (Arbeidsinspectie Jaarverslag 2007).

10 Arbeitgeber, die ausschließlich Leiharbeitnehmer von zertifizierten Leiharbeitsfirmen beschäftigen, müssen diesen nicht den Mindestlohn zahlen. www.eurofound.europa.eu/ areas/labourmarket/tackling/cases/nl003.htm

11 Das Urlaubsgeld steht allen Arbeitnehmern in den Niederlanden zu. Arbeitgeber können dieses in Teilen oder in einer Summe auszahlen.

2005 erhielten 4,1% (284.000) der Arbeitnehmer einen Mindestlohn (Salverda 2009: 15f.). Insbesondere Jüngere, Frauen und ethnische Minderheiten arbeiten zu Mindestlöhnen.[12] Der gesamte Niedriglohnsektor umfasste 2005 17,6% der Arbeitnehmer, stagnierte allerdings seit Ende der 1990er Jahre (Salverda et al. 2008: 47). Eine Mehrheit der Niedriglohnbeschäftigen sind teilzeiterwerbstätig und geringqualifiziert (ebd.: 48ff.).

Der Mindestlohn wird jedes Jahr zweimal, jeweils zum 1.1. und 1.7., angepasst. Mindestens alle vier Jahre holt das Arbeits- und Sozialministerium Empfehlungen vom Sozialökonomischen Rat ein (Burgess 2003: 440), der sich zu je einem Drittel aus Arbeitgebern, Gewerkschaften und von der Regierung ernannten Experten zusammensetzt. Die Anpassung des Mindestlohns orientiert sich an der Tariflohnentwicklung im privaten Sektor sowie an der Preisentwicklung (Molitor 1998: 2; Salverda 2009: 13). Das Ministerium kann aber davon abweichend eine Erhöhung, Stagnation oder sogar Senkung beschließen, wenn etwa „seitens der Arbeitgeber [...] nachgewiesen wird, dass der Fortbestand ihrer Unternehmen gefährdet ist" (Burgess 2003: 440).[13] In der Vergangenheit haben Regierungen des Öfteren eine Lohnzurückerhaltung aus wirtschafts- und beschäftigungspolitischen Gründen verordnet. Zwischen 1982 und 1990 zum Beispiel wurde die Koppelung an die Tariflöhne ausgesetzt. Zwar wurde sie danach wieder eingeführt, im Koppelungsgesetz von 1992 jedoch an zwei Bedingungen geknüpft: Eine Koppelung findet nur dann statt, wenn erstens die Tariflöhne nicht „exzessiv" steigen und zweitens das Verhältnis zwischen Sozialleistungsempfängern und Erwerbstätigen günstig ist (Molitor 1998: 4). Dies wurde zunächst dann als „ungünstig" definiert, wenn auf 100 „Aktive" (abhängig und selbstständig Beschäftigte, unabhängig von den Arbeitszeiten) mindestens 86 „Inaktive" (Rentner mit eingeschlossen) kommen, später schon bei 82,6 Sozialleistungsempfängern pro 100 Erwerbstätige (Salverda 2009: 14). Da dieses Verhältnis 1993–1995 überstiegen wurde, wurde der Mindestlohn in diesen Jahren eingefroren (Molitor 1998: 4). Diese zweite Bedingung wurde eingeführt, weil in den Niederlanden die Besonderheit besteht, dass nicht nur der Mindestlohn an die Tariflöhne, sondern auch bestimmte Sozialleistungen an den Mindestlohn gekoppelt sind (ebd. 1998: 2f.; Salverda 2009: 9, siehe auch Abschnitt „Sozialer Schutz bei Nichterwerbstätigkeit"). Das hat zur Folge, dass bei einer Erhöhung der Löhne sowohl der Mindestlohn als auch die Sozialausgaben steigen (was bei einem ungünsti-

---

12 Etwa die Hälfte aller Mindestlohnbezieher ist unter 25 Jahre alt. 12,8% der 15- bis 22-Jährigen verdienen einen Mindestlohn und haben damit ein fünfmal höheres Mindestlohnrisiko wie Erwachsene (2,4%). Frauen sind doppelt so oft von Mindestlöhnen betroffen wie Männer.

13 Es ist eine Besonderheit des niederländischen Lohnsystems, dass die Regierung das Letztentscheidungsrecht über die Löhne hat und den Sozialpartnern nur eine beratende Funktion zukommt.

gen Inaktive-/Aktive-Verhältnis das Haushaltsdefizit vergrößert). Durch die Koppelung ist aber ebenfalls gewährleistet, dass zwischen Mindestlohn und Mindestsicherung ein Abstand besteht und sich dadurch die Aufnahme einer Beschäftigung auf Mindestlohnniveau etwa für Sozialhilfeempfänger lohnt. Seit
1996 erhalten alleinstehende Sozialhilfeempfänger (ab 21 Jahren) 50% des Netto-Mindestlohns, Alleinerziehende mit Kindern unter 18 Jahren 70% und Ehe-
bzw. Lebenspartner zusammen 100% (Molitor 1998: 5). Zwar werden die Anteile
für Alleinstehende und Alleinerziehende in der Regel von den Kommunen um
20% auf 70% bzw. 90% aufgestockt (siehe Abschnitt „Sozialer Schutz bei
Nichterwerbstätigkeit"). Dennoch vergrößert sich der Abstand zum Mindestlohn
wieder, wenn man die Steuergutschriften mit einrechnet, die nur Arbeitnehmern
gewährt werden (siehe unten).

(b) Einkommensteuer und Sozialversicherungsbeiträge

Seit 1973 existiert eine Individualbesteuerung von Einkommen. Jedoch haben
Paare, die zusammenleben, verheiratet oder nicht, steuerliche Gestaltungsmög-
lichkeiten. Sie können sich z.b. den ungenutzten Teil von Steuerfreibeträgen, ab
2001 Steuergutschriften, gegenseitig übertragen (Gerlach 2010: 397).[14] 2001
wurde auch das Einkommensteuersystem dahingehend reformiert, dass es stärkere Arbeitsanreize setzt. So wurden die Steuersätze auf Arbeitseinkommen gesenkt und die Steuerfreibeträge durch Steuergutschriften ersetzt, wodurch es sich
für Geringverdiener mit gut verdienenden Partnern mehr lohnt zu arbeiten. Es
gibt unter anderem eine allgemeine Steuergutschrift und Steuergutschriften, die
Geringverdiener und Familien entlasten. Außerdem wurde die Einkommensteuer
durch Einführung eines Boxensystems und die Abschaffung einiger Absetzmöglichkeiten vereinfacht (Gautier/van der Klaauw 2009: 19).
    Seit 2001 müssen auf drei Arten von Einkommen Steuern gezahlt werden:
auf Einkommen aus Arbeit und Wohneigentum (Box 1) (hierunter fallen z.B.
auch Einkommen aus Sozial- und Unterhaltsleistungen[15]), auf Einkommen aus
wesentlichen Firmenbeteiligungen (Box 2) und auf Einkommen aus Sparguthaben
und sonstigen Kapitalanlagen (Box 3) (OECD 2008: 21). Diese Einkommen
können um sogenannte Abzugsposten reduziert werden (z.B. Beiträge zu den
Arbeitnehmerversicherungen und Unterhaltspflichten[16]).

---

14 Diese Möglichkeit wird ab 2009 schrittweise eingeschränkt.
15 In der Regel sind alle Sozialleistungen bis auf die für Familien und Wohnen steuer-
     pflichtig. Bei der Sozialhilfe zahlen die Kommunen den Empfängern die Nettoleistung
     aus und überweisen die Steuern an das Finanzamt (OECD 2008: 8).
16 Die Abzugsposten sind teils an die Boxen gebunden, z.B. Box 1: Beiträge zu den Arbeit-
     nehmerversicherungen (seit 2009 zahlen nur noch Arbeitgeber Beiträge zu den Arbeit-
     nehmerversicherungen) und private (betriebliche) zur Altersvorsorge, Fahrtkosten zur

Für die zu versteuernden Einkommen in den drei Boxen gelten unterschiedliche Steuersätze: In den Boxen 2 und 3 betragen sie seit dem Steuerjahr 2008 25% (Box 2) und 30% (Box 3). Der Steuersatz in Box 1 ist progressiv. 2008 betrug dieser bei einem Einkommen von bis zu 17.579 € 2,45%, zwischen 17.579 und 31.589 € 10,7%, zwischen 31.589 und 53.860 € 42% und darüber 52%. In den unteren zwei Einkommensklassen werden zusätzlich Sozialversicherungsbeiträge (Volksversicherungen) in Höhe von 31,15% des Einkommens bei unter 65-Jährigen erhoben (bei Steuerzahlern im Alter von 65 und älter ist dieser Prozentsatz geringer). Im Jahr 2008 hätte die Belastung durch Steuern und Sozialversicherungsbeiträge bei einem Vollzeit arbeitenden Mindestlohnempfänger mit einem Jahreseinkommen von etwa 16.000 € somit 33,5% betragen.

Vom Gesamtbetrag aus Steuern und Sozialversicherungsbeiträgen, der kombinierten Einkommenserhebung, werden aber noch „Abgabenermäßigungen" (*Heffingskortingen*) abgezogen, wobei die Summe dieser Steuergutschriften die Höhe der kombinierten Einkommenserhebung nicht übersteigen kann. Die Gutschriften können die Steuer- und Abgabenschuld also maximal auf null reduzieren. Jeder Steuerzahler hat Anspruch auf die allgemeine Abgabenermäßigung (*Algemene Heffingskorting*). Im Jahr 2008 betrug sie für unter 65-Jährige 2.074 € (bei Steuerzahlern im Alter von 65 und älter sind die Abgabenermäßigungen grundsätzlich niedriger). Darüber hinaus können weitere Abgabenermäßigungen gewährt werden, die von persönlichen Umständen abhängen.[17] Hier werden nur die Arbeitsermäßigung und die Ermäßigungen für Familien erläutert. Die Arbeitsermäßigung (*Arbeidskorting*) entlastet insbesondere Geringverdiener. Im Jahr 2008 betrug sie 1,758% des Arbeitseinkommens bei einem Arbeitseinkommen bis 8.587 €. Bei Personen, die mehr verdienen, wird der Betrag von 8.587 € vom Arbeitseinkommen abgezogen und 12,43% von dieser Differenz plus 151 € als Ermäßigung gewährt. Der Höchstbetrag der Arbeitsermäßigung lag bei 1.443 €. Mit den Steuergutschriften für Familien werden besonders Eltern, die beide einer Erwerbstätigkeit nachgehen, und Alleinerziehende gefördert. Die kombinierte Abgabenermäßigung (*Combinatiekorting*) von 112 € stand Steuerzahlern zu, die mit Kindern unter zwölf Jahren zusammenlebten und ein Arbeitseinkommen von mehr als 4.542 € hatten (Stand 2008). Steuerzahler, die Anspruch auf diese kombinierte Abgabenermäßigung hatten und entweder alleinerziehend oder der Partner mit dem geringeren Einkommen waren, erhielten eine zusätzliche Steuergutschrift in Höhe von 746 €. Die kombinierten Abgabenermäßigungen wurden 2009 durch die einkommensabhängige kombinierte Abgabenermäßigung ersetzt. Daneben existieren zwei weitere Steuergutschriften für Al-

---

Arbeit usw., teils werden sie mit den Einkommen aus allen drei Boxen verrechnet, z.B. Unterhaltspflichten, Spenden, Ausbildungs- und Krankheitskosten (OECD 2008: 21f.).
17 www.belastingdienst.nl

leinerziehende (*Alleenstaande Ouder Kortingen*), von denen eine erwerbsunab-
hängig und die andere erwerbsabhängig ist. Die erwerbsunabhängige Steuergutschrift wird unter bestimmten Voraussetzungen[18] gewährt und belief sich 2008
auf 1.459 €. Erwerbstätige Alleinerziehende, die Anspruch auf die erwerbsunabhängige Steuergutschrift und im Steuerjahr mehr als sechs Monate mit mindestens einem Kind unter 16 Jahren zusammengelebt haben, bekommen eine zusätzliche Steuergutschrift, die 4,3% des Arbeitseinkommens, maximal aber
1.459 € beträgt (OECD 2008: 22). Daneben gab es bis 2007 eine Steuergutschrift
für Kinder, die 2008 durch den Kinderzuschlag abgelöst wurde, der wiederum
2009 durch die kinderbezogene Beihilfe ersetzt wurde. Bei den letzten beiden
Kinderleistungen handelt es sich um Sozialleistungen, die auf Basis des zu versteuernden Familieneinkommens berechnet und vom Finanzamt ausbezahlt werden. Seit 2009 existiert eine Steuergutschrift für Eltern, die Elternurlaub nehmen
(siehe Abschnitt „monetäre Familienförderung").

Zusätzlich zu den genannten Steuern und Sozialversicherungsbeiträgen müssen alle Einwohner ab 18 Jahren einen Beitrag zur Krankenversicherung (*Zorg-
verzekeringswet*, Zvw) zahlen. Dieser setzt sich aus einem pauschalen Beitrag
und einem einkommensabhängigen Beitrag zusammen. Der Pauschalbeitrag betrug
2008 1.047 €. Personen mit niedrigem Haushaltseinkommen bekommen eine Zulage zum Pauschalbeitrag. Der Pauschalbeitrag wird von den Trägern der Krankenversicherung teilweise zurückgezahlt, wenn keine oder nur geringe Leistungen in
Anspruch genommen wurden. Der einkommensabhängige Beitrag wird zusammen
mit der Einkommensteuer erhoben. 2008 belief er sich auf 7,2% vom Einkommen
bis 31.231 € (bei Selbstständigen 5,1%). Arbeitnehmer bekommen diesen Beitrag
vom Arbeitgeber durch ein entsprechend höheres Bruttoentgelt erstattet. Leistungsempfängern wird dieser von den Leistungsträgern zurückbezahlt (OECD 2008: 23).

Letztlich ist aufgrund der Abgabenermäßigungen die Belastung von Geringverdienern durch Steuern und Sozialversicherungsbeiträge, auch im Fünf-Län-
dervergleich, gering. Besonders geringverdienende Alleinerziehende haben eine
niedrige Abgabenlast, während Alleinverdiener-Paarfamilien nicht so gut weg-
kommen (OECD 2010a: 147). Unsere Einkommensanalysen zeigen zudem, dass
geringverdienende Familien in den Niederlanden bereits vor Sozialleistungen
ein relativ niedriges Armutsrisiko aufweisen. Dieses wird durch Sozialleistungen noch weiter gesenkt. Geringverdiener können unter bestimmten Voraussetzungen Sozialhilfe, Wohngeld und Familienleistungen bekommen (siehe die
nachfolgenden zwei Abschnitte).

---

18 Alleinerziehende dürfen mindestens sechs Monate im Steuerjahr keinen steuerpflichti-
    gen Partner gehabt haben und in diesem Jahr ausschließlich mit Kindern unter 27 Jahren
    zusammengelebt haben, wobei sie für mindestens eines der Kinder Kindergeld bekom-
    men haben müssen.

9.3 Stufe 3: Sozialer Schutz bei Nichterwerbstätigkeit

Der Lebensunterhalt von nichterwerbstätigen Personen im Erwerbsalter unter 65 Jahren (die in den Niederlanden gearbeitet haben oder wohnen) wird durch das Arbeitslosengeld oder Leistungen bei Arbeitsunfähigkeit[19] gesichert.[20] Selbstständige müssen sich privat gegen diese Risiken versichern. Sofern kein Anspruch (mehr) auf diese Leistungen besteht oder die Leistungen unterhalb des Existenzminimums liegen, kann im Falle der Bedürftigkeit Sozialhilfe bezogen werden. Die Sozialhilfe garantiert nicht nur nichterwerbstätigen, sondern auch erwerbstätigen Haushalten ein Mindesteinkommen. In der Vergangenheit wurden die Zugangsvoraussetzungen für die lohnabhängigen Leistungen bei Arbeitslosigkeit und Arbeitsunfähigkeit verschärft, auch die Bezugsdauer (abhängig von Beschäftigungsdauer bzw. Alter) verkürzt und das Leistungsniveau gesenkt, sodass die Sozialhilfe an Bedeutung gewann. Zu diesen Leistungen kann Wohngeld beantragt werden, das wie die Sozialhilfe bedarfsabhängig ist.[21] Familien mit abhängigen Kindern bekommen außerdem Kindergeld und unter gewissen Voraussetzungen einen Kinderzuschlag und Kinderbetreuungszuschlag (siehe Abschnitt „monetäre Familienförderung").

(a) Arbeitslosengeld

Die Regelungen des Arbeitslosengeldes (*Werkloosheidswet*, WW) zum Untersuchungszeitpunkt gehen im Wesentlichen auf die Reform der Arbeitslosenversicherung von 2006 zurück. Die Reform zielte unter anderem auf eine Vereinfachung des Leistungssystems ab.

Personen, die Arbeitslosengeld beziehen wollen, müssen ihren Wohnsitz in den Niederlanden haben, unter 65 Jahre alt sein und in den 36 Wochen vor der

---

19 Es gibt in diesem Zusammenhang auch Leistungen für Personen, die sich nicht im Erwerbsalter befinden (z.B. behinderte Jugendliche), welche hier nicht betrachtet werden.

20 Das Krankengeld wurde nahezu vollständig privatisiert. Arbeitgeber sind zu einer Lohnfortzahlung im Krankheitsfall verpflichtet (100% im ersten Jahr) (van Oorschot 2008: 472ff.).

21 In den Niederlanden wird erwartet, dass jeder Haushalt eine Grundmiete bezahlt. Die Höhe dieser Grundmiete hängt von der Größe des Haushalts, dem Alter des Haushaltsvorstands und der Höhe des steuerpflichtigen Haushaltseinkommens ab. Beträgt die Miete mehr als die Grundmiete, übersteigt aber eine bestimmte Höchstmiete nicht, ist der Haushalt, sofern sein Einkommen und Vermögen unter einer gewissen Grenze liegt, wohngeldberechtigt. Die Höchstmiete ist abhängig von der Größe des Haushalts und vom Alter des Haushaltsvorstands. Der Anteil der Miete, der über der Grundmiete liegt, wird bis zu einer bestimmten Grenze vollständig übernommen. Der Anteil der Miete, der über dieser Grenze aber unter der Höchstmiete liegt, wird nur zu 75% durch das Wohngeld abgedeckt (zu den genauen Grenzen siehe OECD 2008: 10ff.).

Arbeitslosigkeit mindestens 26 Wochen sozialversicherungspflichtig beschäftigt gewesen sein. Diese Wochenbedingung wurde seit den 1980ern mehrmals verschärft, zuletzt 2006.[22] Dennoch ermöglicht sie auch Kurzzeitbeschäftigten einen Zugang zu Arbeitslosengeld, wenn auch nur für wenige Monate (siehe unten). Über die genannten Bedingungen hinaus muss der Beschäftigungsverlust mindestens fünf Wochenarbeitsstunden betragen und darf nicht selbstverschuldet herbeigeführt worden sein. Die Arbeitslosmeldung muss spätestens am ersten Tag der Arbeitslosigkeit beim Zentrum für Arbeit und Einkommen (CWI, ab 2009: *UWV-Werkbedrijf*) erfolgen. Antragsteller müssen arbeitsfähig sein, dem Arbeitsmarkt zur Verfügung stehen und aktiv nach Arbeit suchen (MISSOC 2008; OECD 2008: 2; Gautier/van der Klaauw 2009: 17).

Sind diese Voraussetzungen erfüllt, besteht Anspruch auf Arbeitslosengeld für drei Monate (vor 2006: sechs Monate). Wer (über die Wochenbedingung hinaus) in vier der letzten fünf Kalenderjahre mindestens 52 Tage im Jahr in einem bezahlten Arbeitsverhältnis gestanden hat (Jahresbedingung), erhält vier Monate Arbeitslosengeld. Die Bezugsdauer verlängert sich für jedes weitere Jahr, das über die vier Jahre hinaus gearbeitet wurde, um einen Monat, kann aber seit 2006 nur noch maximal drei Jahre und zwei Monate betragen (zuvor: fünf Jahre).[23] Zeiten, in denen Kleinkinder und andere Menschen betreut wurden, werden zur Hälfte angerechnet (OECD 2008: 2).

In der Vergangenheit wurden die Wochen- und die Jahresbedingung verschärft und die Bezugsdauer sukzessive gesenkt.[24] Außerdem gab es drei Leistungsarten, eine lohnabhängige Leistung und zwei pauschale Leistungen. Die letzteren beiden, die Kurzzeitleistung für Personen, die die Jahresbedingung nicht erfüllen, und die Folgeleistung (Arbeitslosenhilfe), die nach Ablauf der lohnabhängigen Leistung (Arbeitslosengeld) bezogen werden konnte und 2003 abgeschafft wurde, orientierten sich am Mindestlohn (70% davon) (van Oorschot 2008: 472). Seit 2006 existiert nur noch eine lohnabhängige Leistung, die je nach vorheriger Beschäftigungsdauer unterschiedlich lang ausbezahlt wird (siehe oben). In den ersten zwei Monaten beträgt sie 75% des vorherigen Bruttotageslohns, danach 70% mit einem Höchstbetrag, der halbjährlich an die Tarif-

---

22 Die Gesetze von 1987 und 1996 schrieben noch ein sozialversicherungspflichtiges Beschäftigungsverhältnis von wenigstens 26 Wochen während der letzten 52 bzw. 39 Wochen vor.

23 Für ältere Arbeitslose galten Sonderregelungen je nach Tarifvertrag (MISSOC 2014). Seit Ende 2009 können Arbeitslose ab 60 Jahren nach Ablauf des Arbeitslosengeldes bis zum RMenteneintritt eine Mindestsicherung beziehen (IOAW/IOAZ).

24 Die oben beschriebene Jahresbedingung gilt seit 1996. Davor waren nur mindestens drei Beschäftigungsjahre in den letzten fünf Jahren vor der Arbeitslosigkeit erforderlich. Zwischen 1996 und 2006 war die Bezugsdauer nicht nur abhängig von der Beschäftigungsdauer, sondern auch vom Alter und betrug maximal fünf Jahre (van Oorschot 2008: 472).

lohnentwicklung angepasst wird und in der zweiten Jahreshälfte 2008 auf 177,03 €
pro Tag festgesetzt war (MISSOC 2008). Für Arbeitslose mit abhängigen Kindern gibt es keine höheren Leistungssätze. Sie bekommen aber zusätzlich zum
Arbeitslosengeld die allgemeinen Familienleistungen (siehe Abschnitt „monetäre
Familienförderung"). Das Arbeitslosengeld ist steuer- und sozialabgabenpflichtig. Dennoch sind die Nettolohnersatzraten in den Niederlanden vergleichsweise
hoch. Höhere Löhne führen jedoch, wegen des Höchstbetrags und der Abgaben-
pflicht, zu geringeren Nettolohnersatzraten als niedrigere Löhne.[25]

Ein Hinzuverdienst zum Arbeitslosengeld ist möglich, mindert aber die Leistungen (OECD 2008: 4). Liegt das Arbeitslosengeld unterhalb der Mindestsicherung (siehe unten „Sozialhilfe"), können zusätzliche Leistungen (Toeslagenwet,
TW) in Höhe der Differenz beantragt werden. Diese Leistungen sind jedoch bedarfsgeprüft, d.h. bestimmte Einkommen und Vermögen, auch des Partners,
werden angerechnet (OECD 2008: 3).[26]

(b) Leistungen bei Arbeitsunfähigkeit

Die Zahl der Empfänger von Leistungen bei Arbeitsunfähigkeit ist in den Niederlanden sehr hoch, wurde jedoch durch Reformen deutlich gesenkt. Seit den
1980er Jahren wurden wiederholt ärztliche Kontrollen der Arbeitsunfähigkeit
bei Personen unter 50 Jahren durchgeführt, mit der Folge, dass viele aus diesem
Leistungssystem herausfielen. Ab den 1990ern wurden zudem finanzielle Anreize für Arbeitgeber gesetzt, Arbeitnehmer mit teilweiser Erwerbsminderung zu
beschäftigen. Seit 2002 werden Leistungen bei andauernder Arbeitsunfähigkeit
auch nur noch dann gewährt, wenn während des Krankgeldbezugs alles versucht
wurde, um eine andauernde Arbeitsunfähigkeit abzuwenden. Die Arbeitsunfä-
higkeitsrente für Arbeitnehmer (WAO) kann seit 2006 nicht mehr neu beantragt
werden. Die neue Leistung nach dem Gesetz Arbeit und Einkommen nach Ar-
beitsvermögen (*Wet Werk en Inkomen naar Arbeidsvermogen*, WIA) wird nach
zwei Jahren Krankengeldbezug nur dann gezahlt, wenn eine Arbeitsunfähigkeit
zu mindestens 35% weiterbesteht. Das WIA gliedert sich in zwei Leistungen:
Die IVA-Rente wird erst ab einer Erwerbsminderung von 80% bewilligt. Sie
beträgt 75% des vorherigen Lohns. Von IVA-Empfängern wird nicht erwartet,
dass sie dem Arbeitsmarkt zur Verfügung stehen, von weniger Erwerbsgeminderten dagegen schon. Diese müssen mit ihrem Arbeitgeber eine Beschäftigung im
Unternehmen finden. Ist diese weniger gut bezahlt, wird die Differenz zwischen
dem neuen und dem früheren Lohn zu 70% durch das WGA ausgeglichen. Für

---

25 OECD: www.OECD.org/els/benefitsandwagesstatistics.htm
26 Die Bedarfsprüfung ist hier nicht so streng wie beim reinen Sozialhilfebezug. Erwerbs-
    einkommen und Sozialleistungen (außer für Familie und Wohnen) werden teilweise be-
    rücksichtigt. Wohneigentum und Ersparnisse werden nicht angerechnet (OECD 2008: 3).

beide Leistungen gelten Höchstbeträge. Die IVA-Rente kann bis zum Renteneintritt bezogen werden. Die Bezugsdauer des WGA hängt vom Alter ab (MISSOC 2008; van Oorschot 2008: 472f.).

(c) Sozialhilfe

Die Sozialhilfe (*Wet Werk en Bijstand*, WWB) dient auch in den Niederlanden als letztes Sicherungsnetz. Sie soll allen Nichterwerbstätigen wie Erwerbstätigen im Erwerbsalter (18 bis 64), die legal in den Niederlanden leben und über keine ausreichenden eigenen Mittel zum Lebensunterhalt verfügen, ein Existenzminimum garantieren. Bei der Bedürftigkeitsprüfung werden sämtliche Einkommen und Vermögen (auch Wohneigentum) der Antragsteller und ihrer Lebenspartner, außer Familienleistungen und Wohngeld, berücksichtigt. Bis zu gewissen Grenzen sind diese anrechnungsfrei (für Genaueres siehe OECD 2008: 8).

Die Mindestsicherung setzt sich aus der allgemeinen Sozialhilfe (*Algemene Bijstand*) zusammen sowie aus zusätzlichen Leistungen und einmaligen Hilfen bei besonderen Bedarfen (*Bijzondere Bijstand*), über deren Auszahlung die Kommunen entscheiden.

Die allgemeine Sozialhilfe orientiert sich (wie die Altersgrundrente AOW) am gesetzlichen Mindestlohn. Sie beträgt bei verheirateten wie unverheirateten Paaren 100% des Netto-Mindestlohns, bei Alleinerziehenden 70% und bei Alleinstehenden 50%. Alleinerziehenden wird somit eine höhere Sozialhilfe gewährt als Alleinstehenden. Da Alleinlebende mit und ohne Kinder u.a. ihre Wohnkosten nicht mit anderen teilen können, können sie bei der Gemeinde eine Heraufsetzung der Leistungen um 20% beantragen (van Oorschot 2008: 474, MISSOC 2008). Hinzu kommt, wie beim Mindestlohn, eine Urlaubszulage in Höhe von 8% der Leistungssätze. Insgesamt konnte sich die Sozialhilfe 2008 für Paare auf circa 1.300 € netto im Monat belaufen, für Alleinerziehende auf 1.150 € und für Alleinstehende auf 900 € (OECD 2008: 7; MISSOC 2008).[27] Sozialhilfeempfänger mit Kindern bekommen zudem ganz normal Kindergeld und andere Familienleistungen (siehe „monetäre Familienförderung"). Diese werden nicht auf die Sozialhilfe angerechnet.

Junge Menschen unter 21 Jahren erhalten nur in Ausnahmefällen Sozialhilfe, da ihre Eltern verpflichtet sind, Unterhalt für sie zu zahlen. Die Sozialhilfe fällt für diese Altersgruppe deutlich geringer aus, um keine negativen Beschäftigungsanreize zu setzen (MISSOC 2008; OECD 2008: 9). Die Priorität liegt bei

---

27 Die Sozialhilfe ist steuer- und sozialabgabenpflichtig. Die Steuern und Sozialabgaben
    überweisen die Kommunen an das Finanzamt. Sozialhilfeempfängern zahlen sie den
    Nettobetrag aus.

jungen Menschen noch stärker als bei anderen Gruppen auf der Arbeitsmarktintegration, nicht auf der Einkommenssicherung.[28]

Neben der allgemeinen Sozialhilfe, den Zusatzleistungen für Alleinlebende und, im Fall von Familien, dem Kindergeld und anderen Familienleistungen, können Sozialhilfeempfänger und Personen, deren Einkommen knapp über dem Mindestsicherungsniveau liegt, finanzielle Unterstützung bei besonderen Bedarfen erhalten (z.b. Schulreisen, Kühlschränke, außergewöhnliche Kosten der Unterkunft und notwendige Möbel) (MISSOC 2008). Außerdem können Haushalte mit geringen Einkommen und Vermögen Wohngeld beantragen (siehe oben). Zwar beinhaltet die Sozialhilfe bereits Wohnkosten. Steht aber z.b. kein günstiger Wohnraum zur Verfügung, können Mietzuschüsse gewährt werden (MISSOC 2008). Um finanzielle Anreize zur Aufnahme einer Beschäftigung zu geben, bleibt ein Teil der Einkommen aus Erwerbstätigkeit anrechnungsfrei auf die Sozialhilfe, und es können Prämien gezahlt werden (OECD 2008: 8; MISSOC 2008).

Die allgemeine Sozialhilfe kann prinzipiell zeitlich unbegrenzt bezogen werden. Neben der Bedürftigkeitsprüfung gibt es jedoch weitere Bedingungen für den Leistungsbezug, die mit der Neuregelung der Sozialhilfe 2004 verschärft wurden. Seitdem haben Sozialhilfeempfänger grundsätzlich die gleichen Pflichten wie Arbeitslosengeldbezieher (siehe Abschnitt „Förderung der Erwerbsintegration"). Darüber hinaus müssen sie sich medizinisch-psychologischen Untersuchungen unterziehen (OECD 2008: 7). Sozialhilfeempfänger sind unter bestimmten gesundheitlichen und sozialen Umständen von den Pflichten befreit, z.B. wenn sie alleinerziehend sind und sich um ein Kind unter fünf Jahren kümmern.

8.4 Stufe 3: Monetäre Familienförderung

In den Niederlanden ist der Umfang von monetären Familienleistungen, die Familien unabhängig von Erwerbstätigkeit ein ausreichendes Einkommen sichern, eher gering. Die Familienpolitik ist vielmehr auf eine Arbeitsmarktintegration von Familien ausgerichtet. Steuergutschriften reduzieren vor allem die Abgabenlast von erwerbstätigen Familien. Erwerbstätigkeit mit kürzeren Arbeitszeiten wird gefördert (siehe Abschnitt „Förderung der Erwerbsintegration"), zusätzliche Urlaubsstunden für Eltern werden gewährt. Eine entsprechende Kin-

---

28 Das wird auch in dem 2009 in Kraft getretenen Gesetz zur Investition in die Jugend (*wetinvesteren in jongeren*, WIJ) ersichtlich, das Kommunen dazu verpflichtet, jungen Menschen bis 27 Jahren entweder einen Arbeitsplatz oder eine Aus- bzw. Weiterbildung o.ä. anzubieten. Nehmen diese das Angebot nicht wahr, haben sie keinen Anspruch auf Sozialhilfe. Nur bei Teilnahme an einer Bildungsmaßnahme kann eine Unterstützung durch Sozialhilfe erfolgen (Bertelsmann Stiftung 2010: 27f.).

derbetreuung wird durch die Kinderbetreuungszulage finanziell unterstützt. Der Staat sieht sich jedoch nicht alleinig in der Verantwortung. So überlässt er die Bereitstellung von (vor- und außerschulischen) Kinderbetreuungsangeboten dem Markt, Eltern müssen einen Teil der Kinderbetreuungskosten selbst tragen und auch die Arbeitgeber werden diesbezüglich in die Verantwortung genommen. Eltern erhalten während des Mutterschafts- und Vaterschaftsurlaubs eine Lohnfortzahlung. Um sich weiteren, dann aber unbezahlten Elternurlaub nehmen zu können, müssen Eltern private Vorsorge treffen (erst seit 2009 wird der Elternurlaub vom Staat stärker monetär gefördert). Es gibt nur wenige erwerbsunabhängige Leistungen: das Kindergeld (nicht sehr hoch), ein Kinderzuschlag allerdings nur für Familien mit niedrigen Einkommen und eine erwerbsunabhängige Steuergutschrift für Alleinerziehende.

(a) Kindergeld und andere Geldleistungen für Familien

Das Kindergeld (*Algemene Kinderbijslagwet*, AKW) steht allen[29], die für den Unterhalt von Kindern unter 16 bzw. 18 Jahren aufkommen, unabhängig vom Einkommen zu. Kindergeld wird nur dann bis zum 18. Lebensjahr gezahlt, wenn das Kind arbeitslos, arbeitsunfähig oder noch in Schul- oder Berufsausbildung ist.[30] Die Höhe des Kindergeldes richtete sich für Kinder, die vor 1995 geboren wurden, nach der Anzahl der Kinder im Haushalt, was kinderreiche Familien begünstigte. Für Kinder, die nach 1995 geboren wurden, ist diese nun abhängig vom Alter der Kinder. Das Kindergeld wurde in der Vergangenheit deutlich gekürzt (van Oorschot 2008: 478). Es ist vergleichsweise niedrig[31], aber wie in den anderen Ländern steuerfrei. Es wird halbjährlich an die Tariflohn- und Preisentwicklung angepasst (MISSOC 2008; OECD 2008: 15).

Zusätzlich zum Kindergeld erhielten kindergeldberechtigte Familien mit geringen Einkommen im Jahr 2008 einen Kinderzuschlag (*Kindertoeslag*, KIT). Dieser wurde unabhängig von der Anzahl der Kinder ausbezahlt und belief sich auf maximal 994 € im Jahr bei einem jährlichen zu versteuernden Familieneinkommen von 29.413 € oder weniger. Bei höheren Einkommen von bis zu 46.700 € reduzierte sich der Betrag anteilig (OECD 2008: 15). Der Kinderzuschlag ersetzte die Steuergutschrift für Kinder (*Kinderkorting*) und galt nur für

---

29 Alle Einwohner unter 65 Jahren sowie Personen, die in den Niederlanden arbeiten und damit dort Steuern zahlen (MISSOC 2014).

30 Kindergeld kann in besonderen Fällen auch doppelt ausbezahlt werden, nämlich wenn das Kind unter 16 Jahre alt ist, nicht im Haushalt lebt und sich in schulischer Ausbildung befindet oder behindert ist sowie 16 oder 17 Jahre alt ist, nicht im Haushalt lebt und entweder in schulischer Ausbildung, behindert oder arbeitslos ist (MISSOC 2014).

31 Für null bis fünf Jahre alte Kinder, die ab 1995 geboren wurden, betrug dieses 64,75 € im Monat, für Sechs- bis Elfjährige 78,41 € und für Zwölf- bis 17-Jährige 92,25 € (MISSOC 2008, Stand: 1. Juli 2008). Das Kindergeld wird vierteljährlich ausbezahlt.

ein Jahr als Übergangsregelung zur kinderbezogenen Beihilfe (*Wet op het Kindgebonden Budget*, WKB), die 2009 eingeführt wurde.

Eltern, die (beide) in Ausbildung sind, arbeiten und/oder an Integrationsmaßnahmen teilnehmen, bekommen einen Zuschlag zu den Kinderbetreuungskosten. Die Höhe des Zuschlags hängt unter anderem vom Einkommen der Eltern ab (siehe Abschnitt „Förderung der Erwerbsintegration"). Außerdem werden die Einkommensteuern und Sozialversicherungsbeiträge durch eine Reihe von Abgabenermäßigungen für Familien reduziert (siehe Abschnitt „Unterstützung von Geringverdienern").

(b) Unterhaltsleistungen

Kinder sind bis zum 18. oder 21. Lebensjahr, sofern sie nicht für sich selbst sorgen können, unterhaltsberechtigt. Für den Kindesunterhalt müssen beide Eltern aufkommen gemäß ihrer finanziellen Leistungsfähigkeit. Die Höhe des Unterhalts hängt somit vom Einkommen beider Eltern ab sowie vom Alter und der Anzahl der Kinder. Einen Mindestunterhalt gibt es nicht. Auch Partner können im Falle der Trennung oder Scheidung unter gewissen Umständen und sofern sie keinen neuen Partner haben und nicht selbst für sich sorgen können, Anspruch auf Unterhalt haben. Die Höhe des Unterhalts ist wie bei Kindern abhängig von der finanziellen Leistungsfähigkeit des Unterhaltsschuldners. Zahlen Unterhaltsschuldner nicht, kann vor Gericht auf Unterhalt geklagt werden. Außerdem existiert ein landesweites Büro (LBIO), das Unterhaltszahlungen auf Antrag einzieht. Dies kann es falls erforderlich mittels einer Zwangsvollstreckung durchsetzen. Ansonsten gewährt der Staat keinen Vorschuss, wenn der Unterhalt nicht oder nicht pünktlich gezahlt wird. Im Falle der Bedürftigkeit kann Sozialhilfe beantragt werden. In den Niederlanden bekommen verhältnismäßig wenige Alleinerziehende Unterhalt für ihre Kinder (Council of Europe 2009: 38; OECD 2010b[32]).

(c) Urlaubsrechte

Mutter- und Vaterschaftsurlaub

Mütter haben Anspruch auf 16 Wochen Mutterschaftsurlaub (davon vier bis sechs Wochen vor der Geburt), in der sie 100% ihres normalen Tageslohns bekommen (maximal 177,03 €, Stand: 1. Juli 2008). Das Mutterschaftsgeld unterliegt der Besteuerung, und Sozialabgaben müssen getätigt werden (MISSOC 2014). Von Bekanntgabe der Schwangerschaft bis sechs Wochen nach Ende des Mutterschaftsurlaubs besteht für Mütter ein Kündigungsschutz. Väter haben seit Inkrafttreten des Arbeits- und Betreuungsgesetzes 2002 Recht auf zwei Tage bezahlten Vater-

---

32 www.lbio.nl, ec.europa.eu/civiljustice/maintenance_claim/maintenance_claim_net_en.htm

schaftsurlaub im ersten Monat nach der Geburt des Kindes (Plantenga/Remery 2009: 48).[33]

Elternurlaub (*Ouderschapsverlof*)

Nach dem Mutterschaftsurlaub können Eltern weiteren Urlaub zur Betreuung des Kindes nehmen. Elternurlaub ist in den Niederlanden wie im Vereinigten König-reich ein individuelles Recht: Jedes Elternteil hat Anspruch auf (die gleiche Zeit) Urlaub. Dieser kann nicht auf den Partner übertragen werden. Vorausset-zung für den Urlaubsanspruch ist, dass man als Mutter oder Vater seit mindes-tens einem Jahr beim derzeitigen Arbeitgeber beschäftigt ist.[34] Von Mitte der 1990er Jahre bis 2009 betrug der Elternurlaub das 13-fache der vertraglichen Wochenarbeitszeit (bei Vollzeitbeschäftigten also circa drei Monate) und wurde dann verdoppelt (Plantenga/Remery 2009: 50). Die Urlaubsstunden müssen bis zum achten Lebensjahr des Kindes aufgebraucht werden. Sie können innerhalb von maximal zwölf aufeinanderfolgenden Monaten so gelegt werden, dass sich die wöchentliche Arbeitszeit um höchstens die Hälfte reduziert.[35] Elternurlaub ist in den Niederlanden also kein Vollzeit-Urlaub, sondern Eltern, die diesen in Anspruch nehmen, sind teilzeiterwerbstätig. Elternurlaub ist des Weiteren unbe-zahlt, und es gibt auch keine Lohnersatzleistungen vom Staat (seit 2009 bekom-men alle, die Elternzeit nehmen, eine Steuergutschrift in Höhe von 50% des ge-setzlichen Mindestlohns).[36] Allerdings können Eltern, die an einem Lebensspar-plan teilnehmen, die Ersparnisse daraus verwenden, um einen Elternurlaub zu finanzieren. Dieser Lebenssparplan beruht auf der „Lebenslaufregelung" (*Le-vensloopregeling*), die zwischen 2006 und 2012 (mit einer Übergangsregelung bis 2022) existierte. Arbeitnehmer konnten demnach bis zu 12% ihres Bruttojah-resgehalts steuerfrei sparen. Der Sparbetrag wird mit 4% verzinst und darf sich über mehrere Jahre hinweg auf maximal 210% des letzten Bruttojahresgehalts anhäufen. Mit dieser Summe könnte man z.B. drei Jahre unbezahlten Urlaub

---

33 www.ilo.org/dyn/travail/travmain.sectionReport1?p_lang=en&p_structure=3&p_sc_id= 2000&p_countries=NL; Außerdem bekommen sie am Tag der Geburt und Anmeldung des Kindes beim Standesamt bezahlten Urlaub. Der Vaterschaftsurlaub gilt nicht nur für Väter, die mit der Mutter verheiratet sind, sondern auch für den Lebenspartner oder die Lebenspartnerin der Mutter. Bereits vor 2002 konnten viele Väter aufgrund von tarif-vertraglichen Regelungen Vaterschaftsurlaub nehmen (Boll et al. 2011: 28).

34 Auch Arbeitnehmer, die mit einem nicht-leiblichen Kind zusammenleben und für dieses sorgen, sind urlaubsberechtigt.

35 ILO TRAVAIL legal databases: www.ilo.org/dyn/travail/travmain.sectionReport1?p_ lang=en&p_structure=3&p_sc_id=2000&p_countries=NL; Der Arbeitgeber muss den Urlaubsantrag genehmigen.

36 Von diesen gesetzlichen Mindestregelungen kann in zeitlicher wie finanzieller Hinsicht per Tarifvertrag oder Betriebsvereinbarung abgewichen werden (Plantenga/Remery 2009: 48f.).

nehmen und währenddessen 70% des Lohns beziehen. Der Urlaub kann dabei zu allen möglichen Zwecken genutzt werden, nicht nur um Zeit für die Familie zu haben, sondern auch um sich weiterzubilden, vorzeitig in den Ruhestand zu gehen etc. (Plantenga/Remery 2009: 50).[37]

Die Komplexität der Elternurlaubsregelung und die Tatsache, dass dieser unbezahlt war, werden als Gründe gesehen, warum die Mehrheit der Eltern von diesem Recht keinen Gebrauch macht (Merens/Hermans 2009: 136f.; Plantenga/ Remery 2009: 49). In den letzten Jahren wurde der Elternurlaub zwar zeitlich ausgeweitet und auch eine Lohnersatzleistung eingeführt. Letztere ist aber eher niedrig. Wegen der ohnehin kürzeren Arbeitszeiten und hohen Teilzeitbeschäftigung und weil Eltern während des Urlaubs erwerbstätig sind und somit ein Erwerbseinkommen haben, wurde ein weiterer Ausbau des Elternurlaubs als nicht unbedingt notwendig erachtet (Plantenga/Remery 2009: 50).

9.5 Fazit

In den Niederlanden zielen die politischen Maßnahmen darauf ab, Nichterwerbstätigkeit gar nicht erst entstehen zu lassen bzw. Nichterwerbstätige möglichst schnell aus dem Leistungsbezug herauszubringen. Hierfür steht den Arbeitsämtern und Kommunen ein Budget für aktive Arbeitsmarktpolitik zur Verfügung, das sie flexibel einsetzen können. Die Kommunen erhalten außerdem ein fixes Budget zur Finanzierung der Sozialhilfe, was deren Anreize erhöht, Sozialhilfeempfänger in den Arbeitsmarkt zu integrieren. Zudem haben die lokalen Behörden unter anderem die Befugnis, Leistungsempfänger per Sofortmaßnahme in irgendeine Arbeit oder soziale Aktivität einzubinden. Die Aktivierung erfasst alle arbeitsfähigen Leistungsempfänger. Formale Sonderregeln für Alleinerziehende wurden zunächst abgeschafft, 2008 jedoch wieder eingeführt. Die Integration in den Arbeitsmarkt erfolgt zumindest in Teilzeit. Die Erwerbstätigkeit von Müttern, auch solchen mit kleinen Kindern, ist hoch. Die Betriebsbindung bleibt während des Elternurlaubs bestehen, in dem die Arbeitsstunden nur reduziert werden können. Ein entsprechender Zugang zu Kinderbetreuung wird vom Markt bereitgestellt und, sofern diese gewisse Qualitätsstandards erfüllt, vom Staat und den Arbeitgebern finanziell gefördert, wobei Familien mit niedrigen Einkommen besonders unterstützt werden. Teilzeitarbeit ist auch deswegen verhältnis-

---

37 Im Arbeits- und Betreuungsgesetz sind noch andere Urlaubsregelungen enthalten, wie bezahlter Notfallurlaub und Kurzzeitpflegeurlaub, unbezahlter Langzeiturlaub zur Betreuung von kranken Kindern, Partnern oder Eltern, Adoptionsurlaub und -geld (Plantenga/Remery 2009: 48; ILO TRAVAIL legal databases: www.ilo.org/dyn/travail/travmain. sectionReport1?p_lang=en&p_structure=3&p_sc_id=2000&p_countries=NL).

mäßig attraktiv, weil sozial- und arbeitsrechtliche Nachteile abgebaut wurden und wenigstens formal ein Recht auf Arbeitszeitverlängerung besteht. Dennoch sind Teilzeitbeschäftigte oft nur Geringverdiener (wenngleich nicht so häufig wie im Vereinigten Königreich und Deutschland), die aber in den meisten Fällen mit besser verdienendem Partner zusammenleben (Eineinhalbverdiener-Modell). Was den niederländischen Fall so interessant macht, ist, dass Risikofamilien, vor allem geringverdienende Familien, zwar durchaus verbreitet sind (Platz drei der fünf betrachteten Länder), jedoch relativ selten von Armut betroffen sind. Die Armutsquote von nichterwerbstätigen oder geringverdienenden Alleinerziehenden ist dort vergleichsweise niedrig (ähnlich wie in Dänemark und im Vereinigten Königreich). Bei den Risiko-Paaren mit Kindern schneiden die Niederlande im Ländervergleich sogar am besten ab.

Die gesetzlichen Mindest- und tariflichen Löhne sowie Abgabenermäßigungen tragen offenbar dazu bei, dass Geringverdiener bereits vor Sozialleistungen ein relativ geringes Armutsrisiko haben, das etwa durch Wohngeld und Familienleistungen weiter gesenkt wird. Die Armutsquote von nichterwerbstätigen Alleinstehenden und Alleinerziehenden liegt höher, ist aber im Vergleich zu anderen Ländern niedrig, was mit den höheren Nettolohnersatzraten beim Arbeitslosengeld und den höheren Sozialhilfesätzen (besonders für Alleinerziehende) zusammenhängen kann. Nichterwerbstätige Paare mit Kindern kommen nur selten vor. Auch Familien, die bedürftigkeitsgeprüfte Leistungen beziehen, bekommen wie alle anderen volles Kindergeld, das allerdings nicht sehr generös ist. Bedürftige Familien erhalten zusätzliche Kinderleistungen. Insgesamt liegt der Fokus jedoch darauf, dass Familien auf dem Arbeitsmarkt ein ausreichendes Erwerbseinkommen erzielen.

10 Vereinigtes Königreich: „Targeting" als Vorbild?

Der britische Arbeitsmarkt gehört neben dem dänischen zu den flexibelsten Arbeitsmärkten in Europa. Im Unterschied zu Dänemark hat das Vereinigte Königreich jedoch einen großen Niedriglohnsektor (Kim/Kurz 2003; Gautié/Schmitt 2010). Außerdem garantiert das soziale Sicherungssystem Erwerbslosen nur eine Mindestsicherung. Versicherungsleistungen spielen gegenüber Fürsorgeleistungen eine geringe Rolle. Sie werden nur für kurze Zeit gewährt, sind nicht mit höheren Leistungen verbunden und haben lediglich den Vorteil, dass sie nicht bedürftigkeitsgeprüft sind (Mitton 2008). Insgesamt ist die britische Politik stark auf Risikogruppen zugeschnitten. Ein zentrales Element ist außerdem die starke Ausrichtung auf Aktivierung und Arbeitsmarktintegration. Zwar blieben Alleinerziehende im Gegensatz zu anderen Ländern lange Zeit von Pflichten zur Arbeitssuche und -aufnahme verschont (Brücker/Konle-Seidl 2007: 65), aber das änderte sich in den vergangenen Jahren. Außerdem wurde ein Paket an Maßnahmen geschnürt, das Alleinerziehende durch eine Kombination aus Beratung, finanziellen Anreizen und Kinderbetreuung dabei unterstützen soll, in Arbeit zu kommen.

Seit Mitte der 1990er Jahre wurde das britische Transfersystem hin zu einer stärkeren Aktivierung umgebaut. 1996 wurden Arbeitslosengeld (*Unemployment Benefit*, UB) und Sozialhilfe (Income Support, IS) zur *Jobseeker's Allowance* (JSA) zusammengelegt. Der IS blieb nur für einige Gruppen von Erwerbsunfähigen bestehen. Von JSA-Empfängern wurde erwartet, dass sie aktiv nach Arbeit suchen und zumutbare Arbeit annehmen. Die Ausrichtung auf Aktivierung schlug sich auch in der Organisation nieder. Mit dem *Jobcentre Plus* wurde 2002 eine zentrale Anlaufstelle für alle Leistungsempfänger im Erwerbsalter geschaffen, die neben der Arbeitsberatung und -vermittlung auch für Maßnahmen der aktiven Arbeitsmarktpolitik zuständig ist, die unter *New Labour* erheblich ausgeweitet wurden. Die *New-Deal*-Programme (1997–2009) boten vor allem Jugendlichen und Langzeitarbeitslosen sowie Alleinerziehenden vielfältige Eingliederungsleistungen. Darüber hinaus betrieb die *Labour*-Regierung eine *making-work-pay*-Politik, welche die Aufnahme auch von niedrig entlohnter Beschäftigung attraktiv machen sollte. Im Rahmen dieser Politik wurden der nationale Mindestlohn eingeführt (1999) und Steuergutschriften reformiert (1999, 2003), durch die niedrige Einkommen aufgestockt werden können. Die Förderung der Erwerbsintegration diente auch einem zweiten Kernziel der *Labour*-Regierung, der Beseitigung von Kinderarmut. Zu diesem Zweck wurden das *Sure-Start*-Programm initiiert, Maßnahmen zur Verbesserung des Zugangs und der Bezahlbarkeit von Kinderbetreuung ergriffen und eine Steuergutschrift für Kinder eingeführt.

10.1 Stufe 1: Förderung der Erwerbsintegration

(a) Aktivierung und Qualifizierung

Die britische Aktivierungspolitik war zunächst vor allem durch fordernde Maßnahmen gekennzeichnet. So wurden mit der Einführung der *Jobseeker's Allowance* (JSA) 1996 die Höhe der Sozialleistungen und die Dauer der nicht bedürftigkeitsgeprüften Leistungen für Arbeitsuchende gekürzt. Der Bezug von JSA wurde an strengere Pflichten zur Arbeitssuche und Arbeitsaufnahme geknüpft, und es wurden höhere Sanktionen bei Pflichtverletzungen verhängt. Als fördernde Elemente beinhaltete die Reform eine individuelle Beratung durch persönliche Betreuer, die Vermittlung und Unterstützung durch spezifische Maßnahmen.

Das Fallmanagement bildete den Kern der neuen *welfare-to-work*-Programme, der *New Deals*, die seit 1997 ins Leben gerufen wurden. Die zielgruppenspezifischen *New Deal*-Programme, die teilweise noch bis Juni 2011 liefen und dann durch das *Work Programme* abgelöst wurden, bildeten ein Herzstück der Aktivierungspolitik unter *New Labour*. Da sich unsere Analyse auf das Jahr 2008 bezieht, werden hier nur die *New Deal*-Programme erläutert und davon auch nur solche, die für die Risikogruppen, die wir betrachten, besonders relevant sind. Das sind der *New Deal* für Langzeitarbeitslose zwischen 25 und 49 Jahren (*New Deal* 25+, ND25+), der *New Deal* für Partner von Arbeitslosen (*New Deal for Partners*, NDP) und der *New Deal* für Alleinerziehende (*New Deal for Lone Parents*, NDLP). Für junge Menschen und Langzeitarbeitslose war die Teilnahme an den *New Deal*-Programmen verpflichtend. Die anderen Gruppen konnten freiwillig daran teilnehmen. Ihr Leistungsbezug war nicht davon abhängig.

Während Jugendliche bereits nach sechs Monaten Leistungsbezug am *New Deal*-Programm teilnehmen mussten, waren Arbeitslose ab 25 Jahren erst nach 18 Monaten dazu verpflichtet. Der ND25+ bestand ursprünglich aus zwei Phasen, ab 2001 aus drei Phasen: In der ersten Gateway-Phase fanden bis zu vier Monate lang regelmäßige Gespräche mit einem persönlichen Berater statt, der die Teilnehmer bei ihrer Arbeitssuche unterstützte und die Schritte zur Rückkehr ins Arbeitsleben in einem Handlungsplan (*Action Plan*) festhielt. Befanden sich die Teilnehmer nach Ablauf dieser Phase noch nicht wieder in Beschäftigung, schloss sich eine zweite Phase an, die *Intensive Activity Period* (IAP), die zwischen 13 und 26 Wochen dauern konnte. Darin nahmen Arbeitslose je nach individuellen Bedürfnissen an einer oder mehreren Maßnahmen teil. Der zeitliche Umfang der Maßnahmen betrug mindestens 30 Stunden an fünf Tagen die Woche, konnte aber unter gewissen Umständen (z.B. gesundheitliche Probleme, Behinderungen oder Betreuungspflichten) und nach Absprache mit dem Betreuer verringert werden. Zur Wahl standen Trainings unterschiedlicher Art, Praktika und subventionierte Beschäftigung. Subventioniert Beschäftigte sollten von ihrem

Arbeitgeber einen gängigen Lohn bekommen. Im Gegenzug erhielten Arbeitgeber für bis zu sechs Monate einen Zuschuss, der sich bei einer Anstellung von 16 bis 29 Wochenstunden auf 50 £ pro Woche und bei einer Anstellung von mehr als 30 Wochenstunden auf 75 £ pro Woche belief. Hatten die Teilnehmer nach der IAP immer noch keine reguläre Arbeit, folgte eine dritte *Follow Through*-Phase, in der sie weitere sechs bis 13 Wochen vom persönlichen Betreuer intensiv unterstützt und beraten wurden (Fromm/Sproß 2008: 28ff.).[1] Nichterwerbstätige Partner von Leistungsbeziehern nahmen nach sechs Monaten an einem WFI teil und konnten danach weitere Eingliederungsleistungen freiwillig in Anspruch nehmen.

Obwohl die Teilnahme am *New Deal*-Programm für Alleinerziehende (NDLP) freiwillig war, stellte dieses doch den Beginn einer zunehmenden Bemühung dar, Alleinerziehende stärker in den Arbeitsmarkt zu integrieren. Seit seiner Einführung im Jahr 1997 wurde der NDLP für einen immer größeren Kreis von Alleinerziehenden zugänglich gemacht. Zuletzt stand das Programm allen Alleinerziehenden offen, die nicht oder weniger als 16 Wochenstunden erwerbstätig waren. Ziel des Programms war es, Alleinerziehende dazu zu ermutigen, arbeiten zu gehen und so ihre oftmals durch Transferabhängigkeit und Armut gekennzeichnete Lage zu überwinden. Der NDLP beinhaltete neben einer Einschätzung der Fähigkeiten und Verbesserung der Beschäftigungsfähigkeit durch Trainings auch Unterstützung bei der Suche nach Arbeit und Kinderbetreuung. Außerdem wurde Alleinerziehenden in Beratungsgesprächen aufgezeigt, welche erwerbsabhängigen Geldleistungen (*in-work benefits*, siehe unten) der Staat bietet, die es lohnend machen, eine Beschäftigung aufzunehmen (Knight et al. 2006: 7f.). Im *New Deal Plus* für Alleinerziehende, der 2005 als Modellversuch in ausgewählten Regionen eingeführt wurde, kamen weitere Instrumente zum Einsatz, die darauf abzielten, die finanziellen Anreize zur Arbeitssuche und -aufnahme zu erhöhen, wie die *Work Search Premium* und der *In-Work Credit*[2] (Zaidi 2009: 4; Griffiths 2011: 1).

---

1   Beim *New Deal* für junge Menschen gab es im Unterschied zum ND25+ nach der *Gateway*-Phase die Optionsphase, in der die Teilnehmer zwischen vier Optionen wählen konnten: 1. subventionierte Beschäftigung in einem Unternehmen für sechs Monate, 2. Vollzeitaus- oder -weiterbildung für bis zu zwölf Monate, 3. Arbeitsgelegenheit bei einer gemeinnützigen Einrichtung für 26 Wochen oder 4. Arbeitsgelegenheit bei einer Umweltorganisation für 26 Wochen. Im Anschluss an die Optionsphase folgte ebenfalls eine *Follow Through*-Phase, die aber bis zu vier Monate dauern konnte. Beim *Flexible New Deal* schloss sich an die drei Phasen eine vierte Phase an, in der die Arbeitslosen durch externe Arbeitsmarktdienstleister betreut wurden (Kaltenborn et al. 2010: 157ff.).

2   Diese Leistungen richteten sich an Alleinerziehende, die seit mindestens zwölf Monaten IS oder JSA beziehen. Sofern sie freiwillig nach Arbeit suchten, bekamen sie bis zu sechs Monate lang eine Zulage zur Sozialleistung in Höhe von 20 £ die Woche (*Work Search Premium*). Bei Antritt einer bezahlten Arbeit von 16 oder mehr Wochenstunden

Obwohl sich der NDLP im Hinblick auf die Erwerbsintegration von Alleinerziehenden als durchaus erfolgreich erwies, blieb die Beteiligung, aufgrund seines
freiwilligen Charakters, gering (Knight et al. 2006; Zaidi 2009: 3f.).

Eine größere Aktivierungswirkung zeigt das verpflichtende WFI, das seit
2001 Voraussetzung für den Antrag auf Leistungen ist und danach halbjährlich
stattfindet. In dem Jahr, bevor Alleinerziehende ihren Anspruch auf IS verlieren,
müssen sie an vier WFIs teilnehmen. Zwischen 2008 und 2012 wurde die Altersgrenze der Kinder, bis zu der Alleinerziehende IS beziehen können, stufenweise
von 16 auf fünf Jahre gesenkt (siehe Abschnitt „Sozialer Schutz bei Nichterwerbstätigkeit").[3] Im Vereinigten Königreich besteht Schulpflicht ab dem fünften Lebensjahr. Alleinerziehende, deren jüngstes Kind dieses Alter überschritten hat,
können nach dem IS-Bezug JSA oder ESA beantragen, unterliegen dann aber
auch den Pflichten, die an den Erhalt dieser Leistungen gekoppelt sind[4] (siehe
oben, Avram et al. 2013: 18f.). Allerdings wird von ihnen nicht verlangt, dass
sie eine Arbeit annehmen, die über die Schulzeiten der Kinder hinausgeht, sofern keine Betreuung für sie verfügbar ist.

Zu den fördernden Elementen der Aktivierungspolitik zählen zudem finanzielle Anreize zur Aufnahme einer Arbeit (mit geringen Verdiensten), wie Zu-
verdienstmöglichkeiten für Leistungsempfänger, Mindestlöhne und *in-work benefits*. Die *in-work benefits* umfassen zum einen Leistungen, die einmalig oder für
einen bestimmten Zeitraum beim Übergang in Beschäftigung gezahlt werden,
und zum andern den *Working Tax Credit*, der Geringverdiener dauerhaft unterstützt (siehe „Unterstützung von Geringverdienern").

(b) Kinderbetreuung

Die Betreuung von Kindern unter fünf Jahren wird im Vereinigten Königreich
traditionell als Privatsache angesehen. Eltern, vor allem Mütter, kümmern sich
selbst um die Betreuung ihrer Kinder, organisieren sich in Spielgruppen oder sind
auf die Hilfe von Verwandten, Partnern und Freunden angewiesen. Die Angebote, die es für Kinder in dieser Altersgruppe gibt, werden größtenteils von privatgewerblichen und freigemeinnützigen Anbietern gestellt. Der Staat interve-
nierte in diesen Bereich lange Zeit kaum (Sainsbury 1996: 97; Lewis et al. 2008:
270f.). Das änderte sich Ende der 1990er Jahre, als sich die *New Labour*-Regie-
rung zum Ziel gesetzt hatte, die Kinderarmut bis 2020 zu beseitigen.

---

erhielten sie ein Jahr lang 40 £ pro Monat steuerfrei (in London 60 £ und auch für Elternpaare). Dieser *In-Work Credit* war nicht bedürftigkeitsgeprüft.
3   2008 wurde sie zunächst auf zwölf Jahre herabgesetzt.
4   In Ausnahmefällen bleiben sie IS-berechtigt, z.B. wenn sie andere Personen pflegen.
ESA wird bei teilweiser oder voller Erwerbsminderung gewährt.

Kinderbetreuungskosten

Drei Maßnahmen, die auf eine Reduzierung der Kinderbetreuungskosten abzielen, sind die *free early education*, die Kinderbetreuungszulage (*Childcare Tax Credit*) zum *Working Tax Credit* (WTC) und die *childcare vouchers*.

Die *free early education* ist ein Recht auf kostenlose Teilzeitbetreuung für Drei- und Vierjährige, das in England[5] im Zuge der *National Childcare Strategy* 1998 eingeführt wurde. Es galt zunächst nur für Vierjährige und wurde 2004 auf Dreijährige[6] ausgeweitet. Der Anspruch bezog sich bis September 2010 auf einen Umfang von lediglich 12,5 Stunden die Woche für 38 Wochen im Jahr (Schuljahreslänge) und wurde dann auf 15 Wochenstunden erhöht (HM Revenue and Customs 2013: 6).[7] Trotzdem ist dieser Stundenumfang so gering, dass berufstätige Eltern meist noch zusätzliche kostenpflichtige Betreuung in Anspruch nehmen müssen.

Geringverdiener erhalten seit 2003 eine Kinderbetreuungszulage (*Childcare Tax Credit*) zum WTC, die maximal 80%[8] der Kinderbetreuungskosten von bis zu 175 £ pro Woche bei einem Kind und 300 £ pro Woche bei zwei und mehr Kindern deckt (Waldfogel/Garnham 2008: 19; MISSOC 2014). Voraussetzung ist allerdings, dass Alleinerziehende mindestens 16 Stunden die Woche arbeiten. Bei Paaren müssen beide Partner mindestens 16 Wochenstunden erwerbstätig sein.[9] Mit der Kinderbetreuungszulage wurden geringverdienende Familien finanziell entlastet und grundsätzlich auch mehr dazu befähigt, Kinderbetreuung auf dem Markt einzukaufen. Gegenüber den früheren Steuergutschriften (*Working Families Tax Credit* und *Family Credit*) erhöhte sich zudem die Zahl der Empfänger von Kinderbetreuungsleistungen. Dennoch erreicht die Kinderbetreuungszulage nur einen kleinen Teil der Familien, die WTC beantragen (2008: 26%, Waldfogel/Garnham 2008: 12). Außerdem deckt sie nicht alle Kosten der Kinderbetreuung. Die Gebühren für Kinderbetreuung sind im Vereinigten Kö-

---

5   Die Regulierung der Kinderbetreuung erfolgt nicht immer landesweit. Es gibt aber auch in den anderen Landesteilen eine ähnliche Förderung der Kinderbetreuung. https://www.gov.uk/free-early-education

6   Abhängig vom Geburtsdatum, manchmal auch schon ab zwei Jahren.

7   Die Art der Kinderbetreuung ist dabei nicht vorgeschrieben. Es muss aber eine staatlich zugelassene sein (OECD 2008: 17). Für aktuelle Information siehe: https://www.gov.uk/free-early-education

8   Dieser Prozentsatz wurde ab 2011/2012 auf 70% gesenkt (*HM Revenue and Customs* 2011: 5).

9   Partner, die am *New Deal* teilnehmen und eine Erwerbstätigkeit von weniger als 16 Wochenstunden aufnehmen, können vom *Jobcentre Plus* für bis zu ein Jahr bei den Kinderbetreuungskosten in Form einer *Childcare Subsidy* unterstützt werden (Waldfogel/Garnham 2008: 19).

nigreich allgemein und in manchen Regionen besonders hoch.[10] Eltern müssen davon immerhin noch 20% oder mehr selbst tragen.

Ein anderer Weg, Kinderbetreuungskosten zu finanzieren, sind die sogenannten *childcare vouchers*. Arbeitnehmer verzichten dabei auf einen Teil ihres Gehalts und bekommen dafür einen Gutschein, mit dem sie ihre Kinderbetreuung bezahlen können. Im Endeffekt sparen sie und ihre Arbeitgeber hierdurch Steuern und Sozialabgaben. Davon profitieren allerdings nur erwerbstätige Eltern mit Arbeitgebern, die dies anbieten. 2005 wurden die Anreize hierzu deutlich erhöht (Waldfogel/Garnham 2008: 11f.).[11]

Trotz der genannten Maßnahmen schätzt die OECD die Belastung durch Kinderbetreuungskosten nicht allein von Familien mit geringen Bruttoverdiensten im Vereinigten Königreich als sehr hoch ein (OECD 2005: 113). Ein weiteres Problem besteht darin, dass die kostenlose Teilzeitbetreuung für Drei- und Vierjährige einem Elternteil allenfalls eine geringfügige Beschäftigung ermöglicht (von weniger als 12,5 Wochenstunden, wenn man Fahrtzeiten mit berücksichtigt). Bei mehr Arbeit entstehen Betreuungskosten, die einen Großteil des Zweitverdienstes wieder aufzehren (OECD 2011). Die Betreuungskosten stellen somit nach wie vor eine Beschäftigungshürde dar und machen das Zweiverdiener-Modell wenig rentabel.

Zugang zu Kinderbetreuung

Bevor wir schildern, was in den vergangenen Jahren unternommen wurde, um den Zugang zu Kinderbetreuung zu verbessern, geben wir einen kurzen Überblick über die Betreuungsangebote für noch nicht schulpflichtige Kinder im Vereinigten Königreich. Durch die zum großen Teil nicht-öffentliche Kinderbetreuung entstanden ganz unterschiedliche Angebote, die hinsichtlich ihrer Altersgrenzen, Öffnungszeiten und Gebühren stark variieren.

Für Kinder unter drei Jahren besteht hauptsächlich die Möglichkeit der Betreuung in Kinderkrippen oder Kindertagesstätten und durch Tageseltern bzw. im eigenen Haus durch Nannys oder Babysitter. Kinderkrippen und Kindertagesstätten sind oftmals an große Unternehmen angebunden und werden meist von

---

10 Das gilt in besonderem Maße für London. Dort wurde zwischen 2005 und 2011 ein *Childcare Affordability*-Pilotprogramm für Familien mit niedrigen Einkommen erprobt. Der Staat subventionierte hierbei Anbieter von Kinderbetreuung, die im Gegenzug Betreuungsplätze zu Gebühren anboten, die der maximalen WTC-Kinderbetreuungszulage entsprachen (SQW Consulting 2009).

11 Der *childcare voucher* wurde in der Zwischenzeit reformiert, sodass Besserverdiener weniger davon profitieren. Er wird auch aktuell geändert und soll ab 2015 für manche erwerbstätige Familien höhere Ersparnisse, für andere niedrigere bringen. http://www.the guardian.com/money/2014/mar/18/new-childcare-vouchers-how-work

privatgewerblichen und freigemeinnützigen Anbietern betrieben. In der Regel sind diese Einrichtungen von sieben bis 19 Uhr an fünf Tagen in der Woche geöffnet. Kinder können darin halbtags oder ganztags betreut werden. Tageseltern betreuen Kinder normalerweise in ihrem eigenen Zuhause mit einem Betreuungsschlüssel von sechs bis acht Kindern im Alter von null bis zwölf Jahren (nicht mehr als drei Kinder dürfen unter fünf Jahre sein). Auch gibt es Spielgruppen, die aber nur für wenige Stunden am Tag geöffnet sind (Skinner 2005: 228). Der größte Teil der Betreuung von Kindern unter drei Jahren ist jedoch immer noch informell und wird von Großeltern, Partnern, Freunden etc. übernommen (Lewis et al. 2008: 271). Daneben existieren die öffentlich geförderten *Sure Start Children's Centres* (siehe unten), die sich an benachteiligte Kinder und ihre Eltern richten und in der Regel von acht bis 18 Uhr und manche sogar an Wochenenden geöffnet sind.[12]

Zusätzlich zu den genannten Betreuungsformen gibt es für noch nicht schulpflichtige Kinder ab drei Jahren (manchmal auch ab 2,5 Jahren) Kindergärten oder Vorschulen. Diese sind oftmals Bestandteil des staatlichen *Sure Start*-Programms oder an Grundschulen angegliedert. Für den Besuch von staatlichen Einrichtungen fallen keine Kosten an. Kindergärten und Vorschulen von privaten oder freien Trägern müssen dagegen selbst finanziert werden (bis auf die Kosten für 12,5 Wochenstunden bei Drei- und Vierjährigen, sofern die Einrichtung von der Kommune zugelassen ist, siehe oben). Auch die Vorschulen bieten ganz unterschiedliche Öffnungszeiten an, die von wenigen Stunden am Tag bis hin zu ganztags reichen.[13]

Im Hinblick auf die Verbesserung des Zugangs zu Kinderbetreuung sind das 1998 initiierte *Sure Start*-Programm und Maßnahmen im Rahmen der *10-Year Childcare Strategy* ab 2004 zu nennen. Das *Sure Start*-Programm ist neben dem CTC eine Maßnahme im Rahmen der Strategie zur Bekämpfung von Kinderarmut. Es dient vorrangig dazu, die ungleichen Entwicklungschancen von Kindern, die in armen Verhältnissen groß werden, zu verringern, führte aber eben auch zu einer Verbesserung des Zugangs zu Kinderbetreuung für Familien mit niedrigen Einkommen. Das Programm soll Kindern in benachteiligten Bezirken mit hoher Armutsquote einen optimalen Start ins Leben ermöglichen. Hierzu wurden Einrichtungen (*Sure Start Children's Centres*) subventioniert, die Angebote zur Kinderförderung, Gesundheitsvorsorge, Familienarbeit und Arbeitsmarktintegration miteinander verbinden (OECD 2005: 122). Im *Childcare Act* von 2006 wurde das Ziel formuliert, bis 2010 mit Hilfe öffentlicher Mittel in jeder Kommune ein solches *Centre* einzurichten.

---

12 http://www.familyandchildcaretrust.org/childcare-options-for-children-aged-0-5-years-old

13 http://www.familyandchildcaretrust.org/childcare-options-for-children-aged-0-5-years-old

Der *Childcare Act* ging aus der *10-Year Childcare Strategy* hervor. Im Kinderbetreuungsgesetz übertrug der Staat den Kommunen erstmals die Verantwortung, ein ausreichendes Angebot an Kinderbetreuungsplätzen für Auszubildende, Arbeitsuchende und Erwerbstätige sicherzustellen (Rüling 2010: 101, besonders für erwerbstätige Eltern mit niedrigen Einkommen und behinderten Kindern).[14] Kommunen sollen nicht zu Anbietern von Kinderbetreuung werden, das Kinderbetreuungsangebot aber koordinieren, indem sie in lokalen *Family Information Services* über registrierte Angebote und staatliche Leistungen informieren und so Angebot und Nachfrage zusammenbringen (OECD 2005: 120ff.). Zudem sollen sie gewährleisten, dass die kostenlose Teilzeitbetreuung für Drei- und Vierjährige in England auch wirklich kostenlos ist. In Bezug auf die Betreuungsqualität enthält das Gesetz neue Standards, die Anbieter von Kinderbetreuung erfüllen müssen, um registriert zu werden. Die Registrierung wurde im Zuge der Gesetzgebung vorangetrieben. Zur *10-Year Strategy* gehören auch Bemühungen, die außerschulische Betreuung auszuweiten. In diesem Zusammenhang gibt es das breit angelegte *extended schools*-Programm des Bildungsministeriums. Trotz dieser Bemühungen besteht im Hinblick auf die Kinderbetreuung noch ein großer Aufholbedarf. Insbesondere zu atypischen Arbeitszeiten, vor und nach der Schule und in den Ferien stellt der Markt zu wenige Kinderbetreuungsmöglichkeiten bereit (Waldfogel/Garnham 2008).

10.2 Stufe 2: Unterstützung von Geringverdienern

Durch die *making work pay*-Politik unter *New Labour* wurden Geringverdiener massiv unterstützt. Kurz nach ihrem Regierungsantritt führte die *Labour*-Partei einen flächendeckenden gesetzlichen Mindestlohn ein. Die Steuer- und Sozialabgabenlast für Geringverdiener ist im Vereinigten Königreich vergleichsweise niedrig. Sie erhalten zudem zu ihren Nettoverdiensten noch Sozialleistungen. Außerdem bekommen sie Kindergeld und haben die Möglichkeit, Beihilfen zu Wohnkosten und andere bedürftigkeitsgeprüfte Leistungen zu beantragen.

(a) Mindestlohn

1998 löste die *Labour*-Partei ihr Wahlversprechen ein und verabschiedete das Gesetz zur Einführung eines nationalen Mindestlohns (*National Minimum Wage*

---

14 Auf zentraler Ebene war im Zeitraum zwischen 2007–2010 das Ministerium für Kinder, Schulen und Familien (*Department for Children, Schools and Families*) unter anderem für die Kinderbetreuung und Vorschulerziehung zuständig. Nach dem Regierungswechsel im Jahr 2010 wurde dieses Ministerium wieder durch das Bildungsministerium (*Department of Education*) ersetzt.

Act), das am 1. April 1999 in Kraft trat.[15] Im Vereinigten Königreich wird die Höhe des Mindestlohns von der Niedriglohnkommission (*Low Pay Commission*) festgelegt, die sich zu gleichen Teilen aus Vertretern der Regierung, Gewerkschaften und Wissenschaftlern zusammensetzt. Die Arbeitgeber sind hierin nicht vertreten. Die Kommission informiert die Regierung über den Einfluss des Mindestlohns auf Beschäftigung, Preise, Produktivität und den öffentlichen Haushalt und unterbreitet dieser Vorschläge zu einer Erhöhung. Auf dieser Grundlage passt die Regierung die Höhe des Mindestlohns jährlich zum 1. Oktober an (Finn 2005: 9; Bosch/Weinkopf 2006: 126[16]). Bei seiner Einführung betrug der Mindestlohn 3,60 £ (5,29 €) die Stunde. Seitdem wurde er jedes Jahr erhöht. Die Veränderungsraten des Mindestlohns übertreffen gar die allgemeinen Lohnsteigerungen. (Bis September) 2008 lag der Mindestlohn bei 5,52 £ und entsprach damit circa 50% des nationalen Medianbruttolohns (Bosch/Weinkopf 2006: 127; LPC 2009: 28, 307, 2011: 2). Dieser volle Mindestlohn galt für alle Arbeitnehmer ab 22 Jahren. 18- bis 21-Jährige erhielten einen Anteil von ungefähr 80% des vollen Mindestlohns. Seit 2004 haben auch 16- bis 17-Jährige Recht auf einen Stundenlohn von mindestens 3 £ (4,41 €), was etwa 60% des vollen Mindestlohns sind. Am 1. Oktober 2010 wurde ein Mindestlohn für Auszubildende bis 19 Jahren und älter als 19 im ersten Ausbildungsjahr in Höhe von 2,50 £ eingeführt. Außerdem gilt der volle Mindestlohn jetzt schon für Erwachsene ab 21 Jahren.[17] Bestimmte Erwerbstätige sind vom Mindestlohn ausgenommen (z.B. Selbstständige, mithelfende Familienangehörige, Militär, Fischer, gewisse freiwillige Beschäftigte, Gefängnisinsassen, Teilnehmer an bestimmten öffentlich geförderten Weiterbildungsmaßnahmen). Sie können niedriger entlohnt werden.[18]

Das Recht auf einen Mindestlohn und auf Einsicht der Lohnunterlagen können Beschäftigte vor Gericht einklagen. Währenddessen genießen sie Kündigungsschutz. Ein Verstoß gegen das Mindestlohngesetz kann auch dem Finanzamt gemeldet werden. Die *Enforcement Officers* kümmern sich dann um den Fall und können diesen vor Gericht bringen. Zudem sind sie befugt, Geldbußen (in Höhe von bis zu 5.000 £ pro Fall und bis zu sechs Fälle pro Unternehmen) zu verhängen (Bosch/Weinkopf 2006: 127; Burges/Usher 2003: 25). 2008 arbeiteten etwa 4% der Arbeitnehmer (22+) auf Mindestlohnniveau oder darunter. Geringqualifizierte, Migranten, Frauen und Behinderte sind überproportional von

---

15 Hintergrund der Einführung war auch der sinkende bzw. niedrige gewerkschaftliche Organisationsgrad besonders bei den Niedriglohnbeschäftigten im Dienstleistungsbereich und damit die schwindende Macht der Gewerkschaften bei Tarifverhandlungen.

16 Bosch und Weinkopf (2006: 128) bezeichnen den Mindestlohn in Großbritannien als eine „Erfolgsstory", vor allem weil die stetige Evaluation durch die Niedriglohnkommission zu einer Versachlichung der Debatte geführt habe.

17 https://www.gov.uk/national-minimum-wage-rates

18 https://www.gov.uk/national-minimum-wage/who-gets-the-minimum-wage

Mindestlöhnen betroffen (LPC 2008: 24, 93ff.). Der gesamte Niedriglohnsektor ist mit über 20% der Arbeitnehmer sehr groß, seit Ende der 1990er Jahre aber nicht weiter gewachsen (vgl. OECD 2009: 274; Gautié/Schmitt 2010: 37f.).

(b) Steuern und Sozialabgaben

Auf Löhne[19] und Einkünfte aus selbstständiger Arbeit müssen Steuern und Sozialversicherungsbeiträge gezahlt werden. Auch Einkünfte aus Renten, aus gewissen Kapitalvermögen, aus Vermietung und Verpachtung und sonstige Einkünfte sind einkommensteuerpflichtig. Manche Sozialleistungen unterliegen der Steuerpflicht (z.b. JSA[20]), andere nicht (z.b. Kindergeld[21]). Ebenfalls von der Steuer befreit sind die *tax credits*[22]. Neben bestimmten Ausgaben[23] und Verlusten kann jeder Steuerzahler von seinem Einkommen einen Freibetrag (*Personal Allowance*) abziehen.

Im Vereinigten Königreich gilt das Prinzip der Individualbesteuerung, d.h. dass Ehepaare oder Paare in eingetragener Partnerschaft ihr Einkommen nicht zusammen veranlagen. Wird der Freibetrag eines Partners nicht voll ausgenutzt, kann dieser seit 2000 nicht mehr auf den anderen Partner übertragen werden. Das britische Einkommensteuersystem war zum Zeitpunkt der Untersuchung somit weitgehend neutral gegenüber dem Familienstand.[24] Familienleistungen, wie das Kindergeld und der *Child Tax Credit* (siehe unten), werden nicht als steuerpflichtiges Einkommen behandelt. Darüber hinaus gibt es für Eltern keine besonderen Freibeträge oder Absetzmöglichkeiten. Neben der Einkommenssteuer existiert eine Gemeindesteuer, die auf inländische Immobilien erhoben wird und

---

19 Inklusive bestimmte betriebliche Sozialleistungen http://www.hmrc.gov.uk/working/bens-shares-tips/benefits.htm#2

20 Weitere steuerpflichtige Sozialleistungen sind u.a.: *contribution-based Employment and Support Allowance, Incapacity Benefit* (von der 29. Woche an), *Carer's Allowance, Weekly Bereavement Allowance.*

21 Außerdem von der Steuerpflicht befreit sind u.a.: *Maternity Allowance, Guardian's Allowance, Young Person's Bridging Allowance, Lump sum Bereavement Payments, Income Support* (gewisse Zahlungen), *Incapacity Benefit* (in den ersten 28 Wochen), *Severe Disablement Allowance, Disability Living Allowance, income-based Employment and Support Allowance, Industrial Injuries Benefit, Housing Benefit, Winter Fuel Payments and Christmas Bonus.*

22 http://www.hmrc.gov.uk/incometax/taxable-income.htm

23 Zum Beispiel beruflich bedingte Kosten, betriebliche und private Altersvorsorge, Beiträge zur Sozialversicherung sind nicht abzugsfähig, auch keine Kinderbetreuungskosten; diese können unter gewissen Voraussetzungen und bis zu einem gewissen Grad über den *Working Tax Credit* oder *childcare vouchers* finanziert werden, siehe unten und Absatz zur Kinderbetreuung im Abschnitt „Förderung der Erwerbsintegration".

24 Für existierende Steuervorteile von verheirateten und eingetragenen Paaren bei Einkünften aus Kapitalerträgen, gemeinsamem Eigentum etc. siehe Bowler (2007).

von den Personen entrichtet werden muss, die darin wohnen. Die Höhe der Steuer wird am Wert der Immobilie bemessen (acht Steuerklassen, siehe OECD 2008: 23). Geringverdiener können eine Reduzierung der Gemeindesteuer (*Council Tax Benefit*) beantragen, die sich je nach Wohnort, Haushaltseinkommen, Anzahl der Kinder etc. auf bis zu 100% belaufen kann.

Die Sozialversicherungsbeiträge werden zusammen mit der Einkommensteuer direkt vom Lohn abgezogen; Selbstständige müssen diese überweisen. Die britische Sozialversicherung (*National Insurance*, NI) umfasst Leistungen in den Bereichen Alter, Arbeitslosigkeit, Krankheit, Invalidität, Mutterschaft und Hinterbliebene. Die Sozialversicherung wird aus Beiträgen von Arbeitgebern, Arbeitnehmern und Selbstständigen finanziert. Es zahlen also alle Erwerbstätigen Beiträge, sofern sie 16 Jahre und älter sind (bis zum Renteneintritt) und einen bestimmten Mindestverdienst haben. Die Beitragshöhe richtet sich nach der Art der Erwerbstätigkeit (Arbeitnehmer oder Selbstständige) und Höhe der Verdienste. Für Arbeitnehmer liegt der Beitrag bei 11% des Wochenlohns (bzw. 9,4% bei anerkannter betrieblicher Altersvorsorge), wenn sie einen Lohn zwischen 100 und 670 £ die Woche bekommen (135–904 €) (Stand: Steuerjahr 2007/08; 2008/09: 105–770 £ bzw. 133–974 €). Arbeitnehmer, die unter 100 £ (2008/09: 105 £) wöchentlich verdienen, zahlen keine Sozialversicherungsbeiträge. Bei einem Wochenlohn über 670 £ (2008/09: 770 £) müssen zusätzliche 2% des über dieser Grenze liegenden Verdienstes in die NI eingezahlt werden[25] (MISSOC 2014; OECD 2007b, 2008).[26] Arbeitnehmer mit geringen Verdiensten dürften somit bis zu 31% Steuern und Sozialabgaben zahlen (20% Steuern, 11% Sozialabgaben). Die Abgabenlast ist vor allem wegen der niedrigen Sozialversicherungsbeiträge vergleichsweise gering (OECD 2010a: 147ff.).

(c)   Steuergutschriften und andere bedürftigkeitsgeprüfte Sozialleistungen

Geringverdiener werden durch den *Working Tax Credit* (WTC) zusätzlich unterstützt. Dabei handelt es sich um eine bedürftigkeitsgeprüfte Steuergutschrift für Erwerbstätige. Die Steuergutschrift ist kein Betrag, der vom steuerpflichtigen Einkommen abgezogen wird und die Steuerlast mindert, sondern eine Sozialleistung, die das Finanzamt auf Basis des steuerpflichtigen Einkommens des Haushalts berechnet und dann wöchentlich oder monatlich an die Empfänger ausbezahlt. Sie kommt also zum Nettoeinkommen hinzu. Zusammen mit dem Min-

---

25   Der Arbeitgeberanteil liegt in der Regel bei 12,8% der Wochenverdienste ab 100 £ (2008/09: 105 £), kann sich jedoch reduzieren, wenn die Arbeitnehmer einem anerkannten betrieblichen Altersvorsorgesystem oder einem Kapitalanlagesystem angehören.

26   http://webarchive.nationalarchives.gov.uk/+/www.direct.gov.uk/en/Nl1/Newsroom/budget2008/DG_072925; Für Frauen, die vor 1977 geheiratet haben oder verwitwet waren, besteht generell die Möglichkeit, eine reduzierte Rate der Sozialabgaben zu bezahlen.

destlohn garantiert der WTC somit ein Mindesterwerbseinkommen für Arbeitnehmer. 1999 wurde neben dem Mindestlohn eine erwerbsabhängige und bedürftigkeitsgeprüfte Leistung zunächst nur für geringverdienende Familien eingeführt.
Der *Working Families Tax Credit* (WFTC) wurde dann 2003 durch den WTC
und den *Child Tax Credit* (CTC) ersetzt. Im Gegensatz zum WFTC profitieren
vom WTC auch Erwerbstätige ohne Kinder. Die Leistung wurde somit auf alle
Geringverdiener ausgeweitet. Geringverdiener mit Kindern werden allerdings besonders unterstützt, da sie zusätzlich zum WTC den CTC erhalten können.
Außerdem können sie einen Zuschuss zu den Kinderbetreuungskosten in Form
einer Zulage zum WTC bekommen (*Childcare Tax Credit*, CCTC).

Den WTC können Personen bzw. Paare beziehen, die eine bezahlte (auch
selbstständige) Arbeit[27] haben, eine wöchentliche Mindestarbeitszeit nicht unterschreiten und über ein Einkommen verfügen, das unterhalb einer bestimmten
Grenze liegt. Erwerbstätige ohne Kinder und ohne Behinderung sind ab einem
Alter von 25 Jahren bezugsberechtigt. Sie müssen mindestens 30 Stunden pro
Woche arbeiten, wenn sie unter 60 Jahre alt sind. Ab 60 Jahre ist eine wöchentliche Mindestarbeitszeit von 16 Stunden erforderlich. Dies gilt ebenfalls für Behinderte und Alleinerziehende, die den WTC schon ab 16 Jahren erhalten können. Paare mit Kindern[28] können den WTC ab einem Alter von 16 Jahren und
einer Wochenarbeitszeit von in der Regel 24 Stunden beantragen, wobei einer
der Partner wenigstens 16 Stunden pro Woche arbeiten muss. Paare stellen einen
gemeinsamen Antrag auf WTC und CTC.[29]

Der WTC setzt sich aus einem Grundbetrag und Zusatzelementen zusammen, welche je nach aktueller Situation der Person bzw. des Paares zum Grundbetrag addiert werden. Bei der Berechnung des WTCs werden der Grundbetrag
und die zutreffenden Zusatzelemente aufsummiert und dann werden 37% (2008/09:
39%) der Differenz zwischen dem Einkommen der Person bzw. des Paares und
5.220 £ (2008/09: 6.420 £) abgezogen (OECD 2007b: 11, 2008: 19). Daraus ergibt
sich, dass Paare und Alleinerziehende, sofern keine weiteren Zusatzelemente auf
sie zutreffen, ab einem Einkommen von 14.490 £ im Steuerjahr 2007/08 keinen
WTC mehr bekommen. Als Einkommen werden die Bruttoerwerbseinkommen,
Sozialleistungen des Arbeitgebers, bestimmte staatliche Sozialleistungen[30], Ren-

---

27   Zur Definition von bezahlter Arbeit und Mindestarbeitszeit siehe: https://www.gov.uk/
     working-tax-credit/eligibility, https://www.gov.uk/claim-tax-credits/working-hours
28   Kinder von Alleinerziehenden und Paaren werden berücksichtigt, sofern sie kindergeld-
     berechtigt sind (siehe Abschnitt „Monetäre Familienförderung").
29   https://www.gov.uk/working-tax-credit/eligibility
30   Die folgenden staatlichen Sozialleistungen werden berücksichtigt: *Child Benefit, Hous-
     ing Benefit, Attendance Allowance, Disability Living Allowance, Personal Independence
     Payment.* https://www.gov.uk/claim-tax-credits/what-counts-as-income, https://www.gov.
     uk/tax-credits-working-out-income

ten (vor Steuern) sowie Zinsen aus Spareinlagen im letzten Steuerjahr berücksichtigt. Zum WTC können Eltern eine Kinderbetreuungszulage erhalten. Der CCTC beträgt maximal 80% der aktuellen Kinderbetreuungskosten[31] von bis zu 175 £ (236 bzw. 221 €) pro Woche bei einem Kind und 300 £ (405 bzw. 379 €) pro Woche bei zwei und mehr Kindern. Der CCTC ist unmittelbar mit dem WTC verknüpft, um einen zusätzlichen Anreiz zur Arbeitsaufnahme zu geben (Ridge 2009: 161, siehe auch Abschnitt „Förderung der Erwerbsintegration"). Gegenüber dem früheren WFTC wurde beim WTC der Grundbetrag gesenkt, der CCTC dafür angehoben.

Eltern können zusätzlich eine Steuergutschrift für kindergeldberechtigte Kinder (*Child Tax Credit*, CTC) bekommen. Im Unterschied zum WTC wird der CTC unabhängig von einer Erwerbstätigkeit gewährt. Das heißt, dass auch Familien, die *income-based* JSA oder IS beziehen, anspruchsberechtigt sind. Sie erhalten automatisch den Höchstbetrag des CTC. Die Höhe des CTC ist wie beim WTC abhängig von der Situation und dem Einkommen der Familie. Der CTC setzt sich aus mehreren Elementen zusammen, die je nach Familiensituation aufsummiert werden: einem Familienelement, einem Familienelement mit Zulage für Kleinkinder unter einem Jahr (*Baby Element*), einem Element für jedes Kind (unabhängig vom Alter des Kindes oder einer eventuellen Behinderung), einem Element für jedes behinderte Kind und einer Zulage zum Element für behinderte Kinder bei Schwerbehinderung. Das Familienelement mit Kleinkindzulage wurde im April 2011 abgeschafft.[32]

Im Steuerjahr 2007/08 erhielten Familien, die WTC-berechtigt sind und über ein Einkommen (siehe oben) von maximal 5.220 £ verfügen (2008/09: 6.420 £), und Familien, die nur CTC-berechtigt sind und ein Einkommen von bis zu 15.575 £ haben (2008/09: 14.495 £), die volle Förderung. Einkommen, die über diesen Grenzen liegen, werden zunächst auf die Kinderelemente angerechnet (mit einer Entzugsrate von 37%[33] bzw. 39%) und ab einem Einkommen von 50.000 £ schmelzen dann auch die Familienelemente mit einer Entzugsrate von 6,67% ab (HM Revenue and Customs 2013: 17).

Der CTC unterliegt wie der WTC keiner Besteuerung und wird wöchentlich oder monatlich vom Finanzamt ausbezahlt. Bei den wöchentlich oder monatlich ausbezahlten Steuergutschriften handelt es sich jedoch nur um Vorauszahlungen. Erst am Ende des aktuellen Steuerjahres wird der tatsächliche Anspruch auf *tax credits* auf Basis des Einkommens und der Situation des Empfängers im aktuellen Steuerjahr berechnet. Ein Vorteil der Aufstockung geringer Erwerbsein-

---

31   70% ab dem Steuerjahr 2011/12
32   http://www.hmrc.gov.uk/rates/taxcredits.htm
33   Das heißt mit jedem Pfund Einkommen oberhalb von 5.220 bzw. 15.575 £ reduziert sich die Steuergutschrift um 37 Pence.

kommen durch Steuergutschriften anstatt durch Sozialhilfe besteht darin, dass bestimmte Einkommen bei der Bedürftigkeitsprüfung nicht beachtet werden. So werden nur die zu versteuernden Einkünfte aus Vermögen als Einkommen gerechnet (und diese auch nur zum Teil). „Das Vermögen selbst, also Sparguthaben, Geldanlagen, Wohneigentum etc., bleibt unberücksichtigt." (Peter 2006: 15)

Insgesamt wurden durch die Reform der *tax credits* die Einkommen von geringverdienenden Haushalten gestärkt. Erstens wurde der Kreis der Anspruchsberechtigten von Familien auf alle Haushalte ausgedehnt; zweitens werden bei Steuergutschriften im Unterschied zu den vor 2003 geltenden Sozialhilfeleistungen (*Family Credit, Working Families Tax Credit*) bestimmte Einkommen nicht berücksichtigt; drittens wurde die Einkommensgrenze, ab der der Höchstbetrag reduziert wird, erhöht und viertens die Entzugsrate gesenkt. Dadurch lohnt es sich nun stärker, mehr zu arbeiten und zu verdienen (Peter 2006: 12ff.). Mit der Reform wurden auch die Einkommen von nichterwerbstätigen Familien verbessert, die nun ebenfalls von einer zusätzlichen Leistung für Kinder, dem CTC, profitieren. Dieser schwächt jedoch die Arbeitsanreize von Familien (Brewer/Shephard 2004; Peter 2006: 20; Brücker/Konle-Seidl 2007: 66). Seine Wirkung ist auch vor dem Hintergrund einer anhaltend hohen Kinderarmut zu hinterfragen.

10.3 Stufe 3: Sozialer Schutz bei Nichterwerbstätigkeit

(a) Überblick über Leistungen für Nichterwerbstätige

Die Leistungen zur Sicherung des Lebensunterhalts für nichterwerbstätige Personen im Erwerbsalter (ab 16 Jahren bis zum gesetzlichen Renteneintrittsalter) lassen sich in Leistungen für erwerbsfähige Arbeitsuchende und Leistungen bei teilweiser oder voller Erwerbsminderung unterscheiden, die durch zusätzliche Mindestsicherungsleistungen ergänzt werden.

Die meisten nichterwerbstätigen Leistungsbezieher im Erwerbsalter erhalten die *Jobseeker's Allowance* (JSA). Die seit 1996 existierende JSA gibt es in zwei Varianten: Die *contribution-based* JSA ist ein Arbeitslosengeld für Arbeitsuchende, die einen Mindestbetrag an Arbeitnehmerbeiträgen in die gesetzliche Sozialversicherung (*National Insurance*, NI) eingezahlt haben. Es ist auf maximal sechs Monate begrenzt. Die *income-based* JSA ist eine beitragsunabhängige und bedürftigkeitsgeprüfte Arbeitslosenhilfe. Sie gilt für Arbeitsuchende, die entweder keinen Anspruch auf Arbeitslosengeld haben, weil sie nicht genügend Arbeitnehmerbeiträge geleistet haben, oder deren Anspruch auf Arbeitslosengeld nach sechs Monaten abgelaufen ist oder deren Arbeitslosengeld für sie, ihre Partner und Kinder nicht ausreicht. Diese Leistung wird somit gewährt, wenn die Summe bestimmter Einkünfte des Haushalts eine gewisse Grenze nicht übersteigt. Die *income-based* JSA wird aus Steuern finanziert und kann, sofern die Voraussetzungen erfüllt sind, unbegrenzt bezogen werden.

Nach ähnlichen Regeln ist die *Employment and Support Allowance* (ESA) aufgebaut, die ebenfalls in einer beitrags- und einkommensabhängigen Variante existiert. Die ab Oktober 2008 geltende ESA können Arbeitslose, Arbeitnehmer und Selbstständige beantragen, die infolge von körperlicher oder geistiger Krankheit oder Behinderung nicht oder nur eingeschränkt erwerbsfähig sind.[34] Die Leistung ersetzte die Schwerbehindertenhilfe (*Severe Disablement Allowance,* ging ab 2001 in den *Incapacity Benefit* über), die Leistung bei Arbeitsunfähigkeit (*Incapacity Benefit,* IB) und die beitragsunabhängige Einkommensbeihilfe (*Income Support,* IS) für diese Personengruppe (mit Ausnahme von Empfängern dieser Leistungen, die damals kurz vor der Rente standen). Personen, die aus anderen Gründen nicht erwerbsfähig sind, können bis zum Alter von 59 Jahren den IS und ab 60 Jahren den *Pension Credit* in Anspruch nehmen.

(b) Leistungssätze

Die Leistungssätze sind bei allen genannten Leistungen pauschal. Auch die *contribution-based* JSA wird nicht anteilig zum vorherigen Arbeitseinkommen berechnet, wie das beim Arbeitslosengeld in den anderen Ländern der Fall ist. Folglich wird damit in erster Linie die Existenz und nicht der Lebensstandard gesichert. Der einzige Vorteil der beitragsabhängigen Leistungen gegenüber den beitragsunabhängigen besteht darin, dass sie nicht bedürftigkeitsgeprüft sind (siehe unten). Die Leistungssätze der JSA und des IS sind nach Alter gestaffelt. Unter 25-Jährige erhalten weniger. Anfang 2008 wurde bei der *contribution-based* JSA noch zwischen 16- bis 17- und 18- bis 24-Jährigen differenziert mit geringeren Leistungen für unter 18-Jährige. Diese sind jedoch oft ohnehin nicht anspruchsberechtigt, unter anderem weil sie sich noch in Vollzeitausbildung befinden oder die Beitragsvoraussetzungen nicht erfüllen. Das gilt auch für viele junge Menschen über 18 Jahre. Die höheren Leistungssätze für Alleinstehende ab 25 Jahren gelten bei der income-based JSA und beim IS für Alleinerziehende schon ab 18 Jahren (OECD 2007b: 3, 5, 2008: 5, 8). Die Leistungssätze des IB und der ESA für Personen, die wegen körperlicher oder geistiger Krankheit oder Behinderung nicht oder nur eingeschränkt erwerbsfähig sind, liegen höher und sind nicht nach Alter gestuft. Alle ehemaligen Zulagen für Familien, Alleinerziehende und Kinder wurden durch den *Child Tax Credit* ersetzt (siehe Abschnitt „Unterstützung von Geringverdienern"). Leistungen der JSA, des IB und

---

34 Das gilt auch für Studenten, die eine Unterhaltsbeihilfe für Schwerbehinderte mit besonderem Pflegebedarf bekommen (*Disability Living Allowance,* wird seit 2013 allmählich durch die *Personal Independence Payment* abgelöst).

der *contribution-based* ESA unterliegen der Besteuerung, sofern sie oberhalb der persönlichen Freibetragsgrenze liegen. Sozialabgaben fallen nicht an.

(c) Allgemeine Zugangsvoraussetzungen

Bedingungen für die Leistungen sind im Allgemeinen, dass Personen im Erwerbsalter, nicht in Vollzeitausbildung (Ausnahmen für Alleinerziehende und Behinderte) und nicht 16 oder mehr Stunden pro Woche erwerbstätig sind. Bei bedürftigkeitsgeprüften Leistungen darf auch der Partner (falls vorhanden) nicht 24 und mehr Wochenstunden arbeiten. Außerdem setzen sie einen Aufenthalt im Vereinigten Königreich voraus. Beitragsabhängige Leistungen sind im Unterschied zu den beitragsunabhängigen Leistungen nicht bedürftigkeitsgeprüft. Leistungen, die im Allgemeinen nicht angerechnet werden, sind Kindergeld und der *Child Tax Credit* (werden aber beim Wohngeld (*Housing Benefit*) und der Beihilfe zur Gemeindesteuer (*Council Tax Benefit*) berücksichtigt).[35] Empfänger von bedürftigkeitsgeprüften Leistungen erhalten außerdem volle Unterstützung bei den Wohnkosten (Wohngeld, Erstattung der Gemeindesteuer) sowie weitere Mindestsicherungsleistungen (siehe unten). Empfänger von beitragsabhängigen Leistungen können diese Leistungen ebenfalls beantragen, müssen sich hierzu aber einer Bedürftigkeitprüfung unterziehen.

Inzwischen wurde das komplexe System aus bedürftigkeitsgeprüften Leistungen vereinfacht. Ab April 2013 werden die *income-based* JSA und ESA, der IS, der WTC und CTC sowie der *Housing Benefit* in den *Universal Credit* übergeleitet. Durch die höhere Transparenz soll gewährleistet werden, dass alle Erwerbstätigen und Nichterwerbstätigen die finanzielle Unterstützung bekommen, die sie brauchen. Außerdem sollen die Arbeitsanreize gestärkt werden, in dem etwa die Hinzuverdienstgrenzen erhöht werden, eine einheitliche Entzugsrate eingeführt wird, aber auch strengere Zugangsvoraussetzungen und zusätzliche Sanktionen implementiert werden (Griffiths 2011: 8).

(d) Besondere Zugangsvoraussetzungen

Jobseeker's Allowance

Die *Jobseeker's Allowance* (JSA) setzt im Unterschied zu den anderen Leistungen voraus, dass die Empfänger arbeitsfähig sind, dem Arbeitsmarkt in vollem Umfang zur Verfügung stehen und aktiv nach Arbeit suchen. Verfügbarkeit heißt, dass sie unmittelbar fähig und bereit sind, eine zumutbare Vollzeittätigkeit von mindestens 40 Wochenstunden aufzunehmen. In begründeten Einzelfällen, wie

---

35   Das Kindergeld wird seit November 2009 nicht mehr als Einkommen behandelt (siehe unten).

bei Eltern, die keine ausreichende und bezahlbare Kinderbetreuung haben, können Ausnahmen gemacht werden. Kommen JSA-Empfänger Pflichten ohne triftigen Grund nicht nach, können die Leistungen für einen Zeitraum von bis zu 26 Wochen gesperrt oder gekürzt werden.

Leistungen für nicht oder eingeschränkt Erwerbsfähige

Die strengen Zugangsvoraussetzungen für die JSA sowie die höheren Leistungen des *Incapacity Benefits* (IB) haben vermutlich dazu beigetragen, dass viele versucht haben, in den Bezug des IBs zu gelangen (Konle-Seidl und Lang 2006). Der IB setzte eine ärztliche Arbeitsunfähigkeitsbescheinigung voraus. Nach dem Bezug von Krankengeld wurde die generelle Erwerbsfähigkeit überprüft (*Personal Capability Assessment*). Bei vorübergehender Erwerbsunfähigkeit wurde der *short-term* IB bewilligt (unter der Voraussetzung, dass gewisse Beiträge in die NI eingezahlt wurden). Nach einem Jahr erfolgte der Bezug des *long-term* IBs (MISSOC 2014).

Im Oktober 2008 wurde der IB durch die *Employment and Support Allowance* (ESA) ersetzt. Alle IB-Empfänger (es sei denn sie standen kurz vor der Rente) mussten sich damals einer Neubewertung ihrer Arbeitsfähigkeit (*Work Capability Assessment*, WCA) durch das *Jobcentre Plus* unterziehen. Das WCA gehört seitdem zu den Zugangsvoraussetzungen für die ESA. Werden Personen als uneingeschränkt erwerbsfähig eingestuft, können sie die JSA beantragen. Alle anderen erhalten Leistungen der ESA. Anspruch auf die *contribution-based* ESA besteht bei Erfüllung der Beitragsvoraussetzungen (siehe oben). Nach einem Jahr ist ein Beibehalt der Leistung möglich, sofern genügend Beiträge gezahlt wurden. Wenn nicht, fallen Empfänger in die bedürftigkeitsgeprüfte *income-based* ESA, die unbegrenzt bezogen werden kann, solange die Erwerbsminderung fortbesteht. Sie kann zudem ergänzend zur *contribution-based* ESA geleistet werden, sofern das Haushaltseinkommen nicht ausreicht. ESA-Empfänger werden in Abhängigkeit ihrer Erwerbsfähigkeit in zwei Gruppen gegliedert: In der *work-related activity group* müssen sie regelmäßig an Gesprächen mit persönlichen Beratern und Maßnahmen zur Rückkehr ins Arbeitsleben[36] teilnehmen. In der *support group* sind die Gespräche und anderen Maßnahmen nicht verpflichtend, können aber freiwillig wahrgenommen werden.[37] Es wird deutlich, dass die ESA-Reform auf eine stärkere Aktivierung von erwerbsgeminderten Personen abzielte.

Der *Income Support* (IS) ist heute eine Unterstützungsleistung für gewissermaßen die Restkategorie von Bedürftigen, die sich zwar im erwerbsfähigen Alter befinden, von denen aber nicht verlangt wird, dass sie dem Arbeitsmarkt zur

---

36 Der National Health Service (NHS) und das *Jobcentre Plus* bieten Maßnahmen zur medizinischen und beruflichen Rehabilitation an (MISSOC 2010).

37 https://www.gov.uk/employment-support-allowance/overview

Verfügung stehen, und die aus anderen Gründen als Krankheit oder Behinderung als nicht erwerbsfähig eingestuft werden (siehe ESA). Zum IS-Empfängerkreis zählen Bedürftige mit Betreuungspflichten gegenüber Kindern, vor allem Alleinerziehende, Schwangere, manche Pflegepersonen. Die Hauptgruppe bilden die Alleinerziehenden (Silburn/Becker 2009: 57). Sie konnten auch nach Einführung der JSA den IS erhalten, solange sie die Betreuungsverantwortung für ein Kind unter 16 Jahren hatten sowie die anderen allgemeinen Zugangsvoraussetzungen für bedürftigkeitsgeprüfte Sozialleistungen erfüllten (siehe oben). Im Gegensatz zu Empfängern der JSA werden von Beziehern des IS weniger Gegenleistungen erwartet, was etwa die Arbeitssuche und -aufnahme oder Teilnahme an Maßnahmen betrifft. Eine Nicht-Wahrnehmung der Angebote im Rahmen des NDLP zog für Alleinerziehende keinen Verlust ihrer Transferansprüche nach sich (siehe Abschnitt „Förderung der Erwerbsintegration"). Doch auch für Alleinerziehende haben sich die Bedingungen des Leistungsbezugs in den vergangenen Jahren verschärft. So sind arbeitsbezogene Gespräche (*Work-Focused Interviews*, WFI) bei Antragstellung und auch danach obligatorisch. Zudem wurde die Altersgrenze der Kinder, bis zu der Alleinerziehende IS-berechtigt sind, im Oktober 2008 auf zwölf Jahre gesenkt. In den Folgejahren wurde diese immer weiter herabgesetzt. Heute haben Alleinerziehende, sobald ihr jüngstes Kind in die Schule kommt (fünf Jahre), keinen Anspruch auf IS mehr. Sie können stattdessen *income-based* JSA beziehen, müssen dann aber auch die damit verbundenen Pflichten erfüllen (siehe oben).

(e) Ergänzende Mindestsicherungsleistungen

Zusätzlich gibt es eine Reihe weiterer Mindestsicherungsleistungen, die angemessene Wohn- und Heizkosten, Gesundheitskosten, Mehrbedarfe durch Kinder und andere besondere Bedarfe decken sollen. Sie stehen grundsätzlich allen Bedürftigen zur Verfügung, auch Empfängern von Sozialversicherungsleistungen und Erwerbstätigen, sofern ihr Einkommen die Bedürftigkeitsgrenze (siehe oben) nicht übersteigt. Die Höhe mancher Leistungen variiert mit dem Einkommen, so etwa die Leistungen zur Deckung von Wohnkosten, das Wohngeld (*Housing Benefit*) und die Beihilfe zur Gemeindesteuer[38] (*Council Tax Benefit*). Diese sehen außerdem höhere Sätze für Personen mit Kindern vor (OECD 2008: 11ff.). Im Rahmen des *National Health Service Low Income Schemes* (LIS) werden einige Gesundheitskosten erlassen, wie z.B. Gebühren für Rezepte, Zahnbehandlungen, Sehtests, und Gutscheine z.B. für Brillen ausgegeben (MISSOC 2014). Personen mit Kindern erhalten zusätzlich zum Kindergeld (nicht bedürftigkeitsgeprüft) den Child Tax Credit. Das Kindergeld wird seit November 2009 nicht mehr auf das Wohngeld und die Beihilfe zur Gemeindesteuer angerechnet

---

38   Siehe Abschnitt „Unterstützung von Geringverdienern".

(OECD 2008: 16). Daneben existieren weitere kinderbezogene Leistungen, wie z.b. Gutscheine für kostenlose Milch, Obst, Gemüse für Schwangere und für Babynahrung (*Healthy Start Vouchers*), kostenlose Schulmahlzeiten und Beihilfen zu anderen Schulkosten. Benachteiligte Kinder werden zudem durch das *Sure Start*-Programm gefördert (siehe Abschnitt „Förderung der Erwerbsintegration"). Kommunen können darüber hinaus Leistungen aus dem Sozialfond (*Social Fund*, bis April 2013) bewilligen. Dazu gehören etwa die Mutterschaftshilfe (*Sure Start Maternity* Grant) in Höhe von einmalig 500 £, die Bestattungsbeihilfe (*Funeral Payment*), das Kaltwettergeld (*Cold Weather Payment*), lokale Pflegebeihilfen[39] (*Community Care Grants*) und Darlehen für unerwartete Ausgaben (*Budgeting Loans*) und Krisensituationen (*Crisis Loans*) (MISSOC 2014).

10.4 Stufe 3: Monetäre Familienförderung

Auch die britische Familienpolitik ist dadurch gekennzeichnet, dass sie zwar Leistungen für fast alle Familien bietet (z.B. Kindergeld, kostenlose Teilzeitbetreuung von Drei- und Vierjährigen), aber die, die weniger haben, mehr unterstützt (Peter 2006: 18). Familienpolitische Maßnahmen dienen in erster Linie der Bekämpfung von Kinderarmut.[40] Dieses Ziel stand auch bei der Einführung des Kindergeldes nach dem Zweiten Weltkrieg im Vordergrund, wenngleich es sich hierbei um eine weitestgehend universelle Leistung für alle abhängigen Kinder handelt[41] (Strohmeier et al. 2006: 51). Da Kinderarmut am Ende des 20. Jahrhunderts immer noch ein gravierendes Problem darstellte, setzte sich die New Labour-Regierung 1999 das ehrgeizige Ziel, diese bis 2020 zu beseitigen (Ridge 2009: 154ff.).

---

39 Für Pflegepersonen gibt es das Pflegegeld (*Carer's Allowance*), sofern sie mindestens 35 Stunden die Woche für die Pflege einer Person aufbringen und ihr wöchentliches Einkommen unter 95 £ (128 €) liegt. Empfänger von IS, JSA, Pension Credit und Housing Benefit bekommen stattdessen Zulagen für Pflegepersonen (MISSOC 2008, Stand: 1.7. 2008, https://www.gov.uk/carers-allowance/eligibility).

40 Bis heute gibt es kein eigenständiges Familienministerium in Großbritannien, das familienpolitische Maßnahmen steuert. Je nach Bereich sind unterschiedliche *Departments* für die Familienpolitik zuständig (Strohmeier et al. 2006: 51). Staatliche Leistungen für Kinder und Eltern werden überwiegend vom Bildungsministerium (*Department for Education*) und Finanzamt (*HM Revenue and Customs*) verantwortet. Letzteres ist für die Auszahlung von Transfers verantwortlich. Zwischen 2007 und 2010 gab es das *Department for Children, Schools and Families*, das 2010 aber wieder in das Bildungsministerium überging.

41 Seit 2013 bekommen Personen mit einem Jahreseinkommen von 50.000 £ kein Kindergeld mehr oder müssen eine Ertragssteuer auf Kindergeld zahlen (siehe Abschnitt „Unterstützung von Geringverdienern").

Eine zentrale Maßnahme in diesem Zusammenhang war eine monetäre Förderung von bedürftigen Familien durch den *Child Tax Credit* (CTC), der seit
2003 zusätzlich zum (nicht sehr hohen) Kindergeld gezahlt wird (siehe unten
und Abschnitt „Unterstützung von Geringverdienern"). Eine Sonderbehandlung
erfahren Alleinerziehende hier dadurch, dass sie denselben Grundbetrag wie
Paare mit Kindern erhalten. Der CTC fällt höher aus als die früheren Kinderzulagen zu Sozialhilfeleistungen. Eine Maßnahme zur Bekämpfung von Kinderarmut und eher indirekte monetäre Familienförderung erfolgt außerdem durch
ein System, das Alleinerziehenden dabei hilft, an den Unterhalt für ihre Kinder
zu kommen. Als recht großzügig zu bewerten ist, dass der Kindesunterhalt neu-
erdings nicht auf bedürftigkeitsgeprüfte Leistungen angerechnet wird (siehe unten). An den Ursachen von Kinderarmut setzen letztlich auch die beschriebenen
Maßnahmen zur Förderung der Erwerbsintegration und Unterstützung von Geringverdienern an.

(a) Kindergeld und Steuergutschrift für Kinder

Das Kindergeld (*Child Benefit*) ist eine universelle, steuerfinanzierte Leistung für
Personen mit Wohnsitz im Vereinigten Königreich, die mit Kindern unter 16 Jahren zusammenleben und/oder zu deren Lebensunterhalt beitragen. Es wird für Kinder bis zur Vollendung des 19. Lebensjahres weiter gezahlt, sofern sie sich noch
in Vollzeitausbildung befinden. Pro Kind wird nur einmal Kindergeld gezahlt und
zwar an das Elternteil, bei dem das Kind die meiste Zeit lebt. Für das erste Kind
bekommen Eltern einen höheren Betrag als für alle weiteren Kinder. Die Sätze
werden jährlich erhöht. 2008 betrug das Kindergeld für das älteste Kind 78,43
bzw. 81,47 £ (106 bzw. 103 €) im Monat und für jedes weitere Kind 52,43 bzw.
54,38 £ (71 bzw. 69 €) (MISSOC 2014). Das Kindergeld unterliegt nicht der Besteuerung und wird in der Regel wöchentlich ausbezahlt (OECD 2008: 16). Im
Ländervergleich ist das Kindergeld im Vereinigten Königreich niedrig. Familien
mit geringen Einkommen erhalten allerdings zusätzlich eine Steuergutschrift für
kindergeldberechtigte Kinder (*Child Tax Credit*, siehe Abschnitt „Unterstützung
von Geringverdienern"). Diese ist anders als das Kindergeld bedürftigkeitsgeprüft.
Erwerbstätige Familien mit geringen Einkommen, die Geld für zugelassene Kinderbetreuung ausgeben, bekommen eine Kinderbetreuungszulage zum *Working
Tax Credit* (siehe ebenfalls Abschnitt „Unterstützung von Geringverdienern").

(b) Unterhaltsleistungen

Eine wichtige Rolle bei der Einkommenssicherung von Kindern von Alleinerziehenden spielen Unterhaltszahlungen. Der *Child Support Act* von 1991 führte eine
Kinderunterstützungsbehörde (*Child Support Agency*, CSA) ein, die den Elternteil, welcher die Betreuungsverantwortung für die Kinder trägt, in den meisten

Fällen die Mutter, dabei unterstützte, die Unterhaltszahlungen des abwesenden Elternteils einzufordern, wenn die Eltern sich privat nicht einigen können. Die CSA berechnet nicht nur den Kindesunterhalt, sondern kann diesen auch eintreiben und an den empfangenden Elternteil weiterleiten. Dabei verfügt sie über eine Reihe von Sanktionsmöglichkeiten, wenn der abwesende Elternteil seinen Unterhaltspflichten nicht nachkommt. Für neue Fälle wurde mit Wirkung ab dem 3. März 2003 eine vereinfachte Methode zur Berechnung des Kindesunterhalts eingeführt. Ende 2008 übernahm die *Child Maintenance and Enforcement Commission* das Management der CSA. Eines ihrer Ziele war es, schneller und härter beim Nicht-Nachkommen der Unterhaltspflicht einzuschreiten (Skinner et al. 2007). Außerdem wurden seitdem Unterhaltszahlungen für Kinder beim *Housing Benefit* und *Council Tax Benefit* nicht mehr als Einkommen berücksichtigt, und der Betrag vom Unterhalt, der beim IS, der *income-based* JSA und ESA nicht angerechnet wird, auf 20 £ pro Woche erhöht (OECD 2008: 21). Seit April 2010 wirken sich Unterhaltszahlungen für Kinder gar nicht mehr auf bedürftigkeitsgeprüfte Sozialleistungen aus. Das heißt, dass Eltern, die solche Sozialleistungen beziehen und für die tägliche Versorgung der Kinder verantwortlich sind, den vollen Kindesunterhalt erhalten können (MISSOC 2014).

(c) Elterngeld und Elternzeit

1999 wurde im Vereinigten Königreich erstmals das Recht auf Elternurlaub eingeführt und der seit den 1970er Jahren existierende Mutterschaftsurlaub weiter verbessert.[42] In der Folgezeit wurde der Mutterschaftsurlaub kontinuierlich ausgebaut. Erst seit 2003 haben auch Väter Recht auf Vaterschaftsurlaub. Obwohl dieses 2010 erweitert wurde, sind die Urlaubsregelungen für Mütter sowohl im Hinblick auf die Länge als auch auf die Bezahlung immer noch deutlich großzügiger als für Väter (Lewis et al. 2008: 270). Zumindest beim unbezahlten Elternurlaub, der bis zum fünften Geburtstag des Kindes genommen werden kann, bestehen gleiche Rechte für Mütter und Väter. Alle drei Urlaubsformen[43] setzen eine vorherige Erwerbstätigkeit voraus. Eltern bleiben in der Zeit des Mutterschafts-, Vaterschafts- und Elternurlaubs beschäftigt und haben das Recht, nach Ende des Urlaubs an den alten Arbeitsplatz oder einen vergleichbaren oder besseren zurückzukehren.

---

42 http://www.eurofound.europa.eu/eiro/1999/12/feature/uk9912144f.htm

43 Daneben gibt es besondere Urlaubsregelungen für Adoptierende. Wie andere Mütter können sie insgesamt bis zu 52 Wochen (ab zwei Wochen vor der Adoption) Urlaub nehmen, sofern sie die Zugangsvoraussetzungen wie beim Mutterschaftsgeld erfüllen. Das Adoptionsgeld ist so hoch wie die Mutterschaftsbeihilfe, unterliegt aber wie das Mutterschaftsgeld der Besteuerung und Sozialversicherungspflicht.

Für Kinder, die nach dem 1. April 2007 geboren sind, haben erwerbstätige Mütter Anspruch auf 26 Wochen *Ordinary Maternity Leave* und 26 Wochen *Additional Maternity Leave*. Der Mutterschaftsurlaub kann normalerweise ab der elften Woche vor dem Geburtstermin und muss aus Mutterschutzgründen mindestens zwei Wochen nach der Geburt genommen werden.[44] Von den insgesamt bis zu 52 Wochen Mutterschaftsurlaub werden 39 Wochen (vor 2007 nur 26 Wochen) bezahlt, sofern gewisse Voraussetzungen erfüllt sind. Die Bezahlung erfolgt entweder über das Mutterschaftsgeld (*Statutory Maternity Pay*) vom Arbeitgeber oder die Mutterschaftsbeihilfe (*Maternity Allowance*) vom Staat. Während der 39 Wochen können Ansprüche auf *Working Tax Credit* weiterlaufen.

Das Mutterschaftsgeld beträgt in den ersten sechs Wochen des Mutterschaftsurlaubs 90% des von der Mutter durchschnittlich erzielten Wochenverdienstes und danach 117,18 £ (148 €) pro Woche oder 90% des durchschnittlichen Wochenverdienstes, wenn dieser Betrag kleiner ist als 117,18 £. Bei der Mutterschaftsbeihilfe bekommen die Empfängerinnen für die kompletten 39 Wochen diesen Pauschalbetrag von 117,18 £ pro Woche (oder 90% des durchschnittlichen Wochenverdientes, wenn dieser Betrag kleiner ist als 117,18 £). Das Mutterschaftsgeld und das Vaterschaftsgeld unterliegen der Besteuerung und Sozialversicherungspflicht, die Mutterschaftsbeihilfe nicht (MISSOC 2014, Stand: 1.7.2008).

Erwerbstätige Väter oder Lebenspartner einer Mutter haben das Recht auf eine oder zwei Wochen Vaterschaftsurlaub (*Ordinary Paternity Leave*) innerhalb der ersten 56 Tage nach der Geburt des Kindes. Um während der zwei Wochen Vaterschaftsgeld zu bekommen, müssen Väter die gleichen Voraussetzungen erfüllen wie Mütter beim Mutterschaftsgeld, erhalten aber nur Leistungen in Höhe der Mutterschaftsbeihilfe. Das gesetzlich vorgeschriebene Vaterschaftsgeld beträgt also pauschal 117,18 £ (148 €) pro Woche oder 90% des durchschnittlichen Wochenverdienstes, wenn dieser Betrag unter 117,18 £ liegt (MISSOC 2008, Stand: 1.7.2008). Nach unserem Untersuchungszeitpunkt 2008 wurde das Recht von Vätern auf bezahlten Vaterschaftsurlaub gestärkt, allerdings nur unter der Voraussetzung, dass Mütter auf einen Teil ihres Rechts verzichten. Für Väter von Kindern, die nach dem 3. April 2011 geboren wurden, besteht nun die Möglichkeit, zusätzlich zu den ein oder zwei Wochen *Ordinary Paternity Leave* bis zu 26 Wochen *Additional Paternity Leave* zu beantragen.

44　https://www.gov.uk/maternity-pay-leave/leave

10.5 Fazit

In keinem anderen der hier betrachteten Länder wurde so viel für Risikofamilien getan wie in Großbritannien. Es gibt hier aber auch viele Risikofamilien. Alleinerziehende haben von der britischen Risikogruppenpolitik besonders profitiert. Ausgehend von einem sehr niedrigen Niveau hat sich ihre Beschäftigungsquote deutlich erhöht (Brewer/Shephard 2004, Butt et al. 2007, OECD 2007a). Zu diesem Erfolg beigetragen hat eine konsequentere Aktivierung von Alleinerziehenden: die verpflichtenden arbeitsbezogenen Gespräche und das freiwillige *New Deal*-Programm, das Alleinerziehenden spezielle Fachkräfte des *Jobcentre Plus* zur Seite stellte, die sie bei der Suche nach Arbeit und Kinderbetreuung unterstützten, und auch finanzielle Anreize zur Arbeitsaufnahme über den *Working Tax Credit* hinaus bot. Trotz der Beschäftigungszuwächse waren zum Untersuchungszeitpunkt 2008 immer noch 40% der Alleinerziehenden nicht in den Arbeitsmarkt integriert, der höchste Wert in unserem Ländervergleich. Ein ausschlaggebender Faktor hierfür ist der unzureichende Zugang zu Kinderbetreuung. Der Staat hat in den vergangenen Jahren zwar stärker in diesen Bereich interveniert, in dem er eine kostenlose Teilzeitbetreuung für drei- und vierjährige Kinder eingeführt hat und im Rahmen des *Working Tax Credits* einen Zuschuss zu den oft sehr hohen Kinderbetreuungskosten gewährt. Diese Leistungen reichen aber entweder nicht aus oder erreichen viele Familien unter anderem wegen der Zugangsvoraussetzungen nicht (Brewer/Shephard 2004, Waldfogel/ Garnham 2008). Zudem lohnt es sich für Paare mit Kindern häufig nicht, dass beide Partner arbeiten, weil der zweite Verdienst zu einem großen Teil für die Kinderbetreuung ausgegeben werden muss (OECD 2007a: 155ff.). Um Angebot und Nachfrage zusammenzubringen, wurden lokale *Family Information Services* eingerichtet, die über existierende Kinderbetreuungsplätze informieren. Dennoch sind die Quote sowie der wöchentliche Umfang der formalen Betreuung von Kindern gering. Dies deutet darauf hin, dass der Markt allein nicht in der Lage ist, ein zeitlich wie finanziell passendes Angebot bereitzustellen.

Da Alleinerziehende oft in Niedriglohnberufen arbeiten (Evans 2003: 38ff.), dürften sie auch in besonderem Maße von der Einführung des Mindestlohns profitiert haben. Dieser garantiert Beschäftigten zusammen mit den Steuergutschriften ein Mindesterwerbseinkommen, das in den meisten Fällen oberhalb der Armutsgrenze liegt. Alleinerziehende mit geringen Verdiensten haben in unserem Ländervergleich sogar die niedrigste Armutsquote. Dennoch können die enormen Investitionen in den Niedriglohnbereich, heute erhalten deutlich mehr erwerbstätige Familien *tax credits* als noch vor 2003[45], auch zu einer Verfestigung

---

45   http://webarchive.nationalarchives.gov.uk/+/http://www.hmrc.gov.uk/statistics/prov-geog-stats.htm#1

von Lohnungleichheiten führen. Die Übergangsraten von niedrig in besser bezahlte Arbeit sind im Vereinigten Königreich jedenfalls nicht sehr hoch (Eichhorst et al. 2010: 34).

Seit 2003 profitieren auch Nichterwerbstätige von den Steuergutschriften.
Nichterwerbstätige Familien sind trotzdem sehr häufig von Armut betroffen,
wenngleich das Armutsrisiko von nichterwerbstätigen Alleinerziehenden im
Ländervergleich noch relativ gering ist. Die Armutsquote von arbeitslosen Paaren mit Kindern ist im Vereinigten Königreich hingegen am höchsten. Dennoch
wird befürchtet, dass die monetäre Förderung auch von nichterwerbstätigen Familien im Zielkonflikt mit der Förderung der Arbeitsmarktintegration steht, da
sie die Arbeitsanreize von Familien verringert (Brewer/Shephard 2004: 44ff.;
Peter 2005).

TEIL C: RISIKOPROFILE UND POLITIKPROFILE: ZUSAMMENFASSUNG UND AUSBLICK

Die Länderstudien in den Kapiteln 6 bis 10 haben die Politiken, die für die Situation der Risikogruppen maßgeblich sind, detailliert analysiert. Dabei wurden unterschiedliche Schwerpunkte in den verschiedenen Ländern deutlich. In diesem Teil des Buches fassen wir nun die zentralen Befunde aus diesen Kapiteln vergleichend zusammen und ziehen zugleich eine Verbindungslinie zu den in Teil A des Buches analysierten Risikogruppenprofilen und zu den drei Stufen der Integration von Risikogruppen. Die Leitfrage dieser Analyse ist, welche Kombinationen von Politiken für die mehr oder weniger erfolgreichen Prozesse der Integration von Risikogruppen auf diesen drei Stufen ausschlaggebend sind.

In Kapitel 11 werden zunächst die Kombinationen von Politiken identifiziert, die in den fünf Ländern des Vergleichs zu unterschiedlichen Ergebnissen hinsichtlich der Integration von Risikogruppen führen. Der Fokus ist dabei auf die zwei relativ erfolgreichen Länder Dänemark und die Niederlande im Vergleich zu den weniger erfolgreichen Ländern Frankreich und dem Vereinigten Königreich gerichtet. Die zwei relativ erfolgreichen Länder, Dänemark und die Niederlande, lassen sich hierbei durch einige Gemeinsamkeiten, aber teilweise auch sehr unterschiedliche Politikmuster charakterisieren. In Kapitel 12 liegt der Fokus dann auf der Situation in Deutschland, die sich als besonders problematisch für Risikogruppen erweist, und den möglichen Handlungsoptionen in diesem Fall. Worin liegen die besonderen Probleme und Defizite Deutschlands? Könnte sich Deutschland an den erfolgreicheren Modellen orientieren, und wenn ja, an welchem? In welcher Hinsicht müsste und könnte sich die deutsche Politik umorientieren, um die Situation von Risikogruppen zu verbessern?

11 Erfolgreiche und weniger erfolgreiche Politikmuster

Im internationalen Vergleich ist die Beschäftigungs- und Einkommenssituation von Risikogruppen in Dänemark und den Niederlanden überwiegend positiv zu bewerten. Frankreich und das Vereinigte Königreich weisen gemischte Resultate auf, während die Situation in Deutschland eher negativ zu beurteilen ist. Dieses Ergebnis lässt sich zum großen Teil auf verschiedene Politikmuster in den einzelnen Ländern zurückführen. Doch wodurch unterscheiden sich die erfolgreicheren von den weniger erfolgreichen Ländern und welche Politiken sind dafür hauptsächlich verantwortlich? Und lassen sich aus diesen Politiken Erkenntnisse für die weniger erfolgreichen Länder ableiten?

Abbildung 11.1 verdeutlicht, welche Politiken für die Situation der Risikogruppen auf den drei Stufen des Integrationsprozesses primär verantwortlich sind. Für die Situation auf Stufe eins des Prozesses, der Erwerbsbeteiligung als solcher, ist die Kombination von Kinderbetreuung und der Unterstützung von Familien im Rahmen der Aktivierungspolitik von zentraler Bedeutung. Für die Stufe zwei, der Erzielung eines armutsvermeidenden Erwerbseinkommens, spielen die Lohn- und Tarifpolitik, der gesetzliche Mindestlohn und die steuerliche und sonstige Förderung von Geringverdienern eine zentrale Rolle. Für die Stufe drei, die Erzielung eines armutsvermeidenden verfügbaren Familieneinkommens nach Steuern und Transfers, greifen zusätzlich die verschiedenen sozialen Transferleistungen, insbesondere Familientransfers und (im Falle der Nichtbeschäftigung) die Arbeitslosenversicherung und die soziale Mindestsicherung.

Im Folgenden betrachten wir zunächst die Situation in den beiden Ländern mit „mittelmäßigen" Ergebnissen (Frankreich und Vereinigtes Königreich). Anschließend analysieren wir, in welcher Hinsicht und weshalb Dänemark und die Niederlande bessere Bedingungen für Risikogruppen bieten. Die Situation in Deutschland, die durch besonders große Defizite gekennzeichnet ist, wird schließlich gesondert in Kapitel 12 betrachtet. In diesem Kapitel werden – aufbauend auf den vergleichenden Ergebnissen – auch mögliche Handlungsoptionen für den deutschen Fall skizziert.

Frankreich schneidet im Ländervergleich schlechter ab als erwartet. Auf Stufe eins sind die Ergebnisse zwar noch überwiegend positiv, aber auf Stufe zwei und vor allem Stufe drei des Integrationsprozesses zeigen sich erhebliche und teilweise unerwartete, strukturelle Defizite. Das dichte Netz an Kinderbetreuung erleichtert es Eltern, eine Beschäftigung aufzunehmen. Die Angebote sind vielfältig und berücksichtigen größtenteils die Bedürfnisse von erwerbstätigen Eltern nach flexiblen und ganztägig ausgerichteten Formen der Kinderbetreuung. Mit Ausnahme der kostenlosen Vorschulen, die zum Bildungssystem gehören, sind jedoch die Kosten für Eltern im internationalen Vergleich eher im mittleren Bereich, was für Geringverdiener möglicherweise eine Hürde sein kann. Die Hauptprobleme für Risikogruppen liegen jedoch in den strukturellen Defiziten des französischen Arbeitsmarktes und in der insgesamt wenig effektiven Politik der Aktivierung. Davon sind nicht nur, aber eben auch zahlreiche Familien mit Kindern betroffen.

Abb. 11.1:   Risikostufen und Politikprofile[a]

Stufe	Politikbereich	Dimensionen	DE	DK	FR	NL	UK
1	Kinderbetreuung	Ausreichende Verfügbarkeit	nein	ja	ja	ja[b]	nein
		Kosten für Erwerbstätige	mittel	niedrig	mittel	mittel	hoch
	Unterstützung bei Aktivierung	Umfang	mittel	hoch	niedrig	hoch	mittel
		Effektivität	nein	ja	nein	ja	nein
	→ Integration in Beschäftigung		–	+	o	+	–
2	Lohn- und Tarifpolitik	Solidarische Lohnpolitik	nein	Ja	nein	ja	nein
		Tarifabdeckung	mittel	hoch	hoch	hoch	niedrig
	Mindestlohn	Gesetzliche Regelung	nein	nein	ja	ja	ja
		Höhe	–	–	hoch	mittel	niedrig
	Förderung von Geringverdienern	Umfang der Leistungen	niedrig	niedrig	niedrig	hoch	hoch
		Höhe	niedrig	niedrig	mittel	hoch	hoch
	→ Unterstützung für Geringverdiener		–	o	–	+	+
3	Arbeitslosenversicherung	Dauer des Schutzes	mittel	hoch	mittel	mittel	niedrig
		Leistungshöhe	mittel	hoch	mittel	hoch	niedrig
	Mindestsicherung	Umfang unter Erwerbstätigen	hoch	niedrig	mittel	niedrig	hoch
		Leistungshöhe	niedrig	hoch	niedrig	hoch	mittel
	Familientransfers	Gesamtumfang	hoch	niedrig	hoch	niedrig	mittel
		Zielgerichtetheit auf Risikogruppen	nein	nein	nein	ja	ja
	→ Armutsvermeidung durch Transfers		–	+	–	+	o

a – Stand Referenzjahr 2008;   b – kompatibel mit Teilzeitbeschäftigung
Eigene Zusammenstellung auf Grundlage der Analysen in den Kapiteln 6 bis 10

Auf Stufe zwei verstärken sich die Probleme für die Risikogruppen in Frankreich. Zwar wird Niedrigverdienst stärker vermieden als in Deutschland oder dem Vereinigten Königreich, aber diejenigen mit geringem Einkommen werden vom Staat auch nur sehr wenig unterstützt. Niedrigverdienste sind in Frankreich aus drei Gründen etwas weniger verbreitet. Erstens gibt es seit vielen Jahren einen relativ hohen gesetzlichen Mindestlohn, der zumindest für Vollzeitbeschäftigte ohne Kinder einen gewissen Schutz bietet. Zweitens ist das Ausmaß der Teilzeitarbeit relativ gering, aber immer noch substantiell. Damit sind die zwei zentralen Faktoren, die für niedrige Erwerbseinkommen hauptsächlich verantwortlich sind (geringe Stundenlöhne und Teilzeitarbeit), schwächer ausgeprägt als im Vereinigten Königreich oder Deutschland. Auch die Tarifabdeckung der Beschäftigten ist aufgrund der staatlichen Politik der Allgemeinverbindlichkeit von Tarifverträgen hoch, obwohl die Gewerkschaften nur eine sehr kleine Mitgliederbasis haben. Dennoch gibt es in Frankreich ein substantielles Problem von Geringverdienst, gerade auch bei Alleinerziehenden, das von der Politik nicht effektiv gelöst wird. Diejenigen, die aufgrund familiärer Bedingungen oder sonstiger Probleme Teilzeit arbeiten (müssen) oder mit Kindern nur den gesetzlichen Mindestlohn erhalten, leben unter prekären Einkommensbedingungen. Frankreich sorgt somit zwar dafür, dass soziale Risiken für Familien teilweise vermindert werden, aber für die dennoch existierenden Risikogruppen gibt es wenig Unterstützung. Das soziale Netz hat somit erhebliche Lücken, was sich besonders für die Risikogruppen negativ auswirkt.

Auf Stufe drei kumulieren sich dann im französischen Fall die Probleme. Die Arbeitslosenversicherung bietet im internationalen Vergleich noch einen mittelmäßigen Schutz, aber die soziale Mindestsicherung ist sehr niedrig und die Familientransfers sind nicht auf Risikogruppen ausgerichtet. Die Mindestsicherung liegt deutlich unterhalb der Armutsgrenze und die Tatsache, dass das erste Kind in einer Familie nicht durch Familientransfers unterstützt wird, wirkt sich bei vielen Alleinerziehenden negativ aus. Das französische Politikmuster begrenzt somit zwar die Anzahl der Personen in Risikogruppen, versagt jedoch den dennoch Betroffenen eine ausreichende Unterstützung. Die soziale Sicherung, die Einkommenspolitik und die Familienpolitik sind kaum auf die Risikogruppen ausgerichtet und vernachlässigen die strukturellen Probleme. Somit ergibt sich ein Muster der Dualisierung, in dem Risikogruppen tendenziell ausgegrenzt werden.

Auch das *Vereinigte Königreich* erzielt im internationalen Vergleich nur mittelmäßige Ergebnisse, die Gründe dafür sind jedoch andere als im französischen Fall. Überspitzt könnte man sogar von einer nahezu spiegelbildlichen Konstellation sprechen. Während in Frankreich das Politikmuster eher darauf abzielt, gutbezahlte Vollzeitbeschäftigung für die Mehrheit zu sichern (dabei jedoch de facto nur teilweise erfolgreich ist) und die dennoch entstehenden Risiken anschließend vernachlässigt, lässt das Arbeitsmarkt- und soziale Sicherungsmodell des Vereinigten Königreichs vielfältige prekäre Beschäftigungsformen zu und versucht, die dadurch entstehenden größeren Risiken anschließend sozialpolitisch zu kompensieren (und zwar ebenfalls nur teilweise erfolgreich). Während in Frankreich das entscheidende Defizit in der niedrigen Unterstützung von Risikogruppen liegt, fehlt im Vereinigten Königreich die soziale Infrastruktur zur Vermeidung von Risiken.

Dies zeigt sich bereits deutlich auf Stufe eins des Integrationsprozesses. Aktivierungsprogramme sind im Vereinigten Königreich stärker entwickelt worden als in Frankreich, ihre Effektivität für familiäre Risikogruppen ist jedoch aufgrund der mangelnden und zumeist sehr teuren Kinderbetreuung begrenzt. Nichtbeschäftigung und Teilzeitbeschäftigung sind deshalb bei familiären Risikogruppen mehr verbreitet. Hinzu kommt, dass die Lohnbedingungen im Falle der Aufnahme einer Beschäftigung oftmals nicht vorteilhaft für Risikogruppen sind. Der Anteil der Geringverdiener ist sehr hoch. Zwar gibt es seit einigen Jahren einen gesetzlichen Mindestlohn, dieser ist jedoch niedriger als in Frankreich oder den Niederlanden und deshalb gerade bei Teilzeitbeschäftigung keineswegs armutsvermeidend. Hinzu kommt, dass im Vergleich zu Frankreich die Tarifabdeckung der Beschäftigten deutlich niedriger ist, obwohl der gewerkschaftliche Organisationsgrad höher ist. Dies hat seinen Grund in der unterschiedlichen Rolle des Staates in den Arbeitsbeziehungen. Im konfliktgeprägten System in Frankreich hat der Staat früh die Rolle des Schiedsrichters zwischen den Parteien eingenommen, während er sich im voluntaristischen System des Vereinigten Königreichs wenig eingemischt hat. Typisch für beide Länder ist jedoch, dass die Gewerkschaften ihre Machtbastionen heute überwiegend im öffentlichen Sektor haben, der zwar relativ gut abgesicherte Beschäftigungsverhältnisse bietet, deren Zugang jedoch inzwischen sehr begrenzt ist. In beiden Ländern sind hingegen die Beschäftigungsverhältnisse in der Privatwirtschaft, in Frankreich vor allem bei kleinen Betrieben, wenig durch Gewerkschaften beeinflusst. Dies ist auf der Ebene der Lohnpolitik ein entscheidender Unterschied sowohl im Vergleich zu den Niederlanden und Dänemark mit ihrer tendenziell umfassenden gewerkschaftlichen Lohnpolitik, als auch zu Deutschland, wo die industriellen Kernsektoren der Privatwirtschaft immer noch stark gewerkschaftlich geprägt sind. Offenbar zeigen die Fälle des Vereinigten Königreichs und Frankreichs, dass der gesetzliche Mindestlohn allein kein adäquater Ersatz für eine fehlende Lohnpolitik durch die Gewerkschaften ist, um Geringverdienste de facto zu verhindern oder zumindest abzusichern wie im niederländischen Fall (siehe unten).

Auf Stufe zwei sind die Ergebnisse für das Vereinigte Königreich jedoch relativ positiv zu bewerten: Risikogruppen werden insgesamt deutlich stärker unterstützt als in Frankreich. Dies gilt vor allem für Familien mit geringen Erwerbseinkommen, wobei Alleinerziehende hier besonders gefördert werden. Das Vereinigte Königreich unterstützt Geringverdiener in dieser Hinsicht massiv, so dass das tatsächliche Einkommen nach Steuern oft armutsvermeidend ist. Allerdings sollte dieser Aspekt auch nicht zu positiv bewertet werden. Erstens sind die dadurch erzielten Einkommen nicht hoch, zweitens werden die strukturellen Erwerbschancen dieser Gruppen dadurch langfristig nicht verbessert. Drittens schließlich sind mit dem geringen Erwerbseinkommen weitere gravierende Nachteile im Sozialsystem des Vereinigten Königreichs verbunden. Vor allem bei der Alterssicherung, die heute stark auf eine private zweite Säule setzt, ergeben sich durch Geringverdienst große Lücken, die mit einem hohen Risiko der Altersarmut behaftet sind. Altersarmut ist im Vereinigten Königreich ein deutlich größeres Problem als in den vier anderen Vergleichsländern.

Überraschend positiv ist der Befund für das Vereinigte Königreich auch auf Stufe drei hinsichtlich der verfügbaren Einkommen nach Steuern und Transfers. Dies gilt auch für nichtbeschäftigte Risikogruppen. Deren Armutsquote ist im Vereinigten Königreich zwar höher als die der Geringverdiener, aber im Vergleich zu Deutschland oder Frankreich niedriger. Trotz des niedrigen Niveaus der sozialen Sicherung im Vereinigten Königreich gelingt es dort offenbar besser, gerade Risikogruppen vor Armut zu schützen. Die Leistungen der Mindestsicherung decken einschließlich der kinderbezogenen Elemente und der Wohnkosten einen zumeist armutsvermeidenden Lebensstandard, allerdings auf niedrigem Niveau. Entgegen der oft geäußerten Kritik am liberalen Sozialstaatsmodell des Vereinigten Königreichs bietet die Grundsicherung doch einen umfassenden und höheren Schutz für Risikogruppen als in Frankreich oder Deutschland, wo die Armutsquote der Transferempfänger deutlich höher liegt. Auch in dieser Hinsicht trägt die britische Politik erheblich zu einer kompensatorischen Sicherung von Risikogruppen bei.

Bereits im Hinblick auf die Erwerbsbeteiligung von Familien (Stufe eins des Integrationsprozesses) erzielen *Dänemark* und die *Niederlande* die besten Resultate im Ländervergleich. Hierfür sind in erster Linie zwei Politikbereiche verantwortlich: Kinderbetreuung und Unterstützungsmaßnahmen im Rahmen der Aktivierungspolitik. In beiden Ländern gibt es ein dichtes Netz an Kinderbetreuung, das auf die Bedürfnisse von Familien mit flexiblen Arbeitszeiten zugeschnitten ist. Die Betreuungsquoten der unter dreijährigen Kinder sind in beiden Fällen im Ländervergleich am höchsten (siehe Kapitel 3). Das ist eine wichtige Voraussetzung für eine möglichst kurze Unterbrechung der Erwerbsbeteiligung von Müttern und damit für eine langfristige Kontinuität von Erwerbsverläufen, die mit niedrigeren Erwerbsrisiken verbunden sind. Interessant ist in diesem Zusammenhang, dass die Elternurlaubsregelungen in beiden Ländern relativ kurz sind und somit keine Anreize für eine längere Erwerbsunterbrechung gesetzt werden. Auch steuerlich profitieren Familien kaum von einer Erwerbsunterbrechung, weil in beiden Ländern eine Individualbesteuerung besteht. Die Kombination dieser Politiken setzt also auf die Sicherung möglichst kontinuierlicher

Erwerbsverläufe bei Müttern, was sich vor allem auch für das Erwerbsrisiko von Alleinerziehenden positiv auswirkt. Allerdings gibt es auch große Unterschiede zwischen den Ländern im Bereich der Kinderbetreuung. Dänemark setzt ganz klar auf öffentliche Betreuungsangebote mit geringen Kosten für alle Eltern. Hierbei spielt für kleinere Kinder auch die Betreuung durch kommunal organisierte und finanzierte Tagesmütter eine zentrale Rolle. In den Niederlanden hingegen ist das Angebot überwiegend in privater Hand und kostet für die Eltern auch mehr. Diese Kosten können jedoch im Falle einer Erwerbstätigkeit in hohem Maße von der Steuer abgezogen werden. Während Dänemark also auf ein universelles, wohlfahrtsstaatliches (kommunales) System der Kinderbetreuung baut, bieten die Niederlande erwerbstätigen Eltern einen steuerlich subventionierten Markt privater Dienstleistungen. In beiden Fällen ist das Angebot auf flexible Arbeitszeiten eingerichtet und mit niedrigen effektiven Kosten für erwerbstätige Eltern verbunden, doch in den Niederlanden zielt das ganze System im Unterschied zu Dänemark auf Teilzeitbeschäftigung.

Eine flexible und kostengünstige Kinderbetreuung ist zugleich eine wichtige Voraussetzung dafür, dass Fördermaßnahmen zur Aufnahme einer Beschäftigung (Aktivierung) für Eltern effektiv sein können. In beiden Ländern hat sich seit Längerem ein breites Angebot an Aktivierungsmaßnahmen für Arbeitslose und Transferempfänger etabliert. In Dänemark hat sich diese Politik als wichtige Komponente der aktiven Arbeitsmarktpolitik relativ früh entwickelt, während Aktivierung in den Niederlanden erst Anfang der 1990er Jahre mit einer Umsteuerung (Abbau) bei den Invalidenrenten und dem Aufbau allgemeiner beschäftigungsfördernder Maßnahmen einsetzte. Bemerkenswert ist jedoch, dass aufgrund dieser spezifischen historischen Entwicklungen in beiden Ländern die Aktivierungspolitik von Beginn an eine universelle Ausrichtung hatte und nicht speziell für Risikogruppen zugeschnitten wurde. Somit konnte sich in beiden Ländern eine nicht-stigmatisierende Kultur und Praxis der Aktivierung entwickeln, die gerade aufgrund ihrer allgemeinen Ausrichtung auch für Risikogruppen positive Wirkungen entfalten konnte. Hinzu kommen drei weitere wichtige Faktoren. Erstens wurden in beiden Ländern die steuerlichen Anreize so gesetzt, dass sich die Aufnahme einer Beschäftigung lohnt. Zweitens ist das Lohnniveau aufgrund der solidarischen Lohn- und Tarifpolitik der Gewerkschaften (siehe unten) sowie des allerdings nur in den Niederlanden existierenden gesetzlichen Mindestlohns relativ hoch, wodurch sich die Aufnahme einer Beschäftigung für Transferempfänger meist auch finanziell lohnt. Drittens spielt in beiden Ländern die kommunale Ebene eine entscheidende Rolle in der praktischen Umsetzung der Aktivierungspolitik. Damit wird die Aktivierung eng mit individuellen und strukturellen Anreizfaktoren auf dem Arbeitsmarkt verbunden, was ihre Effektivität erhöhen dürfte. Bemerkenswert ist auch, dass in beiden Ländern der zunehmende Akzent auf Aktivierung nicht mit einem radikalen Abbau der sozialen Sicherung einherging. Zwar wurden die Bedingungen für Leistungen aus der Arbeitslosen-versicherung verschärft, aber im internationalen Vergleich bieten sowohl Däne-mark als auch die Niederlande immer noch ein hohes Leistungsniveau sowohl hinsichtlich der Bezugsdauer als auch der Leistungshöhe. Dabei ist auch auffäl-lig, dass die Arbeitslosenversicherung in beiden Ländern relativ umfassend ist, in dem Sinne, dass für die erwerbsfähige Bevölkerung die Mindestsicherung als letztes Auffangnetz eine untergeordnete Rolle spielt, im Gegensatz zu den drei anderen Ländern. Es ist zu vermuten, dass durch diese universelle Ausrichtung des sozialen Sicherungssystems eine Stigmatisierung von Risikogruppen ver-mieden wird, allgemeine Maßnahmen der Erwerbsintegration effektiver einge-setzt werden können und dass weniger administrativ-organisatorische Koordina-tionsprobleme entstehen als in stärker segmentierten oder dualistischen Systemen.

Somit bieten sowohl Dänemark als auch die Niederlande gerade aufgrund ihrer stark universalistisch ausgerichteten Politiken gute Bedingungen für die Erwerbsintegration von Risikogruppen. Hinzu kommt, dass die verschiedenen Politiken gut ineinander greifen und an einem einheitlichen Erwerbsmodell orientiert sind, in das auch die Risikogruppen eingebunden sind. Doch ein zen-traler Unterschied zwischen Dänemark und den Niederlanden bleibt: die Orien-tierung an Vollzeit für alle in Dänemark versus Teilzeit für Mütter bzw. Eltern in den Niederlanden. Es stellt sich nun die Frage, weshalb und wie es unter die-sen unterschiedlichen Bedingungen in beiden Ländern relativ gut gelingt, Armut unter erwerbstätigen Eltern zu vermeiden.

Dänemark und die Niederlande schneiden auch in Bezug auf Stufe zwei des Integrationsprozesses, der Armut unter Erwerbstätigen, im Ländervergleich rela-tiv gut ab. Wiederum gibt es hinsichtlich der Politiken, die hierfür eine Rolle spielen, einige Gemeinsamkeiten, aber auch Unterschiede zwischen beiden Län-dern. Hier kommt eine zweite Politikarena ins Spiel, die für Risikogruppen von zentraler Bedeutung ist: die Lohn- und Tarifpolitik. In Dänemark wird Niedrig-einkommen unter erwerbstätigen Eltern (einschließlich Alleinerziehender) durch zwei Mechanismen vermieden: eine überwiegende Vollzeittätigkeit aller Be-schäftigten und eine flächendeckende, solidarische Lohnpolitik, die zu einem im internationalen Vergleich relativ geringen Lohnunterschied zwischen Branchen und zwischen Männern und Frauen beiträgt. In Dänemark gibt es keinen gesetz-lichen Mindestlohn und Tarifverträge zwischen Arbeitgebern und Arbeitneh-mern werden nicht durch den Staat für allgemeinverbindlich erklärt. Dennoch ist die Tarifabdeckung der Beschäftigten aufgrund des hohen Organisationsgrades der Gewerkschaften groß. Obwohl die Tarifabschlüsse zunehmend auf dezentra-ler, betrieblicher Ebene erfolgen, sichert das hohe Organisationsniveau eine große Absicherung der Beschäftigten durch Tarifverträge. Der Organisationsgrad der Frauen ist ebenfalls im internationalen Vergleich hoch. Trotz der wachsenden Dezentralisierung der Lohnverhandlungen ist die Tariflandschaft noch relativ einheitlich und solidarisch geprägt, weil die Gewerkschaftsbewegung immer noch relativ einheitlich organisiert ist. Der öffentliche Sektor spielt für die Erwerbstätigkeit der Frauen eine wichtige Rolle und ist gewerkschaftlich gut organisiert – gerade auch bei den Frauen. Das dänische Tarifsystem bietet Frauen und insbesondere Müttern einschließlich Alleinerziehenden somit relativ günstige Verdienstchancen, beruht jedoch nahezu ausschließlich auf der Mobilisierungskraft und Lohnstrategie der Gewerkschaften. In beiderlei Hinsicht gerät das System zunehmend unter Druck, auch durch den Aufstieg von unabhängigen Gewerkschaften außerhalb der historisch dominierenden sozialdemokratischen Arbeiterorganisation. Mit einer möglichen Aushöhlung der solidarischen Lohnpolitik könnte ein wichtiger Pfeiler des dänischen Modells zerbrechen.

In den Niederlanden gibt es trotz der hohen Teilzeitquote ebenfalls nur eine sehr niedrige Quote von ärmeren Geringverdienern. Geringverdienste als solche sind wegen der Teilzeit zwar weit verbreitet, sie werden aber durch zwei zentrale Mechanismen vor einem zu großen Abstand von der gesellschaftlichen Mitte geschützt. Erstens gibt es keine Lohndiskriminierung von Teilzeit- gegenüber Vollzeitbeschäftigung, und zweitens werden Geringverdiener durch steuerliche Maßnahmen stark unterstützt, so dass ihr effektives Einkommen relativ hoch ist. In den Niederlanden wird nicht – wie zum Beispiel in Deutschland – zwischen verschiedenen Formen von Teilzeitarbeit unterschieden, die mit unterschiedlichen sozial- und steuerrechtlichen Regelungen verbunden wären. Es gibt in diesem Sinne zwar auch geringe Teilzeitbeschäftigung, aber eben keine speziellen Mini- oder Midijobs. Teilzeitarbeit ist sowohl tarif- als auch sozialpolitisch sehr gut abgesichert. Aufgrund der großen Verbreitung von Teilzeit (auch unter Männern) gibt es faktisch keine zusätzliche Lohndiskriminierung für Teilzeitarbeit. Hierbei spielen auch die solidarische Lohnpolitik der Gewerkschaften und die hohe Tarifabdeckung eine wichtige Rolle, die aber im Unterschied zu Dänemark durch Allgemeinverbindlichkeitsregelungen von staatlicher Seite massiv gestützt wird. Der gewerkschaftliche Organisationsgrad als solcher ist deutlich niedriger. Teilzeitbeschäftigte genießen auch sozialrechtlich einen hohen Schutz, zum Beispiel in der Arbeitslosenversicherung, der Krankenversicherung und der Rentenversicherung, die ohnehin am Modell einer staatlichen Grundrente für Wohnbürger orientiert ist. Im Bereich der Lohn- und Tarifpolitik wird das Teilzeitmodell somit durch starke korporatistische Arrangements, im Bereich des Sozialstaats durch eine starke universalistische Komponente der sozialen Sicherung gestützt (siehe unten). Diese Bedingungen sind von zentraler Bedeutung für die langfristige institutionelle Absicherung und Akzeptanz des Teilzeitmodells. Von entscheidender Bedeutung für die kurzfristige Einkommenssicherung ist jedoch eindeutig die große steuerliche Unterstützung der Teilzeitarbeit, die für ein im internationalen Vergleich relativ hohes Verdienstniveau mit geringem Armutsrisiko sorgt. Auch in diesem Fall wird deutlich, wie wichtig eine klare und koordinierte Ausrichtung verschiedener Politikinstrumente für eine effektive Wirkung mit positiven Resultaten ist. Genauso zeigt dieser Fall aber, dass eine solche Koordination immer auch das Ergebnis längerer historischer Anpassungsprozesse ist. Auch auf der dritten Stufe des Integrationsprozesses, den verfügbaren Einkommen nach Steuern und Transfers, sind Dänemark und die Niederlande gut aufgestellt. In beiden Ländern gibt es erstens relativ wenige nichtbeschäftigte Risikogruppen, zweitens ist die soziale Absicherung dieser Gruppen trotz gewachsener Einschränkungen immer noch relativ hoch, und die Armutsquoten sind niedrig. Beide Länder demonstrieren damit eindrücklich, dass eine höhere Erwerbsintegration von Risikogruppen nicht durch ein niedrigeres soziales Sicherungsniveau „erkauft" werden muss. Beide Ziele lassen sich unter bestimmten Voraussetzungen gut miteinander vereinbaren. Oberflächlich und kurzfristig betrachtet sind es natürlich die relativ guten Leistungen der Arbeitslosenversicherung und der Mindestsicherung, die für die relativ positive Einkommenssituation der Risikogruppen verantwortlich sind. Von entscheidender langfristiger Bedeutung scheint jedoch wiederum die stark universalistische und integrative Ausrichtung der sozialen Sicherungssysteme insgesamt zu sein. Diese sorgt für eine gute, nicht stigmatisierende Integration der Risikogruppen und für die Aufrechterhaltung relativ hoher allgemeiner Sozialstandards. Hinzu kommt ein weiteres: langfristig können diese Standards nur aufrechterhalten werden, wenn zugleich die Erwerbsintegration gut gelingt. Sonst gerieten sowohl die Finanzierbarkeit als auch die Legitimität der Systeme unter Druck. Beide Ziele bedingen sich somit gegenseitig.

Dänemark und die Niederlande belegen, dass sich eine gute soziale Sicherung und eine hohe Erwerbsintegration von Risikogruppen nicht ausschließen, sondern gegenseitig unterstützen und bedingen. Notwendig dafür sind allerdings soziale Sicherungssysteme und Tarifsysteme mit einer stark universalistischen Ausrichtung, in denen es keine Stigmatisierung von Risikogruppen gibt. Ein universeller Wohlfahrtsstaat und ein integratives Tarifsystem können sich ebenfalls wechselseitig bestärken und in ihrer Kombination für gute Beschäftigungs- und Lohnbedingungen von Risikogruppen sorgen. Die beiden Fälle Dänemark und die Niederlande belegen auch, dass eine gute allgemeine soziale Sicherung und Lohnpolitik besser für familiäre Risikogruppen sind als eine kompensatorische Familienpolitik oder eine nur auf Risikogruppen zielende Politik. Bezeichnenderweise sind die allgemeinen monetären Familienleistungen sowohl in Dänemark als auch in den Niederlanden im Ländervergleich sehr niedrig, werden jedoch nicht auf Mindestsicherungsleistungen angerechnet. In Deutschland hingegen (und teilweise in Frankreich) sind die monetären Familienleistungen hoch und werden angerechnet – und verfehlen damit ihre Wirkung gerade bei den am stärksten von Armut betroffenen Gruppen. Dass eine stark auf Risikogruppen zugeschnittene Politik partielle Erfolge bei der Bekämpfung von Armut erzielen kann zeigt der britische Fall. Doch werden dadurch die Erwerbschancen der Risikogruppen keineswegs verbessert, eher wird die Transferabhängigkeit tendenziell erhöht.

Abschließend lassen sich für Dänemark und die Niederlande trotz großer Unterschiede in den Erwerbsmodellen einige zentrale Gemeinsamkeiten benennen, die zu dem positiven Ergebnis für Risikogruppen beitragen: ein tendenziell universelles soziales Sicherungssystem mit vielen Grundsicherungskomponenten, ein flächendeckendes und integratives Tarifsystem mit solidarischer Lohnpolitik, eine effektiv koordinierte und vielfältig unterstützte Integration in Erwerbstätigkeit ohne gegenläufige Anreize, eine nicht stigmatisierende soziale Absicherung bei Nichtbeschäftigung auf relativ hohem Niveau. Beide Länder haben somit nicht auf wundersame Weise eine Quadratur des Kreises geschafft, sondern durch eine klare und langfristige Grundorientierung ihrer Politik eine in sich stimmige und ineinander greifende Kombination von Politiken entwickelt, die verschiedene Ziele – Erwerbsintegration und soziale Absicherung – zugleich verwirklicht.

Im Unterschied zu den anderen Ländern verfolgen sowohl Dänemark als auch die Niederlande dabei in erster Linie eine Strategie der Risikovermeidung (Abb. 11.2). In Dänemark sind die Weichen in der Kombination der Politiken so gestellt, dass beide Risiken, Nichtbeschäftigung und Geringverdienst, weitgehend minimiert werden, und zwar nicht erst im Familien- und Haushaltskontext, sondern bereits auf individueller Ebene. In den Niederlanden wird zwar das Risiko Nichtbeschäftigung minimiert, nicht jedoch das Risiko Geringverdienst, das durch die starke Verbreitung von Teilzeitarbeit im Gegenteil besonders häufig auftritt. Im Unterschied zu Dänemark wird in den Niederlanden ein Großteil des Geringverdienstrisikos erst auf familiärer Ebene, d.h. durch das Zusammenleben mit einem besser verdienenden Partner, reduziert. Das niederländische Modell hängt also stärker als das dänische von traditionellen Familienstrukturen ab. Doch beide Länder bieten den Risikogruppen auch eine große Unterstützung und erreichen somit eine gute Kompensation von Risiken. In Dänemark sind die Geldleistungen im Falle der Nichtbeschäftigung (zumeist Arbeitslosigkeit) hoch, es gibt jedoch wenig Unterstützung für Geringverdiener (deren Zahl auch sehr gering ist). In den Niederlanden werden beide Gruppen unterstützt, faktisch liegt das Schwergewicht der Maßnahmen jedoch eindeutig auf der Politik zugunsten von Geringverdienern, weil dieses Risiko aufgrund der Teilzeitarbeit viel weiter verbreitet ist. In Abbildung 11.2 sind die jeweiligen Schwerpunkte der Politik in den einzelnen Ländern durch eine graue Schattierung der Zellen hervorgehoben.

In den anderen Vergleichsländern fallen sowohl die Vermeidung von Risiken als auch deren Kompensation bei den Risikogruppen bescheidener aus. In Frankreich gelingt aufgrund der guten Kinderbetreuungssituation zwar noch eine teilweise Reduzierung des Nichtbeschäftigungsrisikos für Familien, die Vermeidung von Geringverdiensten ist hingegen trotz des nationalen Mindestlohns schon deutlich weniger effektiv. Hinzu kommt, dass der französische Sozialstaat für beide Risikogruppen sehr niedrige Leistungen bietet. Im Vereinigten Königreich und Deutschland werden weder Nichtbeschäftigung noch Geringverdienste effektiv vermieden. Das Vereinigte Königreich investiert jedoch deutlich mehr als Deutschland in die Kompensation, vor allem für Geringverdiener. Somit ergibt sich für Deutschland im Ländervergleich ein klarer negativer Befund: Risiken werden weder effektiv vermieden noch ausreichend kompensiert.

Abb. 11.2: Kurzcharakterisierung der Politikprofile

	Vermeidung von Risiken		Unterstützung von Risikogruppen	
	Nichtbeschäftigung	Geringverdienst	Nichtbeschäftigte	Geringverdiener
Deutschland	–	–	–	–
Dänemark	+	+	+	–
Frankreich	o	o	–	–
Niederlande	+	–	+	+
Großbritannien	–	–	o	+

Anmerkung: grau hinterlegte Zelle = Politikschwerpunkt
DE: Keine Vermeidung von Risiken, keine Unterstützung für Risikogruppen
DK: Vermeidung von Beschäftigungs- und Einkommensrisiken, Unterstützung für Nichtbeschäftigte
FR: Teilweise Vermeidung von Risiken, keine Unterstützung für Risikogruppen
NL: Vermeidung von Beschäftigungsrisiken, Unterstützung für Geringverdiener und Nichtbeschäftigte
UK: Keine Vermeidung von Risiken, Unterstützung für Geringverdiener
Eigene Zusammenstellung auf Grundlage der Analysen in den Kapiteln 6 bis 10

12 Braucht die deutsche Politik eine neue Richtung?

Im Ländervergleich schneidet Deutschland hinsichtlich der Situation von familiären Risikogruppen auf allen drei Stufen des Integrationsprozesses schlecht ab. Damit kumulieren sich die sozialen Risiken in Deutschland so sehr wie in keinem anderen der Vergleichsländer. Die Defizite sind zahlreich: eine mangelnde Kinderbetreuung und eine dadurch oftmals ebenfalls ineffektive Aktivierungspolitik bewirken ein geringes Maß an Erwerbsbeteiligung von familiären Risikogruppen (Stufe eins); ein niedriges Lohnniveau und die weite Verbreitung von Teilzeitarbeit bei Müttern (insbesondere bei Alleinerziehenden) bringen zahlreiche Familien mit geringem Erwerbseinkommen hervor, deren Einkommen auch durch den Staat nicht signifikant aufgebessert wird (Stufe zwei); schließlich bewirken die niedrigen Mindestsicherungsleistungen in Verbindung mit einer die Risikogruppen häufig ausschließenden Familienpolitik eine im internationalen Vergleich extrem hohe Armutsquote bei den nichtbeschäftigten Risikogruppen. Dass sich etwas an der deutschen Politik ändern muss, ist somit offensichtlich. Weniger klar ist jedoch, in welche Richtung die notwendigen Veränderungen gehen sollen.

Zum Schluss gehen wir in diesem Kapitel deshalb zwei zentralen Fragen nach: Was kann man aus den Ergebnissen unserer vergleichenden Analyse für den deutschen Fall ableiten? Und konkreter: welche sozial- und tarifpolitischen Schlussfolgerungen lassen sich daraus ziehen? Es sollte aus unserer Studie klar geworden sein, dass sich eine erfolgreiche Politik nicht an ein oder zwei einzelnen Maßnahmen festmachen lässt, sondern dass stets die Kombination verschiedener Instrumente entscheidend für ihre Wirksamkeit ist. Es lassen sich außerdem nicht alle notwendigen institutionellen Voraussetzungen für eine erfolgversprechende Implementierung bestimmter Politiken kurzfristig oder überhaupt herstellen. Dennoch kann man aus dem internationalen Vergleich einige Lehren für mögliche Verbesserungen innerhalb des deutschen Systems ziehen. Mit aller gebotenen Vorsicht und Zurückhaltung lassen sich einige Aspekte benennen, die unserer Ansicht nach verändert werden müssten, um die Situation von Risikogruppen in Deutschland zu entschärfen. Dabei verlassen wir allerdings das relativ sichere Terrain wissenschaftlicher Analyse und begeben uns auf normativ aufgeladenes politisches Gelände. Um unsere Ansichten zu untermauern, werden wir im Folgenden jeweils zuerst noch einmal verdeutlichen, welches unserer Meinung nach die größten Defizite im deutschen System sind, bevor wir mögliche Veränderungen diskutieren. Dabei lassen sich Defizite naturgemäß einfacher benennen als Veränderungsvorschläge skizzieren. Die Entscheidung hierüber ist letztlich eine politische, die von Politik und Gesellschaft gemeinsam getroffen

werden muss, unsere Überlegungen können nur zu einer solchen Diskussion beitragen.

Der empirische Vergleich der Risikogruppen hat klar ergeben, dass Deutschland schon auf Stufe eins der Erwerbsintegration große Defizite aufweist. Das
gilt vor allem für Alleinerziehende. Zwar hatte Deutschland im Jahr 2008 noch
eine deutlich höhere Gesamtarbeitslosigkeit als Dänemark oder die Niederlande,
aber dies erklärt nur zum Teil die überproportionale Betroffenheit gerade von
Alleinerziehenden. Es ist vielmehr eine Kumulation von Defiziten in verschiedenen Politikbereichen, die dafür hauptsächlich verantwortlich sind. Zuallererst ist
hier die trotz des jüngsten Ausbaus immer noch vielfach schwierige Situation
bei der Kinderbetreuung zu nennen. Gerade in den westdeutschen Ballungszen-
tren reicht das Angebot (zumal im Jahr 2008) noch nicht aus. Das ist zugleich
ein wichtiger Grund dafür, weshalb die Aktivierungspolitik in Deutschland mit
größeren Problemen zu kämpfen hat.

Hinzu kommen strukturelle Gründe des Arbeitsmarktes, die zum Teil auf
eine verfehlte Teilzeitpolitik zurückzuführen sind. In Deutschland sind mit den
Mini- und Midijobs und mit der dominierenden „kleinen" Teilzeit von höchstens
20 Wochenstunden verschiedene Arbeitsmarktsegmente entstanden, die für eine
nachhaltige Integration in den Arbeitsmarkt nicht förderlich sind. Zum Beispiel
mündet bei vielen Alleinerziehenden im SGB II die Aufnahme einer Beschäftigung nur in einen Minijob, was ihre Einkommenschancen nicht nachhaltig verbessert. Die institutionelle Segmentierung des Arbeitsmarktes in verschiedene
Beschäftigungsverhältnisse, die steuerlich unterschiedlich behandelt werden und
mit verschiedenen sozialen Rechten ausgestattet sind, benachteiligt Risikogruppen strukturell. Ein weiterer Grund, weshalb sich mehr Beschäftigung für die
Betroffenen nicht immer finanziell klar auszahlt, ist das oftmals relativ niedrige
Lohnniveau, das häufig mit Teilzeit verbunden ist. In Deutschland werden gerade in den Segmenten des Arbeitsmarktes, in denen Risikogruppen überrepräsentiert sind, oft sehr niedrige Löhne gezahlt (siehe unten). Hier weist die Lohn-
und Tarifpolitik große Defizite auf, auch wenn der Mindestlohn ab 2015 ein Minimum flächendeckend einzieht. Die Sozial- und Steuerpolitik ihrerseits unterstützt Geringverdiener auch nicht effektiv, so dass die tatsächlichen Einkommen
nach Steuern und Sozialtransfers sehr niedrig bleiben.

Die Problematik der hohen Nichtbeschäftigung unter Risikogruppen ist somit auf ein ganzes Bündel von Ursachen zurückzuführen. Wollte man daran etwas ändern, müsste man an diesen verschiedenen Politiken gleichzeitig ansetzen. Allerdings gibt es noch tieferliegende strukturelle Gründe für diese Problematik, gerade bei Alleinerziehenden. Es wäre zu kurz gegriffen, hier nur statisch
die Situation der Alleinerziehenden per se zu betrachten. Vielmehr liegt das
eigentliche Problem in der in Deutschland immer noch weit verbreiteten geschlechtsspezifischen Arbeitsteilung in Paarfamilien mit kleinen Kindern, die

sich im individuellen Lebenslauf von Müttern als langfristige Benachteiligung niederschlägt. Innerhalb einer funktionierenden Paarbeziehung bleibt diese Benachteiligung zumeist latent, wird aber spätestens dann manifest und virulent, wenn die Beziehung scheitert.

Die relativ schlechte Situation von Alleinerziehenden in Deutschland spiegelt somit – quasi im Lebenslauf zeitlich versetzt – ein größeres und allgemeineres strukturelles Problem wider. Die deutsche Familienpolitik stützt dieses Modell der geschlechtsspezifischen Arbeitsteilung immer noch vielfach, auch wenn sich jüngst einige Elemente der Familienpolitik in eine andere Richtung entwickelt haben. Das Ehegattensplitting und das Betreuungsgeld zum Beispiel setzen immer noch finanzielle Anreize, die den neueren sozialpolitischen Grundsätzen einer Aktivierung zuwiderlaufen. Dadurch entstehen widersprüchliche Anreize und Signale, wobei gerade Risikogruppen wie Geringqualifizierte leider oft dazu neigen (müssen), aus kurzfristiger Notwendigkeit heraus die für den individuellen Lebenslauf langfristig riskantere Option zu wählen. Mit anderen Worten: gerade die weniger qualifizierten Mütter oder diejenigen mit besser verdienendem Partner entscheiden sich häufiger für eine geringere eigene Erwerbsbeteiligung, was die individuellen Einkommenschancen vermindert. Eine nachhaltige Verbesserung der Situation von Risikogruppen, vor allem von Alleinerziehenden, müsste also vor allem auch an diesen strukturellen Faktoren ansetzen.

Auch auf Stufe zwei des Integrationsprozesses gibt es mehrere Defizite in der deutschen Politik. Auf die von der Politik zumindest mitverschuldete, institutionelle Segmentierung der Arbeitsmärkte wurde bereits hingewiesen. Ein zweiter zentraler Faktor ist der Zerfall der Tariflandschaft und die Erosion einer solidarischen Lohnpolitik. Die Tarifbindung der Beschäftigten hat in Deutschland stark abgenommen und selbst Tariflöhne liegen oft unter dem Existenzminimum. Der 2015 eingeführte gesetzliche Mindestlohn dürfte am untersten Rand der Einkommensverteilung zwar für eine Entschärfung sorgen, berührt aber das nur wenig darüber liegende Lohngefüge kaum. Hier sind die Tarifpartner gefordert. In Deutschland fehlt in dieser Hinsicht eine übergreifende solidarische Lohnpolitik. Es gibt Branchen mit sehr hohen Löhnen und solche mit sehr niedrigen. Von Letzteren sind vor allem Frauen und Risikogruppen überproportional betroffen.

Das Lohngefälle zwischen Männern und Frauen ist in Deutschland immer noch relativ hoch, wofür in erster Linie zwei Faktoren verantwortlich sind: Teilzeitarbeit und Tätigkeit in verschiedenen Branchen (strukturelle Arbeitsmarktsegmentierung). Eine Verbesserung der Einkommensbedingungen und der sozialen Absicherung bei Teilzeit à la Niederlande könnte hier schon einiges für Frauen im Allgemeinen und für Risikogruppen im Besonderen bewirken. Die Arbeitsmarktsegmentierung zwischen den Geschlechtern als solche dürfte politisch schwieriger zu beeinflussen sein, aber die Abschaffung der Sonderregelungen bei Minijobs könnte zum Beispiel zu einer gewissen Verschiebung beitragen, weil diese Jobs in manchen Branchen deutlich stärker vertreten sind als in anderen und insgesamt öfter von Frauen genutzt werden. Ein weiterer Ansatzpunkt könnte die familienfreundliche Gestaltung von Arbeitszeiten und Urlaubsregelungen sein. Würden sich die Bedingungen in dieser Hinsicht zwischen verschiedenen Branchen stärker angleichen (untermauert durch gesetzliche Mindestregelungen) könnte sich ein weiterer Faktor für die stark geschlechtsspezifische Arbeitsmarktsegmentierung abschwächen. Das gilt vor allem im Vergleich von öffentlichem Dienst (bessere Bedingungen für Eltern, aber niedrigere Bezahlung) und Privatwirtschaft (schlechtere Bedingungen für Eltern, aber bessere Bezahlung). Dieses Beispiel zeigt auch, dass die Tarif- und die Sozialpolitik zur Verbesserung der Chancen von Risikogruppen eng kooperieren müssen. Auch dafür könnten die Niederlande ein Modell sein.

Ein dritter Faktor für die schlechte Einkommenssituation von Geringverdienern liegt dagegen ausschließlich im Verantwortungsbereich der staatlichen Steuer- und Sozialpolitik. In Deutschland werden Geringverdiener steuerlich kaum gefördert und sind sozialrechtlich stark benachteiligt. Im Vergleich zu den Niederlanden aber auch zum Vereinigten Königreich verbessert sich die Einkommenssituation von Geringverdienern nach Steuern kaum. Geringverdienst – also Arbeit trotz niedrigen Einkommens – lohnt sich in Deutschland deutlich weniger als in diesen zwei Ländern. Umgekehrt jedoch schlagen die Sozialabgaben aufgrund der einkommensproportionalen Abzüge voll zu Buche, sind jedoch im Ergebnis mit deutlich niedrigeren – weil ebenfalls einkommensproportionalen – Leistungen zum Beispiel in der Arbeitslosenversicherung oder bei der Rente verbunden. Insofern ist das Äquivalenzprinzip der Sozialversicherung, das in Deutschland so stark ausgeprägt ist wie in keinem anderen Land unseres Vergleichs, zwar leistungsgerecht, aber in keiner Weise bedarfsgerecht. Risikogruppen werden dadurch nicht adäquat abgesichert. Ein möglicher Weg, diese Situation zu ändern, bestünde darin, pauschale Mindestleistungen in die soziale Sicherung einzubauen oder zumindest Formen von Mindestsicherung, die mit weniger strengen Bedürftigkeitskriterien geprüft werden als in den klassischen Sozialhilfesystemen. Dänemark und die Niederlande haben hier den historischen Vorteil, dass sich ihre sozialen Sicherungssysteme ganz anders entwickelt haben und vor allem bei der Rente von Anfang an universelle grundsichernde Leistungen kennen.

In Deutschland ist auch die Armutsrate nichtbeschäftigter Transferempfänger im Ländervergleich hoch, die sich auf die Stufe drei der verfügbaren Einkommen von Risikogruppen bezieht. Dabei sind zwei Aspekte hervorzuheben. Erstens sind die Leistungen bei Arbeitslosigkeit für viele Risikogruppen offenbar so niedrig, dass Armut nicht vermieden wird. Dänemark und die Niederlande zeigen, dass höhere Leistungen in diesem Fall nicht notwendigerweise zu einer geringeren Beschäftigungsquote führen, wenn die Umstände stimmen. Im deutschen Fall wäre allerdings eine isolierte Erhöhung der Regelsätze ohne zugleich die Beschäftigungs- und Lohnbedingungen von Risikogruppen sowie die verfügbaren Einkommen von Geringverdienern zu verbessern, vermutlich nicht angezeigt. Wiederum wäre vielmehr eine Kombination von Maßnahmen erforderlich, um der Politik insgesamt eine andere Richtung zu geben. Zweitens läuft die deutsche Familienpolitik trotz der im Allgemeinen großzügigen finanziellen Leistungen offensichtlich bei den Risikogruppen weitgehend ins Leere. Immer noch bevorzugt der Familienlastenausgleich, rechnet man die steuerlichen Komponenten mit ein, eher besserverdienende Familien mit traditioneller Arbeitsteilung zwischen den Geschlechtern. Mit den jüngsten Reformen (Ausbau der Tagesbetreuung, Elterngeld) wurden zwar die Gewichte mehr auf modernere Familienformen verlagert, aber die weiterbestehenden alten Elemente bremsen diese Entwicklung nachhaltig. Hinzu kommt, dass gerade die ärmsten Familien, diejenigen, die auf Mindestsicherung angewiesen sind, überhaupt nicht von Verbesserungen der finanziellen Familienförderung profitieren, weil zum Beispiel jede Kindergelderhöhung sofort wieder von den Leistungen abgezogen wird. Hier ist die Ineffektivität der Familienpolitik für Risikogruppen quasi fest installiertes Programm und keine zufällige Nebenwirkung. Die Parallelität von bedarfsgeprüften Leistungen für Kinder und allgemeinem Kindergeld sollte in Richtung einer allgemeinen Kindergrundsicherung aufgehoben werden, um diese paradoxe Situation zu beenden.

Insgesamt müsste die deutsche Politik also verschiedene Defizite gleichzeitig angehen, um die Situation von Risikogruppen nachhaltig zu verbessern. Nicht nur, weil es mehrere Defizite gibt, sondern vor allem, weil die Effektivität von Maßnahmen in einem Bereich des Systems entscheidend von der Verbesserung anderer Elemente in anderen Bereichen abhängt. Eine effektivere Förderung der Erwerbsintegration erfordert zugleich eine Verbesserung der Einkommenschancen. Eine Erhöhung der bedarfsgeprüften Leistungen erfordert wiederum bessere Integrationschancen in Beschäftigung. Letztlich geht es darum, Risiken nicht nur an einer Stelle, sondern an möglichst vielen Stellen gleichzeitig abzubauen. Sonst droht eine bloße Verschiebung von Risiken anstatt ihrer erfolgreichen Überwindung.

Welchen Weg könnte die deutsche Politik hierbei einschlagen? Bieten sich Dänemark oder die Niederlande hierfür als Beispiele an? An verschiedenen Stellen dieses Schlusskapitels haben wir bereits auf Politiken hingewiesen, die unserer Meinung nach hierfür zielführend sein könnten. An dieser Stelle wollen wir nun die Argumente bündeln und verallgemeinern. Es gibt sowohl für das dänische als auch für das niederländische Modell gute Gründe und Argumente. Zugleich wurde durch die Länderstudien deutlich, dass beide Modelle auf Voraussetzungen beruhen, die im deutschen Fall so nicht gegeben sind und auch nicht einfach geschaffen werden können. Dennoch denken wir, dass ein Umsteuern des deutschen Systems in Richtung auf das eine oder andere Modell möglich ist. Kurz gefasst könnte man unsere These so formulieren: Erforderlich wäre eine Weiterentwicklung des deutschen Systems über das niederländische Modell hin zum dänischen Modell.

Zunächst ist das niederländische Modell in vielen Aspekten deutlich näher an der gesellschaftlichen Wirklichkeit Deutschlands. Es ist damit leichter zu übertragen – selbstverständlich niemals eins zu eins. Dies könnte zugleich die Situation der Risikogruppen relativ schnell deutlich verbessern und außerdem ein notwendiger Zwischenschritt auf dem Weg zum dänischen Modell sein. Die entscheidende Komponente hierbei ist die Teilzeit. Zum einen ginge es darum, die Möglichkeiten für Teilzeitbeschäftigung als Alternative zur Nichtbeschäftigung und als Weg zur Vollbeschäftigung zu erweitern. Zum andern müssten die Einkommen und die soziale Absicherung von Teilzeitbeschäftigten verbessert werden. Außerdem müsste verhindert werden, dass Teilzeit zur Sackgasse für die Beschäftigten, insbesondere Mütter, wird.

Mehr Möglichkeiten für Teilzeit müssten sowohl mit einer Standardisierung als auch einer Flexibilisierung von Teilzeitbeschäftigungsverhältnissen einhergehen: Standardisierung im Hinblick auf die steuerliche und sozialrechtliche Gleichstellung aller Teilzeitbeschäftigungen – damit verbunden wäre eine Abschaffung der Sonderregelungen bei Mini- und Midijobs; Flexibilisierung hinsichtlich der tatsächlich geleisteten Wochenstunden und der täglichen Arbeitszeiten. Hier wären in erster Linie die Tarifpartner und die Betriebe gefordert. Flexibilisierung müsste auch einen gleitenden Übergang zwischen Teilzeit und Vollzeit beinhalten und könnte mithilfe von Arbeitszeitkonten über längere Zeiträume gestreckt werden. Die Löhne von Teilzeitbeschäftigten müssten denen von Vollzeitbeschäftigten gleichgestellt werden, so dass nur noch die tatsächliche Arbeitszeit den Verdienstunterschied ausmacht.

Von großer Bedeutung für beide Aspekte – Zeit und Löhne – wäre, dass auch mehr Männer von Teilzeitmöglichkeiten Gebrauch machen könnten. Damit könnte die Arbeitsmarktsegmentierung abgebaut und die Situation von Risikogruppen entschärft werden. Flankiert werden müssten diese Maßnahmen durch eine degressive steuerliche Gutschrift für Geringverdiener, die verhindert, dass Teilzeitarbeit mit sehr niedrigen Einkommen oder gar Armut einhergeht. Sozialrechtlich müssten hierfür die Abgabenbelastung für Geringverdiener abgebaut und die sozialen Rechte erweitert werden, zum Beispiel indem mehr grundsichernde Elemente in die sozialen Sicherungssysteme eingebaut werden, etwa bei der Rente. Bei der konkreten Ausgestaltung sollte jedoch darauf geachtet werden, dass die Anreize stets in Richtung einer Ausweitung des Beschäftigungsvolumens gesetzt sind, so dass Teilzeit weder für Arbeitnehmer noch für Arbeitgeber aus rein finanziellen Gründen die attraktivere Variante gegenüber einer Vollzeitbeschäftigung ist.

Bei einem solchen richtungsweisenden Umbau wäre wichtig, dass es eine klare Rangfolge bei den Anreizen gibt: Nichtbeschäftigung sollte in jedem Fall die möglichst zu vermeidende, wenig attraktive Variante sein (allerdings unter Gewährleistung armutsvermeidender Transfers), gefolgt von Teilzeit als „second best"-Alternative, und schließlich Vollzeitbeschäftigung als gesellschaftliches Ziel. Diese Rangfolge sollte für alle Haushaltstypen gleichermaßen gelten, also auch für Partner in Paarbeziehungen. Damit stünde das Ehegattensplitting sicherlich zur Disposition. Flankiert werden müsste dieses Maßnahmenbündel durch eine gleichgerichtete Lohn- und Tarifpolitik sowie Steuer- und Sozialpolitik. Um einen solchen Weg einzuschlagen, müssen die konkreten Vorbilder anderer Länder keineswegs kopiert werden, im Gegenteil! Es ist vielmehr ein intelligenter Richtungswechsel innerhalb der eigenen, gewachsenen Struktur notwendig. Allerdings kann man sich dabei an den grundsätzlich wirkenden Mechanismen in den anderen Ländern orientieren und das eine oder andere Element sogar in ähnlicher Weise in das eigene Programm einbauen.

Ein zentrales Ergebnis unserer Analyse ist, dass die Situation von familiären Risikogruppen dann am besten ist, wenn das Politikumfeld klar auf umfassende und allgemeine Ziele gerichtet ist und somit strukturell Risiken eher vermeidet anstatt sie zu alimentieren. In diesem Sinne ist eine gute Politik für alle Beschäftigten zugleich die beste Politik für Risikogruppen. Rein sachlich wäre in dieser Hinsicht Einiges möglich und nötig, aber natürlich müssen dabei in der Praxis immer auch die politischen Umsetzungschancen bedacht werden. Darauf konnten wir im Rahmen dieser Studie leider nicht eingehen.

Abschließend muss nochmals betont werden, dass sich die Ergebnisse unserer Analyse durch den Fokus auf familiäre Risikogruppen ergeben haben. Tatsächlich lassen sich aus der Perspektive von sozialen Risikogruppen zahlreiche Defizite in der deutschen Sozialpolitik klar konstatieren. Diese Perspektive ist insofern wichtig und wird leider oft vernachlässigt. Sie ist jedoch zweifellos auch stark fokussierend und führt im deutschen Fall zu einer besonders kritischen Beurteilung des Sozialsystems. Für die gesellschaftliche Mitte ist der Befund wesentlich positiver. Der deutsche Sozialstaat bietet ein relativ hohes Maß an Sicherheit und genießt unbestritten eine relativ hohe Legitimität und Akzeptanz in der Bevölkerung. Das ist selbstverständlich eine gute und stabile Grundlage, die für eine Weiterentwicklung oder einen Umbau des Sozialsystems von zentraler Bedeutung ist. Aber an den Rändern des Sozialstaats gibt es wachsende Probleme, die nicht zu übersehen sind. Unsere Analyse hat gezeigt, dass gerade im deutschen Fall die familiären Risikogruppen, insbesondere Alleinerziehende und Geringverdiener mit Kindern davon besonders betroffen sind. Dies ist unseres Erachtens nicht nur ein Problem für diese Risikogruppen, sondern droht den Sozialstaat insgesamt zu untergraben. Zweifellos beruhen Legitimität und Akzeptanz des Sozialstaats zuallererst auf der Wertschätzung seiner Leistungen in der Mitte der Gesellschaft. Doch gesellschaftliche Solidarität ist ein zentrales Ziel auch und gerade für diese Mitte. Wenn Lebensereignisse wie die Geburt eines Kindes, eine Scheidung, eine längere Arbeitslosigkeit zu großen Risiken werden, in deren Folge sozialer Abstieg droht, ist auch die soziale Sicherheit der Mitte potenziell gefährdet. Deshalb ist Solidarität mit Risikogruppen letztlich auch eine Politik für die Mitte. Ein Sozialstaat, der Risikogruppen ausgrenzt, ist in großer Gefahr, langfristig seine Legitimität und Akzeptanz zu verspielen. Dänemark und die Niederlande stehen beide für eine klare Politik der gesellschaftlichen Integration. Dabei geht es nicht um Sonderrechte für Risikogruppen, sondern um eine faire Teilhabe aller an den Gütern der Gesellschaft. Keine Familie sollte am Rande der Erwerbsgesellschaft stehen. Weder in Deutschland, noch in Europa.

Literatur

Abowd, J. M./Kaplan, D. S. 1999: Minimum wages and employment in France and the United States. NBER Working Paper 6996. National Bureau of Economic Research, Inc.

Abowd, J. M./Kramarz, F./Margolis, D. N. 1999: Minimum wages and employment in France and the United States. National Bureau of Economic Research, Working Paper 6996. Cambridge

Abowd, J. M./Kramarz, F./Margolis, D. N./Philippon, T. 2000: The tail of two countries: minimum wages and employment in France and the United States. IZA Discussion Paper Series, No. 203

Abrahamson, P./Wehner, C. 2008: Current issues of family policy in Denmark. In: Ostner, I./Schmitt, C. (eds.): Family Policies in the Context of Family Change. Wiesbaden, S. 57–74

Andersen, J. G. 2002: Work and citizenship: unemployment and unemployment policies in Denmark, 1980–2000. In: Andersen, J. G./Jensen, P. H. (eds.): Changing Labour Markets, Welfare Policies and Citizenship. Bristol, S. 59–85

Anian, S./Robert-Bobée, I. 2009: Modes de garde et d'accueil des enfants de moins de 6 ans en 2007. Études et résultats. Direction de la recherche, des études, de l'évaluation et des statistiques, No. 678. Paris

Armingeon, K./Bonoli, G. 2006: The Politics of Postindustrial Welfare States: Adapting Postwar Social Policies to New Social Risks. London

Arbejdsdirektoratet 2008: Being Insured Against Unemployment in Denmark. Copenhagen

Arts, W./Gelissen, J. 2002: Three worlds of welfare capitalism or more? A state-of-the-art report. In: Journal of European Social Policy, 12 (2), S. 137–158

Avram, S./Brewer, M./Salvatori, A. 2013: Lone parent obligations: an impact assessment. Department for Work and Pensions, Research Report No. 845. London

Bäcker, G./Neubauer, J. 2008: Soziale Sicherung und Arbeitsförderung bei Armut durch Arbeitslosigkeit. In: Huster, E.-U./Boeckh, J./Mogge-Grothjahn, H. (Hg.): Handbuch Armut und soziale Ausgrenzung. Wiesbaden, S. 501–522

Bahle, T. 1995: Familienpolitik in Westeuropa. Ursprünge und Wandel im internationalen Vergleich. Frankfurt/M.

Bahle, T./Göbel, C./Hubl, V. 2013: Familiäre Risikogruppen im europäischen Vergleich. In: WSI-Mitteilungen, 66 (3), S. 192–200

Bahle, T./Hubl, V./Pfeifer, M. 2011: The Last Safety Net. A handbook of minimum income protection in Europe. Bristol

Bahle, T./Pfeifer, M./Wendt, C. 2010: Social assistance. In: Castles, F. G./Leibfried, S./Lewis, J./Obinger, H./Pierson, C. (eds.): The Oxford Handbook of the Welfare State. Oxford, S. 448–461

Barbier, J.-C. 2005: The European employment strategy: A channel for activating social protection? In: Zeitlin, J./Pochet, P./Magnusson, L. (eds.): The Open Method of Coordination in Action: The European Employment and Social Inclusion Strategies. Brussels, S. 417–446

Barbier, J.-C. 2007: The French activation strategy in a comparative perspective. In: Serrano Pascual, A./Magnusson, L. (eds.): Reshaping Welfare States and Activation Regimes in Europe. Brüssel, S. 145–172

Barbier, J.-C./Kaufmann, O. 2008: The French strategy against unemployment: Innovative but inconsistent. In: Eichhorst, W./Kaufmann, O./Konle-Seidl, R. (eds.): Bringing the Jobless into Work? Experiences with Activation Schemes in Europe and the US. Berlin, Heidelberg, S. 69–120

Barbier, J.-C./Knuth, M. 2011: Activating social protection against unemployment: France and Germany compared. In: Sozialer Fortschritt, 60 (1/2), S. 15–24

Barbier, J.-C./Ludwig-Mayerhofer, W. 2004: The many worlds of activation. In: European Societies, 6 (4), S. 423–436

Bazen, S./Martin, J. 1991: The impact of the minimum wage on earnings and employment in France. OECD Economic Studies. OECD

Becker, I./Hauser, R. 2006: Verteilungseffekte der Hartz-IV-Reform. Ergebnisse von Simulationsanalysen. Berlin

Benhayoun, G. 1994: The impact of minimum wages on youth employment in France revisited: A note on the robustness of the relationship. In: International Journal of Manpower, 15 (2/3), S. 82–85

Béraud, M./Eydoux, A. 2009: Activation des chômeurs et modernisation du Service Public de l'Emploi: les inflexions du régime français d'activation. In: Travail et Emploi, 119, juillet septembre 2009, S. 9–21

Béraud, M./Eydoux, A. 2011: Redefining unemployment and employment statuses: The impact of activation on social citizenship in France. In: Betzelt, S./Bothfeld, S. (eds.): Activation and Labour Market Reforms in Europe. Challenges to Social Citizenship. Basingstoke, S. 125–146

van Berkel, R. 2006: The decentralisation of social assistance in the Netherlands. In: International Journal of Sociology and Social Policy, 26 (1/2), S. 20–31

van Berkel, R. 2007: Activation in the Netherlands: The gradual introduction of a paradigm shift. In: Serrano Pascual, A./Magnusson, L. (eds.): Reshaping Welfare States and Activation Regimes in Europe. Brussels, S. 71–98

Bertelsmann Stiftung 2010: Internationaler Reformmonitor Ausgabe 14. Sozial-, Arbeitsmarkt- und Tarifpolitik im internationalen Vergleich. Gütersloh

Bieber, D./Hielscher, V./Ochs, P./Schwarz, C./Vaut, S. 2006: Evaluation der Maßnahmen zur Umsetzung der Vorschläge der Hartz-Kommission. Organisatorischer Umbau der Bundesagentur für Arbeit. Zusammenfassung der Ergebnisse. Saarbrücken

Biegert, T. 2011: Patterns of non-employment: Labor market institutions and employment performance of social groups. In: MZES Working Paper, 145

Biegert, T. 2014: On the outside looking in? Transitions out of non-employment in the United Kingdom and Germany. In: Journal of European Social Policy, 24, 3, S. 3–18

Bogedan, C. 2005: Mit Sicherheit besser? Aktivierung und Flexicurity in Dänemark. ZeS-Arbeitspapier, No. 06/2005. Bremen: Zentrum für Sozialpolitik

Boll, C./Leppin, J. S./Reich, N. 2011: Einfluss der Elternzeit von Vätern auf die familiale Arbeitsteilung im internationalen Vergleich. HWWI Policy Paper, 59. Hamburg: Hamburgisches WeltWirtschaftsInstitut (HWWI)

Bonin, H./Fichtl, A./Rainer, H./Spieß, C. K./Stichnoth, H./Wrohlich, K. 2013: Zentrale Resultate der Gesamtevaluation familienbezogener Leistungen. DIW Wochenbericht 40/2013. Berlin: Deutsches Institut für Wirtschaftsforschung (DIW)

Bonnefoy, V./Buffeteau, S./Cazenave, M.-C. 2009: Vue d'ensemble – Redistribution – De la prime pour l'emploi au revenu de solidarité active: un déplacement de la cible au profit des travailleurs pauvres. In: Institut national de la statistique et des études économiques (ed.): France portrait social – Édition 2009. S. 87–106

Bosch, G. 2009: Low-wage work in five European countries and the United States. In: International Labour Review, 148, 4, S. 337–356

Bosch, G./Lehndorff, S./Rubery, J. 2009: European employment models in flux. A comparison of institutional change in nine European countries. Chippenham, Eastbourne

Bosch, G./Weinkopf, C. 2006: Mindestlöhne in Großbritannien – Ein geglücktes Realexperiment. In: WSI-Mitteilungen, 59 (3), S. 125–130

Bothfeld, S./Greulich, A./Horn, G. A./Leiber, S./Logeay, C./Rietzler, K./Schäfer, C./Schulten, T./Seine, B./Seifert, H./Truger, A./Zwiener, R. 2006: Kombilöhne – Zwischen Illusion und Wirklichkeit. IMK Report, Nr. 8. Düsseldorf: IMK

Bowler, T. 2007: Taxation of the family. TLRC Discussion Paper. The Institute for Fiscal Studies, No. 6. London

Brady, D./Burroway, R. 2012: Targeting, universalism, and single-mother poverty: A multilevel analysis across 18 affluent democracies. In: Demography, 49 (2), S. 719–746

Braun, T. 2003: Ein neues Modell für Flexicurity – der dänische Arbeitsmarkt. In: WSI-Mitteilungen, 56 (2), S. 92–99

Brewer, M./Browne, J./Crawford, C./Knight, G. 2007: The lone parent pilots after 12 to 24 months: an impact assessment of in-work credit, work search premium, extended schools childcare, quarterly work focused interviews and new deal plus for lone parents. Department for Work and Pensions, Research Report No. 415. London

Brewer, M./Francesconi, M./Gregg, P./Grogger, J. 2009: Feature: In-work benefit reform in a cross-national perspective – introduction. In: The Economic Journal, 119, 535, S. F1–F14

Brewer, M./Shephard, A. 2004: Has Labour Made Work Pay? York

Brochmann, G./Hagelund, A. 2012: Immigration Policy and the Scandinavian Welfare State 1945–2010. Basingstoke

Brücker, H./Konle-Seidl, R. 2006: Kombilöhne im internationalen Vergleich: Nicht jede Therapie schlägt überall an. IAB-Kurzbericht, 10/2006. Nürnberg: IAB

Brücker, H./Konle-Seidl, R. 2007: Kombilöhne in den USA und in Großbritannien: der gleiche Ansatz, aber verschiedene Effekte. In: IAB-Forum, Nr. 1, S. 62–67

Bruno, C./Cazes, S. 1998: French youth unemployment: An overview. ILO Employment and Training Papers 23. Geneva: ILO

Bundesministerium der Justiz 2011: BEEG – Bundeselterngeld- und Elternzeitgesetz (Internet: http://www.gesetze-im-internet.de/bundesrecht/beeg/gesamt.pdf; zuletzt aufgesucht am 19.05.2015)

Bundesministerium für Familie, Senioren, Frauen und Jugend 2010: Bestandsaufnahme der familienbezogenen Leistungen und Maßnahmen des Staates im Jahr 2010. Berlin

Bundesministerium für Familie, Senioren, Frauen und Jugend 2010: Kinderförderungsgesetz (KiföG) (Internet: http:www.bmfsfj.de/BMFSFJ/gesetze,did=133282.html; zuletzt aufgesucht am 26.07.2014)

Burgess, P. 2003: Mindeststandards für Arbeitseinkommen – ein europäischer Überblick zu Allgemeinverbindlichkeit und gesetzlichem Mindestlohn. In: WSI-Mitteilungen, 56 (7), S. 436–444

Burgess, P./Usher, A. 2003: Allgemeinverbindlichkeit und Mindestlohnregelungen in Mitgliedsstaaten der EU: ein Überblick. Projekt ‚Mindeststandards für Arbeits- und Einkommensbedingungen und Tarifsystem' für das Ministerium für Wirtschaft und Arbeit des Landes Nordrhein-Westfalen (MWA). Düsseldorf

Butt, S./Goddard, K./La Valle, I./Hill, M. 2007: Childcare Nation? Progress on the Childcare Strategy and Priorities for the Future. London

Caisse Nationale D'allocations Familiales 2011: L'accueil des enfants (Internet: http://www.caf.fr/web/Web311.nsf/VueLien/L%27ACCUEILDESENFANTS#cc; zuletzt aufgesucht am 15.04.2014)

Cantillon, B. 2014: Reconciling Work and Poverty Reduction: How Successful are European Welfare States? New York

Cazenave, M.-C. 2005: ‚Making work pay' in continental Europe: The example of the French tax credit. TLM.NET Working Papers. SISWO/Social Policy Research, No. 2005-22, Amsterdam

Chowdry, H. 2012: Time-limited in-work benefits in the UK: A review of recent evidence. In: National Institute Economic Review, 219 (1), S. R53–R64

Chzhen, Y./Bradshaw, J. 2012: Lone parents, poverty and policy in the European Union. In: Journal of European Social Policy, 22 (5), S. 487–506

Clasen, J./Viebrock, E. 2006: Das Genter System der Arbeitslosenversicherung –immer noch gewerkschaftliches Rekrutierungsinstrument oder sozialpolitisches Auslaufmodell? Dänemark und Schweden im Vergleich. In: Zeitschrift für Sozialreform, 52 (3), S. 351–371

Clasen, J./Clegg, D. 2006: Beyond activation: reforming European unemployment protection systems in post-industrial labour markets. In: European Societies, 8 (4), S. 527–553

Clasen, J./Davidson, J./Ganßmann, H./Mauer, A. 2006: Non-employment and the welfare state: the UK and Germany compared. In: Journal of European Social Policy, 16/2, S. 134–154

Council for Employment, Income and Social Cohesion 2005: Assisting the return to employment. Report 6. Paris

Council of Europe 2009: The council of Europe family policy database (Internet: http://www. coe.int/t/dg3familypolicy/Database; zuletzt aufgesucht am 29.07.2014)

Crettaz, E. 2013: A state-of-the-art review of working poverty in advanced economies: theoretical models, measurement issues and risk groups. In: Journal of European Social Policy, 23 (4) S. 347–362

Crouch, C. 2015: Governing Social Risks In Post-Crisis Europe. Cheltenham

Danish Labour News 2010: Annual LO-report documents pressure on flexicurity (Internet: http://www.lo.dkEnglish%20version/~/media/LO/English/dlndecember2010WEB%203. ashx; zuletzt aufgesucht am 28.07.2014)

Danmarks Statistik 2011: Flere børn bliver passet ude. Nyt fra Danmarks Statistik. Nr. 80(2), Copenhagen

Daycare Trust 2008: Childcare Costs Survey 2008. London

Dietz, M./Müller, G./Trappmann, M. 2009: Bedarfsgemeinschaften im SGB II: Warum Aufstocker trotz Arbeitbedürftig bleiben. IAB-Kurzbericht, 02/2009. Nürnberg: IAB

Dingeldey, I. 2007: Wohlfahrtsstaatlicher Wandel zwischen ‚Arbeitszwang' und ‚Befähigung'. In: Berliner Journal für Soziologie, 17 (2), S. 189–209

Dingeldey, I. 2011: Der aktivierende Wohlfahrtsstaat. Governance der Arbeitsmarktpolitik in Dänemark, Großbritannien und Deutschland. Frankfurt/M.

Dolado, J./Kramarz, F./Machin, S./Manning, A./Margolis, D./Teulings, C. 1996: The economic impact of minimum wages in Europe. In: Economic Policy, 11 (23), S. 319–372

Dolado, J. J./Felgueroso, F./Jimeno, J. F. 1998: The effects of minimum bargained wages on earning: Evidence from Spain. In: European Economic Review, 41 (3–5), S. 713–721

Dörfler, S. 2007: Kinderbetreuungskulturen in Europa. Ein Vergleich vorschulischer Kinderbetreuung in Österreich, Deutschland, Frankreich und Schweden. Working Paper. Österreichisches Institut für Familienforschung, Nr. 57. Wien

Dörfler, S./Blum, S./Kaindl, M. 2014: Europäische Kinderbetreuungskulturen im Vergleich. Jüngste Entwicklungen in der vorschulischen Betreuung in Deutschland, Frankreich, Österreich und Schweden. ÖIF Working Paper 82. Wien: Österreichisches Institut für Familienforschung

Dörfler, S./Mühling, T./Schwarze, J. 2011: Familienpolitik in Deutschland, Frankreich und Schweden – Entstehung, Zielsetzungen und Maßnahmen. In: Mühling, T./Schwarze, J. (Hg.): Lebensbedingungen von Familien in Deutschland, Schweden und Frankreich. Ein familienpolitischer Vergleich. Opladen, S. 43–108

Ebbinghaus, B. 2005: When less is more: Selection problems in large-N and small-N cross-national comparison. In: International Sociology, 20 (2), S. 133–152

Ebbinghaus, B./Neugschwender, J. 2011: The Public–Private Pension Mix and Old Age Income Inequality in Europe. In: Ebbinghaus, B. (ed.): The Varieties of Pension Governance: Pension Privatization in Europe. Oxford, S. 384–422

Egle, C. 2009: Reformpolitik in Deutschland und Frankreich. Wirtschafts- und Sozialpolitik bürgerlicher und sozialdemokratischer Regierungen seit Mitte der 90er Jahre. Wiesbaden

Eichhorst, W./Grienberger-Zingerle, M./Konle-Seidl, R. 2008: Activation policies in Germany: From status protection to basic income support. In: Eichhorst, W./Kaufmann, O./Konle-Seidl, R. (eds.): Bringing the Jobless into Work? Experiences with Activation Schemes in Europe and the US. Berlin, Heidelberg, S. 17–67

Einhorn, E. S./Logue, J. 2010: Can welfare states be sustained in a global economy? Lessons from Scandinavia. In: Political Science Quarterly, 125 (1), S. 1–29

Emmenegger, P./Häusermann, S./Palier, B./Seeleib-Kaiser, M. 2012: The Age of Dualization. The Changing Face of Inequality in Deindustrializing Societies. New York

Esping-Andersen, G. 1990 The Three Worlds of Welfare Capitalism. Cambridge, Princeton

Esping-Andersen, G. 1999 The Social Foundations of Postindustrial Economies. Oxford

Esping-Andersen, G. 2009: Incomplete Revolution: Adapting to women's new roles. Cambridge

EURES 2011: Living and working conditions – Denmark, Social security and insurance, Unemployment insurance (Internet: https://ec.europa.eu/euresmain.jsp?lang=en&acro= living&catId=8992&parentId=7840&countryId=DK&langChanged=true; zuletzt aufgesucht am 28.07.2014)

Europäische Kommission 2014: Eurostat Datenbank (Internet: http://epp.eurostat.ec.europa. eu/portal/pageportal/statistics/search_database; zuletzt aufgesucht am 29.07.2014)

Europäisches Beschäftigungsobservatorium 2004: Basisinformationsbericht (BIB) Dänemark 2004 (Internet: http:www.eu-employment-observatory.net/resources/bir/bib_dk2004_ de.pdf; zuletzt aufgesucht am 28.07.2014)

Eurostat 2012: Taxation trends in the European Union. Data for the EU member states, Iceland and Norway. Luxembourg: European Union

Evans, M. 2003: New deal for lone parents: Six years of operation and evaluation. Lone Parents and Employment: International Comparison of What Works. Department for Work and Pensions, S. 7–22

Evans, M./Harkness, S./Ortiz, R. A. 2004: Lone parents cycling between work and benefits. Department for Work and Pensions, Research Report No. 217. London

Evers, A./Lewis, J./Riedel, B. 2005: Developing child-care provision in England and Germany: problems of governance. In: Journal of European Social Policy, 15 (3), S. 195–209

Eydoux, A./Béraud, M. 2011: Accelerating governance reforms: The french case. In: van Berkel, R./de Graaf, W./Sirovátka, T. (eds.): The Governance of Active Welfare States in Europe. Basingstoke, S. 38–61

Familienkasse der Bundesagentur für Arbeit 2008: Merkblatt Kinderzuschlag, aktualisierte Ausgabe Stand Oktober 2008

Finch, N. 2008: Family policies in the UK. In: Ostner, I./Schmitt, C. (eds.): Family Policies in the Context of Family Change. Wiesbaden, S. 129–154

Finn, D. 2005: The national minimum wage in the United Kingdom. Graue Reihe des Instituts Arbeit und Technik, 2005-01. Gelsenkirchen: Institut Arbeit und Technik

Finn, D./Gloster, R. 2010: Lone parent obligations. A review of recent evidence on the work-related requirements within the benefit systems of different countries. Department for Work and Pensions, Research Report No. 632. London

Fitoussi, J.-P. 1994: Wage distribution and unemployment: The french experience. In: American Economic Review, American Economic Association, 84 (2), S. 59–64

Fromm, S./Sproß, C. 2008: Die Aktivierung erwerbsfähiger Hilfeempfänger. Programme, Teilnehmer, Effekte im internationalen Vergleich. IAB Forschungsbericht, 01/2008. Nürnberg: IAB

Gautié, J. 2010: France: Towards the end of an active minimum wage policy?. In: Vaughan-Whitehead, D. (ed.): The Minimum Wage Revisited In The Enlarged EU. Cheltenham, S. 153–184

Gautié, J./Schmitt, J. 2010: Low-Wage Work in the Wealthy World. New York

Gautier, P. A./van der Klaauw, B. 2009: Institutions and labor market outcomes in the Netherlands. Working Paper Series. IFAU – Institute for Evaluation of Labour Market and Education Policy, 2009: 28. Uppsala University

Gerlach, I. 2010: Familienpolitik (2. aktualisierte und überarbeitete Auflage). Wiesbaden

Gesetz zur steuerlichen Förderung von Wachstum und Beschäftigung 2006: Gesetz zur steuerlichen Förderung von Wachstum und Beschäftigung vom 26. April 2006. Bundesgesetzblatt. Jahrgang 2006, Teil I Nr. 22 S. 1091–1094. Bonn

Gornick, J. C./Jäntti, M. 2011: Child poverty in comparative perspective: Assessing the role of family structure, parental education and employment. In: LIS Working paper, 570, September 2011, S. 1–25

Graaf-Zijl, M./Nolan, B. 2011: Household joblessness and its impact on poverty and deprivation in Europe. In: Journal of European Social Policy, 21 (5), S. 413–431

Green-Pedersen, C./Baggesen, K. 2008: Im Spannungsfeld von wirtschaftlichen Sachzwängen und öffentlichem Konservatismus: das dänische Wohlfahrtssystem. In: Schubert, K./Hegelich, S./Bazant, U. (Hg.): Europäische Wohlfahrtssysteme: Ein Handbuch. Wiesbaden, S. 149–168

Griffiths, R. 2011: Helping more parents move into work: an evaluation of the extension of New Deal Plus for Lone Parents and In Work Credit: Final report. Department for Work and Pensions, Research Report No. 732. London

Halwachs, I. 2010: Frauenerwerbstätigkeit in Geschlechterregimen. Großbritannien, Frankreich und Schweden im Vergleich. Wiesbaden

Hank, K./Kreyenfeld, M./Spieß, K. 2004: Kinderbetreuung und Fertilität in Deutschland. In: Zeitschrift für Soziologie, 33 (3), S. 228–244

Haux, T. 2013: Understanding employment barriers for lone parents in Great Britain: Research gaps and missed opportunities. In: Social Policy & Administration, 47 (4), S. 468–482

Heidenreich, M./Aurich-Beerheide, P. 2014: European worlds of inclusive activation: The organizational challenges of coordinated service provision. In: International Journal of Social Welfare, 23, S. 1–17

Heimer, A./Knittel, T./Steidle, H. 2009: Vereinbarkeit von Familie und Beruf für Alleinerziehende. Materialien aus dem Kompetenzzentrum für familienbezogene Leistungen im Bundesministerium für Familie, Senioren, Frauen und Jugend. Berlin

HM Revenue & Customs 2011: Working Tax Credit: Take-up of Childcare Element 2008-09 (Internet: https:www.gov.uk/government/uploads/system/uploads/attachment_data/file/255447/take-up-childcare.pdf; zuletzt aufgesucht am 12.05.2015)

HM Revenue & Customs 2013: Tax-Free Childcare: consultation on design and operation (Internet: https:www.gov.uk/government/uploads/system/uploads/attachment_data/file/318952tax-free_childcare_consultation_on_design_and_operation.pdf; zuletzt aufgesucht am 12.05.2015)

Horn, G. A./Joebges, H./Logeay, C./Sturn, S. 2008: Frankreich: Ein Vorbild für Deutschland? Ein Vergleich wirtschaftspolitischer Strategien mit und ohne Mindestlohn. IMK Report, Nr. 31. Düsseldorf: IMK

ICTWSS 2013: ICTWSS Database on Institutional Characteristics of Trade Unions, Wage Setting, State Intervention and Social Pacts in 34 countries between 1960 and 2012 (Internet: http://www.uva-aias.net/207; zuletzt aufgesucht am 29.07.2014)

Institut der deutschen Wirtschaft Köln Consult GmbH 2010: Kindergarten-Monitor 2009/2010. Ein Vergleich der 100 größten Städte Deutschlands. Bericht der IW Consult Gmb H Köln im Auftrag der Initiative Neue Soziale Marktwirtschaft (INSM). Köln

Jaehrling, K./Erlinghagen, M./Kalina, T./Mümken, S./Mesaros, L./Schwarzkopf, M. 2011: Arbeitsmarktintegration und sozio-ökonomische Situation von Alleinerziehenden. Ein empirischer Vergleich: Deutschland, Frankreich, Schweden, Vereinigtes Königreich. Forschungsbericht Arbeitsmarkt. Bundesministerium für Arbeit und Soziales, 420, Duisburg

Jaehrling, K./Weinkopf, C. 2006: Kombilöhne in Deutschland – neue Wege, alte Pfade, Irrweg? Bonn: Friedrich-Ebert-Stiftung

Jaich, R. 2002: Finanzierung der Kindertagesbetreuung in Deutschland. Gutachten im Rahmen des Projektes ‚Familienunterstützende Kinderbetreuungsangebote' des DJI. München

Kaltenborn, B./Pilz, L. 2002: Kombilöhne im internationalen Vergleich. Eine Expertise im Auftrag der Friedrich-Ebert-Stiftung. IAB-Werkstattbericht, Ausgabe Nr. 10, Nürnberg: IAB

Kaltenborn, B./Schiwarov, J./Wielage, N. 2006: Arbeitsanreize im Niedriglohnbereich. Ein internationaler empirischer Überblick. Expertise. Beiträge zur Wirtschaftsforschung und Politikberatung Nr. 31. Berlin

Kaltenborn, B./Wielage, N./von Bothmer, A./Henkel, A. I. 2010: Zielsteuerung in der Arbeitsverwaltung – ein europäischer Vergleich. Endbericht an das Bundesministerium für Arbeit und Soziales. Berlin

Kautto, M. 2010: The nordic countries. In: Castles, F.G./Leibfried, S./Lewis, J./Obinger, H./Pierson, C. (eds.): The Oxford Handbook of the Welfare State. Oxford, S. 586–600

Keck, W./Saraceno, C. 2013: The impact of different social-policy frameworks on social inequalities among women in the European Union: The labour-market participation of mothers. In: Social Politics, 20 (3), S. 297–328

KiföG 2008: Kinderförderungsgesetz vom 10. Dezember 2008. Bundesgesetzblatt. Jahrgang 2008 Teil I Nr. 57, S. 2403–2409. Bonn

Kildal, N./Kuhnle, S. 2005: Normative Foundations of the Welfare State: The Nordic Experience. London, New York

Kim, A./Kurz, K. 2003: Prekäre Beschäftigung im Vereinigten Königreich und Deutschland. Welche Rolle spielen unterschiedliche institutionelle Kontexte?. In: Müller, W./Scherer, S. (Hg.): Mehr Risiken – Mehr Ungleichheit? Abbau von Wohlfahrtsstaat, Flexibilisierung von Arbeit und die Folgen. Frankfurt/M., S. 167–197

Klammer, U. 2000: Auf dem Weg zu mehr Flexicurity in Europa. In: WSI-Mitteilungen, 53 (5), S. 313–321

Klenk, T. 2009: Vom Arbeitsförderungsgesetz zum Sozialgesetzbuch II und III: Pfadwechsel in der korporatistischen Arbeitsverwaltung?. In: Bothfeld, S./Sesselmeier, W./Bogedan, C. (Hg.): Arbeitsmarktpolitik in der sozialen Marktwirtschaft. Vom Arbeitsförderungsgesetz zum Sozialgesetzbuch II und III. Wiesbaden, S. 205–219

Knight, G./Speckesser, S./Smith, J./Dolton, P./Azevedo, J. P. 2006: Lone parents Work Focused Interviews/New Deal for Lone Parents: combined evaluation and further net impacts. Department for Work and Pensions, Research Report No. 368. London

Knijn, T. 2008: Private responsibility and some support. Family policies in the Netherlands. In: Ostner, I./Schmitt, C. (eds.): Family Policies in the Context of Family Change. Wiesbaden, S. 155–174

Knijn, T. 2010: Changes in the regulation of responsibilities towards childcare needs in Italy and the Netherlands: different timing, increasingly different approaches. In: Journal of European Social Policy, 20 (5), S. 444–455

Knudsen, L. B. 1998: Denmark: The land of the vanishing housewife. In: Kuijsten, A./Kaufmann, F.-X./Schulze, H.-J./Strohmeier, K. P. (eds.): Family Life and Family Policies in Europe. Volume 1: Structures and Trends in the 1980s. Oxford, S. 12–48

Knuth, M. 2009: Grundsicherung ‚für Arbeitsuchende': ein hybrides Regime sozialer Sicherung auf der Suche nach seiner Governance. In: Bothfeld, S./Sesselmeier, W./Bogedan,

C. (Hg.): Arbeitsmarktpolitik in der sozialen Marktwirtschaft. Vom Arbeitsförderungsgesetz zum Sozialgesetzbuch II und III. Wiesbaden, S. 61–75

Konle-Seidl, R. 2008: Hilfereformen und Aktivierungsstrategien im internationalen Vergleich.
IAB-Forschungsbericht, 07/2008. Nürnberg: IAB

Konle-Seidl, R./Lang, K. 2006: Von der Reduzierung zur Mobilisierung des Arbeitskräfte-
potenzials. Ansätze zur Integration von inaktiven und arbeitslosen Sozialleistungsbezie-
hern im internationalen Vergleich. IAB-Forschungsbericht, 15/2006. Nürnberg: IAB

Kremer, M. 2007: How Welfare States Care. Culture, Gender and Parenting in Europe. Amsterdam

Kreyenfeld, M. 2008: Soziale Ungleichheit und Kinderbetreuung – Eine Analyse der sozialen
und ökonomischen Determinanten der Nutzung von Kindertageseinrichtungen. In: Becker, R./Lauterbach, W. (Hg.): Bildung als Privileg. Erklärungen und Befunde zu den
Ursachen der Bildungsungleichheit (3. Auflage). Wiesbaden, S. 103–127

Van Lancker, W./Ghysels, J. 2014: Who benefits from investment policies? The case of family activation in european countries. In: Cantillon, B./Vandenbroucke, F. (eds.): Reconciling Work and Poverty Reduction: How Successful are European Welfare States? New
York, S. 212–237

Larsen, F. 2005: Active labour market policy in Denmark as an example of transitional labour
market and flexicurity arrangements – What can be learnt? TLM.NET Working Papers.
SISWO/Social Policy Research, No. 2005-11. Amsterdam

Leitner, S./Ostner, I./Schmitt, C. 2008: Family policies in Germany. In: Ostner, I./Schmitt, C.
(eds.): Family Policies in the Context of Family Change. Wiebaden, S. 175–202

Lenze, A. 2014: Alleinerziehende unter Druck. Rechtliche Rahmenbedingungen, finanzielle
Lage und Reformbedarf. Gütersloh: Bertelsmann Stiftung

Leschke, J. 2008: Unemployment Insurance and Non-Standard Employment. Four European
Countries in Comparison. Wiesbaden

Lestrade, B. 2011: Travail et Précarité. Les ,Working Poor' en Europe. Paris

Lewis, J./Knijn, T./Martin, C./Ostner, I. 2008: Patterns of development in work/family recon-
ciliation policies for parents in France, Germany, the Netherlands, and the UK in the
2000s. In: Social Politics, 15 (3), S. 261–286

Linke, M. 2009: Aktivierung statt passive Leistung. Der Wandel der dänischen Arbeitsmarktpolitik seit 1990. Frankfurt/M.

Linke Sonderegger, M. 2004: Mehr als nur staatliche Kinderbetreuung: Optionserweiterungen
und Geschlechterrollen in der aktuellen dänischen Familienpolitik. ZeS-Arbeitspapier,
No. 07/2004. Bremen: Zentrum für Sozialpolitik

Lohmann, H. 2007: Armut von Erwerbstätigen in europäischen Wohlfahrtsstaaten. Niedriglöhne, staatliche Transfers und die Rolle der Familie. Wiesbaden

Lohmann, H. 2009: Welfare states, labour market institutions and the working poor: A comparative analysis of 20 european countries. In: European Sociological Review, 25 (4),
S. 489–504

Lohmann, H. 2010: Armut von Erwerbstätigen im europäischen Vergleich: Erwerbseinkommen und Umverteilung. In: Kölner Zeitschrift für Soziologie und Sozialpsychologie, 62
(1), S. 1–30

Low Pay Commission 2007: National minimum wage. Low Pay Commission Report 2007,
Cm 7056. The Stationery Office. London

Low Pay Commission 2009: National minimum wage. Low Pay Commission Report 2007, Cm 7611. The Stationery Office. London

Low Pay Commission 2011: National minimum wage. Low Pay Commission Report 2007, Cm 8023. The Stationery Office. London

Luci, A. 2010: Finanzielle Unterstützung von Familien in Deutschland und Frankreich. Hat Frankreich für erwerbstätige Mütter die Nase vorn?. In: Zeitschrift für Sozialreform, 56 (1), S. 3–29

Luci, A. 2011: Frauen auf dem Arbeitsmarkt in Deutschland und Frankreich. Warum es Französinnen besser gelingt, Familie und Beruf zu vereinbaren. Berlin

Marx, I./Nelson, K. 2012: Work and Welfare in Europe. Minimum Income Protection in Flux, Houndmills u.a.O.

Marx, I./Nolan, B. 2014: In-work poverty. In: Cantillon, B./Vandenbroucke, F. (eds.): Reconciling Work and Poverty Reduction. How successful are European Welfare States? Oxford, S. 131–156

Merens, A./Hermans, B. 2009: Emancipatiemonitor 2008. Den Haag Merkel, W./Egle, C./ Henkes, C./Ostheim, T./Petring, A. 2006: Die Reformfähigkeit der Sozialdemokratie. Herausforderungen und Bilanz der Regierungspolitik in Westeuropa. Wiesbaden

Miller, J. 2000: Keeping Track of Welfare Reform. The New Deal Programmes. York

Ministerie van Sociale Zaken en Werkgelegenheid 2007: Arbeidsinspectie Jaarverslag 2007. Voor veilig, gezond en eerlik werk. Den Haag

Ministry of Social Affairs and Integration 2011: Day-care, after-school and club facilities (Internet: http://english.sm.dk/social-issues/children-and-youth/daycarefacilities/sider/start. aspx; zuletzt aufgesucht am 23.02.2014)

MISSOC 2008: MISSOC Vergleichende Tabellen Datenbank. Informationen über die sozialen Sicherungssysteme in 32 verschiedenen Ländern (Internet: http://www.missoc.org/ MISSOC/INFORMATIONBASECOMPARATIVETABLES/MISSOCDATABASE/ comparativeTableSearch_de.jsp; zuletzt aufgesucht am 26.07.2014)

MISSOC 2010: MISSOC Vergleichende Tabellen Datenbank. Informationen über die sozialen Sicherungssysteme in 32 verschiedenen Ländern (Internet: http://www.missoc.org/ MISSOC/INFORMATIONBASECOMPARATIVETABLES/MISSOCDATABASE/ comparativeTableSearch_de.jsp; zuletzt aufgesucht am 26.07.2014)

MISSOC 2014: MISSOC Vergleichende Tabellen Datenbank. Informationen über die sozialen Sicherungssysteme in 32 verschiedenen Ländern (Internet: http://www.missoc.org/ MISSOC/INFORMATIONBASECOMPARATIVETABLES/MISSOCDATABASE/ comparativeTableSearch_de.jsp; zuletzt aufgesucht am 26.07.2014)

Mitton, L. 2008: Vermarktlichung zwischen Thatcher und New Labour: Das britische Wohlfahrtssystem. In: Schubert, K./Hegelich, S./Bazant, U. (Hg.): Europäische Wohlfahrtssysteme. Ein Handbuch. Wiesbaden, S. 263–284

Mohr, K. 2009: Von ‚Welfare to workfare'? Der radikale Wandel der deutschen Arbeitsmarktpolitik. In: Bothfeld, S./Sesselmeier, W./Bogedan, C. (Hg.): Arbeitsmarktpolitik in der sozialen Marktwirtschaft. Vom Arbeitsförderungsgesetz zum Sozialgesetzbuch II und III. Wiesbaden, S. 49–60

Molitor, F. 1998: Sozialpolitik und Budgetkonsolidierung in den Niederlanden. In: Forum Politische Bildung (Hg.): Sozialpolitik im internationalen Vergleich. Innsbruck, S. 76–83

Nolan, B./Whelan, C. T. 1999: Loading the Dice? A Study of Cumulative Disadvantage. Dublin

Nordic Social Statistical Committee (NOSOSCO) 2004: Single parents in the Nordic Countries, Report Series 23:02. Copenhagen

Nordic Social Statistical Committee (NOSOSCO) 2005: Social protection in the Nordic Countries, 2005. Scope, Expenditure and Financing. Copenhagen

Ochel, W. 2005: Hartz IV – Welfare to work in Germany. In: CESifo DICE Report, 3(2), S. 18–25

OECD 2002: Babies and Bosses – Reconciling Work and Family Life (Vol. 1): Australia, Denmark, the Netherlands. Paris

OECD 2005: Babies and Bosses – Reconciling Work and Family Life (Volume 4): Canada, Finland, Sweden and the United Kingdom. Paris

OECD 2007a: Babies and Bosses – Reconciling Work and Family Life: A Synthesis of Findings for OECD Countries. Paris

OECD 2007b: Benefits and Wages: Country chapters. Paris

OECD 2008: Benefits and Wages: Country chapters. Paris

OECD 2009: Employment Outlook. Tackling the Jobs Crisis. Paris

OECD 2010a: Taxing Wages 2010. Paris

OECD 2010b: OECD Family Database (Internet: http://www.oecd.org/els/family/oecdfamily database.htm; zuletzt aufgesucht am 29.07.2014)

OECD 2011: Doing Better for Families. Paris

OECD 2012: Taxing wages 2011. Denmark. Paris

OECD 2013: Public expenditure on active labour market policies % of GDP (Internet: http://www.oecd-ilibrary.orgemployment/public-expenditure-on-active-labour-market-policies_ 20752342-table9; zuletzt aufgesucht am 29.07.2014)

van Oorschot, W. 2001: Towards ‚single gateways'? A cross-national review of the changing roles of employment offices in seven countries. In: Zeitschrift für Ausländisches und Internationales Arbeits- und Sozialrecht, 15 (1), S. 43–63

van Oorschot, W. 2002: Flexibilität und soziale Sicherung in den Niederlanden – Politik für Arbeitnehmer und Versorgungspersonen. In: Klammer, U./Tillmann, K. (Hg.): Flexicurity – Soziale Sicherung und Flexibilisierung der Arbeits- und Lebensverhältnisse. Düsseldorf, S. 519–584

van Oorschot, W./Clasen, J. 2002: Changing principles in European social security. In: European Journal of Social Security, 4 (2), S. 89–116

van Oorschot, W. 2008: Von kollektiver Solidarität zur individuellen Verantwortung: Der niederländische Wohlfahrtsstaat. In: Schubert, K./Hegelich, S./Bazant, U. (Hg.): Europäische Wohlfahrtssysteme. Ein Handbuch. Wiesbaden, S. 465–482

Oschmiansky, F. 2010: Aktive Arbeitsförderinstrumente seit Einführung des SGB III: Rückblick und Ausblick. In: Sozialer Fortschritt, 59 (1), S. 16–23

Oschmiansky, F./Ebach, M. 2009: Aktive Arbeitsmarktpolitik im Wandel. In: Aus Politik und Zeitgeschichte, B 27/2009, S. 15–20

Pedersen, L./Weise, H./Jacobs, S./White, M. 2000: Lone mothers' poverty and employment. In: Gallie, D./Paugam, S. (eds.): Welfare Regimes and the Experience of Unemployment in Europe. New York, S. 175–99

Pes Monitor 2008: Pôle emploi – Basic information about the PES – contact information, key personnel, legal basis, etc. (Internet: http://pesmonitor.eu/Home/Default.aspx?Lang=EN; zuletzt aufgesucht am 06.06.2014)

Peter, W. 2005: Sozialreform im Vereinigten Königreich. In: IW-Trends – Vierteljahresschrift zur empirischen Wirtschaftsforschung aus dem Institut der Deutschen Wirtschaft Köln, 32 (4), S. 47–49

Peter, W. 2006: Der britische Working Tax Credit – Beispiel für eine Strategie gegen Arbeitslosigkeit und Armut. KAS Arbeitspapiere, Nr. 150/2006. Berlin: Konrad-Adenauer-Stiftung

Petring, A. 2006: Niederlande. In: Merkel, W./Egle, C./Henkes, C./Ostheim, T./Petring, A. (Hg.): Die Reformfähigkeit der Sozialdemokratie. Herausforderungen und Bilanz der Regierungspolitik in Westeuropa. Wiesbaden, S. 238–271

Plantenga, J./Remery, C. 2007: Parental leave in the Netherlands. In: CESifo DICE Report, 7 (2), S. 47–51

Plantenga, J./Remery, C. 2009: The provision of childcare services. A comparative review of 30 European countries. Luxembourg: European Commission

Pôle Emploi 2009: Le Contrat Unique d'Insertion – CUI (Internet: http://www.pole-emploi.fr/employeurle-contrat-unique-d-insertion-cui-@/suarticle.jspz?id=16756; zuletzt aufgesucht am 31.07.2014)

Pôle Employ 2011: Le Contrat Unique d'Insertion – CUI (Internet: http://www.pole-emploi.fr/employeur/le-contrat-unique-d-insertion-cui-@/article.jspz?id=60709; zuletzt aufgesucht am 31.07.2014)

Ranci, C. 2010: Social Vulnerability in Europe. The New Configuration of Social Risks. Basingstoke

Ray, R. 2008: A Detailed Look at Parental Leave Policies in 21 OECD Countries. Washington

République Francaise 2011: Service public – Complément libre choix du mode de garde (Internet: http://vosdroits.service-public.fr/particuliers/F345.xhtml; zuletzt aufgesucht am 19.05.2015)

République Francaise 2012a: Service public – Paje: allocation de base (Internet: http://vos droits.service-public.fr/particuliers/F2552.xhtml; zuletzt aufgesucht am 19.05.2015)

République Francaise 2012b: Service Publiqc – Prestation d'accueil du jeune enfant (Paje) (Internet: http://vosdroits.service-public.fr/particuliers/F2550.xhtml; zuletzt aufgesucht am 19.05.2015)

République Francaise 2012c: Service public – Fonction publique (Internet: http://vosdroits. service-public.fr/particuliers/F517.xhtml; zuletzt aufgesucht am 19.05.2015)

Ridge, T. 2009: Benefiting children? The challenge of childhood poverty. In: Miller, J. (ed.): Understanding Social Security. Issues for Policy and Practice (2nd edition). Bristol, S. 151–169

Rüling, A. 2010: Ausbau der Kinderbetreuung als soziale Investition? Ein Vergleich der Policies und politischen Debatten in Deutschland und England. In: Sozialer Fortschritt, 59 (4), S. 96–103

Rüling, A./Kassner, K. 2007: Familienpolitik aus der Gleichstellungsperspektive. Ein europäischer Vergleich. Berlin

Sainsbury, D. 1996: Gender, Equality and Welfare States. Cambridge

Salles, A. 2005: Familienpolitische Hilfen zur Arbeitsmarktintegration von Müttern – ein deutsch-französischer Vergleich In: Achcar, G./Simon, D./Veil, M. (Hg.): Arbeitsmarkt, Wohlfahrtsstaat, Familienpolitik und die Geschlechterfrage – deutsch-französische Konvergenzen und Divergenzen. Berlin, S. 11–26

Salverda, W. 2008: Labor market institutions, low-wage work, and job quality. In: Salverda, W./van Klaveren, M./van der Meer, M. (eds.): Low-Wage Work in the Netherlands. New York, S. 63–131

Salverda, W. 2009: The Dutch minimum wage. A radical reduction shifts the main focus to part-time jobs. AIAS Working Papers, AIAS 09-71. Amsterdam: University of Amsterdam

Salverda, W./van Klaveren, M./van der Meer, M. 2008: Low-Wage Work in the Netherlands. New York

Schmeißer, C./Stuth, S./Behrend, C./Budras, R./Hipp, L./Leuze, K./Giesecke, J. 2012: Atypische Beschäftigung in Europa 1996–2009. Berlin: Wissenschaftszentrum Berlin für Sozialforschung (WZB), discussion paper P 2012-001

Schmid, G. 2002: Wege in eine neue Vollbeschäftigung: Übergangsarbeitsmärkte und aktivierende Arbeitsmarktpolitik. Frankfurt/M.

Schmid, J. 2010: Wohlfahrtsstaaten im Vergleich. Soziale Sicherung in Europa: Organisation, Finanzierung, Leistungen und Probleme. Wiesbaden

Schulze Buschoff, K./Protsch, P. 2008: (A-)typisch und (un-)sicher? Zur sozialen Sicherung von ‚nicht standardisierten' Arbeitsverhältnissen in Europa. In: Internationale Revue für Soziale Sicherheit, 61 (4), S. 55–78

Schwander, H./Häusermann, S. 2013: Who is in and who is out? A risk-based conceptualization of insiders and outsiders. In: Journal of European Social Policy, 23 (3), S. 248–269

Schwarzkopf, M. 2009: Doppelt gefordert, wenig gefördert: Alleinerziehende Frauen in der Grundsicherung für Arbeitsuchende. Berlin

Silburn, R./Becker, S. 2009: Life beyond work? Safety nets and ‚security for those who cannot' work. In: Miller, J. (ed.): Understanding Social Security. Issues for Policy and Practice (2nd edition). Bristol, S. 55–73

Skinner, C. 2005: Childcare. In: Bradshaw, J./Mayhew, E. (eds.): The Well-being of Children in the UK (2nd edition). London, S. 221–238

Skinner, C./Bradshaw, J./Davidson, J. 2007: Child support policy: An international perspective. Department for Work and Pensions, Research Report No. 405. London

Sproß, C./Lang, K. 2008: Länderspezifische Ausgestaltung von Aktivierungspolitiken. Chronologie und gesetzliche Grundlagen. IAB-Forschungsbericht 09/2008. Nürnberg: IAB

SQW Consulting 2009: Childcare affordability programme 2005. Pilot review. Research Report No. DCSF-RR174. London

Statistics Denmark 2010: Flere børn bliver passet ude (Internet: http://www.dst.dk/pukora/epub/Nyt/2011/NR080.pdf [zuletzt aufgesucht am 19.05.2015)

Statistisches Bundesamt 2004: Kindertagesbetreuung in Deutschland. Einrichtungen, Plätze, Personal und Kosten 1990 bis 2002. Wiesbaden

Stern, N. 2007: Familienpolitische Konzepte im Ländervergleich. Sprungbrett oder Stolperstein für erwerbstätige Mütter? Marburg

Strohmeier, H./Strohmeier, K. P./Schulze, H.-J. 2006: Familienpolitik und Familie in Europa. Literaturbericht. Düsseldorf

Taylor-Gooby, P. 2004: New Risks, New Welfare. The Transformation of the European Welfare State. New York

Tergeist, P./Grubb, D. 2006: Activation strategies and the performance of employment services in Germany, the Netherlands and the United Kingdom. OECD Social, Employment and Migration Working Papers, No. 42, Paris: OECD

United States Social Security Administration 2010: Social Security Programs Throughout the World: Europe, 2010. Country Summaries, France (Internet: http://www.ssa.gov/policy/docs/progdesc/ssptw/2010-2011/europefrance.pdf; zuletzt aufgesucht am 31.07.2014)

Uterwedde, U. 2009: Sarkozys Wirtschafts- und Sozialreformen. Eine Zwischenbilanz. Aktuelle Frankreich-Analysen. Deutsch-Französisches Institut, Nr. 22 Januar 2009. Ludwigsburg

Vaughan-Whitehead, D. 2010: The Minimum Wage Revisited in the Enlarged EU. Cheltenham

Veil, M. 2003: Kinderbetreuungskulturen in Europa: Schweden, Frankreich, Deutschland. In: Aus Politik und Zeitgeschichte, B 44/2003, S. 12–22

Veil, M. 2006: Leitbilder in der Kinderbetreuung. Deutschland, Schweden und Frankreich im Vergleich. In: Forum Politische Bildung (Hg.): Geschlechtergeschichte, Gleichstellungspolitik, Gender Mainstreaming. Informationen zur Politischen Bildung, Band Nr. 26. Innsbruck, S. 27–39

Visser, J. 2006: The five pillars of the European social model of labor relations. In: Beckert, J./Ebbinghaus, B./Hassel, A./Manow, P. (Hg.): Transformationen des Kapitalismus. Frankfurt/M., S. 315–36

Visser, J./Hemerijck, A. 1997: A Dutch Miracle: Job Growth, Welfare Reform and Corporatism in the Netherlands. Amsterdam

Waldfogel, J./Garnham, A. 2008: Eradicating Child Poverty: The Role of Key Policy Areas. Childcare and Child Poverty. York

Weinkopf, C. 2003: Flexibilität und Sicherheit. In: Institut Arbeit und Technik (IAT) (Hg.): Jahrbuch 2002/2003. Gelsenkirchen, S. 25–36

Weishaupt, J. T. 2011: From the Manpower Revolution to the Activation Paradigm: Explaining Institutional Continuity and Change in an Integrating Europe. Amsterdam

Weishaupt, J. T. 2013: Origin and genesis of activation policies in ‚old' Europe: Toward a balanced approach? In: Marx, I./Nelson, K. (eds.): Minimum Income Protection in Flux. Hampshire, S. 190–216

Wendt, C. 1998: Familienpolitik in Dänemark. In: Zeitschrift für Familienforschung, 10(2), S. 103–115

Werding, M./Meister, W. 2011: Sozialleistungsbezug und Erwerbsanreize: Familien in der Grundsicherung. In: Sozialer Fortschritt, 60 (1–2), S. 24–32

Westergaard-Nielsen, N. 2008: Low-Wage Work in Denmark, Case Studies of Job Quality in Advanced Economics. New York

Whiteford, P./Adema, W. 2007: What works best in reducing child poverty: A benefit or work strategy? OECD Social, Employment and Migration Working Papers 51. Paris

Zaidi, A. 2009: Welfare-to-Work Programmes in the UK and Lessons for Other Countries. European Centre for Social Welfare Policy and Research, Policy Brief October 2009. Wien

Zapf, W. 1981: Wohlfahrtsstaat und Wohlfahrtsproduktion. In: Albertin, L./Link, W. (Hg.): Politische Parteien auf dem Weg zur parlamentarischen Demokratie in Deutschland: Entwicklungslinien bis zur Gegenwart. Düsseldorf, S. 379–400